13

写作教学卷

于漪全集

上海教育出版社

20世纪70年代末,备课之欢乐

20世纪90年代初,赴广东参加全国师范学校师资建设会议,拜谒孙中山故居

2001年,从教50周年时,国家教委柳斌副主任莅临教育思想研讨会,时任上海市科教党委书记王荣华同志向柳斌同志赠送《于老师》录像带

2011年,从教60周年,学校四代语文教师共同过节

出版说明

《于漪全集》是基础教育领域首部特级教师的全集，也是上海教育出版社为特级教师出版的第一部全集。它的出版，对于传承、弘扬和建设新时代社会主义文化，对于以教育自信创建自信的教育具有重要意义。

《于漪全集》收录了于漪在不同时期发表于全国各类期刊和出版于多种图书的论文、讲话、序跋等作品。难免挂一漏万，故对写作时间和文章出处不一一注明，留待日后修订逐步完善。同时，对原发期刊编辑部、图书出版单位一并致谢。

全集由上海市教师学研究会组织有关教师、专家编辑。于漪的教育思想植根于教学实践，是理论与实践的有机融合和生动阐述。有时一材多用，是为了从不同角度阐释相关问题，为读者呈现丰富的不同历史阶段的思考成果。

全集以"一辈子学做教师"为线索，根据文章内容，共分 8 卷 21 册，从基础教育、语文教育、课堂教学、阅读教学、写作教学、教师成长、序言书信、教育人生八个方面多维度展现于漪来自教育第一线的理论研究成果，力求树立当代教育家的典型形象。

目录

作文讲评五十例

让思想长上翅膀飞翔
——《夏天的夜空》习作讲评　　3

再谈插翅飞翔
——《夜》习作讲评　　11

打开认识的窗户
——"记一个最熟悉的人"习作讲评　　18

再谈打开认识的窗户
——《听践耳同志谈音乐》习作讲评　　28

"着意原资妙选材"
——"秋色图"习作讲评　　36

犹如百川归大海
——《童年忆趣》习作讲评　　44

看仔细与写具体
——《榜样》习作讲评　　52

先说与后说
——《杨浦中学导游》习作讲评　　60

文无"意"不立
——《一颗闪光的心灵》习作讲评　　69

再谈文以"意"为主
——"……一课"习作讲评　　76

平凡之中见深意
　　——《一件小事》习作讲评　　　　　　　　　　　　　　84

学会说点道理
　　——"学语文一得"习作讲评　　　　　　　　　　　　　93

捕捉・截取・缝合
　　——"运动会一角"习作讲评　　　　　　　　　　　　104

力用在刀刃上
　　——"观画"习作讲评　　　　　　　　　　　　　　　113

描形・绘状・摹声
　　——"可爱的小生灵"习作讲评　　　　　　　　　　　123

姿态变化源于熟
　　——练笔习作讲评　　　　　　　　　　　　　　　　133

生活是写作的源泉
　　——"暑假乐事"习作讲评　　　　　　　　　　　　　141

要使人物站立起来
　　——"我的××"习作讲评　　　　　　　　　　　　　152

托物叙事见精神
　　——"记一件心爱的物品"习作讲评　　　　　　　　　163

剖析物情，咏物言志
　　——"××赋"习作讲评　　　　　　　　　　　　　　170

情中景，景中情
　　——"故乡游"习作讲评　　　　　　　　　　　　　　179

透彻了解说明的对象
　　——《竹影赏菊》习作讲评　　　　　　　　　　　　　190

学会在尺水中兴波
　　——"故事一则"习作讲评　　　　　　　　　　　　　199

以事实来说道理
　　——《谈谈学习习惯的培养》习作讲评　　　　　　　208

立足点和观察点
  ——"观灯展"习作讲评　216
筛选与胶合
  ——《让歌声伴随着我们奋勇前进》习作讲评　225
围绕说明的中心选材
  ——"语文学习方法"习作讲评　233
事物本身的条理性和说明的合理顺序
  ——"一次××实验"习作讲评　246
要善于截取精彩的横断面
  ——"课余"习作讲评　255
激情铸文文味浓
  ——《当我向少先队告别的时候》习作讲评　264
精致物品的观察与说明
  ——"一件工艺品"习作讲评　272
感之深者言之切
  ——"《黄生借书说》读后"习作讲评　281
从材料中提炼观点
  ——《0与32之比》习作讲评　289
"心神"与"物境"合拍
  ——"××礼赞"习作讲评　301
"目注"与"神驰"
  ——《献上一支心中的歌》习作讲评　310
文章的生命在于真实
  ——《永恒的怀念》习作讲评　317
掌握知识宝库的钥匙
  ——"人物传记"习作讲评　326
规矩和方圆
  ——《论"金玉其外，败絮其中"》习作讲评　335

谈形似神备
　　——"从记忆中抄出"习作讲评　　343
细腻与丰满
　　——"×地×园游记"习作讲评　　354
模仿与脱胎
　　——"散文诗"习作讲评　　363
动中取静，变中凝神
　　——"剪影"习作讲评　　372
彩线穿珍珠
　　——"歌"习作讲评　　381
秤砣虽小压千斤
　　——"××小记"习作讲评　　391
析薪·破理
　　——"××小议"习作讲评　　400
针锋相对，以理服人
　　——"驳……"习作讲评　　410
文章不厌百回改
　　——"313教室"等习作自改互改交流评析　　418
精思细酌重安排
　　——《缺席者的故事》改写讲评　　428
写景须在人耳目
　　——"景物素描"习作讲评　　448
感情·意境·构思
　　——"我爱祖国我爱党"习作讲评　　457

… 作文讲评五十例

让思想长上翅膀飞翔
——《夏天的夜空》习作讲评

【作前指导与要求】

夏天的夜晚是孩子们的天下,打着扇子在室外乘凉,数星星,讲故事,猜谜语,海阔天空,乐不可支。请同学们想一想:夏天的夜晚,当你仰视晴朗的天空时,你会看到怎样美丽的景象?当你看到天空中闪烁的群星时,你会想到些什么呢?

(同学们七嘴八舌议论)刚才同学们的思想插上翅膀在想象的天地里遨游了一番,有的说想到月亮中的嫦娥、吴刚、桂树、白兔,有的想到北斗星、北极星,有的想到牛郎织女的故事,有的想到宇宙飞船、宇宙人,总之,想到天空中有无数的奥秘,想到人们怎样去探索星空的奥秘。每个同学都多次仰视过夏天的夜空,也都由灿烂的星空引起过不少美丽的想象,现在就以"夏天的夜空"为题写一篇作文,把自己的所见所想写下来,看谁想得丰富,写得通顺。字要写端正,卷面要整洁,格式要正确,标点要清楚。

一、讲评目的

1. 开拓思路,启发想象,指导如何选择想象的触发点。
2. 明确习作常规,强调培养良好的写作习惯。

二、讲评材料和方法

课文《天上的街市》、《夏天的夜空》习作三篇。

开启想象，重点剖析，讨论归纳。

三、讲评要点

1. 肯定优点，明确写作常规，调动动笔的积极性。

读了同学们进中学以后的第一次习作，很为你们高兴。首先是态度认真，其次是想象比较丰富。先说第一点。同学们努力想把作文写好，这种上进心是可贵的；字的笔画清楚，涂改很少，卷面比较整洁，每篇习作都用了标点符号。这个良好的开端以后不能丢掉。单靠一次认真是难以提高写作能力的，要次次认真，训练一次，提高一点，长久下去，就有成就。

写作中有几点必须做到：

（1）先想后写，先列提纲后成文。不能想一句写一句，想到哪里，写到哪里，漫无边际。

（2）标题要写在第一行的当中，不能冲在前面或缩在后面。

（3）书写格式要正确，每段开头要空两格，标点符号应点在格子里。

（4）写完以后要检查，把错别字改掉，漏字添上，多余的字句删去。

有些同学在这些方面还不合要求。大家思想上明确，先做到这几点，以后逐步完善、逐步提高。

2. 讨论《夏天的夜空》三篇习作，开启想象，修改文字上、标点符号上的毛病。

（1）印发的三篇习作是写得比较好的，老师在文字上作过一些加工润色，比较通顺了，但还留了一点毛病没有修改。现在请大家阅读习作，看谁能把毛病迅速地找出来，并加以改正。

错别字：洁白无暇。"暇"，空闲，没有事的时候；"瑕"，玉上面的斑点。文中意思是斑点，习作者把"瑕"误写成"暇"了。

漏字："她并不嫌单"不通，显然在"单"前面漏了一个"孤"。

标点混用：一句话完了以后的停顿才可用句号，半句话就用句号是不妥的。"看到了星星""当时我们并不会找牛郎星和织女星"后面的句号都用得不妥，应改为逗号。分号应用在一句话的并列分句之间，习作中四个"一会儿"的句子一气呵成，不应有的用分号，有的用逗号，应一律用逗号。"一会儿露出笑脸""星星眨巴着眼睛"后面都应改为逗号。

以后作文写好应该看一遍，力求把字词和标点符号方面的明显错误改掉。

（2）讨论习作，以《天上的街市》为借鉴，体会开启想象的重要性和必要性。

① 写文章最怕干枯，三句两句就把话说完了，思路闭塞，脑子里空空的。会写文章、文思敏捷的人，往往想象十分丰富，脑子里宛如有活水，涟漪波澜，层叠不穷。我们学《天上的街市》这首诗时，曾引导同学体会诗中闪光的比喻和奇妙的想象，请用明确的语言讲述一二。

作者把街灯比作明星，又把明星比作街灯，由街灯—明星—街灯—天上的街市，上下驰骋，活泼自然。想象丰满多彩，用轻快流利的笔调尽情描绘天上街市的生活图景，用天上的美反衬当时人间的丑，用美好的理想之光照清黑暗的现实，表达作者强烈的爱与憎。大家设想一下，如果诗中未展开联想和想象，天上乐园图就编织不成，神奇色彩难以显现，主题思想的表达受影响。

大科学家爱因斯坦曾这样说："想象力比知识更重要，因为知识是有限的，而想象力概括世界的一切，推动着进步，并且是知识进化的源泉。"想象如此重要，下笔写作就要让自己的思想插上翅膀奋力翱翔。

② 怎样才能让思想插上翅膀飞翔呢？想象的"线头"是怎样拉出

来的呢？请同学就三篇习作发表意见，说明哪些段落写的是想象的内容，想象得合不合理，开展想象的基础是什么。

③ 在学生发表意见的基础上归纳要点。选择想象的"触发点"，拉出想象的"线头"，就会思绪绵绵，浮想联翩。这个"触发点"就是眼前的实景，实景选得准，选得好，就如童话中的魔棒一样，会引出许多奇妙的事物。《天上的街市》中想象的触发点是"街灯"，由街灯想到天上的明星，再想象开去。《夏天的夜空》三篇习作，有的是从看星星、看银河写起，有的是从夏天夜空的种种美丽、神秘景色写起，总之，是从眼前的实景写起，进而展开想象。不把眼前的"实"写清楚，"触发点"没选准选好，"线头"拉不出，想象就凌空。

想象不是胡思乱想，要有实实在在的内容，具体生动的场景。有的同学写"我想象"那儿有什么，概括地叙述一两句，缺乏具体实在的内容，很难写生动形象；有的同学没有集中力量写一个场景，而是东写几笔，西写几笔，很凌乱，效果不好。印发的三篇习作开展想象都有具体生动的场景。一个写跳入清可见底的银河里游泳；一个写穿宇航员衣服在夜空遨游，拜访广寒宫，进入太空城；一个写想到天上摘星星，想下河里捞星星，有叙述有描写，有情又有景，使想象的内容蒙上了美丽的色彩。

想象的内容与眼前的实景要衔接得自然、巧妙，不能脱钩脱节。也就是说，此时此地的实景要与想象中的彼时彼地的生活图景融汇、结合，不能互不相干。三篇习作都注意到眼前实景与想象中虚景的过渡与衔接。如有的是用"我看着看着进入了梦乡，自己正轻飘飘地在飞，一直飞到银河"和"我一下子惊醒了"的语句过渡衔接；有的用抒情的语言过渡——"啊，这美丽而又神秘的夜空，是多么令人神往"，用"突然"一转，进入想象世界的描绘。另一篇习作以"想"贯串，有"傻想"，有抬头想、低头想，有"闭上眼睛想"，有"猛然想到"，实景虚景，天上人间，衔接得较好,有情趣。过渡、衔接有个"渡过去"和"渡过来"的问题,由眼前景渡到想象景,还要注意由想象景渡回到眼前景。有的同学只渡过去,不渡过来,那就像断了线的风筝满天飞了。

想象可以形象化地写出人们的美好愿望、美好理想,想象应该散发出时代的气息。习作中有两篇在这方面注意到了,这是很好的。

(3) 朗读、想象。

请三位同学朗读习作,其他同学边听边开展想象,体会上述要点。

四、作业

整理听课笔记,把写作时应注意的四点记在作文本上。

板书

让思想长上翅膀飞翔

选择想象的"触发点",拉出想象的"线头"。

想象的内容要具体实在,生动形象。

眼前实景和想象中的虚景须过渡衔接,既渡过去,又渡回来。

应表现出人们的美好愿望、美好理想。

夏天的夜空

晚上,我摇着扇子,仰视夏日的夜空:皎洁的月亮一会儿钻进云层,一会儿露出笑脸;星星眨巴着眼睛;银河也显得那么明亮,我想那定然是清澈的河水。我看着看着进入了梦乡:自己正轻飘飘地在飞,一直飞向银河!

我飞到岸边,站住脚。呵,好清的河水啊,不甚宽广,清可见底。我想这里一定能游泳吧!我脱下衣服跳入河心,河水泛起晶莹的水波。多浅的河呀!我高兴极了,一会儿钻入河底;一会儿翻跟头;一会儿仰游,一会儿用手把水拍得"扑通扑通"响。突然,我看见了牛郎和织女。他俩和民间故事中一样,正依偎在一起,我一下子惊醒了……

我仰望着天空,努力寻找牛郎星和织女星。啊!找到了,在银河旁那两颗星一闪一闪地向我招手,我越看越像那两个人……

我相信刚才的梦将成为现实,将来,科学发达了,我乘着火箭去银河痛痛快快地游泳,和牛郎织女聊聊天。

我再次仰视太空,夏日的夜空多美丽啊!

徐 泳

夏天的夜空

夏天,每当夜幕降临时,我便搬起小板凳,来到院子中央坐下,手托着下巴,眼望着深蓝深蓝的夜空。对于我——一个生活在大城市里的孩子,只能看见天空四方的一角。可是就这一小块地盘却给了我无穷的乐趣。在那繁星点点的时候,这一小块天空像一块华丽的绸缎,那繁星则像在上面镶着无数颗宝珠。在那皓月当空的时候,这一小块天空又像一汪深不见底的墨泉,月亮则又像浮在水面上的一个洁白无暇的大银盘。有时候还会看到横贯星空的银河,它把星空划了一条长长的口子……

啊,这美丽而又神秘的夜空,是多么令人神往。突然,我感到身子轻飘飘的,不由自主地飞了起来,身子不知什么时候穿上了宇航衣,头上也戴上了宇航帽,越飞越高。啊!我看到了,看到了!我的视野一下子开阔起来。在那广漠的夜空里,闪烁着无数的星斗。对了,我应该先去探望地球的近邻——月亮,去探望在寂寞的广寒宫里的嫦娥。可是嫦娥告诉我,她并不嫌单。我起初感到十分诧异,复一看,才恍然大悟,原来那比星星还多的人造卫星,比流星还快的宇宙飞船热闹地穿梭往来,陪伴着嫦娥。

辞了嫦娥,我又往前飞,突然看见飞来一个个似球非球的水晶体。霎时间,它一下子变得庞大起来,原来是太空城,里面金碧辉煌,各种物品应有尽有。这一个个"小地球"载着人们,遨游太空,把人们从地球这个人类的摇篮里带了出来,开始学步。在那威严的灵霄宝殿里,在玉皇宝座上的玉皇大帝也为之惊叹……

一阵凉风吹来,把我从梦幻中惊醒。睁眼一看,依然如故,天空还是那样深奥莫测,银河挂在其中。"啊,今天是幻想,明天是现实。"我恋恋不舍地离开了院子,再次看了一眼夏天的夜空,星星眨着眼睛,像是在召唤着人们快去探索它们。

史　进

夏天的夜空

一谈到夏天的夜空,人们首先想到的当然是星星、月亮。深蓝深蓝的天空,挂着一弯明月。当然有时是一轮圆月。陪伴月亮的是星星,有大的有小的,有明的有暗的,时亮时灭。

看到了星星。我就想到小时候住在乡村小镇上爷爷家的一些有趣的往事……

那时我才六岁。每当夏天的夜晚,我就和小伙伴们在河边堤坝上借着星光玩抓"特务"的游戏。玩累的时候,便坐在堤坝上,抬头观看天上的星星和月亮。当时我们并不会找牛郎星和织女星。只是从大孩子们那儿学会了找北斗星和北极星。但是我对这并不感兴趣,而是常常看着星星傻想:"要是能把星星摘下来,挂在树上,把我们这儿照得像白天那样亮,使'特务'们插翅难逃就好了。"

有一次,我看着星星,想啊,想啊,忘记了时间。头抬久了,脖子发酸,就把头低下来,闭上眼睛想:"啊!天空中的星星都飞下来啦,统统挂在树枝上,就像树上的果实,挂满了枝头,把整个堤坝,整个小镇都照得雪亮,那些'特务'怎么逃也逃不掉,一会儿就被我们好人抓住了……啊!不好了,刮风了,星星都吹到河里去了……"我吓了一跳,赶紧睁开眼睛,只见河里果然有许许多多星星。于是我便要下河去捞星星。刚一抬脚,就有一块石头掉入水中,水面上泛起了一圈一圈的波浪,原来这些星星,是天上星星的倒影,可我差一点跳下了河。这时,我猛然想到:"天上的星星,大是大的,可惜离得太远;水面的倒影,近是近的,可惜只是影子。到底怎么才能使堤坝上亮堂堂呢?"

我怀着这样的心情,向家走去。突然,眼前豁然一亮,只见家家户户都亮起了雪白的电灯。灯,驱走了黑暗,这使我想起,这天是本镇新建的发电厂正式供电的日子。

现在,我已经是一个中学生了。夏天的夜晚看到星星,虽然不会像过去那样胡思乱想,但还是想得很多很多。想知道宇宙到底有多大,宇宙里到底有多少星星,到底有多少可以利用的资源,怎样来开发和利用……天空有无限的奥妙,我不得不思考、探索,探索、思考……

王　风

再谈插翅飞翔
——《夜》习作讲评

【作前指导与要求】

前一次写作训练是就眼前的实景引出想象,写成文章,这一次是看图作文,由图展开联想与想象。

(出示一幅彩色画)这是一幅图画,画题是"夜",请同学仔细观察,弄清楚:

1. 夜中景,夜中物,夜中人。
2. 画面怎样布局的,表达了画家怎样的意图。

在仔细观察的基础上,以"夜"为题作一篇短文。要求:叙事清楚,合理地开展想象,内容具体;书写、卷面、语句、格式等方面的要求同前次作文。

学生可到讲台前看画,教师答疑。

一、讲评目的

1. 懂得观察正确是想象合理的重要条件,看图作文须把图看仔细、看真切。
2. 通过评改开启学生的想象,进一步理解画中情、画中意。

二、讲评材料和方法

评改材料两份,《夜》彩色画一张。

图文对照,集体评改,分析讨论。

三、讲评要点

1. 概述情况,指导观察彩画《夜》。

上次作文每个同学都有观察夏日夜空的生活经验,所以写的时候比较顺手。尽管习作中有这样那样的缺点,但总的来说,语句还比较通顺。但这次写作情况不同,给大家限制了条件,要根据条件开展想象,难度加大了。一要把画看懂,看仔细、看真切;二要合理想象。由于第一点很多同学没做到,第二点也就不理想了。

请同学仔细看画,说明:

(1) 画中的主体是人,画了几个人?这些人各有什么特征?

(2) 画中有哪些景物?这些景物蕴含着怎样的意思?

(3) 从画的构图中表现了作者怎样的意图?

同学发表意见后指出:

写后观看比写前观看有了进步。写前观看暴露出以下的不足:

(1) 看走样。如:摇篮里的小孩的表情,有的写"安详",有的写"哭",有的写"脸蛋抽搐着",差别很大,反映了观察的随意性,没看真切。

(2) 视而不见。画上的许多东西遗漏了,没反映进眼帘。如主人公的表情、动作、服饰,半放下的窗帘,窗外的星星、树影,斗室的布局,桌上牛奶瓶中剩余的牛奶等,不少同学作文中缺这少那,反映不周全。

(3) 未看清画中人与人、人与物、人与景之间的关系,缺乏整体概念,因此,不能深入理解画意。

在以上三个方面有所纠正,再来评析习作,就有了基础。

2. 图文对照,集体评改习作。

这次作文的毛病大同小异,现选择两篇有代表性的习作请大家评改。要求考虑:

(1) 文中内容有哪些不符合画面的？应怎样修改？

(2) 哪些文句欠通顺？应怎样修改？

(3) 文中哪些想象的内容是合理的？哪些不合情理？可以补充哪些内容？

(4) 两篇习作各有哪些优点？为什么会有这些优点？

评改时须抓住以下要点：

(1) 王为的习作从"月亮婆婆"俯视大地的角度写，由窗外察看窗内，写窗内主人公夜读的情景。习作者之所以能选取这样的角度，是由于发挥了想象，而这种想象又是合乎情理的，因为窗外的月亮透过玻璃照射到室内。如果画面中窗帘全部挂下，这样设想就不行了。徐泳的习作中有些部分写得比较细，如对年轻妈妈的描写，桌子上奶瓶的细节。这是由于观察得比较细致的缘故。三个"也许"的段落是用猜测的办法来开拓想象的，这一点与其他同学的习作比，自有特色。

(2) 两篇习作均有不合情理之处，乍看是语言上的毛病，实质是对事物认识欠准确所致。如：

① "月亮忽隐忽现，给大地镀上了一层银。"既然"隐"，怎能给大地"镀上了一层银"呢？可改为"月光皎洁，像给大地镀上了一层银"。

② "那个脸蛋抽搐着"与画面不合，画面上是孩子安详地睡着。

③ "在桌子上那闪着微弱灯光的台灯下"的"灯光"与"台灯"重复。可改为"在桌子上台灯闪着微弱的光，灯光下……"，分开来说；也可改为"在微弱的灯光下"。

④ "满满半页"不妥。只能说"满满一页"，"半页"不可说"满"。"元规"的"元"是任意简化的，应改为"圆"。

⑤ "她就是生活在我们周围的你、我、他（她）！"既然是生活在"我们周围"，怎么又包括"我"呢？不合情理。可改为"她就生活在我们之中"。

⑥ "时钟当当地响亮敲了11下"中"响亮"可删去，因"当当"已拟

声,给人以响亮的感觉。

⑦ "大地好像在沉睡之中了,只有蟋蟀发出的'曜曜'声"。前半句着眼于"沉睡",后半句着眼于"声音",不协调。只要后半句删去"的",语意就连贯了。

⑧ 错别字、用词不当、漏字明显。"摇蓝"的"蓝"用错,"蓝""篮"混淆。"他头戴一顶黄黑交织在一起的帽子"中"黄黑"可作为一个词,故在它后面应加上"二色"两字,以免发生歧义。"从她那自豪和清透的脸上可以看出她对前途充满了信心",用"自豪和清透"修饰"脸上"使人费解,应改为"从她脸上的神情可以看出她对前途充满了信心"。"清透"可能是"清秀"的笔误。"提笔就篇"的"就篇"用得不当,"就"是完成的意思,文中要表达的是"继续写",弄错了。

⑨ 想象不合情理。睡在摇篮里的孩子喃喃地说"明天我就可以上学了",年轻的妈妈变成了"多好的姑娘",都是缺乏深入思考的表现。

⑩ 后语不搭前言,前后矛盾,经不起推敲。前面说孩子睡在摇篮里,未作任何交代,又写"你可知道孩子多么迫切希望妈妈睡在身旁",只要联系起来一想,就会发现矛盾了,"妈妈"总不能睡在摇篮里啊!

⑪ 结尾套话。"千千万万个有理想有抱负的青少年"与上文不合,全文讲述的是"年轻的妈妈",结尾讲"青少年"显得突然。

3. 从评改中可获得几点认识。

(1) 看图作文,观察是开展想象的基础。图看得准,看得细,感性知识丰富,想象力就强。反之,大而化之把图看一看,脑子里无清晰的印象,想象就难以具体。

(2) 看图既要看清局部,又要理解整体,不能浮在画的表面,要运用心灵去思考,体会画中情、画中意。同学们的习作基本上停留在主人公的"学"上,在怎样的条件下"学","学"的背后有哪些丰富的内容,观察时未深入思考,想象的天地就受到了限制。再说,女主人公是否就是挑灯夜学呢?"设计""攻关"都可以,只想到"学",思路也就不开阔。

(3)抓住想象的"触发点"后要善于开展发散性的思维。紧扣"夜以继日"这个特点,能在同一个方向上流畅地想象出多种类型的场景。可以想象白天为解决某个技术上的问题,工程技术人员、工人、干部协同攻关的场景,可以想象工作和家务的担子重压的情况,可以想象课堂上教学的生动场面,可以想象下班后孩子缠绕的景象。总之,思想插上双翅可想象得很多很多。可重点选择一两个场景作具体生动的描绘。

(4)想象要合乎情理,不能乱想胡想。想象是以客观实际为依据的,但又不拘泥于客观实际,而是感觉的深化。就画面开展想象,弄清画中人、画中物,符合画意,而想象的内容又是以实际生活为依据的。想象的内容如不合情理,文章就站立不住,闹出笑话。

(5)写不明白主要是由于想不清楚;想得不周到,写出来就漏洞百出。当然,词义理解不准确,怎样组织语句表达也就存在问题。

四、作业

复看自己的作文,在恰当的地方补一段想象的生活场景。

板书

再谈插翅飞翔

观察——"夜中景,夜中物,夜中人",须看仔细、看真切。
思考——运用心灵思考,体会画中情,理解画中意。
想象 { 紧扣"触发点",在同一个方向上想象出多种类型的场景。
　　　 想象要以客观实际为依据,合乎情理。

夜

夜,静悄悄的,大地沉睡着。布满星斗的夜空中,<u>月亮忽隐忽现,给大地镀上了一层银</u>。

秒针嘀嗒嘀嗒,飞快地走着,随即分针时针也跑到了 11 点,它们仿佛合奏着催眠小调:"快快睡,快快睡!"不一会儿,人们酣然入梦了。老人们拉风箱似的打着鼾,小孩子那些随着梦境而变化的形形色色的苹果小脸,给沉寂的夜增添了一份滑稽色彩。尤其是那个小孩,<u>那个脸蛋抽搐着</u>,戴着绒线小帽的孩子,瞧,睡得真香。

呀!这狭窄的小屋里,年轻的妈妈还没睡呀!<u>在桌子上那闪着微弱灯光的台灯下</u>,一支笔在快速的书写中陡然停止,嗬!已经写了<u>满满半页了</u>,三角尺和元规躺在边上时刻准备着主人的选用。披着衣服的年轻妈妈正聚精会神地思考着,她看上去只有三十来岁,一双深邃的眼睛和长长的睫毛显露出她的聪慧……

也许她是个人民教师,正在为同学们的功课而操劳,为明天怎样上好一节课而思索,为了让同学们得到更多的知识而废寝忘食地设计练习。

也许她是个电影演员,在为怎样扮演好一个人物设计镜头,研究剧本,进入角色。瞧!她那全神贯注的样子,仿佛整个身心都沉醉于剧本之中了。

也许她是个技术革新能手,正设计着一种新型机器,为现代化建设贡献一份力量。看!她简直入迷了,连自己孩子吃的牛奶都忘记喂啦。

在生活中有千千万万这样的人物,大家仔细观察吧!<u>她就是生活在我们周围的你、我、他(她)!</u>

夜,更静了,更静了!年轻的妈妈还在伏案工作,不辞辛劳地工作着,工作着……

徐　泳

夜

呵!多么静寂的月夜啊!<u>时钟当当地响亮敲了 11 下</u>,月亮婆婆撩开了面纱,把圆圆的脸儿伸向大地,笑着俯视着大地上的一切。<u>大地也</u>

好像在沉睡之中了,只有蟋蟀发出的"喔喔"声。看着看着,她自言自语地说:"多么安静啊!"

突然一道亮光刺进了她的眼帘。"咦!是谁这么晚了还要看书啊?"她不由得把脸凑到那家窗口,仔细察看起来。

那是一间不过九平方米的小屋,虽小,却安排得井井有条。在屋子的一个角落里,放着一只用竹藤编成的红黑色小摇篮,里面躺着一个安详的婴儿。他头戴一顶黄黑交织在一起的帽子,身上穿一件咖啡色绒线衫,下身穿一条棉毛裤,安静地睡在那儿。胖胖的小脸上绽开着一朵小花,在梦里喃喃地说着:"妈妈,妈妈,明天我就可以上学了,多么高兴的时候。"孩子啊!你可知道亲爱的妈妈在干什么吗?她正在孜孜不倦地学习、看书,她听见孩子在说梦话,就回头望了一眼正在熟睡中的孩子。随后,就又看她的书、做她的题去了。

年轻的妈妈,你可知道孩子是多么迫切希望妈妈睡在身旁。然而你——年轻的妈妈却忍心扔下可爱的孩子,去攻克难关。你的心灵又是何等的美丽!从她那自豪和清透的脸上可以看出她对前途充满了信心……

桌上的小闹钟仍在"嘀嗒嘀嗒"地走着,它也忍不住了,催促道:"睡吧,年轻的妈妈,你劳累了一天,也该休息了吧。"可是这丝毫没有打动她的心。她低着头,时而冥思苦想,时而提笔就篇,这是多么的认真啊!

看着眼前所发生的一切,月亮婆婆微笑、默叹,表示赞许,仿佛在说"多好的姑娘啊!全国何止这样一个。正有千千万万个有理想有抱负的青少年在"四化"大道上快步向前!"

王　为

打开认识的窗户
——"记一个最熟悉的人"习作讲评

【作前指导与要求】

学阿累同志的《一面》时,我们曾为他的观察能力所折服。阿累在内山书店只见过鲁迅先生一面,但他能抓住鲁迅的外貌特征由远而近、逐步深化地描写,并能通过外貌的刻画着力表现鲁迅内在的气质和旺盛的战斗精神,刻貌传神,形神兼备。

我们每一个同学都生活在家庭之中,生活在集体之中,对家里的每个成员应该比较熟悉,因为朝夕相处,彼此了解;对班级集体应该比较熟悉,因为同窗学习,终日为伴。现在,请你们从中选择一位最熟悉的人写一写,看谁能抓住人物的外貌特征进行刻画,看谁能通过外貌、语言和行动的描写显示人物的精神,看谁笔下的人物最活,给人的印象最深。

写人离不开事,要写好你所熟悉的人必须选择有关材料写清楚事,事情叙述清楚,人物形象鲜明,你们就成功了。

一、讲评目的

1. 认识观察生活、观察周围世界是积累写作材料的重要途径,培养观察兴趣和关心周围事物的习惯。

2. 区别叙述与描写,学习抓住特征描绘外貌,通过语言、行动的描写表现人物精神的写作方法。

3. 指导列写作提纲。

二、讲评材料和方法

《妈妈》《徐阿婆》《我所熟悉的一个人》三篇习作。

朗读,综合评析,提炼要点。

三、讲评要点

1. 从比喻入手,激发观察兴趣。

俗话说:"巧妇难为无米之炊。"意思是再能干的妇女,没有米,也是做不出饭的。写作文也是如此,没有充分的材料,不管你用什么方法,也写不出像样的文章。内容空洞,空话连篇,样子难看。

材料从何而来呢?阅读是途径,观察生活同样是重要的途径。有人说眼睛是通向心灵的窗户,一个学生善于使用自己的眼睛,对所接触到的人、事、景、物产生浓厚的观察兴趣,他就能积累丰富的感性材料,下笔时就会思绪绵绵,许多生动有趣的材料往笔端涌。

比如,须磊同学坐第一排,是班级中个子最矮小的一个,男同学们天天和他在一起玩,不说别的,单是外貌特征,大家能说周全吗?请三五个男同学说一说。

(同学讲述以后)大家用了不少形容词,什么"可爱""有趣""天真",而特征、细节说得不多。须磊笑起来常把舌头卷起来,用牙齿轻轻地咬着,露出舌尖;笑得得意时,会不自觉地用手指去挠挠耳朵。这些大家注意到没有呢?观察是认识的窗户,了解人、熟悉人的窗户,要写好人物记叙文,必须打开自己认识的窗户,敞开观察的大门,让人物的言语举动源源地录入自己的脑海。

2. 朗读、评析。

(1) 简述这次习作情况,强调做有心人的重要。

"熟悉的人不熟悉",这句话是什么意思,请同学讲解。应该说这次习作同学们写的都是自己熟悉的人,然而,我读了你们的习作以后,发现你们中不少人对所写的对象并不熟悉,写的老师样子差不多,写的同学模样也相似,看不出特征,留不下印象。表面上看是会不会写的问题,实质上是了解得不够,虽亲目所睹,但没有"睹"进去,虽亲耳所闻,但也没有真正"闻"进去。由此可知,平时做"有心人"十分重要,要留意观察,扑入眼帘的东西要看仔细,脑子里转一转,刻下痕迹;切不可浮光掠影,视而不见。

(2) 请习作者分别朗读三篇习作,朗读时口齿清楚,声音响亮,教室里每个同学都能听到。读时不要快,要把握好速度,让听的同学有思考的余地。听的同学注意以下问题:

① 习作中写的人有没有活气?能不能给人留下清晰的印象?

② 哪些地方写得精彩?为什么?

③ 哪些地方显得不足?原因何在?

(3) 学生谈听后感,开展评论。评论中把握:

① 三篇习作内容都比较具体,都写出了真情,笔下的人用"栩栩如生"形容虽有点过分,但确实能给听者留下明晰的印象。

② 关键在于抓住了人物的特征。《徐阿婆》中徐阿婆那双慈爱而又严厉的眼睛,与瘪嘴、瘦脸、额头上密密麻麻的皱纹镶配在一起,一个饱经忧患的老妇人的面部特征就活脱脱地勾勒出来。而那"竹枝似的手指"和脸部的"瘦"遥相呼应,特征更为鲜明。《妈妈》外形描绘不像《徐阿婆》那样用重笔,但过早衰老的特征也很清楚。习作者把"几根白发""几条很深的皱纹"与"三十多岁"的年龄放在一起,"老"的特点就显示出来了。

③ 描写人物要把人物安排到特定的环境中,让人物自己活动,而不是习作者包办代替,作客观的介绍。有些同学一叙到底,没让人物自己说话、行动,这样,笔下的人就缺少活气,缺少生气。《徐阿婆》一

文除对人物肖像集中笔墨描写外,还把人物放在一定的环境里描写她的言和行,表现思想精神。一是灯下对话,二是桌边教育,让七十上下的人"颤巍巍地站到凳子上,准备放长电线",让饱经忧患的老人叙说过去日子的艰难,使阿婆关心、帮助小辈的深情得到了具体的表露。《妈妈》一文中写母亲对幼年丧父的女儿的疼爱,也是放在一定的环境中来表现的。路上对话,以孩子的无知、任性衬托出妈妈的辛酸;灯下学字,以百般的慈爱滋润孩子成长。如不写具体的环境,没有具体的事,人物很难活动,那就只得流于一般的介绍了。《我所熟悉的一个人》写邻居大妈,语言通顺,叙述也清楚,但除管教儿子(方法不一定对)有点具体描写外,其他内容的叙述都比较概括,表达效果就差一些。

④ 描写不是简单地拍照,要讲究方法。《徐阿婆》一文用的是反复描写的方法,而且在描写时曲曲折折,因此给人的印象很深。写徐阿婆的眼睛先是"怕人",接着写她目光"焦虑",再写它的"怜爱""慈爱",又写它"瞪"着"怕人",然后还写它"稍微温柔了一些",这样,眼睛写活了,表达出丰富的感情。即使是"皱纹",习作者也没忘记使它活起来,"阿婆看着,连脸上的皱纹也一抖一抖,笑啦"的细节就很生动。《妈妈》一文也在"眼睛"上做文章。先写妈妈"有一双炯炯有神的眼睛,眼睛里充满了对生活的憧憬",继写"妈妈眼里闪着辛酸的泪花",再写"妈妈的眼睛有点红,她实在太劳累了",通过三写,表现妈妈在艰难中支撑生活的意志和勇气。反复描写的目的在于使人物形象鲜明,如果安排不当,就会重复,显得累赘。《我所熟悉的一个人》写大妈为人和气,十分关心他人,先作了概括介绍,后来又用两段文字叙述,由于缺少生动的场景描写,使人有重复之感。

⑤ 写人可以直接下笔,也可以用回忆的方法写。除《妈妈》外,另两篇习作都用了回忆往事的方法。标题应醒目,如《我所熟悉的一个

人》改为《邻居大妈》更合适些。

3. 从评析中归纳要点。

（1）熟悉人物是写好人物的前提。平时多注意、多观察，才可能对别人了解、认识、熟悉起来。

（2）人物的细处、传神处（包括肖像、语言、动作等）要能描绘出来，依赖观察的精细，看不到细处，也就写不出细处。

（3）写形貌要善于抓特征，写形貌、语言、动作都要能表现人物思想精神。

（4）写人物既可用叙述的方法，更要用描写的方法。叙述时既可概括介绍，更要具体叙述。没有具体传神的饱含感情的叙述，没有具体的描写，笔下的人就是纸人，无活泼泼的生气。

4. 指导列写作提纲。

同学们已列了两次提纲，各人各列法，有的合要求，有的不大符合要求。究竟怎样列写作提纲，课本里知识短文会说到。现在先明确以下几点：

（1）提纲由两个部分组成，一是文章的中心思想，二是文章的段落要点。

（2）中心思想要把意思写明白，句子要完整，用词要准确。

（3）段落一律写要点。如：第1段要点——简介徐阿婆的形貌。段落要点分行写，不可连在一起。不能一会儿段落大意，一会儿小标题。

（4）提纲与正文之间空一行，使眉目清楚。

四、作业

1. 细读《一面》中三段形貌描写的文字，体会什么叫抓住特征。

2. 观察周围某一人物的形貌，写一段肖像描写的文字。

板书

打开认识的窗户

（谈用眼看）

善于使用自己的眼睛,摄入种种物象。

善于抓住人物的主要特征,提高观察质量。

善于见到别人之所未见的细节,提高观察的精密度。

善于把观察人物所得,用以形传神的方法写成文章。

徐 阿 婆

对于往事我总是那样依恋,然而我最依恋的是住在徐阿婆家的那段生活……

一年前,为了读书方便,我随妈妈住进了徐阿婆家。开始,我总有些怕徐阿婆的模样,她七十上下,很瘦,脸很长,面颊削下去,眼睛挺大,配在那瘦瘦的脸上显得更大了,有些怕人。她的嘴是瘪的,牙齿都落光了,密密麻麻的皱纹像电车线路似的,横着布满了她的额头,我简直不敢看!过了一段日子,我改变了原来的看法,这还得从一件事说起。

一天晚上,我在微弱的灯光下做作业(阿婆家并不富裕,只有一盏八支光的日光灯),阿婆坐在一旁看着。忽然,她站了起来,问我:"莉莉,你看得清吗?这日光灯暗吧?"我抬起头,触到阿婆那焦急的目光,"嗯!"我轻轻点了点头。阿婆用她那竹枝似的手指拍了一下我的脑门说:"你怎么不早说?傻丫头!"我不好意思地看了阿婆一眼:阿婆的那双眼睛正怜爱地看着我呢! 她颤巍巍地站到凳子上,准备放上电线。"阿婆,我自己来!""快做你的功课吧!"我望着阿婆,她的那双眼睛不再怕人,而是充满了慈爱,不知怎的,泪水模糊了我的视线……

又一个星期天早上,妈妈烧好了早饭急匆匆要去上班,我一看又是吃泡饭,就拖住妈妈撒娇:"妈妈,我不吃泡饭,你给我买粢饭豆浆!"徐阿婆走了过去，用眼睛瞪了我一下，真怕人！我吓得缩了手。妈妈走了，屋里只剩下我和徐阿婆两人。我偷偷地看了一眼阿婆：她皱着眉头，眼光稍微温柔了一些。我的心松了松，只听得阿婆的话音："你们现在多幸福，有吃有穿，我那时连泡饭也吃不上，你吵着要吃这吃那，不应该啊！"听着阿婆语重心长的话，我惭愧地低下头：嗐！真不该！吃泡饭不也一样吗！"阿婆，我不吃粢饭豆浆了！"我说着，端起桌上的泡饭吃起来，吃得是那样香甜。阿婆看着，连脸上的皱纹也一抖一抖，笑啦！阿婆多好啊！

以后，我又跟着妈妈搬进了新家。岁月的流逝没使阿婆在我的记忆中淡忘，我忘不了那双熟悉的、慈爱的、有时又很严厉的眼睛，更忘不了阿婆对我的关心、帮助。

黎 莉

妈 妈

妈妈，一个多么亲切的字眼。是妈妈教我学习文化，是妈妈给了我无穷无尽的力量，是妈妈指给我光明的前途。可以说，妈妈是世界上最善良、最勤劳的人，我爱我的妈妈。

妈妈为了我，为了全家，她那头黑发中渐渐地、渐渐地添上了几根银丝。妈妈老了，她才三十多岁，额上已有几条很深的皱纹。妈妈高高的鼻梁，有一双炯炯有神的眼睛，眼睛里充满了对生活的憧憬。妈妈经常穿一身蓝衣裤，脚蹬一双陈旧的皮鞋，就是这身褪了色的衣服，伴着她度过了艰难岁月。

由于我幼年丧父，妈妈便一个人挑起了生活重担。从我出生起，妈妈便把我当作掌上明珠。记得那是1974年，父亲去世不久，家里经济拮据。尽管这样，妈妈还是尽量满足我的要求。有一次妈妈领我到外婆家，路上，我看到一个小女孩手里抱着一个洋娃娃，这个洋娃娃衣着华丽,还有长长的辫子。我见了感到很新鲜,就说:"妈妈,我也要洋娃娃,我也要!给我买一个!"

妈妈的脸刷地沉下来,很是为难,说:"以后再买吧,妈妈现在没钱了,等有了钱,一定给你买。"我一听不买,便一个劲地蹬脚,一边哭,一边撒娇说:"我现在就要,现在就要嘛!"

"好,好,懿懿乖,咱们以后再买。"说着,妈妈眼里闪着辛酸的泪花……

没过多久,妈妈给了我一个活泼可爱的洋娃娃,我当然爱不释手。后来才明白,这洋娃娃是妈妈借钱买的。

随着岁月的流逝,我渐渐长大了。到了七岁,我跨进了知识迷宫,开始了学习生涯。我放学后,妈妈总是坐在我身边,督促我学习。晚上,别人家的灯熄了,可透过我家的窗帘,还可看到妈妈握着我的手,一笔一画教我写字。一天晚上,钟都敲了八下,我的眼睛真想闭上,可妈妈还一个劲地教我学字。我不耐烦了,说:"妈妈,你别教了,我想睡觉。"妈妈听我这么说,先是一惊,后来,她沉思了片刻,和蔼地对我说:"功课没做好,怎么能睡呢?一个人做事不能半途而废,要不一件事也做不成。"我听了这话,想想妈妈说得有道理,不知是从哪来的精神,我感到身上特别有劲。也不知过了多久,功课终于做完了。这时,我发现妈妈的眼睛有点红,她实在太劳累了。为了我,妈妈不知流了多少汗,付出了多少心血,每当我看到妈妈过早衰老的脸庞,心中总是一阵难受。

亲爱的妈妈,您是多么善良,多么慈爱。您给了我知识,给了我力量。是您的爱,使我感到热血在沸腾,我要为您歌唱,我为有您这样的妈妈而骄傲。您看着吧,您的女儿一定不辜负您的希望,一定做一个出色的"四化"建设的接班人。

任 懿

我所熟悉的一个人

那是几年前的事了……

咱们园子里的邻居大妈是个心地善良的人。她五十出头,是个寡妇,身世很苦,虽然含辛茹苦地把几个孩子养大,但是身子却渐渐垮了,五十来岁的人看上去好像已年过六旬。脸上布满了皱纹,几十年的生活使她的背驼了,眼也花了,有些颓唐的样子。她为人很和气,见人总是笑眯眯的,十分关心他人,谁家的衣服掉在地上了,她帮着捡起来;谁家的垃圾桶满了,她帮着倒了,邻居们都管她叫作"大妈"。

大妈是个正直的人。小儿子她最宝贝,可偏偏不争气,和社会上不三不四的人混在一起,常常赌博,大妈劝阻了几次,都不管用。一次,两次,三次……这下,大妈忍不住了。一天,小儿子到晚上 11 点才回家,大妈气得两眼直冒火花,一阵拳打脚踢朝小儿子袭来:"你这不争气的畜生!你这没良心的狗种!"责备、愤恨、懊恼、怜悯……交织在一起。就这样,小儿子三天没进家门,都睡在邻居家里。小儿子受到良心的责备,慢慢地改邪归正了。

大妈也是个热心肠的人。有一次,我中午放学回家,忘记带钥匙了,"铁将军"把着门,我一时不知所措,急得哭了,大妈闻声赶来,拿手帕轻轻给我擦眼泪,用糖块逗我,中饭,我也就在大妈家吃了。

大妈处处为人好,得到了邻居们的称赞,可她总是摆摆手说:"这点小事算不了什么!"

事情竟这样突然:我们快要搬家了,我又惊又喜。我真舍不得离开大妈,大妈更舍不得我们。我们不能再聊天,不能再讲故事了,我的心乱极了。搬家日期一天天逼近,我们终于走了。车上,我挥着手;车下,大妈噙着泪:"别忘了写信,再见啦——"车开了,越开越远,迷雾中,站着一个上了年纪的驼背人。

……事情过去好久了,后来嘛,我们还通信,打电话,有时也偶尔见面。记得她曾在一次信中对我说:"小民,好好念书,快快长大,注意身体,做个对人民有用的人!"一封封信寄托着两家的友谊。等我有空时,我再去看她老人家,以后的事下次再谈吧!

金向民

再谈打开认识的窗户
——《听践耳同志谈音乐》习作讲评

【作前指导与要求】

我国人民音乐家冼星海曾说过这样的话:"音乐,是人生最大的快乐;音乐,是生活中的一股清泉;音乐,是陶冶性情的熔炉。"年轻人爱唱歌,爱听乐曲,和音乐有不解之缘。可是,由于我们的生活阅历浅,辨别优劣的能力不强,什么是高尚的,什么是庸俗的,什么应该提倡,什么必须抵制,不是十分清楚。为此,我们邀请了著名作曲家朱践耳同志给大家谈谈音乐欣赏的问题。那天礼堂里气氛热烈,大家全神贯注,被践耳同志讲述的精彩内容深深地吸引住了。现在请以这件事写一篇作文,检验一下同学们听的能力,理解的能力。题目是"听践耳同志谈音乐"。下笔之前先把报告的场景在脑子里过一过,然后抓住要点写。重点是"谈音乐",不是写报告人朱践耳。文章有一定的难度,先要冷静地思考,确定写什么,考虑怎样写。

一、讲评目的

1. 认识观察外在世界不仅要用眼看,而且要用耳听,自觉锻炼自己听的能力。
2. 引导学生培养辨别乐曲好坏的能力,用高尚的音乐陶冶心灵。

二、讲评材料和方法

《听践耳同志谈音乐》习作两篇,践耳同志报告的录音磁带一盘。
视听比较,选择,判断,朗读赏析。

三、讲评要点

1. 引导学生回忆报告会情景,为学生集体评述提供实实在在的依据。

请一位同学简述报告会的场景与热烈气氛,请三四位同学各谈一点自己最深的感受。

2. 从审题引出讲评的课题。

正因为场景动人,同学们有感受,我们就以"听践耳同志谈音乐"为题,进行一次写作训练。请同学们审视:这个题中最为关键的词是哪个?为什么?

"听"最为关键。听到的、听懂的写下来。只有认真听,才能写得好。听是吸收,写是表达,吸收得好,占有了材料,才写得出来。如果听时一知半解,甚至张冠李戴,那么表达一定混乱不堪。今天讲评着重谈怎样用耳听,接受外在世界的信息。与前次讲评一样,也是打开认识窗户的问题。观察不仅是用眼看,同时也要善于用耳朵听,从听中增长知识,通过听占有材料,积累材料。怎样才算听得好呢?

3. 视听对照,选择,判断,指导听的方法。

(1) 请同学就"怎样才算听得好"的问题,结合听践耳同志的报告发表议论。明确:

① 抓住报告的主要内容。
② 重点是讲述音乐的社会效果。
③ 线索是三首雷锋歌曲的创作过程。

(2) 视听对照,分析判断、明确听得好的第一个要点。

要听得好,首先是要听真切,无差错,不走样,不曲解人言。这次作文,由于我们听的能力不强,毛病不少。践耳同志谈了对流行歌曲和黄色歌曲的看法,同学们的作文中出现了好几种说法,我将这些说法列出来,请你们看一看,想一想,哪种说法是正确的:

① 流行歌曲都是不健康的黄色歌曲。

② 时代曲就是轻音乐,都是不好的,我们要多听听大合唱,多唱民歌,不唱流行歌曲。

③ 谢书颖写道:践耳同志谈到了音乐的社会效果,谈到了怎样欣赏民歌和流行歌曲,还特别指出,民歌长期在人民中广泛流传,有的唱出了人们的劳动生活,有的唱出了人们的美好向往。过去,我觉得民歌的曲调很单调,一点也不喜欢听。如今,倒想学着欣赏一些中国民歌了。

④ 林霞写道:践耳同志说,最近流行港台歌曲,其实,香港的时代曲大多思想不大健康,音乐水平相当低,只能在酒吧间、夜总会演唱,对推动社会的发展毫无意义;台湾校园歌曲是台湾学生业余创作的,虽然大多数内容还比较健康,但也有一定的局限性,不能捧得过高。

到底怎样说符合践耳同志报告的原意,大家暂不发表意见,先听有关的录音。(放有关这个内容的录音,约四分钟)

请同学复述录音的大致内容,然后从四种说法中加以选择,说明怎样写符合报告的原意。明确:林霞具体地记叙了践耳同志讲的话,谢书颖则概括了讲话的内容。他们写的都与报告人的原意相符合,而另外两种说法就不符合报告人的原意了。因此,听真切,无差错,是听得好的第一个要点。

(3) 正误对照,分析讨论,明确听得好的其他要点。

① 请比较下列材料,哪些是必须的,哪些写在文章中是多余的:

"我给大家讲些什么呢？我是搞音乐的，就讲音乐吧。"践耳同志用他那生动的语言，一下子抓住我们的心。践耳同志从他的中学时代讲起……（翟宇兵）

他说，创作歌曲不是一件容易的事，不像有些人所说的，只要灵感一来歌曲就创作成了，而是要深入生活，把自己所有的激情都注入创作之中，才能写出好作品。（林霞）

践耳伯伯还谈到，创作一首歌曲是很不容易的，要对人和事有深刻的理解，真正被英雄人物的高尚品格所感动……由于有了真情实感，他终于谱写出刚劲有力的歌曲——《接过雷锋的枪》。乐曲响起，我们强烈地感到有千万个雷锋在党的阳光下茁壮成长。（张晓晔）

显然，第一段文字可删，第二、三两段文字是报告中的主要内容，应详写。听报告要善于抓要点，不能也不可能一字不漏地记下来。践耳同志谈创作过程实际上讲了六个字——生活、思想、技巧，一首歌的创作着重谈一点，三首歌把三点（六个字）都谈了。听话要听音，要能把要点拎出来。

② 除了抓住要点，还要梳条理。践耳同志谈三首歌曲的创作过程时，先谈了《接过雷锋的枪》，再谈《雷锋就在我们中间》，第三首谈《唱支山歌给党听》。可是，有的同学写作时把这三首的次序颠倒了，一会儿这一首，一会儿那一首，甚至张冠李戴，表达不清。所以，听的时候一定要在拎要点的同时把条理梳理清楚，脑子里要有纲有目；否则，脑子里一团乱麻，表达起来当然就杂乱无章了。

③ 有的同学说，践耳同志的报告他大概记住了一半。依我看，记住的可能还不到一半。这说明我们在听的时候，一方面在储存，另一方面在舍弃，既储存要点，对非主要的枝节、对重复的内容又要毫无可惜地摒除。听课、听报告时都要有这个本领，使自己的脑子成为分析器，

把有用的东西储存起来,把不大重要的东西分解出去,以提高记忆的效率。

(4) 归纳小结,深入一步讨论。

总之,要"听真切,无差错;抓要点,梳条理;既储存,又舍去",才能提高听的能力、听的质量。怎样才能做到这几点呢?听的时候光用耳朵行不行呢?不行,一定要用心听。如果心不在焉,看东西就会视而不见,听报告就会听而不闻。认真听了是否就一定能听得懂?那也不见得。朱践耳同志报告中的有些内容在我们作文中毫无反映。比如,淮海战役中人民解放军包围敌人时,用大喇叭放歌曲,可谓"垓下之围""四面楚歌";又如古代的六艺——礼、乐、射、御、书、数。这是由于我们年龄小,知识欠缺。所以,要听得懂,除做到上述三点外,还要多读书、多学习,注意积累知识,扩大知识面。

4. 朗读赏析,加深对上述四个要点的理解。

(1) 谢书颖朗读自己的习作。

(2) 同学评析优点,明确:

习作者之所以写得比较好,是因为她喜欢唱歌,爱好音乐,稍稍具备了这方面的知识。这样她听懂报告的比例比其他同学高。

这篇习作抓住了"听、看、想"来组织篇章。文章开头从音乐声中迎来了作曲家,结尾又在音乐声中送走了作曲家,写朱践耳同志的外貌,是用想象中的朱践耳同志来反衬现实中的朱践耳的形象,显然,习作者是经过一番思考的。

习作不是十全十美,但在两节课内能把如此深奥的问题写得条理清晰、具体生动,对初一年级小同学来说,很不容易。

四、作业

1. 课后再听录音或听录音片段,边听边记,有意识地训练听的能力。

2. 文中与报告原意不符合处改一改。

3. 翟宇兵这次习作有相当的代表性,请具体地下个评语,说明符不符合此次习作要求,理由何在。

板书

再谈打开认识的窗户
（谈用耳听）

听真切,无差错。⎫
抓要点,梳条理。⎬用耳,用心,提高听的质量。
既储存,又舍弃。⎭

积累知识,扩大知识面——增强听懂的能力。

听践耳同志谈音乐

"谁说他已离开人间,谁说他已离开人间,雷锋就在我们中间……"这首优美动人的歌是由著名作曲家朱践耳同志谱曲的。下午,他就要来我校作报告了。

我想象中的朱践耳一定是个满头白发,衣着讲究,蛮有学者风度的人。然而,我所见到的他和我想象中的他却大不一样:他的头发疏落了,穿着十分普通的中山装,毫无"文人"的架子。在大家的热烈掌声中,朱践耳同志神采奕奕地走上讲台。

践耳同志谈到了音乐的社会效果,谈到了在怎样的场合下,怎样欣赏民歌和流行歌曲,还特别说:民歌在中国有悠久的历史,长期在人民群众中广泛流传,它们有的唱出了人们的劳动生活,有的唱出了人们的美好向往……过去,我一点儿也不喜欢听民歌,觉得民歌的曲调很单调,节奏不鲜明。如今听朱践耳同志这么一讲,倒想学着欣赏一些中国民歌了。

朱践耳同志还介绍了他创作歌曲的过程。在他写《接过雷锋的枪》

这首歌以前,还创作过歌颂雷锋的一首歌曲,但他觉得那首歌太空洞,后来他看见报上一些青年发表的关于"把雷锋日记继续写下去"的文章,从中受到启发,于是谱写了《接过雷锋的枪》这首曲子。他的话使我想起小学时写作文的情形。有的同学写起来瞎编一套,不真实。老师就让同学们从生活中广泛地找材料,充实自己的写作内容,果然,有不少同学的写作水平有了提高。这些不都说明了"生活是创作的源泉"吗?这句话,我听老师说过,在书上也看见过,我自己也体会到,这句话说到点子上了。当朱践耳谈到他近几年新创作的歌曲《雷锋就在我们中间》时,越讲越兴奋,情不自禁地唱了起来"……耳边响起他亲切的话语,眼前闪动他热情的笑脸……"这首歌也是他根据现在的社会情况谱写的。大家随着这歌声有节奏地拍起手来,会场上洋溢着欢乐、激动的气氛。

报告结束了,我们唱着朱践耳同志当年所作的歌曲"接过雷锋的枪,雷锋是我们的好榜样……"欢送着这位老当益壮的老革命战士、老音乐家。

我们的生活是美好的、幸福的,从生活中广泛地寻求知识,这不仅是作曲家、文学家所需要的,也是我们青年学生和其他所有的人所需要的。

谢书颖

听践耳同志谈音乐

这里是宽敞的礼堂,这里是人的海洋,近千双眼睛注视着高高的讲台。

讲台上坐着一位五六十岁的老人,他就是著名的作曲家践耳同志。他衣着朴素,戴着一副黑边眼镜。他精神饱满,慈祥的微笑浮现在脸上,他是来我校作音乐报告的。

"我给大家讲些什么呢？我是搞音乐的，就讲音乐吧。"践耳同志用他那生动的语言，一下子抓住了我们的心。践耳同志从他的中学时代讲起。在中学时候，他喜欢唱歌、吹口琴，但是不注意分辨乐曲的好坏。后来，有一些进步作曲家谱写的《毕业歌》《大路歌》等歌曲出现了，践耳同志从中得到了启发，思想大大进步了。说到这里，践耳同志即兴给我们唱了一段《毕业歌》。场内沸腾了，大家报以热烈的掌声。多么雄壮的歌曲啊！当年有多少人听到了这首歌，激起了爱国热情，为了国家的兴亡，把生命献了出来。今天，我们听了，仍然热血沸腾，决心要为祖国的建设事业好好学习，做出最大的努力。

接着，践耳同志谈了现在的乐曲。他说：现在的乐曲有一些是比较好的，但是由于对外开放，外国的一些靡靡之音也混了进来。有些作曲家受了影响，写了一些不健康的曲子。其实，在香港，那些靡靡之音只能在酒吧间演奏。我们应该唱音乐性强、思想健康的歌曲。大家听了频频点头。

中华人民共和国成立后，践耳同志怀着极大的热情创作了《唱支山歌给党听》《接过雷锋的枪》等歌曲，在人民群众中广泛流传着，深受大家的欢迎。今天，践耳同志给我们讲了他创作这几首歌曲的过程。

践耳同志写的《接过雷锋的枪》的初稿是不成功的。后来，他深入基层，在群众中体验生活，了解了雷锋的生平，写下了这首豪迈的歌曲。

《唱支山歌给党听》这首歌反映了雷锋对党的无限深情。践耳同志在谱写这首歌时，吸取了民歌的特点，进行了艺术加工。践耳同志在讲解时，常常用歌声来加深我们的印象。台下掌声阵阵，非常活跃。

报告会结束时，我们向践耳同志献上了珍贵的礼物——红领巾。

报告会给我留下了深刻的印象。践耳同志的报告使我对音乐有了了解，帮助我提高了分辨乐曲好坏的能力，我要用音乐陶冶自己的心灵。

翟宇兵

"着意原资妙选材"
——"秋色图"习作讲评

【作前指导与要求】

学《香山红叶》《济南的冬天》《春》《海滨仲夏夜》这个散文单元时，大家遨游于祖国的南北，饱览秋、冬、春、夏四季的美景。这些作品中有的用工笔细绘春花春雨的静景；有的定点观察，写活动中的景物；有的人在画中走；有的紧扣特征描绘，感情在字里行间潜动。这几篇课文帮助我们发现大自然的美，得到了美的享受。

现在我们正生活在大好秋光之中，金风送爽，丹桂飘香，菊花盛开，梧桐叶落。不说别的，单是校园里的秋色就够美的了。我们天天接触秋色，欣赏秋色，让我们学着用文字来画一幅秋色图，看谁能抓住秋天的特征，画得像、画得美。要精心选择描绘的对象，从课文的各种描绘景物的方法中吸取养料；要学习用细笔，不能总粗粗拉拉；注意选择词语，不能总是用空洞的形容词，也不能总翻来覆去那几句话，要写得具体些、生动些。

一、讲评目的

1. 懂得在"博采"的基础上"约用"的道理，学习把阅读中吸取的营养迁移到写作之中，提高运用语言文字表达情意的能力。

2. 引导学生欣赏大自然、热爱大自然,激发他们对生活的热爱。

二、讲评材料和方法

《秋色图》《秋天二小景》习作三篇。

以典型带一般,讨论评析。

三、讲评要点

1. 分析题意,拓开思路。

要写好"秋色图"这篇作文,须抓住哪些要点,想到哪些景物,采用哪些写作方法,请同学们各抒己见。

在发表意见的过程中,让同学明确:

(1) 一抓"秋色"二抓"图"。"秋色"是描绘的对象,"图"是写作上的要求,要把景物描绘得优美如画。二者结合,可知是要求写一篇描绘秋天景物的写景散文。

(2) 下笔前的思考不能只局限在校园之内,要放开来想,思路如游龙。可从天空的秋云变幻想到地上的小草变黄,可从秋风落叶想到果子熟甜,可从园内黄花想到农田中金色的稻穗,可从北雁南飞想到月光如银,可想到秋山、秋水、秋风、秋虫……思路打开,脑子里就秋色浓重,秋天景物就显现眼前。

(3) 下笔时要弄清楚线条和色彩。春色是"绿",绿满山川;秋色呢?是单一的?丰富的?以什么色为主?是细描,还是点染?怎么把各种景物编织成动人的图画是要花一番心思的。

2. 典型引路,重点剖析。

思路一打开,就可看到秋景秋物源源来到眼前。这次作文大家都写了秋色,都切题,这是好的,但遗憾的是"面孔"差不多,秋景不多彩,秋色不够浓重,"博采"和"约用"没处理好。

（1）选择三篇开展讨论。

同学们这次作文大致可分三种类型,现选择每种类型中最有代表性的写得比较好的三篇供大家分析讨论。阅读习作时请思考:

① 三篇习作各选择了哪些景物入文章?这些景物是否都能体现秋天的特色?

② 三篇习作在写法上有何异同?是否都能在读者眼前展现画卷?为什么?

③ 三篇习作是否都是眼前景?不完全写眼前景可不可以?为什么?

④ 三篇习作在词语的调度上有何特色?

学生进行讨论,明确:

① 毕允为的习作模仿《春》的笔法,在"细"上下功夫。秋风、秋草、秋树、秋花,用横式结构的方法连缀成篇,编织成一幅秋色图。大多数同学采用这种写法。

② 许谦的习作采用移步换景的方法,用"秋风"贯串全文,展现一幅幅小景,编织成秋意浓郁的画卷。习作者把"秋风"拟人化了,使它自由驰骋。有的同学也用移步换景的方法,只是自己脚步移动,局限性大,笔下就难以纵横。

③ 谢书颖的《秋天二小景》是简笔勾勒,是"分镜头",同样也能表现秋色。

（2）从习作材料的剖析上升到写作知识的理解。

① 材料是文章的质地,文章要有实实在在的内容,必须材料充实。材料单薄,骨架无力,文章就撑不起来。毕允为的习作中写了秋风、秋雨等十多种景物,材料比较丰富。要写好作文,平时一定要注意"博采",广泛地搜集材料、积累材料。很显然,毕允为笔下的秋色,有的是眼前景,如梧桐的脱皮落叶,菊花的盛开,天空的瓦蓝,枫叶红于二月

花,而田野里的稻子,菜园里的茄子,果园里的苹果、橘子等景物,或者是过去看到过,或者是书上读到,或者是电视、电影里看到,均来源于平时的积累。写这类文章没有要求写生、素描,所以既可写眼前景,又可写早已积累的胸中景,积累越丰富,材料就越厚实。积累的途径一是观察生活,二是广泛阅读。老舍同志说:"刮一阵风,你记下来,下一阵雨,你也记下来,因为不知道哪一天,你的作品里就需要描写一阵风或一阵雨,你如果没有这种积累,就写不丰富。"阅读也一样,还能突破时间和空间的限制,增进自己的知识。

② "着意原资妙选材",这是清代袁枚《随园诗话》中的名句。写文章要用心地去选择材料,材料选得巧妙,文章就能显生气。积累材料要广泛,而在使用材料时要"精",要确切恰当,不能捡到篮里就是菜。这就叫"约用"。占有材料越多越好,使用材料要严格地取舍剪裁,"约以用之"。比如,许谦的《秋色图》借助"秋风"绘秋色,可写的材料很多,习作者知道的也远不止笔下这点秋景,但是,习作者作过一番挑拣,精选了描绘的对象。她没有罗列现象,而是选择了能表现事物特殊点的、能揭示生活本质的材料。文章是围绕着秋天是丰收的季节来绘景绘色的,"收获"反映秋季的本质特征,紧扣这一点选材,必然会选到棉花白、高粱红、稻谷黄、大豆摇铃铛,必然会选到果实累累,茄子穿上紫衣裳。有些同学想到什么景物就写什么景物,松松散散,这里涂点色,那里抹点彩,不成画面。这是应注意的。

③ 用简笔勾勒小景也是精选材料的一种表现。梧桐叶落秋已深,这是众所周知的,谢书颖抓住秋色中的代表性景物描绘,言虽简,意却显。

④ 要能展现秋色的画卷,须讲究描绘的方法。读是吸收,写是表达,不少同学从四篇写景散文中获得启发,把种种写景的方法迁移到自己的写作之中,这是我们提倡的。每个同学要注意读写之间的迁移,从

读中获得养料,学习方法,学着运用到自己的习作之中。毕允为《秋色图》的第1段铺写景物,用秋风吹出秋色;写梧桐用的细笔,由树皮写到树叶,由风中叶写到雨中叶,由树上悬吊的叶子写到树下吱吱作响的叶子,从梧桐的变化绘秋色已深。许谦较多运用拟人手法,大豆"高声唱",稻谷"谦虚地说",茄子姑娘,玉米公公,白菜妹妹,使人如入童话世界。习作者写时不仅从视觉的角度,而且从听觉和嗅觉的角度写,因而十分活泼。写景一定要写出细微之处,细微之处刻画不出,景就难以生动形象。

⑤ 散文对语言有一定的要求。词语贫乏,说大白话,淡而无味,别人看了倒胃口。写景散文要有色彩,什么景什么色,都与遣词造句有关。两篇《秋色图》用词都注意到了色彩。有的直接形容,如"原先绿里带青的树皮,现在已是斑斑驳驳";有的用比喻来描绘,如"青菜在地上铺满了翡翠和白玉";有的用拟人手法展现,如"田野里的高粱涨红了脸"。绘色注意词语的选择,绘形也同样,如写秋雨的"密密""斜",写梧桐树枝丫的"稀疏",几片黄叶"在风中打着转""在风中颤抖",均比较贴切。文中不少词语是从课文中吸收来的,如"枝繁叶茂""稀稀疏疏""密密的""斜斜的",用得妥帖。有的为了追求辞藻,用词不当。如"秋意融融","融融"形容暖和,通常用来形容"春意",形容"秋意"不合适。有的是未认真辨别,以致把词用错。如"鹅黄"常用来形容新的柳叶,秋季草发黄是枯萎的表现,用"鹅黄"形容显然不妥。

四、作业

课后每个同学去寻找秋色,在校园、在公园、在道旁、在田野,打开认识的窗户去寻找,大自然中有无穷的奥秘,值得我们欣赏、探求,值得我们热爱。

板书

"着意原资妙选材"

博采——观察，阅读，广泛地积累材料。

约用——选择揭示生活本质的、表现事物特殊点的材料。

避免罗列和堆砌。

秋 色 图

阵阵秋风扑面吹来。风中带着寒意，吹在脸上使人感到异常的凉爽，它吹过田野，田野里稻子变得一片金黄，在秋风中弯着腰频频点头；茄子姑娘披上了漂亮的紫袍，青菜在地上铺满了翡翠和白玉。它吹过果园，果子成熟了，苹果涨红了脸，橘子满身金黄。它吹过树林，柳树枝条变成了金黄色，棕树叶尖镶上了黄边，枫叶红得比二月春花还要鲜艳。秋天不知不觉地来到人间，大自然用它神奇的笔勾画出一幅巨大的秋色之图。

天空是碧蓝的。万里无云，如同一只倒扣的蓝色大碗。太阳还是暖暖地照着大地，真是秋高气爽。

小草儿有些已经发黄，弯着腰，不像春天那样嫩、那样软了，草地上这儿是一片鹅黄，那儿还是绿绿的，就像一块黄绿错综的地毯。

路边的一排排梧桐树，显得苍老多了，原先绿里带青的树皮，现在已是斑斑驳驳，好多地方都脱落了，成了破旧不堪的"衣服"。不久前还是枝繁叶茂，如今叶子稀稀疏疏，脱去了夏日的艳装，泛黄枯萎的叶子边上出现了一圈褐色。有的是残破不全，满是弹孔一样的洞眼，有的全枯了，低着头，无精打采地悬吊在树上，一阵秋风吹过，树叶儿发出沙沙的声响。枯叶在风中簌簌发抖，被风刮了下去，像鸟儿一样打了几个转，然后，无声无息地飘落在地上。地上到处是叶子，踩上去，脆得很，吱吱地响着。有时，秋雨纷飞，梧桐树笼罩在一阵薄烟之中。树叶儿被雨打得摇摇晃晃，啪啪作响。叶子一天天少了起来，树逐渐光秃了。鸟儿早已把巢搬走，听不到它们的歌声了。虽是秋色老梧桐，但是它们却顽强地挺立着，仿佛已经做好了同即将来临的严寒斗争的准备。

已是深秋。许多花都凋谢了，然而菊花盛开。公园里，到处都有美丽的菊花，黄的、白的、红的、紫的……五彩缤纷，有的典雅清丽，有的小巧玲珑，有的洁白端庄，阵阵秋风吹过。淡淡的药香沁人心脾，给秋色增添了浓郁的色彩。

秋天的景色是一幅多么美好的画卷啊！

毕允为

秋 色 图

随着暑气的消退，秋天悄悄地来到人间，顽皮的秋风开始了一年一度的旅行。

他向田野吹去，田野里高粱涨红了脸，棉花披上了洁白的纱巾，连大豆也摇起了铃铛，高声唱道：秋天来了……唯独稻谷低着金黄色的穗头，仿佛谦虚地说："我的谷粒结得还不够饱，不能骄傲！"秋风热情地和庄稼们打过招呼，又一路向前去了。

刚迈出没几步，就闻到了一股令人心醉的清香。他急切地向前赶去，走得气喘吁吁，才来到了飘出香味的地方。啊！8月的果园是多么迷人。上上下下前前后后到处都是绿茵茵的，果实多得叫人数也数不清。绿树上吊满了宝石般的梨儿，红澄澄的柿子，小灯笼似的大枣，尤其是那紫葡萄，一颗颗亮晶晶的，又圆又大，薄薄的皮里，包着蜜一样的汁，远远望去，就像成串的紫水晶球儿，一个个散发着香气，连空气也变得香喷喷、甜滋滋的了。秋风使劲地忍着，不让口水流下来，用手轻轻地、轻轻地抚摸着每棵果树。忽然，果园里进来了一群农民，他们是来收果子的，笑声歌声混在一起，成了一曲没有节奏的交响乐。秋风恋恋不舍地离开了"百果世界",向城市出发了。

　　一路上,他看到了穿上紫袍的茄子姑娘,咧着嘴、露出一颗颗琥珀玛瑙似的籽粒饱满的玉米公公,还有蜷着身子、铺满田地的白菜妹妹。他感叹道:"啊!好一个丰收之年啊!"

　　一进城,秋风就着实觉得有点寒意,街旁的树木已经开始落叶了。有的叶片打着旋儿往下落,有的叶片像彩蝶似的在空中飞舞,有的叶片却急速地翻着跟斗直坠到地面。街上的行人明显地少了,而公园里看菊展的却人山人海。菊花开得绚丽似锦,吸引着数以千计的游客,它那清雅、大方的风姿,连秋风也流连忘返。在公园的那一头,在已换上秋装的草坪中央是伞形的枫树,火红的秋色已爬满了它的枝头,远望过去,就像一团团火,燃烧着、燃烧着……

　　啊!多么美妙的、秋意融融的巨幅画卷!

许　谦

秋天二小景

秋　雨

　　雨,倾泻的雨,送来阵阵凉意;雨,寻常的雨,纷纷跳落在疏枝上,草叶间,田野里,马路旁,一切都在这急速下坠的雨中静默。屋顶上,飘动着一层如烟似雾的"白纱",草叶上滚动着钻石般点点光亮的水珠。雨丝,密密的,斜斜的,渗进大地,仿佛要让枯草复活,让落叶再生……

梧　桐

　　风夹杂着雨,吹打着路边的梧桐。稀疏的枝丫上,几片黄叶在风中打着转,树下落叶层层。这树叶在风中颤抖,是觉得风雨寒冷难以抵挡,是叹息自己的命运,还是……树下被风吹散的落叶中,又多了一片。

谢书颖

犹如百川归大海
——《童年忆趣》习作讲评

【作前指导与要求】

学习《从百草园到三味书屋》一文时,同学们被百草园的欢乐所吸引,觉得其中有无穷的乐趣。于是,我们做了"小乐园"的练习。请你们交流一下,都写了哪些小乐园。

(同学交流。如:房间一角、抽屉天地、小天井、兔窝、鸽笼等。)大家写了不少小乐园,各有特点,各有趣味。不过,都写得比较简单,只一两段。有了这次小练笔做基础,再写篇这方面内容的文章就方便多了。

在我们社会主义祖国,一个人的儿童时代像花朵一般美丽。天真,活泼,无忧无虑,承受着家庭的关爱、学校的培育、社会的关怀,趣事多,乐事多。这次习作题目是"童年忆趣",大家打开记忆的闸门,选择最富于生活情趣的事来写。这篇习作能否写好关键在于"趣"出不出得来,如果趣味横溢,文章就写活了;反之,就不合要求。事要叙得具体,语言要通顺。

一、讲评目的

1. 理解文章中所写的种种生活现象须统一起来显示一个中心思想,不能散乱无章。

2. 懂得选择具有特征的细节和独特的感受方能写出生活情趣,懂得起句、结句在文中的重要作用。

二、讲评材料和方法

《童年忆趣》习作两篇及片段,录音磁带一盘。

先听后看,综合评论,朗读交流。

三、讲评要点

1. 播放预先录制的习作朗读录音,激发讲评的兴趣,活跃课堂气氛。

播放前说明:讲评前先听两篇朗读的录音,要全神贯注,把要点抓准;还有个要求是不能笑。

播放后要求学生说明:为什么忍不住要笑?哪些内容最觉得好笑?请习作者站起来和大家见面。(估计又会引来同学们的一阵哄笑)

2. 发打印的两篇习作,阅读后开展评论。

(1) 阅读时思考下列问题:

① 两篇习作各记叙了哪些趣事?这些事"趣"在哪儿?写趣事的目的是什么?

② 习作者是怎样把"趣"描绘出来的?两篇习作比较起来,你更喜欢哪一篇?为什么?

③ 习作的开头结尾各有什么特色?你从中受到哪些启发?

④ 习作的语言有什么特点?为什么要用这样的语言?

(2) 开展评论。可就上述问题发表意见,也可自由发挥。

(3) 在讨论的基础上明确:

① "趣事"要"趣",事情本身无"趣",当然就写不出"趣"。所以,写好这篇习作的首要条件是要精选带着早晨花朵芳香的材料。童年,花一般的年华,幼稚、天真,似懂非懂而又装着懂,寻求懂,明明是娃娃,

小,可又要学大人,摆出"大",小人要做大人事,小人要学大人样,其中必然会产生令人捧腹的笑料,必然趣味横生。徐泳的习作之所以动人,是因为在选材方面就已经取胜了。明明是幼儿园里的小朋友,偏偏要做老师;明明是弟弟,偏偏要教训姐姐。这样,怎能不闹出笑话?怎么可能没趣味呢?许谦习作中的彩线蛋套挂在小胸脯前炫耀,使出浑身解数跳丫丫舞,大显身手做蛋糕等材料,都显现了孩童的稚气,所以读来也感到有趣。

有些同学选择在乡间游玩、藏猫猫、打雪仗、玩小狗、象棋赛等材料写,看来也可以,但由于童年特征写得不鲜明,因而"趣"就减色。

笔下要带生活露水,笔下的人和事与生活中的人和事很像,没多少差别,读来就有如闻其声、如见其人之感,就会觉得充满生活情趣。须知道:生活情趣具有能把读者带进作者笔下艺术天地的魅力。

② 没有中心不成文,只是一堆松散的材料。文章里写的每一个生活现象,以及这些生活现象之间的联系都应该显示一定的思想意义,这种思想意义就是文章的思想。一篇文章不管用多少材料,叙几件事,都要有明确的中心思想、明确的写作意图。这就好似百川归大海一样,一个个具体的材料,记叙文中一件件事情的叙述只是"川",而所有的"川"都要归入"大海",为文章的主题,也就是为文章的中心思想服务。主题明确,选用材料就得当;如果脑子里模模糊糊,选用材料就缺乏依据,会出现这样那样的问题。印发的两篇习作通过趣事的描写,表达童年生活的欢乐,表达生活在社会主义祖国的幸福感。有的同学写作时被事情拽着走,事情写了好几件,一会儿乡下,一会儿城里,一会儿写人,一会儿又写景,没有中心,散沙一盘;有的写写走了题,从趣事写起,最后写成了记"把自己领大的阿姨",成了记人的文章。由此可知,文章的中心是文章的统帅,没有统帅,事必乱,文必乱。

③ "趣"要能描绘出来,须靠叙述得生动,描绘得形象。徐泳习作

中第1段紧扣两个"抢"字叙述得很生动。因为和姐姐"抢着当"老师,所以只好决定轮流当;因为当老师要工具,"我"要"抢着"给姐姐帮忙,于是两人都成了"墨人"。在叙述过程中,有姐弟特点的交代,有对姐姐的评价,有事件过程的记叙,有事情结果的表述,具体生动,令人发笑。第2段是"教师"教"学生"的场景,描绘得十分逼真。姐姐教弟弟略写,弟弟教姐姐画画详写。有心理描摹,有"一本正经"的语言,有施展教棒的动作,曲曲折折,情真境美,把孩子淘气的形象写得活灵活现。尤其是第2段的末尾更为传神:"我也要显示一下老师的威力,故意拖声拖调地说:'别画了,去站在那里。'姐姐大约发火了,她瞪了我一眼,大声说:'不站。'我吓了一跳,以为她要打我,我连忙用教棒在她头上敲了一下,这下,姐姐哭了,她越哭我越开心。正在这时候,妈妈回来了,她狠狠骂了我一顿,可我还向妈妈扮鬼脸,逗得妈妈姐姐都笑了……"真是瞬息之间,矛盾迭生,变化多端。一瞪一吓,一敲一哭,一哭一笑,一笑一骂,一骂又一笑,细腻有趣,母子、母女三个人都被写活了。

　　要能写出生动的场景,先应在脑里把童年生活过一遍电影,让带有生活露水的难以忘却的趣事在眼前闪现,然后发挥想象,再以后来的生活经验作补充,有叙述有描写,有语言有动作,童年的某些生活现象就可逼真地再现。许谦的习作叙述很生动,但缺乏让孩子们登场自己说自己演的描绘,因而就趣味来说,比徐泳写的逊色。至于个别同学叙述干巴,又无具体描写,就更应注意从徐泳的习作中获得启发了。

　　④　文章的起句、结句也要围绕中心,增添情趣。古人关于作诗的开头和结尾曾说过这样的话:"凡起句当如爆竹,骤响易彻;结尾当如撞钟,清音有余。"这就是说,诗的开头要像点燃爆竹,响亮,使人为之一震;结尾要如撞钟,余音绕梁,不绝于耳。写诗是如此,作文又何尝不是如此呢?这次作文的开头不少同学都用了心思,笔端带情,写得比较

动人。

请许谦、陈耀、郁东辉、马立分别朗读自己习作的第1段。

许谦以《蝴蝶梦》中的男主人公麦克西姆的一句话作引子,巧设对已经消逝的童年岁月的悬念。一引一转一问,情真意切,引人遐想。

"在人生的长河中,有些事很容易被时光的流水冲淡,唯有童年的趣事却令人终生难忘。正如冰心奶奶所说:'童年啊!是梦中的真,是真中的梦,是回忆时含泪的微笑。'"这种下笔点"趣"的写法,引人入胜。

"星期日,我在家里做作业,窗外的喧闹声不时地传入我的耳里,吸引着我走到窗前。四下望去,只见这儿一群,那儿一堆,许多十岁左右的男孩女孩在一起做着游戏,看着这些,我不禁想起了自己童年时代的趣事。"这种开头,用的是触景生情的方法,用眼前事拉开记忆的门扉。

文章的结尾要添趣。如:"如今,我已是中学生了,然而对小学时'打活动目标'的游戏仍然是无限的眷念。""人总是有童年时代的,我们生长在社会主义国家里,童年是幸福的、美好的,在金色的童年里,我们享受着无比的欢乐。"这些结尾既与开头呼应,又能使人产生回味。但总体来说,开头要比结尾写得好。这是由于我们锻炼得不够,笔力不济的缘故。

3. 再放徐泳习作的录音,要求对讨论中明确的要点加深理解。

四、作业

同桌之间对读对听习作,就文章有无中心、趣事是否绘出趣、开头结尾是否添趣、语言是否有童趣等四个方面提意见,肯定优点,指出不足,商量怎样写比较合要求。

板书

犹如百川归大海

$\left\{\begin{array}{l}\text{精选带着早晨花朵芳香的材料。}\\ \text{下笔点"趣",引人入胜。(起句)}\\ \text{场景生动,妙趣横生。}\\ \text{(叙事,娓娓动听;描写,形象逼真)}\\ \text{清音缭绕,耐人回味。(结句)}\end{array}\right.$

童 年 忆 趣

记得电影《蝴蝶梦》中的男主人公麦克西姆曾说过:要是能发明一种瓶子,把过去发生的事情装起来,要回忆时,再打开瓶子,尽情地享受就好了。当然这分明只是幻想,但谁又何尝不时时回想起那流逝的美好岁月呢?每当我回想起自己的童年,就如痴如醉。的确,那实在太有趣了,对我来说简直是一种享受。现在就让我打开这记忆的扉页吧!

那时我大约四岁,住在同济新村的一幢三层楼房里。三楼有许多孩子,大家亲如姐妹,情同手足,彼此非常友爱。那幢房子就是我童年时代的"乐园"。当时我们中最大的是朱红姐姐,已经读小学了,其次是阿浩姐姐和文文哥哥,他们是我们的"孩儿头"。别看我们人小,玩的花样可是千奇百怪的,真可谓其乐无穷。

立夏那天,按"孩儿头"的布置,我们都请家长用彩线编了一只蛋套,里面搁着个煮熟的鸡蛋。然后,把蛋套挂在脖子上,把小胸脯挺得高高的,一颠一颠地来到朱红姐姐家。她家顶大,地板上打了蜡,很干净,因此,晚上聚会总在她家。不一会儿,孩子们来齐了,大家吵吵嚷嚷把各自的蛋套用能想到的最美的词夸一番,然后席地而坐,先丢手绢玩,然后跳丫丫舞。朱红妈妈坐在一旁,边打毛线边看我们表演,最后总少不了几句表扬。小孩特爱听表扬话,于是大家表演得特别卖力,连男孩子也使出浑身解数,硬邦邦地跳来舞去,直到楼下人来提意见,我们这才吐吐舌头,扮个鬼脸,坐了下来,各自剥开带来的煮鸡蛋,美美地享用起来。待大家都直打呵欠了,才余兴未消地散去。

冬天没下雪时,孩子们都感到没啥可玩,我们的"孩儿团"可不是如此。一是开晚会,那时家长晚上不常看书,因此很乐意参加晚会。大家搬个小凳子,来到大厨房,围坐着,当中留个空地方,就算舞台了。我们登台表演准备了不知多少天的节目。每当一个节目完了,家长们都鼓掌,晚会上充满了热烈的气氛。二是做蛋糕。文文哥哥不知从哪儿学来了做蛋糕的手艺,下午放学后,一个鸡蛋,一碗面粉,就在煤气炉前大显身手了。鸡蛋打在面粉里,拌一拌,捏成圆的一块,再放在锅子里蒸,就算表演完了。两天做掉了好几个鸡蛋,被他妈妈数落了一顿,就没有再做了。星期天,阿洁妈妈和了面,把我们招呼去,让我们每人做些动物形的小馒头。我做了个小熊猫,有的孩子做小兔,有的做小猴,然后嵌上赤豆做的眼睛,不过看上去似像非像。这天我们每人都吃到了亲手做的小玩意儿……

我的童年是有趣的,充满欢乐和笑声。这使我深刻体会到生活在社会主义国家的幸福。

许 谦

童 年 忆 趣

我的童年是在幼儿园度过的,那时姐姐才读小学一年级。姐姐有一个很大的特点:喜欢当老师。不过我也要抢着当,我俩决定每人当一星期老师,做一星期学生。可是当老师要工具啊!黑板、粉笔、教棒,哪里来呢?姐姐真聪明,不知从哪儿找来一块小木板,用毛笔蘸墨汁在板上涂,我也抢着要帮忙。结果,木板虽然涂黑了,但我和姐姐都成了"墨人"。黑板有了,粉笔就是奶奶裁衣服用的划粉,筷子当教棒,于是"老师"开始教"学生"了。

　　姐姐当老师挺像样,我做学生也很认真。姐姐用那根教棒指着黑板上那个歪七歪八的"a"字,张大嘴巴读:"啊!"我便也跟着念,如果稍一走音,她便装出一副小老师的姿态,拿着教棒敲敲黑板大声训话了:"重读,真笨……"记得一个细雨蒙蒙的星期天,妈妈要到学校去值班,由于下雨妈妈没带我去,我只好留在家里。这天正好轮到我做老师,姐姐做学生。我第一次当老师,觉得很新奇,我拿出黑板和教棒,让姐姐坐在小椅子上,准备上课。可我又为难了,教什么呢?姐姐平时教的都是小学里学来的,我又没上过小学。咦,对了,我不是在幼儿园画画全班第一名吗?尤其是画列宁的上身像。对,我就教姐姐画列宁,她不会画画,画不好,那我也就可以训训她。于是我一本正经地说:"今天,我教你画画,画列宁,你好好画,听见吗?"姐姐提出抗议了:"不教画画,要教写字!"我不理她,装出姐姐平时的样子说:"要听老师的!"说完,我转过身在黑板上画起来。慢慢地,列宁的上身画成了:高高的额头,光光的头顶,炯炯有神的眼睛,下巴上一撮小胡子,真像啊。我回头看姐姐,她正看着黑板一笔一画地临摹着。我走过去仔细看,哈,那高额画得歪歪扭扭,胡子画到嘴巴上,眼睛和眉毛简直连起来了,画得不成样子。我也要显示一下老师的威力,故意拖声拖调地说:"别画了,去站在那里。"姐姐大约发火了,她瞪了我一眼,大声说:"不站。"我吓了一跳,以为她要打我,连忙用教棒在她头上敲了一下,这下,姐姐哭了,她越哭我越开心。正在这时候,妈妈回来了,她狠狠骂了我一顿,可我还向妈妈扮鬼脸,逗得妈妈姐姐都笑了……

　　想想童年的事,简直犹如在眼前,童年生活是多么幼稚、有趣啊!

徐　泳

看仔细与写具体
——《榜样》习作讲评

【作前指导与要求】

我们学的第六单元四篇课文都是写人的记叙文。《人民的勤务员》《驿路梨花》《截肢和输血》与《挺进报》不管是通过几件事写一个人还是通过一件事写几个人,歌颂的都是一心想着人民利益,将自己的一切献给人民、献给无产阶级革命事业的无私献身精神。他们是我们每个青少年学习的榜样。其实在我们生活中,乃至于我们的周围,也有值得我们学习的人物。他们也许那么平凡,那么普通,那么默默无闻,但是他们刻苦、勤奋,忠于职守,为了人民的事业尽心尽力、不辞劳苦。这次作文训练写一篇记人的记叙文,题目是"榜样"。放开眼力到周围生活中去找,不可抄报纸上现成的报道材料。刻画人物可描写人物的外貌,可记叙人物的语言和行动,或作适当的介绍与评价,或从别人的言行中作间接描写。不管采用怎样的写作方法,都要突出"榜样"的形象。

一、讲评目的

1. 理解看仔细是写具体的前提,进一步强调观察生活的重要性。

2. 进一步区别记叙和描写,学习对人物进行肖像、语言、动作等描写的方法。

二、讲评材料和方法

《榜样》习作两篇和教材第六单元文章。

对比分析,归纳要点。

三、讲评要点

1. 交流写作内容,激发学生奋发向上的感情。

这次作文写亲目所睹或亲耳所闻的学习榜样,大家究竟写了哪些人,哪些地方值得学习,先交流一下。要求每个同学用两句话汇报,第一句说明写什么人,第二句说明他为什么是榜样,要说得简洁、连贯、迅速。

同学们交流。如:写奶奶这个光荣的人民教师,赞扬她春蚕默默吐丝的精神;写年轻的马路清扫工,赞美她为城市美容的好思想;写采制标本专家唐瑞玉,赞颂他对事业执着追求、不断探索的精神和坚韧不拔的毅力。

2. 对比阅读,讨论剖析。

组织学生阅读,进行三个对比:把印发的习作《榜样》与"记一个最熟悉的人"中的《徐阿婆》进行比较;对《榜样》的两篇习作进行比较;把《榜样》和第六单元中的语言描写、动作描写和肖像描写进行比较。

进行比较时注意思考下列问题:

(1) 第一比发现了哪些问题?你是怎样认识的?

(2) 第二比又发现了哪些问题?为什么会产生这些问题?

(3) 从第三比中你领悟到什么?怎样才能在记人的记叙文方面迈开步子?

3. 在开展讨论的基础上明确:

(1)《榜样》不及《徐阿婆》写得生动逼真。这是由于后者所写的人物是习作者十分熟悉的,亲身经历,亲目所睹,有自己独特的发现和深切的感受,所以写入文中特征鲜明,能写其貌传其神。而前者就不同了,尽管也观察过笔下所写的人,但印象往往是破碎不全的、浮在表面的。由于平时观察不细致、不深入,不少作文内容写得不具体,笔下的榜样面孔差不多,话也是那么几句,不能给人以鲜明的印象。

从这一比中应该认识到:写具体的前提是看仔细,看,不仅要有意识地用自己的眼睛,而且要有意识地用自己的思维器官。有人说,练琴不光是用手练,更重要的是用脑练。这话是很有道理的。

俄国作家契诃夫说过:"作家务必要把自己锻炼成一个目光锐敏、永不罢休的观察者!"我们不是作家,但是"目光锐敏、永不罢休"的观察对我们仍然十分重要。什么叫目光锐敏呢?首先,要看准确。要善于发现观察对象独有的特征。同是写清洁工,同是写戴着大口罩,但扫地姿势不一样,迈步不一样,口罩戴的部位有上下之别,取下口罩的姿势不一样。要把握特征,忌千人一面。其次,要看仔细。要体察入微,辨毫析厘。要把细节看在眼里,记在心里。比如,同样写笑,由于人的身份、地位、性格、习惯等不同,笑的形态、笑的场合也就不同,仔细体察,就可看到细微之处,如果粗枝大叶,写起来只会用"笑""大笑"等字眼,而缺乏细腻传神的描写。再次,要看得深。要深入底里,识得神气。所以说,看,也是用脑看,不动脑筋,就不会通过人物的神情、动作、语言认识他们的内心深处。

(2) 写人不仅需要用叙述的方法,更要用描写的方法。这次作文中部分同学仍未处理好,所以要再次强调。

《榜样》的两篇习作,史进那篇描写得具体生动些。开头用未见其人、先闻其声的写法,先用象声词写脚步声,再写王叔叔登楼,人物出场设计得好。对王叔叔这位送奶员的肖像描写,笔墨用得不多,但形象清晰,尤其是"看起来像个风度翩翩的学者",这句整体描写能加强读者的视觉形象。描写人物时有神情、动作、语言的正面描写,也有侧面的烘托,以"连三岁孩子见了都亲亲热热地叫他一声"和人们看到他来送奶都打招呼,烘托他工作的不辞劳苦,深得人们尊敬。在总写以后,重点记叙一件事,刻画思想性格,突出榜样的内涵。而这件事的记叙,有环境、有人物、有形态、有内心活动。环境是:清晨下着瓢泼大雨,黄豆般的雨点在玻璃窗上激起小水花,又顺着窗子往下淌,织成一道白茫茫的雨帘。人是在一定的环境里活动的,写好环境,人的思想性格就有条件展开。习作者写送奶员是通过自己的所见所闻所想曲曲折折加以表现的。第一个想法是"今天牛奶吃不成",偏偏响起了"咚咚"的上楼声;怀疑自己的耳朵,推门看个究竟,果然是送奶员;准备倒水慰劳,送奶员为送奶任务而辞谢;发现送奶员外衣没有,又发现外衣盖在牛奶车上;情不自禁地拉手,发现手冰凉而洞悉心火热。这样把自己的心理活动与要写的人物的形貌、语言、动作结合起来描写,词发肺腑,比较感人。最后,又以环境烘托,从雨中来,在苍茫的雨雾中消失,给"王叔叔远去的身影"再拍摄一个镜头,加深印象。由于习作者能从常见的平凡事物中看到引人入胜的一个侧面,所以写的细节就勃勃生机。在描绘的基础上抒情议论,以反诘句点题,水到渠成。

范菁的习作条理清楚,紧扣"手勤""手巧"叙事,人物形貌在动态中展现,这是好的。然而,明显的不足是基本上一叙到底,习作者包办太多,人物"活"不起来。

叙事在写人中必不可少,只要娓娓动听,只要渗透感情,只要蕴含哲理,只要朴素真实,都能对人物刻画起重要作用。但切不可把叙事误解为列举一件件事,这样写,好似报流水账,事举得再多,也不能感人。写人的目的要使这个人站立起来,要能站立起来,非用描写的方法不可。除描其形貌外,很重要的是让他说话,让他做事,让他思考。人,交流思想,没有不说话的。人物按照他心中的想法去说,不同身份、不同场合、不同性格的人对同一个问题会有不同的想法、不同的说法,"言为心声",习作者一代替,形象就显现不出来了。人物的语言描写不是可有可无,必须学会写人物的对话,学习用最少的语言反映出人物的性格特征。动作等描写也是如此,切不可用叙述代替描写。

(3) 第六单元课文中除《挺进报》外,都记叙了几件事。它们的特点是人物在一定的环境中活动,时间、地点交代得一清二楚,或者是绘色绘声,使人如临其境。人物自己在环境中活动,说话、动作都很具特色。有叙述有描写,细处写细,粗处带过,人物的思想精神就能放射光彩。多观摩范文,以范文对照,就能找到自己习作中的毛病。

四、作业

1. 再读史进的《榜样》,理解人物描写的方法。
2. 以范文为榜样,修改自己习作中报流水账似的记叙,写一个人物活动的片段插入文内。

板书

看仔细与写具体

看仔细 {
准。发现事物独有的特征。(忌千人一面)
细。体察入微,辨毫析厘。(忌粗枝大叶)
深。深入底里,识得神气。(忌浮光掠影)
}

↓

写具体 {
叙述。朴素真实,渗透感情,娓娓动听。
描写。绘环境,绘人物——形貌、语言、动作、心理。
}

榜　　样

"咚咚咚……"那熟悉的脚步声又在十五格的楼梯上响了起来。我可以百分之百地肯定,这是王叔叔上楼来了。

王叔叔是我们这一带的送奶员。他高高的个子,很瘦,戴着一副眼镜,看起来像个风度翩翩的学者。

他待人可真和气，附近街坊都挺喜欢他，尊敬他。连三岁孩子见了都亲亲热热地叫他一声："王叔叔，你早！"每当人们看到他来送奶时，也都招呼一声："王同志，歇一歇吧，侬这工作还蛮吃力的呢！"可王叔叔总是笑着摇摇手说："不吃力，不吃力！"吃不吃力，我心里是清楚的。

一天清晨，我刚从睡梦中惊醒过来，便朦朦胧胧地听见一阵阵"哗哗"的声音，睁眼一看，只见窗外正下着瓢泼大雨，黄豆般的雨点打在玻璃窗上，激起了一个个小水花，又顺着窗子淌了下来。雨密密地下着，织成了一道白茫茫的雨帘。

我第一个想法便是：今天牛奶吃不成了。正想着，响起一阵"咚咚咚"的上楼声，我怀疑起那听觉灵敏的耳朵来，"真是他——王叔叔吗？不可能，下这么大雨，他怎么会……"我翻身起来，迅速穿好了衣服，推开门正要看个究竟，王叔叔已拿着一瓶牛奶向我走来。天那！他成了什么样了？我甚至认不出他来了，如果用"落汤鸡"来形容，我看最合适。我接过牛奶对他说："王叔叔，你等一下，我去给你倒杯水。""不用了，不用了，我还要送奶呢！"咦，他的外衣哪去了？再一看牛奶车上正盖着一件湿漉漉的衣服。我全明白了，我情不自禁地拉住了他的手，想多说几句感谢的话。啊，他手是冰凉的，可他的心却是火热的啊！

我目送着王叔叔远去的身影，看他逐渐地消失在苍茫的雨雾之中……

啊，在我们这个社会里，有多少个像王叔叔那样的无名英雄啊，他们像铺路的石子一样，默默无闻地奉献着，他们的工作是多么平凡，但精神又是多么可贵啊！

他们不正是我学习的好榜样吗？

史　进

榜 样
——记一个手勤手巧的人

每隔两天,我们楼里的人总能看到一个中等身材,留着齐耳短发的中年妇女在不声不响地扫着楼梯。那地面上的灰尘轻悄悄地飘起,落在她的头发上、衣服上,她的身上沾满了灰,但楼梯却像换了套新装,从上至下干干净净。每当这时候,她那张已经有点皱纹的脸上就露出满意的神色,嘴里轻轻地吐了口气。

她是谁?住在哪儿?职业是什么?为什么来扫楼梯?你一定会提出这一连串的问题。不过这个问题你不论问我们楼里的哪一个人,他们都会以骄傲而赞许的口气告诉你:"她是我们楼的'勤务员'!"原来她是曹阿姨,就住在我家隔壁,是店里缝纫组组长。

只要同楼人谈起曹阿姨,无不点头称赞。我还亲眼看见曹阿姨多次为邻居做事情:帮助邻居倒垃圾、收购粮证、发粮票……有一年过春节,家家户户都买了许多鱼肉鸡鸭,垃圾堆得高高的,曹阿姨便撇下家务事,托着沉重的畚箕为大家倒垃圾,邻居见她满头大汗,过意不去,要她休息休息,她却微微一笑,说:"我不累。"曹阿姨的事情永远做不完。

邻居有了曹阿姨这个"勤劳"的榜样,都纷纷地做起好事来。

曹阿姨不但在楼里是人们学习的榜样,而且在生产单位里也是"标兵"。她是缝纫组组长,每天都有很多衣服要做,如果不完成指标,厂里就会遭受损失。曹阿姨积极带头,她每天早出晚归,午饭自己带,有时还把衣料带回家做。这样,到了年底,曹阿姨生产超出了指标,得了一张大奖状。她做的衣服不但样子好,质量高,而且节省布料,节约时间,人们称赞她是个"巧手"。她却谦逊地说:"为大家做好衣服是我的职责。"

听到和看到曹阿姨的动人事迹,我心中不由得升起了敬意:曹阿姨的确是个"手勤""手巧"的好榜样!真是平凡中见伟大呀!

范　菁

先说与后说
——《杨浦中学导游》习作讲评

【作前指导与要求】

在游览名胜古迹时,常见到导游具体生动地介绍名胜古迹的地理位置、大小规模、历史沿革、景物特征等,使游览的人有所了解。而在其中,建筑物的说明更是重点。怎样才能井然有序地把建筑物介绍清楚呢?要按照空间顺序层次分明地介绍。《第比利斯的地下印刷所》和《人民英雄永垂不朽》两篇课文是我们学写这类文章的范例。

同学们进杨浦中学已一个学期,对校园里的校舍、树木、布置、设施都有所认识,现在假设你的家长、你的同学、你的朋友来我校参观,请你为他们导游,准确生动地介绍校园、校内建筑物。校园规模比较大,教学大楼、宿舍楼、礼堂等建筑物的位置、结构也比较复杂,介绍时要条理清楚,言之有序,切不可东说一点,西说一句,杂乱无章。

一、讲评目的

1. 理解说明建筑物按空间顺序、层次分明解说的重要性,学习按空间顺序说明建筑群的方法。

2. 培养观察的兴趣,激发对校园的热爱。

二、讲评材料和方法

《杨浦中学导游》习作两篇,校园平面图一大张和几十小张。

图文对照,集体评改,比较分析。

三、讲评要点

1. 体会艰苦,引起重视。

俗话说:"看人挑担不吃力。"这句话用在写作上也是很合适的。学《人民英雄永垂不朽》时,有同学觉得这类文章的写法容易,没有多少道道儿,只要从下说到上,从左说到右,按空间顺序就行。现在我们对自己熟悉的校园写了一番,不知在这方面大家的体会怎样?

请写得好、中、差的三位同学各谈一点体会。

从同学们的谈话中可得出这样的结论:有些写作方法看起来简单,说起来方便,但要在写作实践中用得得心应手却非一日之功。不动笔不知艰难,不动笔不可能真正掌握写作的方法。这次作文讲评只着重讲一点——"序",怎样把校园、把校园内的主要建筑物介绍得先后有序,有条不紊,其他的写作方法从略处理。

2. 指导看校园平面图,弄清结构布局,自查自己习作中介绍学校的主要问题。

(1) 这张校园平面图实际上是张示意图,尽管比较简单,但是基本反映了校园的全貌。请同学仔细看图,弄清方位、布局、建筑物名称、道路与绿化情况。

在看图的基础上请一位同学说图,要求:以标明号码的建筑物、设施等为主体,兼说周围绿化布局。如第 12 是荷花池,荷花池用绿色栏杆环绕,在栏杆与水池当中铺着绿色草坪,在草坪的四角点缀着几株深红色的月季。环绕绿色栏杆的是石子小径。荷花池的左右两侧是小花圃,内栽各色花树,月季居多,红枫、紫荆、蜡梅夹植其中。前左后左、前右后右是法国冬青组成的绿篱,高达一人许。前左方绿篱环绕的是草坪、小径、蜡群、"乐英亭",前后方绿篱环绕的是假山、小径、橘子林。在二者当中的是用水泥柱搭建成的葡萄架和紫藤架。至于左右的方位,是以荷花池为中心,面对校门而定的。

(2) 一位同学说明,其他同学补充和修改。

(3) 以图对照自己的习作,有哪些主要不足之处,请五六位同学简单叙述。

(4) 概括起来,这次习作有以下不足之处:

① 漏。遗漏不少,甚至拥有几十间房间的教学大楼,文中都不见了。

② 粗。粗线条地说一句,像报流水账,无主次、无轻重。

③ 乱。一会儿前,一会儿后,一会儿又说到前面,方位不清楚,次序颠颠倒倒。

④ "花"。过多的形容,不恰当的修饰,该介绍的建筑物、校园内各种设施反被淹没,喧宾夺主。

由于上述种种原因,有些同学笔下的校园有点走样。怎样写才能比较符合原样,使人一目了然,一听就清楚呢?

3. 图文对照,文文比较,开展讨论,明确导游时必须掌握的要点。

(1) 郁东辉和许谦的两篇习作在这次习作中还算是可以的,请同学们进行两项对照:

① 把两篇习作和平面图对照,评析介绍的内容符不符合实际,原因何在。

② 两篇习作相互比较,评析各自的优缺点,明确说明的要求。

(2) 开展讨论,各抒己见。

(3) 在讨论的过程中明确:

① 所谓导游,是给游览者作向导;向导要给游览者作介绍,介绍就

要准确、清楚、生动,否则,就丧失了向导的作用。因此,写这类文章,清楚明白是首要的。

② 要做到清楚明白,必须言之有序。记叙文叙事要有"序",先发生的先说,后发生的后说,按时间顺序;为了表达文章的中心,也可采用倒叙、插叙的方法。但不管怎样安排,总有一定的"序",没有"序",就会一团乱麻。写介绍校园、介绍建筑物这类文章当然也要有"序",这个"序"就是空间顺序。按空间顺序介绍,同样有个先说与后说的问题。怎样才能处理好先说与后说的"序"呢?

先总述后分述。既然是杨浦中学导游,就应先对学校的地理位置、历史沿革、大小规模等作一总介绍,要言不烦,使人了解全貌,然后再分别介绍校内建筑设施。无总述,就一一分述建筑物,会给人丈二和尚摸不着头脑的感觉。郁东辉的习作注意到了这一点,可惜太简单,只介绍了地理位置。而大多数同学都忽略了。

定位。按空间顺序先说后说,一定要注意定位,位置不定实,先后之序就难以安排。一般来说,定位总是定人的观察点或立足点,先看到的先说,后看到的后说,先走到的地方先说,后走到的地方后说。如果不注意定位,或者位置无规律地随意调换,东跳西荡,写出来的介绍必然杂乱,不可能给人以清晰的印象。

拉线。先说后说没有固定的程式,视表达需要而安排。与解几何题相似,点定好以后可拉观察的线,足迹移动的线,确定说明的顺序。杨浦中学导游时可拉不同的线进行介绍。如从校门口到大操场可拉一条校园的中轴线,从介绍大花坛开始,到校园内的主体建筑物教学大楼,再介绍荷花池,进而介绍大操场。主轴线上的介绍完毕,再介绍左右两侧的建筑与设施。也可进校门后沿着石子路先介绍右侧的建筑设施,再走学校的中轴线,介绍中轴线上的建筑设施,然后向左拐,介绍左侧的建筑设施,形成回环线路。也可分段介绍,以中轴线为主,切段说明,如校园前部由教学大楼、办公楼、篮球场、乒乓房、花坛、花圃、大草坪等组成,介绍时可抓住主要建筑物,由前而后,由左而右,一一说明。线有多种多样的拉法,只要条理清晰,言而有序都可以。郁东辉的习作拉的是中轴线,从校门口开始,由前而后,介绍到纵深处的大操场,层次井然。许谦的习作写法不同,从校门口到大操场粗粗地拉了一下,而把校园中部的荷花池作为重点拎出来描述,又以"飞"来转换观察点,鸟瞰校园景色。

布点。要布点,第一要弄清"点",不能遗漏。评析的两篇习作尽管文字上比较通顺,但遗漏的"点"不少。郁东辉介绍的是学校的主体部分,但中轴线的左右两侧基本上未介绍,许谦的就更粗略了。第二要选点。房屋、草坪、花圃都不少,主次、大小,要准确判断,慎加选择。第三要合理布点。校园内的主体建筑物应该作比较详细的说明,次要建筑物可一笔带过,草坪、花圃、石子路分布在校园之中,可适当归并,综合介绍。线拉得清楚,点布得合理,既能介绍得井然有序,又能使重点突出。

③ 说明事物必须语言准确,不能写错别字,语句不能含混不清,否则,就影响说的效果,说而不明。如"宽敞干净"就不能误写为"宽敝干净","里面有跑道、沙坑、双杠、单杠等体育器械","跑道、沙坑"不是体育器械,与"双杠""单杠"不能并列。又如"指着正前方那幢楼房"介绍道:"你看,这就是我们吸收知识营养的地方——教室。""那幢楼房"里除教室外,有实验室、图书馆,把"楼房"和"教室"等同起来,不准确。再如"第13届运动会"也不明确,应在前面加限制语"学校",否则,可以理解为这个单位的,也可理解为那个单位的。至于采用怎样的表达方式,也要力求恰当。许谦的作文尽管文字通顺,但用叙述梦境的方式写,不妥帖,也不符合这次习作的要求。说他写得较好,只是就语句通顺而言。

4. 激发观察校园的兴趣,培养热爱校园的感情。

图文对照,我们对校园内的建筑物,对校园布局了解得比较清楚了,但是,图毕竟是示意,与生气勃勃的校园比大为逊色。因此,要写好这篇文章,必须到校园内走几圈,多认识,多感受。我们的校园如画,值得仔细观察,值得为别人导游。

四、作业

发给每个同学一张校园平面图,要求:

1. 按图看校园,认识图的不足之处。

2. 在准确认识校园的基础上修改自己的习作,重点在补漏,理顺说明条理。

板书

先 说 与 后 说

先概括介绍,后逐一分述。

分述时言之有序(按空间顺序):

  定位——确定观察点或立足点。

  拉线——视线、足迹、多种拉法。

  布点——主次、轻重、详略。

语言准确,明白,符合实际情况。

杨浦中学导游

你到过我们杨浦中学?哦,没有。那么,你就跟着我来参观一下花园般的学校吧。

我们杨浦中学在四平路和大连西路的交叉口,它坐北朝南。门口,"上海市杨浦中学"几个黑色大字赫然醒目。你一进大门,首先看到的是一条宽敞干净的水泥路。路中心是一个椭圆形的花坛。虽然已是深秋了,可这里依然是一片彩色世界:正中,一棵常青的雪松昂首挺立,象征着生命活力的绿色依然布满了全身,长长的枝条在阵阵秋风中拂动;

紧挨着雪松的是经过加工造型的冬青树,那圆圆的体态犹如一只只绿色的圆球;在冬青树旁,种着月季花,绿叶丛中,开放着一朵朵美丽的鲜花,还有许多含苞欲放的花蕾;最外围的是一串红,那绿叶中伸出的一串串红花,远远望去,仿佛给花坛镶上了一层红色的花边。

路两旁栽种着两行落光了叶子的梧桐树,它们在飒飒西风中顽强地站立着。路两侧还有两排玻璃橱窗,里面有校科技组制作的各种模型,有采集的矿石、化石,有介绍我国壮丽山河的图片,还有新闻照片、科学消息等。

由花坛向前,是有着铁红色外衣的教学大楼。你可以看见:三层的大楼呈"T"字形,四周栽有梧桐、落叶松等树木。大楼里面有宽敞明亮的教室,设备齐全的实验室和可供同学们博览群书的图书室和阅览室。这是多么好的学习条件啊!在"T"字形的凹处有两块草坪,青草有的已经变黄了,真像两块黄绿错综的地毯。

在教学大楼的左右两边是乒乓房和篮球场,可供同学们在学习之余锻炼身体。

穿过教学楼,沿着水泥葡萄架,便来到了我们学生引以自傲的地方——荷花池。绿色的栏杆内有一圈绿草,像给荷花池镶上了绿色的花边。池内的碧波上漂浮着绿色的莲叶,绿色的冬青树和杨柳树围绕着荷花池。绿树、青草、莲叶、碧水浑然一体,形成了一种特殊的美。

在荷花池的右侧是大礼堂和食堂。大礼堂前的花圃里,菊花盛开,绚丽似锦。那黄的、红的、白的、紫的,一朵朵,一簇簇,迎着西风喷芳吐香。它们那种傲严霜不畏强暴的高尚情操是多么可贵啊!

绕过荷花池,就是大操场。里面有跑道、沙坑、双杠、单杠等体育器械,是同学们锻炼身体的主要场所。操场四周有冬青树和杨柳围绕。

你参观了我们的学校,有什么感想呢?你肯定会说:"杨浦中学真美。"是啊,我们杨浦中学的确像个花园。

郁东辉

杨浦中学导游

夜静悄悄的,圆圆的月亮从云里钻了出来,银光透过窗户,洒在我的床上,小闹钟也为我唱着催眠曲,"嘀嗒、嘀嗒",我慢慢地合上眼睛,进入了甜蜜的梦乡。

一阵云雾从眼前荡过,金色的阳光驱走了黑夜。天亮了,这是初夏的一个早晨,我和家人一同来到机场,迎接从国外回来探亲的爸爸。爸爸刚到家,我便对他说:"爸爸,你出国任教一年多,还没到过我们学校,今天就请去观光一下吧!"不由爸爸分说,我就拉着他朝学校方向飞去。我们腾云驾雾,很快就飘到了学校。我自告奋勇当了导游。我领着爸爸走进校门,指着正前方那幢楼房介绍道:"你看,这就是我们吸收知识营养的地方——<u>教室</u>,三楼最当中那个房间便是我班的教室。"我们依次浏览了画廊和黑板报后,便向右拐向一条平整的石子路,右边是水泥篮球场,斜对面是一方碧绿的草坪。这时爸爸指着面前一幢三层楼房问:"那也是教室?"我摇了摇头,答道:"那是教工大楼,是老师的办公室。""哦,这儿绿化得挺不错啊!""可不是,据说我们学校有一千多种花,还有各种树木,真可谓一年四季花开不绝呀!"我和爸爸欣赏着各种花草,沿着石子路,径直来到操场。我仿佛觉得这里站立着许多运动员,他们在拼搏、在冲刺,到处充满着龙腾虎跃的热烈气氛。我又向爸爸描述了<u>第13届运动会</u>的比赛情况。我们边说边走,不由得来到绿荫环抱的荷花池,那花形的栏杆、精巧的假山,以及"微微含笑"的莲花,使我们流连忘返。这时,只见池中央最大的一朵莲花中,缓缓地升起了一个神秘的少女,她一身古人打扮,长裙,水袖,肩上还披着一条洁白的纱带,微风飘来,稍稍扬起,宛若一对透明的翅膀。她操着银铃般的嗓音说:"我是池中的莲花仙子,今日见二位对莲花如此着迷,特奉送一朵予你们。"说着递给我一朵嫩黄娇艳的莲花。我手捧莲花,刚想道谢,她却嫣然一笑,带着一团薄雾隐去了。我又领着爸爸一路向前,穿过葡萄架,飞上了教学大楼的房顶,顿时,整个校园就像一幅立体的图画展现在我们眼前。看,那造型别致的凉亭;瞧,那形态逼真的假山,真和公园相差无几。我看看爸爸,爸爸笑了,笑得那么甜。

我一翻身惊醒了,美丽的校园消失了,可这美好的梦境长久地、长久地留在我的脑海中。

许 谦

附:校园平面图

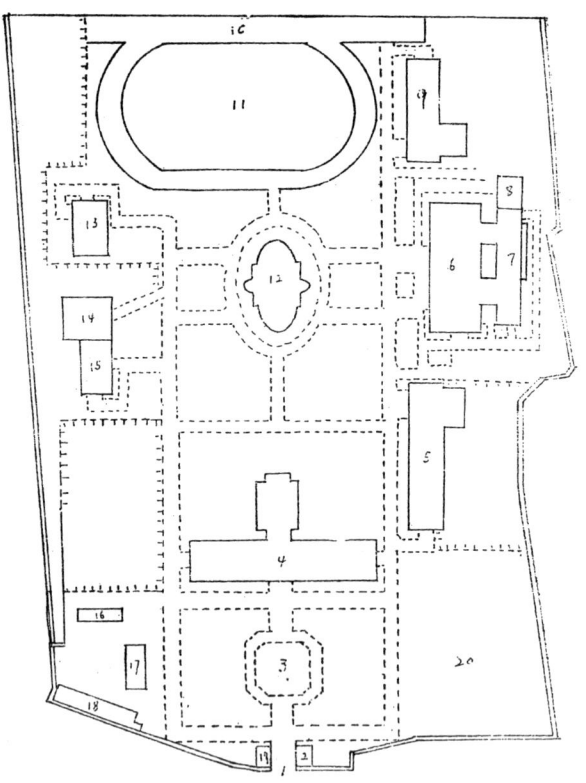

1. 校门 2. 传达室 3. 花坛 4. 教学大楼 5. 办公室 6. 大礼堂 7. 食堂 8. 风雨操场 9. 学生宿舍 10. 跑道 11. 操场 12. 荷花池 13. 教工宿舍 14. 电化教室 15. 小工厂 16. 乒乓房 17. 工具间 18. 木工间 19. 值班室 20. 篮球场

文无"意"不立
——《一颗闪光的心灵》习作讲评

【作前指导与要求】

学习《古代英雄的石像》时,有同学提出这样一个问题:故事结束处,石像倒下,碎成千块万块。石像怎么会倒下来?作者为什么要写它倒下来?大家为这个问题争论了好一阵。有的说石像受到石块们的教育帮助,自动倒下,回到石块中间;有的说它坚持错误,继续骄傲,石块们把它推翻。从这里我们是不是可以得到一点启发:不管石像因何原因倒下,都说明了自以为是、骄傲自满、爱好虚荣的毛病是要不得的。这篇文章是童话,童话对孩子们要有教育意义,教育小读者明辨是非,健康成长。

其实,写任何文章,包括我们的写作训练,也要注意这个问题,提倡什么,反对什么,赞扬什么,批评什么,在文中的态度要鲜明。古代英雄石像的心灵是不美的,作者持批评的态度;这次作文写现实生活中的"一颗闪光的心灵",我们持歌颂的态度。写作时注意:不是用许多"伟大""了不起"的形容词,而是用事实说话,内容具体,中心突出,语言通顺。

一、讲评目的

1. 懂得写文章首先要讲求思想,思想正确、深刻,文章才有灵魂。

2. 理解文章思想和文章内容的关系是如影随形,如响依声。

二、讲评材料和方法

《一颗闪光的心灵》习作两篇、《伊索寓言》数篇。

听说结合,分析归纳。

三、讲评要点

1. 听读《寓言》,拎出寓意,导入讲评课题。

要求学生仔细听教师朗读三则寓言,听后分别拎出它们的寓意。

① 《狗和厨师》。狗钻进厨房,趁厨师忙乱之际,偷了一个心,逃走了。厨师一回头,看见狗逃跑了,便说道:"畜生,无论你到哪里,我都会提防着你,你不是从我这儿偷走了一个心,而是给了我一个心。"

② 《农夫和他的孩子们》。农夫临终时,想让他的孩子们懂得怎样种地,就把他们叫到跟前,说道:"孩子们,葡萄园里有个地方埋藏着财宝。"农夫死后,孩子们用犁头和鹤嘴锄把土地都翻了一遍。他们没有找到财宝,可是葡萄却给他们带来几倍的收成。

③ 《苍蝇》。库房里有蜂蜜漏出来,很多苍蝇飞去吃。因为这东西好吃,他们一点儿也不肯离开。脚被粘住后,他们再也飞不起来了。苍蝇临死的时候叹道:"我们真不幸,因贪图一时的享乐而丧生。"

这三则寓言的寓意分别是:① 吃一堑,长一智;② 勤劳就是人们的财宝;③ 贪婪是祸患的根源。这三则和我们课内学的两篇一样,都有明确的中心,都讲了深刻的道理,给人以启发和教育。《伊索寓言》之所以能广泛流传,超越国界,除艺术上有其特色外,思想意义非常重要。从这里可得到启示:文无"意"不立。

2. 就文章"立意"问题,请学生结合自己的读写实际发表议论,然后归纳要点。

任何一篇文章,都是由思想内容、组织结构、语言表达三方面的因素构成。"意犹帅也",文章的思想是文章的灵魂,是统率结构与语言的。灵魂须高尚,如果卑劣污浊,结构再完整,语言再通顺,对读者也只能起消极的作用。

文章的"意"要正确,要激发人们奋发向上、追求美好的理想;要新颖,开启人们之未见未闻;要有一定的深度,能接触到事物的本质。

3. 评析习作《一颗闪光的心灵》,理解文章以意为主、词以达意的道理。

(1) 阅读印发的两篇习作,就下列问题开展讨论:

① 题目中的"闪光"你是怎样理解的?这两篇习作所写的"闪光"是指什么?

② 这两篇习作在立意方面有何可取或不足之处?如果不足,可怎样弥补?

③ 习作的思想是用哪些内容来表现的?它们之间是什么关系?

④《一颗闪光的心灵》也是写人的记叙文,和过去比,在写作方法上有何改进?

(2) 在讨论的过程中明确:

① 文章标题和文章立意是两个概念,不能混淆。《一颗闪光的心灵》只是在文体和写作内容上作了提示和限制,至于怎样的心灵才是闪光的心灵,那是要自己思考,自己把它具体化起来。不同的人对"闪光"有不同的理解,有正误之别、深浅之分,因此下笔时必然会出现不同的"意"。我们对"闪光"的理解应是闪发全心全意为人民服务,为"四化"建设尽心尽力奋斗的思想光芒。在这个总的思想范围内,可考虑许多具体的方面。如:有同学写舍身救火的牺牲精神,有同学写助人为乐的精神,有同学写为事业的兴旺艰苦奋斗,这些都是有积极意义的。

② 韩新的习作在于写刘大妈坚决杜绝后门,不徇私利,一心想着国家的高尚思想,这种思想是美丽的、闪光的。郁东辉的习作赞扬张大爷助人为乐的精神。两相比较,对"闪光的心灵"虽理解得都正确,但有深浅的差别,一般与新颖的差别。两篇习作虽都只记叙了一件事,但这两件事的分量很不一样。前者是关系到切身利益的事,关系到如何对待亲子之爱。儿子从不从乡下调到城里,是不是眼开眼闭让刘厂长通路子、开后门,大多数人不容易正确对待,往往以权徇私。这场思想上的公与私的斗争是不可调和的,不是弃私为公,就是私而忘公损公。刘大妈在这个反映思想觉悟、世界观、人生观的实质性问题上,以朴素的感情、诚挚的态度站在正确的方面,这种思想远远高于世俗之见,远远高于谋私利之鄙俗之徒,因而是闪发光彩的,令人尊敬的。

郁东辉的习作也记叙了一件事,记叙张大爷雨中铺砖填洼坑方便行人的事。单单这件事反映助人为乐的思想,分量就显得单薄。如果有点上的描述,又有面上的略叙,点面结合起来写,文章的"意"就比较厚实,能站立起来。

③ 文章的内容和文章的思想要协调相称。文章的思想正确,"意"立得高,还须有相应的内容来表现。如写刘大妈拒不正之风主要通过两段对话来刻画,材料不多,但比较精,一单刀直入地谈,一旁敲侧击地说,二者互补,思想火花迸发。文章思想和文章内容的关系是如影随形,如响依声,十分紧密。什么样的思想广度、深度要有相适应的文章内容来表现,大小、深浅、高下都要对得上口,否则"意"的表达会受到影响。如雨中铺砖的内容用以表现助人为乐的思想就是犯了口径对不准的毛病。内容单薄,想颂扬的思想又很高,就会给人以拔高的感觉,影响表达效果。

④ 这次习作写人,同学们不仅注意记叙,而且相当注意描写。肖像描写有远看有近看,有实在的形象,又有幻觉处理,写得比较活。如

写张大爷就是这样。语言描写比较符合人物身份。如写刘大妈的语言,简单、朴素、干脆,没什么不符合身份的大道理。当然,个别语句还可口语化一点,如与"妈妈"的对话中,"可是"可以换用别的词,在人们的口语中,"虽然""但是""不但""而且"用得较少。这次习作除对人物注意描写外,对环境也作了适当的描写,与前几次写人的作文比较,显然有了进步。

四、作业

1. 重读自己的习作,概括文章的中心思想,再与习作提纲中的中心思想进行比较,看是否一致。

2. 辨析习作内容和确立的中心思想是否吻合,有无对不上口径之处。

板书

文无"意"不立

"意犹帅也",思想是文章的灵魂。

"意" { 要正确,激发人们奋发向上。
要新颖,启发人之未见未闻。
要深刻,接触并揭示事物的本质。

文章思想和文章内容须如影随形,如响依声。

一颗闪光的心灵

"嗒、嗒、嗒……"听这脚步声,一定是刘大妈。瞧,她正扛着一袋米,吃力地上楼呢。她的脸蜡黄、发青,微驼着背,那样苍老。怎么,她没有子女吗?不,她的独子上山下乡早走了;哦,是没"本事"调上来?不,刘大妈的弟弟是什么厂长,路子广着呢;是大妈自己不愿意?怎么说呢……

刘大妈今年五十多了,是个退休工人。她儿子在乡下已经成了家,每年都回来探亲。刘大妈的弟弟刘厂长早打通了"路子"。可谁知大妈却不同意——

一次,我和妈妈在公用厨房包饺子。这时,刘厂长满面春风地走了进来,快步进了刘大妈房里。门是虚掩的,可以听到他们的谈话:

"大姐,我已经同人家谈妥了。上调的事……"刘厂长的声音。

"我不是早说过了,他在乡下生活得挺好,不用调了。老二,你这样搞,别人会怎么说呢!"刘大妈恳切而又坚决地说。

"现在有点门道的都往城里钻,你呀……"

"可我们干部不能带这个头。"

"你也太死脑筋了!"

"我别的不懂,只知道老老实实做人。"

房里一阵沉默。不一会儿,刘厂长叹着气回去了。接着,刘大妈也走了出来。

妈妈真切地说:"大妈,他也是好心。"刘大妈苦笑了一下,说:"可惜他对别人可没这份好心。我也不是不想叫儿子上来,哪个娘不疼儿子!可是一想,别人家的孩子在乡下,他的父母就不想?我不能做这种亏心事,你们大概又要说我是五十年代的人了吧!可是,过去就没有一点好的东西吗?"刘大妈发自肺腑的话,使我陷入了深思。

"嗒、嗒、嗒……"刘大妈的脚步声打断了我的思绪。我好像觉得她那苍老的躯体放射出美丽的光辉,那是她的心灵在闪光!

韩　新

一颗闪光的心灵

一个秋日的早晨,天灰蒙蒙的,乌云慢慢地移动着。雨像决了堤的河水从天上泼了下来,打在屋檐上,水珠四溅,地上坑洼的地方积满了水,路泥泞不堪。

　　我背着书包,撑着雨伞,在水泥路上一步步地走着。忽然,有一个蓝色的东西映入我的眼帘,透过茫茫的雨帘,我仔细一看,原来是个人,还有点面熟。只见他忽而弯下腰,双手在干什么,忽而站起身,在身边一堆东西上拿下什么,又弯下腰去。"这人是谁啊?怎么这么怪啊?刮风下雨不在家里,跑出来干什么?"

　　好奇心驱使着我向前走去。走近一看,啊!是隔壁的张大爷。他身穿一件蓝色雨衣,脸颊上淌着雨水,口里正喘着气,裤脚也湿透了,他听到有人走过来了,忙站起身来,抬起了头,"啊,是小辉啊"。"张大爷,您这是?""哦,下雨时这里常积水,过路人多不方便啊!今天,我去搬了几块砖,把它填在这里,好让过路人方便啊!"我这才发现,在他旁边还有几块砖,水洼地方已经用砖整齐地填平了。"啊!张大爷,您为了别人的利益,冒雨铺砖,您这种为人民服务的精神是多么可佳啊!""小辉,看,你的裤脚都湿了。"哦,原来我只顾想,连裤脚打湿了也不知道。"张大爷,我也帮您来干吧。""不用了,你快去上学,这一点我来干完吧。""我帮您干吧。""还是我来,你快去,要不,上课就要迟到了。"

　　在张大爷的劝说下,我只好走了。走不多远,我忍不住又往后望了一眼,那个蓝色的影子仍然在晃动。忽然,我觉得那是个闪光的心灵在跳动。雨,仍然下着……

郁东辉

再谈文以"意"为主
——"……一课"习作讲评

【作前指导与要求】

法国作家都德的《最后一课》已超越国界,成为世界上许多国家青少年的必读教材,其原因何在呢?那是由于文中所迸发出来的强烈的爱国主义思想感情是人类十分崇高的思想情操,任何民族要生存发展,要兴旺发达,都离不开这种思想精神,都要用这种精神去教育自己的子孙后代。因此,这篇短篇小说不胫而走,在世界各地都有它的知音。这充分说明文以"意"为主,思想意义上很有价值的文章能流传得很久很广。

请同学们描述一下《最后一课》中最感人的场景,并说明它的思想意义。这篇小说的结尾部分是高潮所在,课堂上庄严肃穆的气氛,人物的神情、语言、动作、手势,构成了向学生告别、向祖国故土告别的仪式,令人心碎。对侵略者的控诉,对丧失国土遭人奴役的刺心痛苦,对收复失地的向往和信念达到了高潮。这部分是文章思想意义的集中体现。

在学习生涯中,我们与课堂结下了不解之缘。正是通过这些极其平常的一节一节课,高尚的思想情操、丰富的文化知识如淙淙清泉叮叮咚咚地流入我们的心田,滋润我们成长。为了认识这些课的意义,也为了从都德的名著《最后一课》中获得写作上的借鉴,要求同学们提笔写下自己感受最深的一课。"意"要立得好,有积极作用,场景要活泼生动,语言要流畅。

一、讲评目的

1. 懂得写作时应做到"意在笔先",用"意"统率全文。

2. 理解文章的"意"来自对生活的观察与思考,只有磨炼思想、增加生活阅历才能洞悉事物本质,有独特的见解。

3. 写作提纲再次略作指导,提高质量。

二、讲评材料和方法

《牵动思绪的一课》《最难忘的一课》两篇习作。

重点剖析,朗读,交流。

三、讲评要点

1. 交流习作甘苦,导入讲评课题。

这次作文要求选择感受最深的一课写,有鲜明的主题。大家经过了写作实践,尝到了甘苦。像这样一篇作文怎样才能展现生动的场景,怎样才能写得有积极的意义,请同学们谈一点感受。

同学们发表意见后,归纳:选择哪节课写,写哪些情节,对哪些人进行具体描绘,运用哪些语言等均要经过思考,绝非易事。然而,在这些问题中最为重要的是确立中心,明确主题。写作文最忌跟着题目转,叫写"课"就写"课",被"课"箍住思想,不知跳出来思考:写这节"课"准备说明什么问题,表现什么思想,达到什么目的。也就是审题以后"立意"这个重要环节未下功夫。这次习作同学们写了不少"课",有的"课"热热闹闹,有的"课"五彩纷呈,但究竟反映什么问题,说明什么问题,反倒朦朦胧胧。之所以造成这种中心思想不鲜明的状况,大抵是由于只想到"课"而忘却通过"课"的描述要反映、要说明、要表现某种思想。因此,这次作文讲评再谈文以"意"为主。

2. 重点评析习作《牵动思绪的一课》,就"立意"问题进一步探讨。

(1) 习作者朗读《牵动思绪的一课》,并说明写这篇习作的构思过程。

(2) 请同学就下列问题展开讨论：

① 文章的主题思想是什么？其积极意义何在？和文章标题有什么关系？

② 文章的主题思想是通过哪些具体内容来表现的？这些具体内容从何而来？怎么会和主题思想挂上钩的？

③ 在写作方法、语言运用上有什么可取之处？

④ 对习作者谈的构思过程、写作过程有无不同意见？你认为怎样比较合理？

(3) 在讨论的基础上明确：

① "意在笔先"。不管写什么文章，下笔之前一定要考虑写什么内容，体现什么思想。下笔之前立好了"意"，文章就有了"主脑"，就好像部队一样，有了主帅，就能带兵。如果下笔之前不立意，那就无法对全文作通盘考虑，如何开头，如何过渡，如何结尾，何主何次，哪些详哪些略，就缺乏考虑的依据。下笔前无"意"，即使材料具体，叙述详尽，也是缺乏主帅指挥的乌合之众，像跑野马，漫无边际。写作时，思考得越成熟，主题思想确立得越明确，下笔才能成风。在这方面，鲁迅先生是学习的榜样。据许广平的记述，鲁迅先生"写三五百字的短评，也不是摊开纸就动手。那张躺椅，是他构思的所在，那早晚饭前饭后的休息，就是他一语不发，在躺椅上先把所要写的大纲起腹稿的时候"。

② 《牵动思绪的一课》主题思想明确，称颂教师辛勤育人的园丁精神，表达对教师的敬爱之情。主题有积极意义。文章的标题是文章的眼睛，文章的主题是文章的灵魂，二者不能混淆。"牵动思绪"作为"一课"的修饰语，点出这节课的特色。这篇习作的主题思想是通过美术课上参观校史展览室时所见所闻等材料来表达的。美术老师的虚弱身体和上课时兴致勃勃的精神状态，微笑的神情和严肃的口吻，校史室里的展览品和校

园的景物,参观时同学的情况和课上的细节,这种种材料来自平时的细心观察,来自亲身的体验。习作者对观察所得进行思考,感受到教师嘱咐、讲解严肃而温柔,都是为了向学生传播知识,教育学生成长。正因为勤思考,有感受,所以下笔时就能注入真情。在实际生活中,作为一个学生,接触到各位教师大量的实际材料,获得多方面的切身体验,然后运用正确的观点进行分析,提炼出赞颂教师悉心育人的园丁精神的思想。由上可知,文章内容是生活中耳闻目睹之事,把这些材料集中起来进行加工,认识就不会停留在表面,就会从具体材料中提炼出中心思想。所谓提炼,就是要对接触到的事物辨表里,深挖掘。如果就"课"谈"课",不就"课"写人,深挖人的思想,即使写得热闹,也难成为好文章。

③ 中心思想通过具体材料得到表现,材料必须为中心思想服务。习作者从材料中提炼出中心思想以后,要把中心思想充分地表达出来,须注意合理地使用材料,考虑写作方法。有人说:"艺术的真正生命在于对个别特殊事物的掌握与描述。"又有人说:"花总要有自己独特的色和香,如是一种颜色,一种香味,还有什么争奇斗艳呢?"写作也是如此。表达中心思想有各种不同的方法,不能一个模式。《牵动思绪的一课》在表达上有自己的特点:

一般写"课",常从铃声响写起,而这篇习作起笔宕开,从课的多种内容多种形式说起,然后定点在"参观校史室"上,别开生面。

写人抓住特征性的细节反复描写,从"一路上他不停地嘱咐我们不要说话"到"给几个同学轻声地讲解什么",到"他让我们一遍又一遍地读着黑板上的字:'不准讲话!'",到"老师站上凳子,最后对我们说……",写出这位美术老师教育学生时的苦口婆心,这些戏剧性的特征,是这位老师的,而不是其他老师的。个性突出,中心思想的表现就有血有肉,而不是抽象的、概念化的了。

要善于在有限的篇幅内开拓天地,使人不仅看到纸面上的意思,还能感到言外有意,很值得咀嚼。通常同学们写的"一课"就是一课的内容,一课的情景,而《牵动思绪的一课》通过参观校史展览室,突破了时空的限制;通过参观校园模型,超越了课堂界限,把校园推到眼前;通过写教师当堂课的指导,联系到过去上课自己的感受和今日的重新认识;通过写向一位老师的感谢,引出对许许多多老师的崇敬。由"看"而"思"而"忆",浮想联翩,把好几个材料串联成篇,天地就开阔得多,远远超过了一节课的内涵。习作者抓得巧妙之处就在于"牵动思绪"这一环,这一环抓住,课内课外,纵纵横横,都可施展,文章就活了。

结尾不是闭锁式的,而是由点及面,点出有限的"谢谢"这个词,表达学生对教师无限的感激之情,留给人们说不尽的思索。

尽管习作者写得还比较幼稚,有些语句不是很流畅,但是她的细观察、勤思考,注意从材料中提炼主题,学着谋篇布局,力求把文章的思想表达得具体些、生动些,是应该肯定的。总之,功夫在文外,"立意"在笔先,材料取得在文前,平时注意锻炼思想,从生活中、从阅读中积累知识、积累材料,下笔就顺畅得多。

3. 简评习作《最难忘的一课》,巩固上述要点。

(1) 习作者朗读《最难忘的一课》。

(2) 就下列问题开展简要的评析:

① 这篇习作的中心思想是什么?意义是否积极?

② 写法上有没有个性?为什么?哪些地方写得好?哪些地方明显不够?

四、作业

1. 在明确立意的重要性的基础上审视自己的习作,看是否符合要求。

2. 以后列写作提纲,中心思想要反复斟酌,力求正确、新颖、深刻;段落提纲可采用多种方法,可写大意,可列材料,可列要点,可拟小标题,但每次只能用一种,不可杂花色。为同桌的习作修改写作提纲。

板书

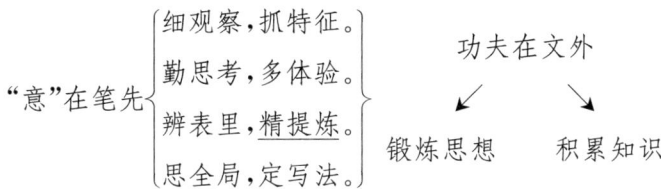

牵动思绪的一课

美术课不仅是临摹、写生,还包括欣赏、参观哩!我们参观校史室,就是在一节美术课上。

美术老师把我们领出教室,径直带向三楼,一路上他不停地嘱咐我们不要说话,他那张戴着深度近视眼镜的脸上好像总是在微笑,给人以亲切感,但他的口气却是那么严肃。老师的身体极坏,从那顶过早戴上的厚厚的帽子,和那身厚厚的粗布衣服就能知道。然而,每次上课他总是兴致勃勃的。来到三楼一间不太宽敞的房间,这便是校史室。一块块大木板搁在桌子上,斜靠着墙,上面贴着许多图片,介绍我们学校的历史,介绍一些优秀教师的事迹。大家细心地看着,有的轻声议论、赞美,有的则沉默不语,思索着。我随着人流在屋里转了半圈,一回头,这才注意到屋子当中的台子上,放着校园的模型。也不知是谁设计得那么好,校园里那一排排整齐的树木,在这模型上都用一小撮一小撮的绿色橡皮泥代替,这倒挺有趣,大家围着模型看起来。而我的思绪,却从这橡皮泥上转到了校园里的树木上。这一棵棵树木,有的枝叶茂密,有的高大挺拔,这一切凝聚着园丁的多少心血。绿树成荫的校园,多好的学习环境,这都是辛勤的园丁给我们创造的呀!我抬起头,见美术老师正在给几个同学轻声地讲解什么。这是个严肃而温柔的老师,我还记得在一节美术课上,他让我一遍又一遍地读着黑板上的字:"不准讲话!"我当时只觉得好笑,现在我明白他的用意了,他也像那些美化校园的园丁一样,是为了使同学们学习时有一个安静的环境,刚才上楼时他那样地嘱咐我们也是这个原因吧!哦,"老师就像辛勤的园丁",对于这句话,我又有了一点新的认识。

下课了,老师站上凳子,最后对我们说:"预祝大家考试考出好成绩!""谢谢老师。"有的同学脱口而出。是啊,是该谢谢老师,但我们对老师的感激之情用"谢谢"两字怎样表达得尽?你看,那些老师正走出课堂,准备跨进另一个教室,向同学们继续传播无穷无尽的知识……

谢书颖

最难忘的一课

进中学快一年了,在这将近一年的学习中,老师为我们上了不知多少生动有趣的课,这些且不去说,单是上半学期的一节体育课,就够回味的,那倒不是由于生动有趣,而在于……

那是一个晴朗的上午,蔚蓝的天空飘浮着朵朵白云。"叮铃铃……"只听得一阵急促而响亮的上课铃响了起来,同学们立即从四面八方向操场涌去,排着整齐的队伍等待老师上课。这时,只见一位四十来岁的中年男体育老师向这边走来,他穿着一套深蓝色的运动服,胸前挂着跑表,戴着一副金丝边眼镜,夹着讲义夹,他,就是我们的体育老师施老师。

开始上课了。施老师说:"这节课进行广播操测验,下面解散,同学们各自先练习练习,互相纠正。一会儿听到口令,到大礼堂集合。"一听到"测验"这两个字,我的心一下子抽紧了。然而"解散""自己练习"却像一帖补药,我似乎轻松了一下。我和好朋友张凇飞快地跑到假山边,准备练习广播操。可还没等我们开始练习,校园的美景就把我们吸引住了。花儿在明媚的阳光下绽开了笑脸,花蝴蝶在草间飞来飞去。这时,"玩"这个字闪进了我的脑海。我马上建议:"张淞,咱们捉蝴蝶,好不好?""啊!好极了!"张淞说着从口袋里掏出一个小塑料袋。于是,我们便向那一只只花蝴蝶和蚱蜢发起进攻。不一会儿,我们的小塑料袋里已经满是活蹦乱跳的蝴蝶和蚱蜢了。老师的口令也忘了,等我们跑到大礼堂门口。同学们已端端正正地坐在位置上听施老师提要求了。

这下我俩可慌了手脚,怎么办呢?我只觉得脸上火辣辣的,心跳得特别厉害。施老师发现了我们,脸一下子严肃了许多,提高嗓门问道:"你们到哪儿去了?难道口令也没有听到吗?""我……我们……"我俩顿时说不出话来。怎么说呢?难道说去捉虫子吗?这还了得。"不是说听到口令就来吗?站在后面,好好想想,放学后留下补考!"好厉害的老师啊!我俩只得无可奈何地站在后面。同学们的考试被打断了,他们回过头厌恶地看了我们一眼,嘴里还说了些什么。我心里乱成了一团麻,张淞也难过得低下头来,连蚱蜢从小塑料袋里跳出来也没察觉。

终于下课了,施老师没理我们,只叫我们放学后留下来。为了这件事我下午课也没上好,忐忑不安的。后来,还是班主任何老师知道了这件事,为我们说了情,才免了一顿批。

批评虽然免了,但是,这件事在我脑海里留下的印象却是非常深刻的。以后的体育课我再也不敢马虎了,我时时警告自己,文化课要上好,体育课也一定要上好,这才能使自己成为全面发展的中学生。

石 巍

平凡之中见深意
——《一件小事》习作讲评

【作前指导与要求】

前两篇作文记了人写了课,这次作文记事。记什么事呢?请大家想想看,记一件事,二三事,还是多件事?

不少同学认为中学生了,记一件事没水平,要记,就得记二三事、多件事。其实不然,德国文学家歌德曾说过:"一个人只要能把一件事说得很清楚,他也就能把许多事都说得清楚了。"这次我们就写"一件小事",事要选择平凡的、常见的,但平凡之中要能见深意,要能小中见大。这件小事须真实,亲眼所见,亲耳所闻,确实有认识、有感受,不能虚构。言要简,意要深。

一、讲评目的

1. 懂得选材要严、开掘要深的道理,培养观察生活、认识社会的能力。
2. 懂得叙事须有详略、宾主、虚实的安排,能寓情寓理。
3. 运用印发的习作进行口头作文的训练。

二、讲评材料和方法

《一件小事》习作三篇,课文《我的老师》片段和鲁迅作品《一件小事》片段。

综合评论,口头训练,对照提高。

三、讲评要点

1. 阅读三篇习作,综合评论。

(1) 简述习作情况,鼓励习作热情。

读了同学们笔下记叙的"小事",感到大家的思维比过去活跃了,材料涉及的面比较广,认识社会、辨别是非的能力有所提高。特别令人高兴的是,几个写作上困难大的同学也能把事叙述得比较清楚了。因此,只要坚持训练,满怀信心,总是会进步的。

(2) 这次三篇习作都有明显的进步,请大家阅读,并就下列问题开展讨论。

① 这几篇习作各记叙了什么事?文中的事反映了怎样的思想意义?它们中有无深浅的分别?原因何在?

② 这几篇习作在事情的叙述上各有什么特点?你认为这样表达能否充分地显示文章的思想意义,为什么?

(3) 在学生畅所欲言的基础上,归纳要点:

① 三篇习作所记叙的事都是"小事":一个牛奶瓶;公共车辆上的占座与让座;自行车撞倒行人后,骑车人真诚地道歉。这些小事都反映了一定的思想意义,有的是自责,谴责损人利己的污浊思想,谴责只图自己舒服安逸的自私思想;有的是反映社会风尚的转变。

照相机能摄像,人的双眼也能摄像,然而人和照相机毕竟不同,双眼是带着感情去选镜头的。观察的人本身要有一定的思想水平,要认认真真对待生活,才能严格选材,也才可能从材料中开掘出深意。出于害怕和侥幸的心理,张淞把裂了缝的奶瓶调换给取奶的阿婆,坏奶瓶是换走了,摆脱了,而损人利己的坏思想也滋生了。如果认为这仅是微不足道的小事,那就不可能出现自责的深意,就"瓶"论瓶,与就"瓶"论思想,看问题的深度就很不相同。董峰的习作也是类似,在思想上对自己无严格要求的人,即使碰到假腿老伯的情况,自己坐在座位上仍然心安理得,无所谓"崇敬",也无所谓"鞭策"。因此,能否从小事中看出深意,确实与观察者的思想水平有密切关系。

亲身经历的事写自己的体验要深刻,写目睹的事也同样须揭示其内在的意义。瞿兵的习作企图通过自行车撞人并未发生纠纷的小事反映其社会意义,写作意图是明确的。但是,与前两篇比,生硬了一些,有点拔高。如前所说:"事"和"意"的榫头要对得合适,如对得不准,主观上想深,客观上却显得内容单薄,弄巧成拙。

② 这三篇习作的记叙都比较活,但处理又不尽相同。张淞叙事时先给裂了缝的奶瓶画像,给人以强烈的印象,然后说明裂缝的原因,进而再叙述如何解决这个问题的过程。重点笔墨是心理描写,瓶破时的忐忑不安,换瓶前的畏惧和侥幸,换瓶时的害怕与紧张,换瓶后的慌乱和自责,瓶"宾"人"主",处理得十分清晰。换瓶的过程实写,而换瓶后的结果通过想象展现多种可能是虚写,虚实相辅,思想意义较为充分地表现。董峰叙事先点环境,然后记车上发生的让座始末,通篇用对比的手法写:自己"包座"和老伯让座,自己年轻健康和老伯年老体衰,自己积累的小经验和心灵上的鞭策的威压,有与别人的横向比较,有自己前后的纵向比较,纵横结合,思想意义显示。瞿兵叙事从"忆"下笔,按时间先后记车撞人的前前后后,用"真够国际水平"的赞语为车撞人做铺垫,以"撒腿往前直跑""我以为他们准会吵一架,这可有热闹看了"做烘托,曲折地记述了事情结局的出人意料,以此表现主题思想。"文以意为主""词以达意",三篇习作为了表达文章的思想意义都在语言和写作方法上有过一些考虑,这是应该肯定的。

但是,这些习作有没有不足之处呢?可不可以用另外的方法来表达呢?

2. 进行口头作文训练，促使学生进行发散性思维。

要求学生就三篇习作中的材料重新组织篇章，须注意做到：能较为充分地表现主题思想；每个同学就一篇习作中的材料思考两种组织情节的方案；口头叙述，并说明如此组织篇章的原因；准备五分钟。

以"车撞人"的习作为例，可：

（1）"车撞人"的特写镜头放在篇首；围观人七嘴八舌中交代事故发生的原因；"我"凑上去看热闹，等待想象中的争执场面出现；结局出人意料；以人舒心、景美丽为结束语。

（2）以"我"行路，篮子飞速滚到自己脚边的细节开篇；然后捡篮子，循篮子滚动线路步入出事地点；接着描绘出事现场情况，自己的猜测，围观者的议论，当事人的态度，有详有略、有起有伏地表达；最后是带情观景，美在眼前。

无论怎样组材，须考虑：暗比，以常见的事故争执，推诿责任和现实中互让自责作比较，前者可虚写，后者须实写，前略后详，突出主题；车速特别快的原因应有所交代，否则不易与年轻人撞人以后的言行协调一致，会产生漏洞；主题不宜明说，可用含蓄的语言轻点，启人深思。

其他两篇口头作文可采取类似的方法。

3. 赏析借鉴，加深体会。

这次习作有的同学显然翻阅了一些文章，想从中获得写作上的借鉴，这种做法是可以提倡的。博采群芳，方能酿造佳蜜。鲁迅先生的《一件小事》我们还未学过，但董峰同学这篇习作显然从范文中吸取了营养，包括个别词语的运用，如"威压"等。

在这次习作中，大家把事叙得比较清楚，但缺少的是集中表现思想意义的精彩段落。精彩段落往往是文章的闪光之处，要学着写。现请同学们赏析两段，从中吸取养料。

（1）《我的老师》中蔡老师用教鞭吓唬学生那一段和孩子在睡梦中寻找蔡老师的细节十分精彩。"仅仅有一次,她的教鞭好像要落下来,我用石板一迎,教鞭轻轻地敲在石板边上,大伙笑了,她也笑了……"这一举一落,一敲一笑,对调皮孩童的气中有爱、爱真憎假的细腻感情刻画得十分真切,令人在笑中受到感染。在梦中寻找老师的细节写得出神入化,真正写出了"一个孩子的纯真的心,就是那些在热恋中的人们也难比"的境界。这些看来普通的语句由于寓情寓理,老师爱孩子、孩子更爱老师的主题充分展现。初读时,我们体验可能不深,再读,就可体会到同是叙事,要达到最佳效果,其中有很多学问。

（2）《一件小事》中有:"我这时突然感到一种异样的感觉,觉得他满身灰尘的后影,刹时高大了,而且愈走愈大,须仰视才见。而且他对于我,渐渐的又几乎变成一种威压,甚而至于要榨出皮袍下面藏着的'小'来。"我们仔细咀嚼,就可发现其描写的独到之处。按观察事物的透视常规,近大远小,而此处作者用一反常规的视觉形象刻画车夫灵魂的高尚和自己心灵的震动。此处没有用比喻把车夫的形象束缚住、限制住,而是用"愈走愈大,须仰视才见"的连续摇动的特写镜头,留给读者想象的余地,把作品中"我"这个知识分子内心的感动与觉醒表现得极其形象极其深入。下学期要精读这篇课文,先点一笔,初步赏析。

总之,文章是客观事物的反映,而客观事物是林林总总、错综复杂的,必须反复研究,才能反映恰当。一件小事看来容易记叙,然而,要写得有意义有情致,小中见大,是极不容易的。晋代陆机在《文赋》中说他自己作文是:"恒患意不称物,文不逮意。"总是担心文章的"意"不能确切地反映客观事物,担心文辞不能确切地表达文章的"意"。所以,我们练习写作,对客观事物要观察又观察,研究又研究,于平凡之中看出深意,这是第一点。第二点,要选择恰当的文辞、运用恰当的方法来表达,设想多种方案,选择最佳的,加强表达效果。

四、作业

重读自己的习作,根据习作中的材料设计另一个表达方案,力求:深化原来材料的思想意义,使主题表达得更为充分。

板书

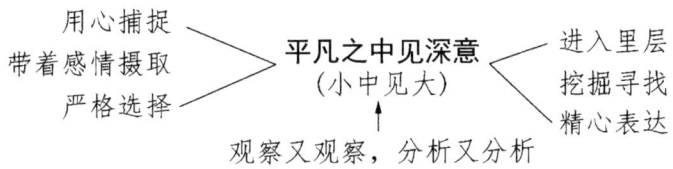

一 件 小 事

一只裂开了一条缝的奶瓶在我的手中擎着,奶水正顺着半寸长的裂口一滴一滴地流出来,我的心忐忑不安地跳着。

刚才,我被人推了一下,奶瓶撞到了墙上,留下了一道裂口,我吓得手足无措。等清醒后,我得知摔坏了奶瓶要赔偿,又怕妈妈骂我,我害怕了,于是怀着一丝侥幸的心理,竟想到去取奶处碰碰"运气"。

那取奶处就像一个恐怖的魔窟,我越接近它就越害怕,心就越跳得厉害。到了取奶处,我越想越觉得自己不应该,刚想回身,那负责取奶的阿婆已经看到我,问道:"小姑娘,你还没拿奶啊?""我取的奶瓶是个坏奶瓶。"我也不知道这句话是怎样说出来的。"哦?"阿婆接过奶瓶看了看,又仔细地看了看我,我被那眼光灼了一下,低下头去,脸被灼红了。阿婆犹豫了一下,从箱子中又取了一个奶瓶给我,我像接过了一团火球,抱着它转身飞跑起来。

我不愿让人看见我,看见那奶瓶,可这条幽静的小道人却多了起来,他们仿佛都盯着我,眼里带着怒气和责备,好像都在说:"这个人真缺德。"我怀里像揣着一只兔子,它不停地踢着我,我的心跳动得更厉害,快要跳出胸膛。我飞跑回家,放下奶瓶,长长地吁了一口气。我又想到了那只坏奶瓶,这只奶瓶会落到谁人之手呢?会不会那最后取奶的人无可奈何地捧着它摇着头走回家去?会不会那取奶的阿婆从口袋中取出自己的钱来垫上?会不会阿婆回厂后受到了批评?如果人人都像我这样,那么奶厂会怎么样?会不会,会不会……我心乱如麻,不敢再想下去,可那一个个的问号在我眼前跳来跳去,讥讽着我。我认识到我的心灵已经染上了污点,一个难以洗清的污点,这个污点以后会变成什么呢?我对不起那位阿婆,我一定要悄悄地把赔偿费送去,嗯,一定,一定!

张 淞

一 件 小 事

春天的雨就是怪,又细又密。我拢了拢被淋湿的头发,跳上了一辆驶往家的电车。因为是起点站,空位很多。多次的乘车,使我积累了一点小经验:要坐靠前门的两个位子,这两个位子的最大优越性是不用让位,因为背靠门,人上来看不见。于是,我坐在我的"包座"上。

坐在我旁边的是一个老伯,从侧面看上去,有五六十岁。车驶向第一站。车将要靠站时,我习惯地望着站着的人群,突然,我的眼光触到了什么,大概有三四个抱小孩的父母站着,我忙乱地把眼光收了回来,装作没看见。大概门开了吧,我只听到一阵急促的脚步声和叫喊声。车开了,我不敢把头往后看,就听见售票员在喊:"哪位同志让个座。"听到这话,我心里一动,但马上又被自私顶了回去——我是要到终点站的。我心安理得起来。谁知我身旁的老伯站了起来,"姑娘,坐这儿"。我望了望他的背影,瘦瘦的,不知怎的,一股怜悯之情涌上心头。售票员在喇叭里说:"车要转弯了。"话没说完,我发觉那老伯的腿有点站不稳,间或还抖几下。他腿是不是有毛病?看到他的动作,我忽然想起在报纸登的那两个不敢想象的词。同车的人也关心起来,要让座,那老伯好像不在乎地挥了挥手："没啥,没啥。"一个中年男子试探说："是不是假的?"那老伯笑着点点头,果然是假肢。我的心咯噔一下,同车的人们争先恐后地请他坐,他习惯地又挥挥手说:"我到了,我到了。"

门开了,那位可敬的老伯走了下去,我望着他的背影,望着他艰难的步伐消失在迷蒙的细雨中。突然,一股崇敬之情升上心头。他对于我,渐渐地又几乎变成一种鞭策,一种威压。

董　峰

一 件 小 事

这是上学期的一件事,虽然是一件小事,但我还时时记起。

清晨,我因学校离家的路程远,又没有汽车可乘,很早就出了家门,踏上了上学的路程。天空多蓝啊!像一块蓝色的绸缎,上面缀着几朵云彩,东边的天空泛着淡红的云霞,远处的高楼,两旁的绿树,充满着清新的感觉。

"叮铃铃……"先是一阵急促的铃声,一刹那,窜过一辆自行车来,不到两三秒钟的时间就去远了。我跷起大拇指称赞道:"真够国际水平。"我的视线追踪着那辆远去的自行车,只见那辆自行车摇晃了一阵,便连人带车跌倒在马路上。怎么啦,我撒腿往前直跑,想去看个究竟。我气喘吁吁地跑到那里,一打听,原来是从三岔路口跑出一位老人,那个青年因来不及刹车,所以摇摇晃晃,终于撞倒了那位老人,看那个青年这时还爬不起来呢,可见跌得不轻,那条淡蓝色的裤子还划了一道口子,那辆车也砸掉了一块漆。再看那位老人,一手摸着腰,一手撑着地,想爬起来但又无能为力,不远处的一个篮子也倒了,篮子里的鸡毛菜和一只蹄髈都落到了地上。我以为他们准会吵一架,这可有热闹看了,两个热心肠的人把他俩扶了起来,过了一会儿他们都似乎恢复了正常。可出乎意料,那位年轻人却走到那老人的跟前,轻声地问道:"伤着了没有？老奶奶,我因为要赶着去上班,所以……对不住您。""没什么,只是疼,但没有什么,我走路不当心,不能全怪你。"老人说着,便弯腰拾起了篮子。事实总是事实,我呆住了,心想:"再也不能用老眼光看新事物了。社会风尚在转变啊!"

"嘟嘟嘟……"同济大学的广播喇叭中传出了七点钟的钟声,我满怀着信心继续赶路。

瞿　兵

学会说点道理
——"学语文一得"习作讲评

【作前指导与要求】

有些同学一听到要写说道理的文章就害怕,认为自己年龄小,不会说大道理。其实,这是一种误解。别说中学生了,就是小学生、幼儿园小朋友对接触到的人和事也会发表意见,进行评论,如这个好,那个不好,这个为什么好,那个为什么不好。如果把这些意见写下来就是说理的文章,只不过是简单罢了。因此,要破除神秘观点,克服害怕心理。

议题从哪儿来?道理又从哪儿来?与写记叙文一样,来自生活。在生活中大家关心的问题,你可以评述,怎么解决这个问题,是从生活中总结出来的,因而,议论文同样要以丰富的生活为基础。这次我们试写一篇"学语文一得",学会说点道理。每个同学都有学语文的实践,也都在某一方面或某几方面有收获有提高。请大家认真思考自己学语文的收获,从中选取一点写一写,要有条理地说清楚自己为什么在这方面有提高,有怎样的认识和体会,摆点事实,说点道理。想清楚了再动笔。

一、讲评目的

1. 学会对事情作一点具体分析,并有条理地把分析的道理写出来。

2. 交流学语文的体会,培养自学语文的能力。

二、讲评材料和方法

《一学期语文学习得失谈——发言·锻炼·提高》《我喜爱朗读》《学语文点滴体会》《我是怎样认真写毛笔字的》习作四篇。

交流,剖析,梳理要点。

三、讲评要点

1. 概述习作情况,鼓励写作热情。

这次虽是初次学写议论文,但写的情况远比原来估计的好,大部分同学都能就听、读、说、写,就记笔记、写字、回答问题等某一具体问题谈一点认识,有的还能总结性地谈些问题,如《一学期语文学习得失谈》,就是道理说得较清楚的习作。俗话说:"巧妇难为无米之炊。"没有米,不管有怎样高超的技术,饭也是做不出来的;有了米,即使技术不怎么高明,至少可以做出饭来,随着实践的增多,技巧的熟练,饭可以越做越好。从这儿可得到启发:写议论文无须害怕,只要有生活积累,能思考一些问题,说理文章是完全可能写出质量来的。写议论文和写记叙文一样,需要的是写作的热情,巨大的热情。

2. 交流学语文一得,激发学语文兴趣,培养自学语文的能力。

(1) 朗读《我是怎样认真写毛笔字的》《学语文点滴体会》《记课堂笔记感想点滴》《我喜爱朗读》等习作,交流体会,评论得失。

(2) 请同学从这几篇习作中各举摆事实和说道理的一两个例子进行分析,说明这些内容在文章中起的作用。如:

① "写字写得好,不仅对自己有利,对别人也有益。你字写得美观、端正、整齐,别人看了就心情舒畅,感到很高兴;如果你字写得马马虎虎,东倒西歪,别人看了就不舒服。字写得好,是一种健康美。"这段文字证明写好字的重要性。先总提字写得好的作用,然后就"对别人也

有益"进行正反两方面的说理,再指出字写得好的实质。道理说得清清楚楚。尽管简单肤浅,但确实是自己的真切体会。这段文字在文中起关键作用,如没有这段说理,自己为何认真写毛笔字就落空了。

② "比如:教学大楼周围种着一圈树,我就把这些树的名称、位置记在心上,并且把这些树比喻为教学大楼的裙子,写起作文来就可以采用了。"这是摆事实证明,用自己观察事物并在心中设喻的例子,说明如何克服作文缺乏材料的毛病。举例子,摆事实,是为了说清道理,因而,文字须明白,内容须有说服力。

③《我喜爱朗读》记叙了朗读训练的情况,说明了朗读得好的关键所在,内容比较充实。习作为说明问题,列举了《十月》《红领巾颂》《井冈翠竹》等诗文朗诵的事例。请同学注意两点:第一,文体上不能混乱,要把记叙文、说明文和议论文区别开来。记叙文以写人记事为主要内容,说明文以说明事物、事理为主要内容,议论文的主要目的在于讲清道理,阐明观点,论证作者的见解或主张。我们这次写"学语文一得",目的在于结合自己学习语文的收获和心得,学会说点道理,说明"得什么",分析"为什么得",就"得"谈自己的看法与主张。《我喜爱朗读》主要是记叙,夹以说明,未把写作的要求弄清楚。第二,这次习作要求自拟题目(在规定范围内)。文章标题往往和体裁密切相关,大部分同学的标题提示了自己的习作是议论文,如《谈谈怎样听课》《谈预习的体会》等,而《我喜爱朗读》显然是记叙文。事实上文中并未把喜爱之情充分表露出来,倒是说了一些朗读的技巧问题。文不可不对题,这是必须注意的。

3. 重点评析《一学期语文学习得失谈》,明确说点道理的文章的入门途径。

(1) 阅读《一学期语文学习得失谈》,思考下列问题:

① 文中谈了语文学习中的什么"得"什么"失"?

② 习作者怎样分析语文学习中的"得"? 怎样来证明这是"得"的?

在条理、语言等方面各有什么特点？

（2）在开展评论的基础上请同学梳理要点：

① 文章标题是一篇文章有机的、重要的组成部分，它关系到文章的精神、格调和色彩。好的标题能给人新鲜的感觉，使人产生强烈的先睹为快的愿望。

文章标题和文章内容须对上口径，宽窄合度，恰如其分，否则就不贴切。《一学期语文学习得失谈》主要谈了上课发言的"得"，并未谈"失"，以"得失谈"为题，标题大，内容小，不合适。

文章的副标题是对正题的补充，运用得恰当，同样起"眉目"的作用。这篇习作的副标题较好，如作为正题，与内容能吻合。

② 写说理的文章，先要把"理"摆出来，把对问题的看法、主张摆出来。这篇习作用对比的方法摆出自己的观点，先简述两种对语文学习的不正确看法，然后引出自己的主张——要学好语文，首先得培养自己对语文的兴趣，还要牢固地掌握基础知识；而要做到以上两点，很重要的方法之一就是上课要积极发言。

一篇议论文对所议论的问题要有明确的主张和见解，不可含糊，不可模棱两可。文章当中所持的见解和主张是议论文的灵魂，它统率和驾驭全篇的内容，要正确、概括、集中。这是写好这类文章至关紧要的一环。

③ 主张和见解提出来以后要证明它正确可信，那就要摆事实，讲道理，进行分析说理。这篇习作提出自己的主张以后，就逐层进行剖析。先是阐明"上课为什么要发言"，接着阐明"怎样才能上课积极发言"，然后阐明"怎样才能准确、迅速地回答老师的提问"，一步一步深入分析，条理清晰。在分析每个问题时，有详有略，摆事实，讲道理。分析第一个问题，从学生学和教师教两方面说道理：从学的方面说，要"消化"新知识，就要动脑筋回答老师的问题；从教的方面说，学生回答问题，老师了解学的情况，便于引导启发。学会对一个问题从不同角度分

析是写好议论文最基本的功夫,须经常锻炼。在分析第二个问题时,先说道理,然后摆事实,从自己上课不发言说到认识发言的重要性,进而说到从犹豫到大胆,再说到即使解答错了,及时地得到纠正,也是有益处的。事实完全紧扣了论述的问题,这是好的,不足之处是叙事详细,文字偏多。用来证明主张正确的事实只要言简意明就行。分析第三个问题主要也是摆事实,而在摆事实的过程中又分三小点论述。

在分析的过程中,习作者注意段落与段落之间的衔接,如第一个问题阐述好,进入第二个问题的阐述时,是这样过渡的:"当我们了解了上课为什么要发言后,脑子里可能又会出现另一个问题……"分析时意思一层一层衔接,说理就令人信服。

④ 阐明自己的主张以后要注意小结。结尾处理得好,言简意明,能给人留下清晰的印象。这篇习作结尾注意小结,篇章完整。

⑤ 值得注意的是:说理要符合事实,恰如其分,过分了,绝对化了,就影响说服力。这篇习作说理时有些话就过分了,如"首先专心听讲,把老师的每句话都牢牢地印在脑海里",又如"就是要极快地领会老师所讲的每句话的含义,理解老师讲这句话的意图"中的"每句话"用得过头、绝对化了。教师讲课每句话的分量、作用不一样,不需要也不可能都记住。

四、作业

把评析中梳理出来的要点整理成提纲,然后用它来衡量自己的习作,判断习作中合要求与不合要求之处。

板书

学会说点道理

确定议题。议题从生活中来。

就议题摆出自己的主张与见解。（文章的灵魂）

证明主张和见解的正确性 $\begin{cases}事实（言简意明）\\ 道理（令人信服）\end{cases}$ 层次清晰，过渡自然，结构完整。

一学期语文学习得失谈
——发言·锻炼·提高

在小学学习时，有的同学认为，语文是一门"死"功课，只要死记硬背便能取得好成绩。现在进了中学，我们接触到的语文知识多了，面广了，于是有人便认为语文学习毫无规律，想取得好成绩是不太可能的。我认为这两种极端的认识都是不正确的。语文自有它的奥妙所在。要学好它，首先得培养自己对语文的兴趣，还要牢固地掌握基础知识。我经过这一学期的语文学习，感到要做到以上两点，很重要的方法之一就是上课要积极发言。

要做到上课积极发言，首先就要了解上课为什么要发言。我认为，作为一个学生，语文课上的45分钟是语文学习最宝贵的时间，在这段时间里，老师用多种多样的方法把新的知识传授给我们，我们就应该认真"消化"，使它变为己有。在这个过程中，老师会提出许多问题。让我们在掌握旧知识的基础上去"消化"新知识，而我们就应该积极回答老师提出的问题，让老师了解自己的学习情况，然后经老师引导，我们掌握的知识就牢固了。

当我们了解了上课为什么要发言后，脑子里可能又会出现另一个问题，这就是怎样才能上课积极发言。我想用这四个字回答：大胆，多思。所讲"大胆"，也就是敢于发表自己的见解。我们要经常发表意见，使发言成为自己学习中的一个良好习惯。当然，这个习惯也得靠平时的培养。在这方面，我也是有过一段经历的。刚进中学时，我上语文课是不喜欢发言的。老师提出问题时，总是依赖别人回答，自己只想把正确答案抄一下。逐渐地,我觉得班上几位经常发言的同学进步很快,而自己却无所进展。这时我才觉得上课发言是重要的了。后来,我也了解了老师的教学方法,就更加觉得发言是非常重要的。我希望自己能够发言,但又怕答错问题,因此总是犹犹豫豫的,想好了问题的答案又不敢举手,只是心里把自己的观点和老师的讲述相对照,后来,我发觉自己的观点很多是对的。于是我开始发言了。第一次、第二次我都答对了。我有了自信心,可是第三次,我完全答错了,我正暗暗责备自己考虑不周,可又不知自己的观点为什么不对。老师给我指出,并说明了造成错误的原因,讲得我心服口服。这次发言我似乎是摔了个跟头,然而实质上是得到了一次锻炼。因为经老师讲解后我对自己的错误有了较深的认识,懂得要从中吸取些什么,加深了对正确答案的理解。可见虽然发错了言,还是可以得到许多益处的。

发言次数多了,可也不能经常发生错误啊。所以,我们应当在"大胆"的基础上提高正确率。怎样才能准确、迅速地回答老师的提问呢?我是这样做的:专心听讲,把老师的每句话都牢牢地印在脑海里。第一,使自己的思路紧跟着老师的思想走。比如,当老师讲到春雨时,你眼前就应该出现细雨蒙蒙、轻烟笼罩的场景,并竭力地去想象雨中的景物是怎样的。第二,就是要极快地领会老师所讲的每句话的含义,理解老师讲这句话的意图。因为老师所讲的每句话都包含着对学生的启发、引导。比如,老师在问春雨中的灯光为什么是"黄晕"的这个问题之前曾说:"同学们,你们是否观察过晴天夜晚的灯光?它和雨夜的灯光有什么不同?"你听了这句话,就应该立刻在想象的场景中寻找答案,使自己的思路走到别人前面。第三,就是要把自己的观点、见解,概括成精练而又清楚的语言。比如,当你知道雨夜灯光变得"黄晕"的主要原因在于蒙蒙细雨时,你就可以把它概括成这样的话:"因为人们是通过蒙蒙细雨看灯光的,光有折射作用,所以变得黄晕了。"在这方面我也是做得很差的。我想如果能做到以上三点,基本上就能够迅速正确地回答问题了。

总之,语文课上的积极发言不仅能培养我们对语文的兴趣,帮助我们牢固地掌握知识,而且能使我们思维敏捷,组织语言的能力提高。所以我要坚持上课发言,也希望大家都能积极发言。

陈　忠

我喜爱朗读

我从小就喜爱朗读。六岁开始,在爷爷的辅导下,读报认字,小学二年级后,加入少年宫故事组,开始朗读上的训练。

我每天早晨进行晨读,开始读字词,力求准确、清晰。后来读一些文章、诗歌,有时也背一些古体诗词。这样的晨读,我坚持了四年,爷爷便是我的晨读讲解员。四年中,不管刮风下雨,天寒日暖,一到晨读时间,我就在大花园或阁楼上叽哩哇啦地高声念开了。常有过路的人有意无意地朝我笑笑,有时还唤着:"小憨子。"天长日久,我的脸皮也就"厚"起来。

我在朗读上也曾经走过弯路。

朗读得好,首先要理解得好。可是,当我刚有一点理解能力的时候,所接触的文章几乎都是千篇一律、大同小异。因此,我思想上就形成一个错觉:朗读前的理解过程是多余的。养成了文章拿来就念、念完就丢的坏习惯。这也造成了我现在遇事不爱思考、想问题不深的毛病。

五年级后,社会上文艺作品的题材开始多样化,我的这个习惯也开始不中用了。一次,学校开赛诗会,我朗读了一首《十月》,由于没有很好地理解,朗读技巧不知如何应用,结果,整首诗卡着喉咙,走高调。许多同学都蒙起耳朵,我以为他们是托着腮帮细听,很是得意,声调继续上升,最后,老师不得不搬走了话筒。这一次的失败,使我看清了这是条歪路,在老师、同学的热情鼓励下,我决意闯开"理解"这道关。

进了中学后,有了更好的学习条件,文艺、语文甚至理科老师都多次辅导我朗读,使我对朗读与理解的关系更明确了。今年三月,话剧演员孙景璐辅导我朗读《红领巾颂》,对我在技巧的运用上有一定的帮助。例如:轻、缓、虚并不是抒情的唯一方式,高、急并不一定能表现出激动的感情,激动的感情不是靠喊出来的。而要恰到好处地运用技巧,关键还在于理解。

暑假中,我有幸参加了青年宫朗读短训班,在那里学到了许多新的知识,从实践中,我进一步知道:朗读好,首先必须理解分析得好。就说《井冈翠竹》这一课吧。起先,我只对全文大致分析一下,念起来有调,起落不大。在念"毛主席下山去了,红军北上抗日去了"这句时,出现了哭腔。大家都说我处理不当。后来听了别人的分析,再想想,找出了毛病:当时井冈山人民在红军北上抗日时,思想行动上是坚决支持,但他们的感情是依依不舍,他们目送红军远去,不可能落泪,他们还在战斗。由此可见,朗读前的理解过程是必不可少的。

要理解透一篇文章并不是一件容易的事。因此,认真地上好每一堂语文课也非常重要。老师经常在分析课文的过程中,教给我们各种分析的方法,把这些分析方法应用到朗读作品的理解中去,既能对作品进一步地剖析,又温习了课堂学到的知识,岂不是一举两得吗?

我在朗读上欠缺之处还有许多,以后,我遇事应当多思考,多汲取新鲜的东西,使自己在弱点上有更大的突破。

章　引

学语文点滴体会

以前我对语文这门学科并不感兴趣,认为学它只不过是能说会道罢了,然而现在我却对它发生了浓厚的兴趣。热爱是最好的老师,所以这以后我的语文成绩便有所提高了。

过去我写起作文来总是很干瘪，不但没有材料，就算有材料也写不丰富。为了克服这个困难，我就留心观察周围的事和物，并在心底里打有关的比喻，这样既可以为写作文提供材料，又可以训练自己的思维能力。比如：教学大楼周围种着一圈树，我就把这些树的名称、位置记在心上，并且把这些树比喻为教学大楼的裙子，写起作文来就可以采用了。

要提高语文水平就必须在平时多阅读课外书籍和报纸，积累词语。看书时我并不贪快，而是细嚼慢咽，争取最大的收获。只有提高阅读水平，写作才能有所提高。阅读短文章时，我就模仿老师教课文时采用的方法，先全文看一遍，解决我不懂的问题，然后再分析一下文章的结构和写作特点，将其化为己有。

要写好作文，最主要的还是多写。俗话说"熟能生巧"，这在写作上也是很适用的。要学好语文，不但要多看、多记、多听，而且要多用、多写。

中国的文学宝库取之不尽、用之不竭，我们应该发奋学好语文，从中获取珍宝。

徐本亮

我是怎样认真写毛笔字的

老师说我毛笔字写得比较好，不谦虚地说，是的。不过也并没有什么了不起，只不过认真罢了。

开始写毛笔字时，我并不知道重要，只晓得写了玩玩。写时也是敷衍了事，马马虎虎，认为交上"账本"就过去了。

渐渐地长大了，道理也懂得多了，写字写得好，不仅对自己有利，对别人也有益。字写得美观、端正、整齐，别人看了心情舒畅，感到很高兴；如果字写得马马虎虎，东倒西歪，别人看了就不舒服。字写得好，是一种健康美。懂得了这个道理，字也写得认真了，慢慢字就写得比较好了。

从此，我每次写毛笔字，都按着字帖一笔一画地写，一丝不苟。我这个人有个怪脾气，总想一个人安安静静地在房子里，不太想出去。每次时间长了，便拿起笔，写几画，练几笔。但是，最近有些反复了，思想上放松，字写得不够认真，这个倾向必须注意，要努力改正。

我毛笔字写得比较好，主要原因有两点：认真和勤练。不光写好字要这两点，做其他任何事也都需要这两点。

张永刚

捕捉·截取·缝合
——"运动会一角"习作讲评

【作前指导与要求】

学习周立波的《分马》时,文中老孙头在栗色小儿马的光背上的表演深深吸引了我们,他骑得紧张,摔得漂亮,打得别致,木棒高高举起,然而落到半空,扔在地上,他舍不得打。老孙头的神情、语言、动作描绘得栩栩如生,而周围人的语言、动作又烘托得恰到好处,于是创作出如此动人的充满生活气息的场景。

其实,在我们的生活中,动人的、有趣的、有意义的场景比比皆是,就是学校生活,也不乏其例。运动会、劳动、班级集体活动、节日学校活动等都会出现欢乐的、吸引人的场景。我们刚开过运动会,就以运动会为素材,进行这方面的写作训练。不要求写学校运动会的全貌,只要截取其中的一角来写。请大家发表意见,怎样叫"一角","一角"可写哪些内容。

同学发表意见,活跃思维。在发表意见的过程中,明确:运动会在时间上有跨度,从预赛到决赛好几天;从空间上说,有整个操场的全局,田赛、径赛、队列比赛、广播操比赛,各种项目穿插进行。写"运动会一角"从时间和空间来说,只是截取其中的一段和一角来写。"一角"是空间概念,整个操场是个"面",你就选择这个"面"中的某一块,无须写全景。既然写"一角",当然要选择最精彩的或富于戏剧性的场景来写,不可拖沓。看谁捕捉的镜头最佳,写得最生动。

一、讲评目的

1. 学会捕捉生活中动人的场景,去冗撮要,突出主题。
2. 学习以宾衬主的写法,把材料缝合妥帖。

二、写作材料和方法

《运动场一角——跳高比赛场》《运动会一角》《运动场上一角》习作三篇。

交流,评析,比较,梳理要点。

三、讲评要点

1. 交流捕捉的运动会上的细节,拓宽思路。

生活是写作的源泉。生活中的材料像空气中的水珠一样,似乎看不见,但经过雨后斜阳的照射就会显出美丽的彩虹。要写好作文,就须有敏锐的目光,随时留意,精心捕捉。生活积累丰富,提起笔,思想就会向笔端奔涌,洋洋洒洒,如江河倾泻。这次写"运动会一角",写前未布置大家观察,目的在检验一下大家平时捕捉生活中材料的自觉性和能力。每个同学都参加了学校运动会,现在请大家回忆一下,你认为映入眼帘的最生动的细节是什么,无论是课后预赛项目中的,还是运动会上复赛、决赛场面的,无论是写入文章的,还是未写入文章的,都可以说。

请十来位同学讲述运动会上自己看到的动人细节,讲述时内容集中,不蔓不枝。估计涉及的方面有:场上拼搏的神情,异常的动作,裁判、记时员、班主任的表情,场外本班同学的动态,体育爱好者的表现,不喜爱的同学的面部表情……

同学们说得还可以,写入文章就有点减色,原因何在?

2. 重点评析《运动场一角》。

(1) 习作者朗读《运动场一角》,同学们边听边看讲义,边在讲义上做记号,在描写动人细节的语句下面画横线。阅读后思考:

① 习作者捕捉的是不是生动的场景,有没有动人的细节?

② 文中描写的跳高比赛的场景和生活中的跳高情况是否一致?如不一致,有哪些地方不一致?是一致好,还是不一致好?为什么?

③ 文章中各个材料是怎样缝合在一起的?你认为这样缝合好不好?为什么?

(2) 同学们开展评论,引导同学明确以下要点:

① 写作总是源于生活,但浩如烟海的生活绝不会轻而易举地跑进作文,而是需要主动猎取,储存记忆。在猎取时尤为重要的是捕捉生活中的形象,形象捕捉得越具体越细致,下笔时就能用语言把它们呼唤出来,做到纤毫毕露、须眉皆现。否则,只会用"好""坏""真有趣""实在生动"等形容一番,不具体,不形象。《运动场一角》的习作者注意捕捉跳高赛场的形象。写李炜的第一跳,用"冲""蹬""抬""跃""越""落"等连续性的动作描绘,构成了飞越跳高竿的图景;写她跳一米零五高度时,又是一连串的动作,"看了看竹竿""想冲出去""又犹豫地停了下来""一咬牙……奔去""腾空而起""跃过了竹竿",一组动态的镜头,摄下了这位同学跳高的姿态,和前次比,动作中更蕴含了心理上的细微变化。写穿红毛线衣的女同学跳,着眼于跳高竿在架子上的跳动,跨竿时两只脚的分解动作,观众心情上的变化。三越跳高竿是文章的主体部分,同是跳高的形象,但同中有异,一次比一次具体、细致。如果习作者当时不把她们助跑、腾起、越竿、碰竿等细节看在眼里,记在脑中,那就不可能写生动。有人说,捕捉形象的能力对写作来讲,是"性命攸关"的事情。这话很有道理。

② 跳高比赛的场景与写入文中的场景不完全一致。任何事情都有它发生发展的过程,都有来龙去脉。写文章如果把有关的事情都写出来,那就会庞杂不堪,淹没主题。因此,下笔前对捕捉到的种种场景必须来一番剪裁,根据题意的要求,根据主题的需要,或掐头去尾,或剪

枝删叶,去冗杂,取精要。这次习作实际上要做到多次"截取"。"运动会一角"是从整个运动会中截取出来的;在"一角"中仍然可能有几项比赛同时进行,又需要截取某一项或某两项;截取到某项比赛作为描写重点时,又要在这项比赛的全过程内截取某一段;截取了某一段后也不能记流水账,和盘托出,同样要截取最使人耀眼的片段。由此可见,"截取"不仅是技巧、写作方法,它与习作者的认识能力、理解能力有关。分析得正确,筛选就恰当,截取时就能大刀阔斧。丙组女子跳高参加的同学不少,习作者只重点写了两个人,有的情节完全舍弃,有的用一句话带过,如"随着运动员们一次次地跳跃,竹竿也在不断地上升"。在截取时主宾要分明,习作者以场内跳为主,以场外观众的神情、心情和发出的声响为宾;写场内又以两个同学跳跃同一个高度互相衬托。这样以宾衬主,以场外观众衬托场内运动员,场内运动员又相互衬托,场内场外交融,场景就生动形象了。

③ 文章是整体,不管材料多少都要注意缝合的技术,缝制得好,脉络分明,主题突出;反之,拖沓、松散,表达效果就大受影响。这篇习作注意到材料的缝合。开头一节作为面上的交代的话,由面到点,用省略号过渡。由点上的描述进入议论,用"高度又在上升了,但是总有运动员能跳过去……"一句收束,脉络清楚。三个越过跳高竿的材料也注意彼此间的连接:用"紧接着"连接第一、第二两个材料,用"不一会儿"连接第二、第三两个材料。文章内容比较简单,缝合起来比较容易,如果内容复杂,头绪纷繁,缝合就十分不易,其中有许多学问,今后在阅读中可逐步介绍。

④ 从捕捉、截取、缝合等角度审视习作,可发现"截取"方面的毛病比较明显,开头与结尾似乎是硬装上去的。删去这三段文字,结尾一两句话,留给人们想象的余地就足够了。作文中穿靴戴帽的毛病,不恰当地发议论的毛病仍须继续改。

(3) 分组评论《运动会一角》和《运动场上一角》，进行交流。

分组评论时围绕下列问题：

① 在捕捉、截取、缝合等方面各有何长处与不足？请作具体分析。

② 分别与《运动场一角》比较，你对捕捉、截取、缝合在写作中的作用有何新的认识？

在讨论、交流的基础上梳理要点：

① 捕捉形象必须具体、鲜明，让形象本身表演，而不是加评加注。两篇习作都力求写得生动，但不是细节未展现，就是笔墨不集中，因此，和前一篇习作相比，形象不突出。尤其是"这怎么叫他不心急如焚呢！可是他看到了老师那鼓励的目光……"这一类语句不合情理，你不是"他"，怎么知道"他""心急如焚"？怎知"他""增添了巨大的力量"呢？把自己的猜度变成对别人的直接描写，形象必然受影响。

② 截取材料时主要的和次要的须分清楚，不能喧宾夺主。两篇习作中场外描写和场内描写几乎平分秋色，非主要内容叙述得过多了一些，因而，场景显得松散。截取不是件容易的事，要在精心捕捉的基础上反复思考，才能在许多有联系的事情中挑选最生动、最能表现主题的材料，切不可想到哪儿写到哪儿。高尔基曾经说过一段很精彩的话，要写作的人不要把鸡毛和鸡肉炒在一起给别人吃，尽管鸡毛是长在鸡身上的。

四、作业

回忆运动会上某一个动人的细节，开展想象，丰富内容，写一段文字。

板书

捕捉·截取·缝合

捕捉生活中的形象 { 纤毫不漏 / 有自己的见解

<u>截取</u>与主题有联系的材料中的精要 $\begin{cases} 或掐头去尾 \\ 或剪枝删叶 \\ 主宾分明 \end{cases}$

<u>缝合</u>各个材料——连接,过渡,脉络分明

运动场一角
——跳高比赛场

11月30日下午一点半,杨浦中学的操场上响起了嘹亮的国歌声,在这雄壮的乐曲声中,杨浦中学第13届运动会开始了……

广播中传来了一个女同学清脆的声音:"同学们!初一女子跳高决赛即将开始。"听到这声音我立刻沿着跑道向比赛场奔去。这时场外已经挤满了观看的同学。我只好踮起脚向里看。只见一位点名的老师说:"第一个,初一(3)班李炜跳。"她的话音刚落,李炜就冲向前去。只见她左脚一蹬,随着右脚的抬起,身子向上一跃,轻盈地越过了竹竿,稳稳地落在了沙坑里。这时人群中响起了热烈的掌声,她第一个跳了过去!紧接着是一位长腿的女同学跳,她也一样稳稳地跳了过去,同学们照样用掌声向她表示祝贺……随着运动员们一次次地跳跃,竹竿也在不断地上升。"一米零五,李炜跳!"点名的老师用平静的声调报道。这时场上的空气立刻像凝固了似的,同学们的脸上都流露出担心的神情。李炜也没有像开始那样马上就冲出起点,她看了看竹竿,刚想冲出去,又犹豫地停了下来。等了一会儿,她一咬牙飞快而果断地向目标奔去,在离竹竿只有半步时,她"嗖"地一下腾空而起,跃过了竹竿,啊!多像一只轻巧的燕子呀!人群中立刻沸腾了起来,叫好声持续了好久才停下来,我更是高兴得手舞足蹈,真比我自己跳过去还要高兴呢!不一会儿又轮到一位穿红毛衣的同学跳了,只见她仔细地量好脚步后,在班主任的鼓励下,飞一般冲出了起点,她跑得快极了,简直就像一支离弦的

箭一般。在身体即将撞到竹竿的一刹那,她猛地向上一跃,一只脚先跨过了竹竿;另一只脚由于用力过猛,收得晚了些,稍稍地碰了一下竹竿,我的心一下子提到了嗓子眼,好险啊!竹竿在架子上跳动了两下,总算没有落下来。一块悬到了半空中的石头终于落了地,刚才竹竿即将掉下来时,人群中曾发出"哎呀!糟糕"的惋惜声,现在却变成了"真险啊!"的惊叹声。

高度又在上升了,但是总有运动员能跳过去,即使失败,但也是经过最大努力的。她们为了班级的荣誉,为了集体总分能得第一名,做出了她们最大的努力,她们的精神是多么可嘉啊!

比赛还在继续进行着,在这条不算长的跑道上洒下了运动员们为班级争光的汗水。看!他们又在向新的目标腾起跳跃了。

夏　凌

运 动 会 一 角

"叽叽喳喳……"小鸟在学校的梧桐树上叫个不停,太阳正笑呵呵地望着大地,碧空如洗,风微微地吹着。"加油!加油"的声音不断地在操场上空回荡。原来学校正在举行第13届校运会。

比赛已进入了最高潮,场上栏杆后面的座位上人山人海,不时地爆发出一阵阵雷鸣般的掌声。这掌声响彻整个校园。

我们班级的前几个项目都以优异的成绩夺得了名次,同学们兴高采烈地嬉笑着。可是接下来是200米决赛,同学们不免都有些失望,因为男子200米决赛,我班只有詹谷飞一个人参加,而其他几个参加的同学的实力都超过他。

比赛马上就要开始了,六位运动员正在跑道上做准备工作。同学们都以期待的目光望着詹谷飞同学。

"啪"的一声枪响,六位同学就像六匹骏马奔驰出去。"加油!加油！詹谷飞加油！"我们班的同学叫得最响亮。一开始，詹谷飞和其他两位同学并列。但是，他的体力渐渐地不足了，他的脸涨得通红，累得气喘吁吁了，一下子落到了第五名。这次比赛只取前四名，这怎么叫他不心急如焚呢！可是他看到了老师那鼓励的目光，看到了同学们那期待的神情，听到了那响彻云霄的"加油"声，这一切，都给他增添了巨大的力量。他不知从哪里得到一股力量，拼命地向终点跑去。渐渐地，他追上了前面一个同学，终于夺得了男子200米第四名。

当他来到看台时，同学们都高兴地抱住了他。虽然已是深秋了，北风不断地刮着，可是他的脸上却流着珍珠似的汗水。

运动会在继续进行着，掌声又一次响彻云霄。

王　菁

运动场上一角

"砰！"600米的穿梭接力比赛开始了。

运动员在跑道上飞快地奔跑，全场的观众都屏住呼吸，睁大两眼，紧盯着运动员。

这时，我班的运动员跑在最前面，同学们真高兴得不得了。"这次比赛，我们准拿第一。"大家充满希望地说。正当同学们高兴之时，一位运动员跑到了终点，却没能够顺利地把接力棒交到另一位同学手中。"可惜啊！可惜。眼看第一名已经到手了，偏偏又不争气。"大家的高兴劲儿一下子消失得无影无踪，惋惜地摇摇头，叹了口气。

运动员们个个摩拳擦掌，一定要把失去的第一名夺回来。

已经轮到后面几个运动员跑了，但和其他班级的距离并没有缩短，大家都焦急万分。

最后跑的是我班有名的"飞毛腿"蔡建宇。他从同伴的手中接过棒，撒开了飞毛腿，一眨眼工夫就追上了许多。近了！五米，两米，最后只差一步了。全场顿时沸腾起来了。"加油!加油!"同学们的兴致又来了,奋力为同伴鼓劲,胜利的希望就全寄托在他的身上了。同学们的心就像拉满了的弓,又似一块巨石悬在空中。

只见他,两臂用力摆动,像一匹脱缰的骏马似的,向前奔驰,终于第一个把接力棒送到了终点,取得了胜利。

这时同学们那颗紧绷着的心落到了心窝,脸上挂满了笑容。

当运动员回到队伍时,他们的步子是那样的轻快,他们的心情是那样的激动。

蔡伟国

力用在刀刃上
——"观画"习作讲评

【作前指导与要求】

（出示罗中立的油画《我的父亲》——《美术》1981年第1期封面）这幅著名油画是一曲中国劳动农民的颂歌。

画面上是一个老年农民的头像,脸上布满了像黄土高原上纵横的沟壑一样的皱纹。骄阳当头,黝黑的皮肤在强烈的光线下泛着油光,老人斑,"苦命痣",稀疏的胡须,所剩无几的牙齿,微微凹进而又干裂的嘴唇,都清晰可见。生活的艰辛,人世的悲欢,积年的沉重的体力劳动在他脸部留下了深深的印记。手粗糙得像树皮,端的是一个破了又重新锔起来的粗瓷碗,眼神中流露着慈祥、善良和质朴。这就是中国老一代的农民,是勤劳终生、背负着社会前行的人。这幅画一展出就受到社会上的重视,评价很高。这是由于作者在人物身上熔铸了自己全部的爱,画面形成一种内在的、深沉的、凝重而又质朴的旋律感。

作为一名中学生,应培养自己观画、读画的兴趣和习惯,增长知识,认识自然与社会,陶冶情操。这次作文的内容是写画。写画先要选画,画选好后要读、要观。要求带着感情读,看清楚画面,理解画中意。写作时要详略分明,繁简得当。文章标题自拟。

一、讲评目的

1. 懂得写文章中"泼墨"与"惜金"的关系,学会运用繁笔和简笔表达情意。

2. 激发观画的兴趣,培养审美能力。

二、讲评材料和方法

《共青团员》《牵山羊的妇女》《观〈精疲力竭——擦鞋小童〉》三篇习作,学生所选所写之画。

文画对照,赏析理解。

三、讲评要点

1. 交流所选之画,激发观画兴趣。

观画是一种艺术享受,画家把自己观察所得用色彩、线条在读者眼前展现艺术形象,展现五彩缤纷的世界,启人深思,引人遐想。这次同学们为了写画,找了不少画看,其中有些是世界名画。尽管同学们看的作品题材不同,手法各异,有中国画、西洋画、油画、水彩画,乃至宣传画,水平也有高有低,但大都表达了作者的真情实感,体现了他们从各种角度对人生的思考。请大家把所选之画拿出来交流一下。介绍时说两句话:画题和品种;作者姓名和国籍。如:油画《蒙娜丽莎的微笑》,作者意大利人达·芬奇。(品种说不清楚可以不说。)

交流的画如:法国米勒的《拾穗者》,俄国列宾的《伏尔加河上的纤夫》,俄国列维坦的《春——春潮》,齐白石的水墨画《虾》,徐悲鸿的彩墨画《奔马》,黄胄的《放驴姑娘》,张安朴的宣传画《知识的大门为您敞开》,等等。

2. 读文思画,读文指画,文画对照,理解赏析。

这节课选择三篇进行文画对照,赏析理解,探讨写作方法。

(1) 习作者分别朗读《共青团员》《牵山羊的妇女》《观〈精疲力

竭——擦鞋小童〉》，请同学思考想象：

① 三篇习作各描绘了怎样的画面？画的基调是什么？画蕴含的意义是什么？

② 听到有关的语句脑中就展现相应的形象与色彩，思考画中哪是主体，哪是陪衬，哪是背景，并思考哪些应多用笔墨，哪些应该写得简略。

（2）出示三幅画，读文指画，文画对照，实际上的画与想象中的画对照，就上述问题开展讨论。

一位同学读习作，一位同学指放大的画面上的相应部分，其他同学仔细观画，并在文画不合之处做记号。

（3）在讨论赏析中懂得：

① 托尔斯泰把艺术看作表达感情、交流感情的工具。无情的艺术不是真正的艺术；而美术佳品必然是画家用感情浇铸而成。到了美术作品中，作者的感情经过凝练、集中、提高、升华，作品就具有感人的力量。

《共青团员》色彩明亮，基调清新，生意盎然。习作者用彩色的笔描绘了一个少女——一个共青团员晨读的情景，赞美共青团员憧憬未来，积极吮吸知识乳汁的美好情怀。《牵山羊的妇女》是德国画家马克斯·利伯曼的名画，这幅画色彩比较暗，没有强烈的色调对比。画面展现了空旷的原野，狂风呼啸，一位身穿深褐色衣裙的老妇人紧拉着山羊在原野小路上艰难地行走，给人以生活艰辛的感觉。习作者这样理解画意，在笔端注入了对充满生活勇气的老妇人的敬意。《观〈精疲力竭——擦鞋小童〉》塑造了一个酣然入梦的擦鞋小童的形象，衣衫褴褛，污油点点，对这个被生活折磨得精疲力竭的擦鞋小童，画家布朗充满了同情。

艺术不是无情物，画家把对生活的理解、感受提炼成有意义的主题和浓郁的感情，再把这些寄寓于线条和色彩之中。读画的人要善于通过画中的形象理解流动于画中的感情,理解蕴含的画意。读画与读文章一样,领会作品意图很重要;如果画意理解得不正确,写时必然南辕北辙,闹出驴头不对马嘴的笑话。个别同学习作中出现了这种情况,须注意。

② 一幅画是一个整体,它表现一个明确的主题。为了表现这个主题,对主体、陪衬须通盘设计。该繁则繁,该简则简,收到形象突出、主题鲜明的效果。要把画形象地描述出来,详略繁简须认真把握。

古人谈写作经验时有两句很生动的话,一叫"用墨如泼",一叫"惜墨如金",意思是该多用笔墨时不妨大刀阔斧,或叙事,或绘景,或记人,可细致曲折,多用繁笔,不要吝惜;该少用笔墨时,要粗线条地简笔带过,不能臃肿冗杂。繁简得当,全篇文章就匀称得体,错落有致,主题醒目。繁笔与简笔本身各有其优点,关键在于要运用得好,力气要用在刀刃上。

《共青团员》这幅画的主角是一位少女,描写时该花气力。习作者抓住"读"的姿态、神情加以刻画,"微微低垂下头,双眼注视着手中的书","她是那样专注",并通过神情的刻画,揭示她憧憬未来的心理活动。为了显现主人公的形象,以瑰丽的朝霞、金色的阳光、如茵的草坪、花瓣上闪光的露珠和枝头小鸟欢快地歌唱为陪衬,构成了景美、人美、向往未来的理想美的优美画面。画意基本上得到表现,但是,只要稍加深入地分析就会发现,陪衬比主体写得好。陪衬的景物虽不少,但采用了快速流动的方法,一个景物紧接着一个景物出现,配置成优美的环境,虽简但细,特征毕现。如"青草上的绿色似乎马上要滴下来了""像无数温暖的手,抚摸着大地"等。共青团员的形象习作者是用缓慢流动的笔法来写,试图写得细腻些、详尽些,然而在详中有不少语句不能显现形象,反而使形象的刻画受到影响。如"因为解决了书上的一道难题,或是看到了高兴的地方吧"插在"……微笑浮现在她的嘴角"与"她微微低垂下头"之中,割裂了神态的细微变化。又如:"她是那样专注,已经完全被磁铁一样的书吸引住了。"用"磁铁"喻书不恰当,这种修饰使句子累赘,思路受阻,改为"已经完全被吸引住了"就好得多。至于对主人公心理活动的描写可以花些笔墨,但要紧扣画面,合乎情理。文中写得太实,缺少"仿佛""似乎""可能"等字眼,给人以硬做文章的感觉。而"第二天……"这段话更是赘笔。总之,该详写的地方,该泼墨的地方也不能多而杂,应该做到笔笔起作用。

《牵山羊的妇女》写得很有层次。简笔绘环境,繁笔绘老妇和山羊,而绘老妇和山羊时又不忘放在特定的环境里表现,主体与陪衬结合得十分自然,无丝毫游离的感觉。画面描写之后习作者还发挥想象补上了画外意,"老妇走向的远方究竟是何处呢","或许……或许……"的猜度能引人遐想。文中详略繁简比较得当,不足之处是重笔写老妇和山羊时段落琐细,如适当归并,形象就能一气呵成,鲜明突出。

《观〈精疲力竭——擦鞋小童〉》文中小童的形象详细描写是对的,"墙边"的背景一带而过。在描写画面时作者掺入了自己的想象也无可非议,但正如前面所说,想象须合乎情理,如"吃的是香喷喷的米饭"就不符合美国人的生活习惯。文中倒数第二段的议论看来似乎起突出主题的作用,实质上是赘笔。画面上形象已很清晰,结尾又点明"还使我认识了资本主义社会的阴暗",再写上那么一段,岂不多余?

综上所述,写文章力气要用在刀刃上,而不能用在刀背上,徒劳而无功。

所谓用在刀刃上,就是不平均使用力量,叙事、写景、记人,有繁有简,有详有略。繁,用墨如泼;简,惜墨如金。详得不杂,略得清楚。繁简、详略的处理服从于表现主题、刻画人物的需要,尤其是要服从于文章的主题。

四、作业

课后与同学交流自己所选之画,共同评论赏析。每个同学至少看二三幅。

板书

力用在刀刃上

有繁有简,有详有略,不平均使用力量。

繁,用墨如泼,详而不杂。⎫
简,惜墨如金,略而清晰。⎬ 各有优点,处理恰当。

繁简、详略服从于表现主题的需要。

共 青 团 员

瑰丽的朝霞染红了天空,火红的太阳放射出万道金光,像无数温暖的手,抚摸着大地,万物都苏醒过来,生机勃勃。

绿草如茵的草坪上,坐着一个少女,她比太阳起得更早,早已在这儿看书了,她那秀美的面庞显得那样神采奕奕,阳光在她的脸上闪耀,给她全身披上了金色的衣裳。

青草上的绿色似乎马上要滴下来,草中夹杂着几朵美丽的小花,花瓣上镶着闪光的露珠,发出阵阵清香,小鸟在枝头快乐地唱着晨曲。微风吹起少女那乌油油的鬓发,拂过她的额头,大自然是那样迷人,它似乎也有意要为少女创造一个优美的环境。少女眼里闪出快乐的光芒,微笑浮现在她的嘴角。因为解决了书上的一道难题,或是看到了高兴的地方吧。她微微低垂着头,双眼注视着手中的书。她是那样专注,已经完全被磁铁一样的书吸引住了。在书中,她看到了一个比这鸟语花香的清晨更美好的世界。她的胸前别着一枚金光闪闪的团徽,在她的心目中,团徽的光芒像太阳一样明亮,它照耀着通往未来的道路,照耀着一个花园一般的世界,那儿有她的理想。"未来"这是个多么美好的字眼,每次提到它,这个共青团员年轻的心就无比激动,她是那样向往未来,她热烈地追求着那个充满了温暖、充满了鲜花的未来。但她并没有忘记必须掌握打开知识宝库的金钥匙,因此,她如饥似渴地学习。书是她的粮食,万家灯火熄灭的时候,她才睡去;第二天,东方刚露出鱼肚白,她又起来了,她贪婪地吮吸着知识的乳汁,来充实自己的头脑。她就是这样刻苦地学习,为将来做准备,像无数有着远大理想的共青团员们一样,为理想而奋斗着。

少女还在那儿专心致志地看书。太阳望着她,微笑了;花儿在微风中频频点头,似乎也在赞许。团徽在阳光下闪闪发光,映照着她的脸……

毕允为

牵山羊的妇女

嗬!好辽阔的原野啊!一直向遥远的天际扑展开去。天灰蒙蒙的,把阴暗的影子投射到这无垠的野地上,看这气势,似乎一场暴风雨将要来临。

在这个荒无人烟、一望无际的原野上,一个勤劳干练的老妇人正牵着一只小山羊,迈着稳健有力的脚步,沿着野地那一条小路向远方走去。

这位老妇看起来约摸有五十来岁,头上缠着白毛巾,身着深褐色的衣裙,狂风呼呼吹来,那宽大的裙子哗啦啦地掀起来,那牵着羊绳的大手显得有力、结实;虽然脸微干瘦,但那双炯炯有神的眼睛显露出这位老妇精力的充沛。

被老妇用羊绳缚住而紧拉着走的那只小山羊也许是个调皮蛋。不信你看,这小山羊还在拼命地想挣脱拽得它憋气的绳子。当它知道自己无法逃脱这讨厌的羊绳了,于是又低下头来嚼草,它似乎觉得这草的味道实在太好了,又好像自己也许再也尝不到这样的美味。小羊恋恋不舍地走了几步,又停下来回过头去吃草。

老妇的左边,另一只小山羊正自由自在地迈着步,昂着头,耳朵一扇一扇,"咩咩——"地一个劲叫着,一步步地跟着老妇向前踱去,瞧它那副有点藐视一切的模样,好像是刚从象牙塔里慢慢踱出来的一位风雅富贵的朦胧诗人。

《牵山羊的妇女》的画面简朴自然,富有乡土的芳香。虽然没有鸟语花香,也看不到强烈的色调对比,然而柔美、和谐,内容和形式达到了高度的统一。

看着这幅画我不禁想:老妇走向的远方究竟是何处呢?

或许是一个人声鼎沸的集市,老妇正牵着自己辛勤喂养的两只小山羊去卖掉,把得来的钱给孩子添几件衣服,给赌输了钱的流氓丈夫几个钱,好让他不要再去赌博!

或许远方是个安排得井井有条的农舍,老妇牵着羊在暴风雨前匆匆忙忙地赶回家去,不然的话,她那纯朴憨厚的老头子又要在家干着急了。

这幅画是德国画家马克斯·利伯曼所作。他从小酷爱艺术,潜心研究前辈画家的绘画技法,作品反映了生活的真实,绘画语言纯朴并富有诗意。他一生创作了许多艺术精品,《牵山羊的妇女》便是其中的一幅。

徐 泳

观《精疲力竭——擦鞋小童》

布朗是一个热情描绘与塑造劳动人民形象的画家,他对生活在底层、因遭受剥削而贫困的人们充满同情。在《精疲力竭——擦鞋小童》

这幅画中，他用娴熟、精湛的写实技巧塑造了资本主义社会里擦鞋小童的感人形象。

画面的背景是深绿色。画面的主体是一个衣衫褴褛的男孩，他正蜷缩在墙边酣然入梦。蓬松的栗色卷发上沾着一点点鞋油迹。两道弯弯的眉毛下，一双眼睛深深地陷进眼眶里，他大概度过了许多个不眠之夜吧！瞧那小翘鼻子呼吸得多么均匀。孩子的头颈有些脏，大概是长期不洗的缘故吧。他穿着一件发黄的、破旧不堪的衬衣，从那几个已无法缝补的破洞里露出一点点深红的颜色，像点点小火苗，那是他唯一的一件完美的汗衫，还是奶奶给他买的。衬衣上沾着黑鞋油，就像麻子脸上的斑。可这有什么办法呢？不难想象，每天一大早，他就得背着一只小木箱到街上去招揽生意。有时运气好，一天能挣几个钱；若是遇到坏主顾，那可就倒霉了，非但钱拿不到，还会遭戏弄，轻则把鞋油抹在他脸上或衣服上，重则挨打。

不过，我们的小主人公可不是爱悲伤的孩子，从他那张充满稚气的脸上，就可以看出他对美好未来的憧憬。他似乎正在做着美梦：梦见了自己来到花果飘香的园子，吃着渴望已久的、只能在水果商店的架顶上看见的香蕉和橘子。啊，那味儿真是令人心醉！又似乎梦见自己在一所干净的小房子里，吃的是香喷喷的米饭，睡的是铺着洁白床单的干净的小床。啊，那真是神仙过的日子！一声粗暴的叫声，打断了他那美丽的梦，又有顾客来了，他只得举起沉重的手，用力地擦啊，擦啊……

这就是美国，擦鞋小童就是这个"文明"国家中贫苦儿童的缩影！有多少个这样的儿童，小小年纪就担起了生活的重担，在与生活的搏斗中，他们已精疲力竭。不过，他们并没有屈服、失望，他们有坚韧不拔的精神。看着这一切，怎能不令人深思？怎能不激起我们对社会主义祖国的热爱？比比他们，我们能不勤奋学习吗？有的人老埋怨生活条件不好，说什么外国样样都好，可他们为什么偏偏看不到穷人的贫困呢？

这幅画不仅给我以美的享受,还使我认识了资本主义社会的阴暗,激起我对我们伟大祖国的热爱。

裘敏苓

描形·绘状·摹声
——"可爱的小生灵"习作讲评

【作前指导与要求】

学习《荔枝蜜》时,同学们被文中所描绘的小蜜蜂所感动,特别是读到工蜂最多活六个月的语句时,大家的心和作者一样"不禁一颤",情不自禁地赞叹道:"多可爱的小生灵啊!"确实如此,小蜜蜂对人无所求,给人的却是极好的东西。其实,我们生活中见到的小生灵很多,有些也很可爱。这次作文写一篇"可爱的小生灵",要求:

选择自己熟悉的小生灵写,弄清楚它的形态、生活习性,对它进行具体生动的描写,使人如见其形、如闻其声,写出生活情趣。记叙要清楚,意义要积极,语句要通顺。

一、讲评目的
1. 学习描形、绘状、摹声的方法,把记物的文章写生动。
2. 培养健康的生活情趣,关心细小生物,热爱大自然。

二、讲评材料和方法

《既可怜又可笑的🐢》《春蚕到死丝方尽》《可爱的小生灵》《可爱的小生灵——龙虾》四篇习作,鲁迅《鸭的喜剧》、郭沫若的《菩提树下》、杨振声《报复》和张歧《麦黄蟹肥》等文的片段。

示范,交流,一篇带多篇评析。

三、讲评要点

1. 朗读示范,激发兴趣。

在生活中许多小动物、小生灵十分可爱,很多作家把它们写入文章,绘形绘色绘声绘态,逼真传神。请几位同学朗读几个片段,其他同学仔细听,并思考:

(1) 这几个片段各描绘了什么小动物?共同的特点是什么?

(2) 描绘这些小动物时各采用了哪些描写方法?为什么要采用这些方法?

示范材料:

① 小鸭也诚然是可爱,遍身松花黄,放在地上,便蹒跚的走,互相招呼,总是在一处……

夏雨一降,院子里满积了水,他们便欣欣然,游水,钻水,拍翅子,"鸭鸭"的叫。(鲁迅《鸭的喜剧》)

② 在菩提树成荫的时候,我们的母鸡各个孵化了九只鸡雏。这鸡雏们真是可爱,有葱黄的,有黑的,有淡黑的,有白的,有如鹌鹑一样驳杂的,全身茸毛如像绒团,一双黑眼如像墨晶。啾啾的叫声真的比山泉的响声还要清脆。(郭沫若《菩提树下》)

③ 一个大锦鸡咕咕地唤母鸡,它是找到了个虫子,很有武士风度的让母鸡来吃,一群母鸡跑过去,刚争着伸嘴,大锦鸡却一低头,先把虫子吞下了,又弓起脖颈来,对母鸡们行个遣散礼。(杨振声《报复》)

④ 我捉蟹子不用叉子,也不用网兜,赤手空拳地捉。蟹子有时摆出一副吓人的架势,两个大螯张开夹子,黑豆般的眼珠探出多高,样子挺凶的。其实,只要摸住它的习性,一点儿也不用怕,顺着它的两螯之间,猛地捉住它的甲壳,或是绕到它的身后,捏住它的后足,它就乖乖地

就擒了。石头下的蟹子,一般说,没个头很大的。大蟹子,俺们那里称为"赤夹红",甲壳和螯足紫里透红,一个斤数重。这种"赤夹红"多是躲在礁洞里深居简出,只觅食时露面。其实,也不难捉,忍住点痛,把戴手套的手伸进礁洞里,就能把它给拖出来。(张歧《麦黄蟹肥》)

这几个片段各描绘了小鸭、鸡雏、鸡、蟹的情况,文中这些小动物都写得栩栩如生。写鸡雏一段,文笔清丽。菩提树成荫,既点出时令,又交代鸡雏活动的场所。先写鸡雏颜色,五彩斑斓,再写绒毛、眼睛、清脆的叫声,很有韵致。写小鸭、鸡,把它们人格化了,一是可爱情态毕现,二是幽默有趣。捉蟹一段是写人和蟹打交道,蟹的形态,人的心理、动作,都描写得十分具体。

总之,要把小动物、小生灵写得逼真传神,须学会绘形、描状、摹声,运用比喻、拟人等多种修辞手法。写在细处,静态勾勒,动态摹拟,可收出神入化的效果。

2. 重点评析,体会生活情趣。

(1) 朗读《既可怜又可笑的 🐢 》,要求朗读的学生以声传情,以声传境。

(2) 在笑声洋溢中要求学生紧扣习作词句,说明笑的原因,讲述写作上的特点。

(3) 在开展评论、交流体会的过程中,明确:

① 材料的选择不落俗套,给人以新鲜的感觉,一般写小生灵都是蚂蚁、蚕、蜜蜂、蝴蝶,而习作者偏偏选择小乌龟作为描写对象,醒人耳目。文章不仅在开头用曲笔引出描绘的对象,而且标题别开生面,不写"小乌龟"的字样,而是画 🐢 代替,真是下笔带"趣"。

② 习作者笔下的小乌龟形象鲜明,神态、动作逼真。

动静配合起来描写。先对小乌龟的形状作静态的勾勒,对其甲壳、头、眼睛、嘴、齿、四肢、尾巴的特征抓得准确,描写具体。然后动动静静、静静动动,刻画小乌龟的动作、神态,使人捧腹。如小乌龟在盛着清水的玻璃缸内"划动着短小的四肢横冲直撞,处处碰壁","静静地伏在水底,不时探出头来换换气",瞬息之间,动态变静,静中又有动,煞有趣味。与铁甲将军大龙虾对比着写,"一个活蹦乱跳,一个静伏修心",小乌龟的特征更加鲜明。

布置特定的环境,组织生动的情节,让描写对象有充分表现的机会。这篇习作为小乌龟活动准备的环境是玻璃缸和金鱼缸,情节的关键在于"戏"。习作者把顽童戏乌龟的情节写得有声有色。先用"迷上"这个词总领,然后陆续写"温存的养育"——"又是饼干又是稀饭,体贴入微","逗弄"的情景——"弄得它四脚朝天,它只能乱挥乱舞,却无翻身之力",以至组织"自相残杀"的悲剧,以"大笑""欢笑""乐得哈哈大笑"贯串其中,反复渲染戏弄小生灵的乐趣。结尾笔锋急转,以"追悔莫及"鸣锣收场,表达自责的心理,规劝大家不要"把作弄小生灵作为自己的爱好",增添了文章积极的意义。

描绘小生灵要讲究文采。孔子说:"言之无文,行而不远。"说话要动听,写文章要有文采,否则就难以发挥文章的作用。这篇习作语言活泼,没有拖沓的长句,一些词语的运用是经过推敲的,如"残酷的嗜好""深不测底""南辕北辙""对峙不动"等,都能生动地表达意思。如果词语干瘪,就很难把小生灵写得跃然纸上。

3. 综合评论其他几篇习作,寻找可借鉴的写法。

(1) 阅读《春蚕到死丝方尽》《可爱的小生灵》《可爱的小生灵——龙虾》,讨论可借鉴之处。

(2)《既可怜又可笑的 🐢 》描写乌龟多依赖于视听,《春蚕到死丝方尽》除从视觉角度写形态外,还从触觉的角度写,"蚕那胖身子冷冰冰的,一动不动地伏在瓷砖上,我刚想伸手去拿,又不禁一哆嗦,一种肉乎乎的感觉传遍了我的全身,万一那蚕已死了呢?我的头皮开始发麻……",触而未触的心理反应、生理反应,把蚕的形态、质地特征表现得惟妙惟肖。文笔曲折有效,怕蚕、想蚕、养蚕、找蚕、提蚕、扔蚕、捧蚕,多角度刻画,小生灵的形态、生活习性、对人们的贡献都得到了生动的表现。

(3)绘声绘态,展现意境。《可爱的小生灵》写蝴蝶,把白翅蝶、黄翅蝶、黑翅白斑蝶放在黄灿灿的油菜花田里飞舞,有强烈对比的色彩,有深浅相衬的色调,再加上捉蝶人在画中行走,人与景融合,意境展现。我们学过杨万里的《宿新市徐公店》,"儿童急走追黄蝶,飞入菜花无处寻",此景很有生活情趣,习作者显然借诗中景绘小生灵,在读与写之中作了迁移。

(4)学会分解动作,把动态写细写活。《可爱的小生灵——龙虾》尽管文章很短,但龙虾形态写得细致。先用拟人的手法写它"人发雷霆",再用动作分解的方法,一笔又一笔,笔笔写清楚,"身子一缩","反身一弹","一屁股撞在碗壁上",活灵活现,如果用"在水中游来游去,撞来撞去"形容,表现力就大为逊色。

4. 交流自己习作中写得精彩的段落,开拓思路。

如:

我走到咪咪窝前,这个窝并不华丽,但非常整洁,一只身上披着黄白相间的毛,眼睛莹绿的小猫伏在那里吃饭,不停地张着小嘴。当它知道旁边有人注意它时,它立即抬起头,"喵呜"一声,用舌头舔着小嘴,翘着尾巴朝小主人走来。(《猫》)

就这样,一个小回合后,"战士"一个个"怒发冲冠",颈伸得更长了。棕黄色鸡要压倒对方,骄傲地扬起脖子叫了一声。对方似乎更火了,一下子又跳上台阶,以居高临下之优势,运用自己独特的本领——啄,拼命地向对方扑去。棕黄色的鸡挨够了苦,也一跃上了台阶,一步步逼近,一直把对手逼到墙脚下,然后飞起两脚,向对方扑蹬。这一突然袭击使黄白色的鸡愣住了,一点也没有防备,被对方一下子撞倒。它的翅膀在地上扑打了几下,但很快又镇定下来,重新立稳,那虎视眈眈的眼睛露出寒光,直逼对方,准备发动更大的反扑。(《鸡战》)

四、作业

这次习作对小生灵的形态描绘得比较具体,而摹声方面薄弱。写一段摹声的话,刻画可爱的小生灵。

板书

描形·绘状·摹声

粗细配合,以细为主。⎫
动静结合,变化有致。⎬ 使描绘的对象跃然纸上
勾勒摹拟,方法多样。⎪
语言生动,传声传情。⎭

既可怜又可笑的 🐢

每当人们看到蜜蜂或蝴蝶等小昆虫,就会立刻想到鸟语花香,想跟昆虫们一起去游历一下昆虫世界,也过一过那种自由自在的生活。人们何尝会想到乌龟——这种可爱的小生灵呢?也许你连那四脚的小生命都还没见过吧,那就让我来给你介绍一下。在一块椭圆的不算坚硬的甲壳下,一个三角形的头,两只小而狡猾的眼睛骨碌碌地转着,尖尖的小嘴里藏着一对对锋利的牙齿,短而有力的四肢是唯一的游泳工具,在红色的腹部后拖着一条短短的无用的尾巴。如果你认为我这段精彩的描述有假,那你只要看了下面的叙述,就会心服口服了。

那是一个夏天的傍晚,瑰丽多姿的云彩被夕阳染得红彤彤的。妈妈给我带来了三只小乌龟。我一看见它们就迷上了,要知道它们是多么好玩啊!为了保障它们的生命安全,我即刻把它们放到盛着清水的玻璃缸内。开始时,它们好像还不习惯,划动着短小的四肢横冲直撞,处处碰壁。这种笨拙的动作,博得了我一阵阵大笑。不过,不久它们便好像明白了什么似的,静静地伏在水底,不时探出头来换换气。我每日精心地喂养它们,又是饼干又是稀饭,体贴入微。但有时也会用筷子逗它们,这种愚蠢的动物,给我的又是一阵阵欢笑。

好景不长,此番温存的养育,又被我和几个同学残酷的嗜好——玩弄所代替。先是欺侮,逗弄它,弄得它四脚朝天,它只能乱挥乱舞,却无翻身之力。接着是"暴行",把它们放到深不测底的(对小乌龟来说)金鱼缸里,想看一场好戏——乌龟战金鱼。可它们却好似石沉大海,一坠千丈,口中还直吹白泡了。原来没有氧气,它就无法活命。我只得扫兴地将它拿出,可它还报复似的咬了我一口,几个红印深深地嵌进了我的手指。我又痛又气,一下将它掷进玻璃缸里,随即便调来铁甲将军——大龙虾来收拾它。而它们却是南辕北辙,互不相干,一个活蹦乱跳,一个静伏修心,只好作罢。又过了几天,恶作剧的念头又产生了,就是让它们自相残杀。开始它们对峙不动,后来硬用手压住它们,使它们不得不战,最后,有的颈上被咬出了个红点,有的脚指间的蹼上被咬出了个红点,我们都哈哈大笑,以为这个红点无足轻重。谁想没过几天,它们竟相继死去。当时我并没觉得什么,现在却追悔莫及,并不是因为失去了有趣的玩偶,而是受到了良心的谴责。

虽然此事已经过了多时,但我至今还念念不忘。大自然创造的小生灵真是多种多样,无奇不有,它们又是那么惹人喜爱,因此我规劝大家要保护它们,别像我一样,把作弄小生灵作为自己的爱好!

徐 越

春蚕到死丝方尽

蚕，是人们一致公认的那些至死还鞠躬尽瘁为人民工作的人的化身。我向来是很怕小动物的，尤其是蚕宝宝，望着那肉乎乎的胖身子，不觉毛骨悚然，虽说我渴望能养一条蚕。

一回，一位热心的同学把自己养了半大的蚕送给我，我战战兢兢地接过来，生怕它咬我一口。下午，我摘了一塑料袋桑叶喂它，唯恐饿坏了这几位"小公民"。晚上我把盒子安置在床头柜的台灯下，看到它们悠闲地吃着桑叶，我才睡去。

一觉醒来，糟了，怨我糊涂，没盖盒盖，一条最大的蚕不见了。我急得不知所措，一个鲤鱼打挺蹦下床，趿拉着鞋就在三间屋里找开了，当时我也顾不得女孩的庄重，打着电筒爬到床下，足足折腾了半个来钟头，才在浴缸里找到了。我一看，眼泪都快落下来了，蚕那胖身子冷冰冰的，一动不动地伏在瓷砖上。我刚想伸手去拿，又不禁一哆嗦，一种肉乎乎的感觉传遍了我的全身，万一那蚕已死了呢？我的头皮开始发麻，我狠了狠心，一咬唇把它提了起来，放进桑叶堆里，一整天下来，蚕一动不动，似乎是死了，妈妈便把它扔进畚箕，我的心像被谁揪了一把，多可爱的蚕，可我，养了还不到一天就死了。谁料想，蚕又活过来了，还啃着菜叶。我喜出望外地把它捧回家。

这时，我生平第一次感到它是那么可爱、逗人。洁白晶莹的皮肤光滑得像一匹绸缎，小巧的嘴，无时无刻闲着，一上一下地啃削着桑叶。它的嘴可刁了，尽捡嫩桑叶吃，害得我天天放学都得马不停蹄地为它采桑叶，准备丰盛的"晚餐"。在我的精心喂养下，蚕很快就"上山"了，那灵巧的小嘴，不断吐出透明的蚕丝，结成一个小网，把自己围在里面，丝渐渐厚了，蚕渐渐看不清了，而茧却愈加白了，望着这座白色的小屋，我情不自禁地吟诵起这两句诗：

"春蚕到死丝方尽,蜡炬成灰泪始干。"

当初我吟诵时还觉不出多少味儿,现在想来,那蕴含的意义是多么深刻啊!

蚕死后,我画了一张画,画上一条蚕正在辛勤地吐丝,我天天都要看上几遍,勉励自己要成为像蚕那样的人。

许　谦

可爱的小生灵

我想做个蝴蝶标本,便到河边的油菜花田里捕捉蝴蝶。

黄灿灿的油菜花,吸引了成群的蝴蝶。蝴蝶们抖动着翅膀,在油菜花上面不停飞舞,有的栖息在花上,两翼合拢,这时候只要两个手指轻轻一捏,便能把蝴蝶捉住。也许是因为我这人笨手笨脚的原因吧,蝴蝶没捉住反都被我扰得飞往对岸去了。我无可奈何地到大树下歇息,回头再看看那蝴蝶,啊!绿油油的农田上,飞舞着一大群白色的蝴蝶,还有两三只黄翅膀的、黑翅白斑的蝴蝶也夹杂在其中。真是一幅美丽的画。我不禁暗自赞叹。蝴蝶在这幅画里,是点缀,还是装饰?正当我难以决断的时候,那黄灿灿的油菜花又把蝴蝶吸引回来了。我不再理会那两个词,又专心去捉蝴蝶了。

终于,我捉住了一只白翅膀的蝴蝶,回头再看看那油菜花,金黄的油菜花固然好看,但如果没有在它上面飞舞的蝴蝶,那又怎么会给人以生机勃勃的感觉?我猛地觉悟出:蝴蝶是用它那微不足道的色彩点缀着美的世界。此时我感到蝴蝶是那样可爱,不同寻常的可爱,而又无法用语言来表达。

被我装在瓶里的蝴蝶不停地扑打着翅膀,它一定是想回到大自然中去。我把它带回家,用彩笔在它的翅膀上染上美丽的色彩,然后放了它。小蝴蝶扇动彩色的翅膀飞走了,我想:它一定会把世界点缀得更美丽，为世界增添更多的光彩。

谢书颖

可爱的小生灵
——龙虾

一天下午，烈日暴晒着大地，虽然还只是立夏，但已经是那么炎热，我拿起钓鱼钩赶到了河边。凭着我这急性子，龙虾偏不上钩。我耐着性子，一下午总算钓到了一只乌壳红钳的大龙虾，我喜不胜收，赶紧拿起它跑回家。

一到家我就为它安置了住所。这时，它大发雷霆，卷起尾巴不停地拍水，溅得水花四溅。有时又把身子一缩，然后，反身一弹，一屁股撞在碗壁上，大概它是想离开吧。忽然，它身体一翻，好！肚子朝上动不了了。我看到它难过的样子，就把手伸下去，岂料这家伙蛮性未改，反而钳住我的手指，疼得我"嗷嗷"直叫。最后，被我一拉终于放了下来。

这以后好几天我饿它的饭，几天过后我再去看它，只见它无精打采，不神喽！我得意洋洋地拉起它那无力的钳子，叫它肚皮朝上躺着，我一点点地给它喂食，就这样继续了几个星期。嗬！现在你来看我的龙虾已经服服帖帖地归顺我，根本不像过去那样蛮横了。

郑　重

姿态变化源于熟
——练笔习作讲评

【作前指导与要求】

板书"勤"字,请同学组词。估计同学可能组以下一些词语:勤奋、勤恳、勤快、勤苦、勤劳、勤谨等。"勤"是我们中华民族的美德,做任何工作,离开"勤"就一事无成。学习也是如此,要"勤",学语文更要"勤",要正确运用语言文字来表达情意,非勤于笔耕不可。《卖油翁》一文写一个卖油的老翁有沥油的绝技,能把油沥入口径十分小的葫芦之中,葫芦口上还覆盖着一个小钱,油从小钱的方洞中沥入,而钱丝毫不湿。怎么会有这样的绝技呢?卖油翁的回答是:没有什么,只是手熟罢了。写文章也是如此,越不动笔越怕写,经常动笔,不断练习,手熟就能生巧,写出好文章。

练笔就内容说,天地广阔,你爱写什么就写什么,但要有意义,感受深;就体裁说,主要是记叙文,或观察笔记。一个月内除大作文外,每人写几篇,看谁写得勤,写得好。

一、讲评目的

1. 理解叙事的尺寸、斤两、剪裁、精神须通过写作实践方能体会、把握,懂得文章姿态变化源于熟的道理。

2. 懂得勤能补拙的道理,提高写作的自信心。

二、讲评材料和方法

《游泳》《台风》《窗》三篇习作。赏析比较,体会交流。

三、讲评要点

1. 肯定成绩,激励写作热情。

俗话说"功夫不负有心人",这个月的课余练笔不少同学是做"有心人"的,注意观察周围的人和事,注意对平凡的事物进行思考,有所发现,有所感受,因而文章的内容比较具体、比较充实。同是叙事、写景、记人,但姿态变化,方法多样,很有点清新的味道。

请部分同学汇报自己练笔的标题,进行交流。如《灵芝》《蟾蜍》《一对鸽子》《勤劳的蜘蛛》《火树银花不夜城》《同窗情深》《我赞美》等。有的同学写了四五篇,有的同学观察笔记写了一二十段,热情很高。这次讲评不在面上铺开,就从一位同学的练笔中选择三篇来评析。

2. 赏析比较,体会记叙文运笔之变化。

(1) 阅读《游泳》《台风》《窗》三篇习作,就它们写作上各自的特点开展讨论。

讨论后明确:三篇都是记叙文,两篇以记事为主,一篇以写景为主。《游泳》着重气氛的渲染和场景的描绘;《窗》着眼于静景的描写,从窗口反映时间的跨度,置换四季的景色;《台风》以景物描写衬托人物活动,表达文章中心,各有特色,各有姿态。

(2) 认识记叙文姿态的变化,加强对叙事、写景方法的理解。

① 清代刘熙载在《艺概·文概》中说:"叙事要有尺寸,有斤两,有剪裁,有位置,有精神。"这五个"有"说得很有道理,叙事如没有目的,没有轻重,没有详略,没有宾主和虚实,就像流水账一样,不可能引人入胜。

《游泳》一文叙习作者赴游泳池克服困难游泳的事,文章的"精神"很明确:遇到困难要迎上去,咬紧牙关就能挺过去。为了表达文章的精神,习作者对材料的分量、主次做了安排。下笔疏疏几句,渲染了"热"的气氛,"灼热""火焰""滚热""狂叫",又热又闹,为游泳做铺垫。如不写这一段,径直写游泳,文章就会逊色。写游泳时,主次、轻重均各有其位。特点是:写自己时,不忘写见到的情景,把自己放到游泳人群中写,就不是孤零零的一个,而是场景热气腾腾。写浅水区、中水区、深水区貌似并列,但轻重有别,详略分明,轻前二者,重深水区的描写。如果不作剪裁,平均使用力量,重点就不能凸显。

《游泳》由"看"引出"游",又由"游"引出"想",环环紧扣,表现中心。这篇文章是游泳中战脚伤,《台风》是兄弟二人战台风。同是克服困难,同是写事情的始末,但写法上还是有变化的。

《台风》第1段也是写环境、写气氛,但人们对环境的态度不一样,一是"退",不去看电影了;二是"迎",去看电影,以"退"托"迎",初显文章精神。《游泳》的笔墨多用在游泳池内情景的描绘,《台风》却着力于路途之中的拼搏,目的地电影院只字未写。叙事的重点把握得恰当,笔法上作这样的变化有助于突出主题。去看电影的途中详叙,回归时节省笔墨;去时紧扣"狂风""暴雨"双描绘,回归时重"风"轻"雨",变化有致。在叙写与台风搏斗时,一再描写"伞",通过这个"道具"刻画人的智慧、人的勇敢,刻画兄弟情谊,与游泳池见闻的叙写比较,显然在生动活泼方面略胜一筹。《游泳》开头写气氛只作渲染,而《台风》写景物贯串文章的始末,从迎风雨到搏风雨,进而再卧听风雨,写透景物,突出中心。

综上所述,可知相似的主题可以用相近的叙事方法,同中有异,变化姿态。尽管两篇习作叙事还清楚,但也各有缺点。《游泳》一叙到底,那么多人没有一句话,生活中绝不是如此,遗憾的是没把活生生的对话写入文中；《台风》第 1 段写"你不去，我们去"，"接过电影票就兴冲冲地向外面走"，显然"不去"是"妈妈"一个人，"去"是两个人，那么，电影票到底几张呢？事虽细小，但须交代清楚，不能含糊。又如把被风吹得像喇叭似的伞面比喻为"鹰的翅膀"，显然是不恰当的。

② 刘熙载在《艺概·文概》中又说："叙事有寓理，有寓情，有寓气，有寓识。"这句话的意思是不能为叙事而叙事，须有明确的目的性。

《窗》叙述的是观窗景的变幻，着力于景色的描绘，有散文气息。习作者写窗景有远有近，有四季的变化，有白昼景色，有夜晚景色，写出了"不断变幻"的特点。春夏秋冬四幅图画前详后略，每幅画各有中心：春种、夏管、秋收、冬藏，每幅画静中有动。夜晚这幅画以动托静，显得更为静谧。描写这一幅幅画的目的不是单纯摄像，而是情寓其中。文章末尾轻点寓意，"画不住地吸引着我"，"我就是最欣赏这些画的人"，那就是说，美好的生活吸引着我，我热爱美好的生活，正因为画中寓意，景中有情，文章就有了精神，有了目的。

当然，在具体描写时不恰当之处不少，如写秋天图景，用"如风扫残云"来比喻收割蔬菜，很不协调。

3. 剖析原因，交流体会，激发练笔的积极性。

（1）崔东明同学练笔活动有成效，与初入中学时比较，迈进了一大步。原来写作文很困难，错别字多，书写潦草，内容贫乏，现在能连续写几篇比较好的作文，原因何在呢？

（2）请崔东明同学自己谈体会。根据课前交谈和平日的了解，请崔东明着重谈以下要点：

① 学好语文的愿望，这是基本条件。

② 勤练，勤恳地练习，练得手熟。

③ 有韧劲，要坚持。不以一篇习作好坏而影响练笔的积极性。

（3）其他同学也有类似进步、类似体会。请《勤劳的蜘蛛》的作者张浩谈谈习作是怎样进步起来的。

四、作业

互换练笔的习作,阅读分析其中的一篇。

板书

姿态变化源于熟

叙事 { 有尺寸,有斤两,有剪裁,有位置,有精神。 有寓理,有寓情,有寓气,有寓识。 } 勤练,熟能生巧

游　　泳

　　夏季的一个下午,赤日当头,灼热的太阳向大地喷吐着火焰,把大地烤得滚热,静静的树梢一动也不动,只有知了在树上"知了,知了"地狂叫……

　　但是这样热的天气正是我们游泳的好时机,我和几个小伙伴约好,拿好了游泳裤蹦蹦跳跳地向游泳池走去。

　　换好了衣服,我和小伙伴们便急不可耐地奔向消毒池,谁知忙中出错,当我跳下消毒池时,脚没有站稳,一个趔趄使我差点摔倒。我急忙用右脚使劲一撑想稳住自己,"哎哟!"我忍不住叫了一声,原来我的脚尖正踏在消毒池的直面与斜面的相交处。顿时我感到一阵剧烈的疼痛。我刚想停下来看一看脚到底伤在哪里,忽然我看到伙伴们已经跑到前面去了,于是我便顾不得看脚上的伤,一瘸一拐地向前跑去。

　　到了池边,我向整个游泳池望去。嗬!这儿的人可真不少啊!

　　浅水区是人最稠密的地方。这里大多是初学游泳的人。只见他们穿着各色的游泳衣裤,携带着五彩缤纷的救生圈,像一群鸭子在水中拍打着,嬉闹着,不时还击起一串串水花。

中水区的人就比较少了,这些基本上是已经学会了游泳但技术并不高明的游泳爱好者。只见他们认真地划动双臂奋力搏击。深水区是游泳健儿聚集的地方,只见他们一个个犹如水上蛟龙在水中自由地沉浮。看了他们娴熟的样子我也忍不住跳了下去。可是刚蹬动右脚,一股疼痛向我袭来。没有办法我只好拖着伤腿蹬动那只没有受伤的左脚向前游去。

　　游了几圈,游到中途时,突然,脚又像抽筋似的疼了起来,两只手也像绑上了千斤重石,这使我意识到疲劳正在向我袭来。怎么办?停下来吧,可是水又深,脚不能着地,喊救生员吧,又怕伙伴们讥笑我。怎么办?怎么办?时间容不得我仔细地想,下沉的身体使我不得不果断地作出决定:一定要鼓足力气游到对岸。我拼命划动双手,蹬动那只没有受伤的脚,努力使自己向对岸游去。我边游边鼓励自己:一定要游到对岸,让伙伴们看看我游的本领⋯⋯终于我游到了对岸,这时我连爬上去的力气也没有了。

　　回家的路上,我夸耀地向伙伴们讲述了自己游那段路程的经过。这件事使我们大家都认识到:遇到困难,只要迎上前,咬紧牙关,就挺过去了,最困难的时候常常就是克服和战胜困难的时候。游泳是这样,学习又何尝不是这样呢?

台　　风

　　24日傍晚,第十号台风正在袭击着上海市。狂风卷着暴雨,向房屋、树木、草坪劈头盖脸地打来。豆大的雨点打在瓦楞上,发出噼噼啪啪的响声。望着这瓢泼般的大雨,妈妈不禁叹了一口气,"唉,一场电影看不成了"。我和哥哥忙说:"你不去,我们去!"说罢,我们接过电影票就兴冲冲地向外面走。

　　我们拿着伞走出了家门。刚到外面,迎面刮来一阵狂风,雨伞顿时开了个"喇叭花",没走几步,又开了个"喇叭花",一连开了好几次,我们才掌握了风向,用伞顶着风,艰难地向前走去。

风更大了,雨更猛了,狂风卷着雨裹挟着沙粒拼命地向我们袭来。雨势一会儿向东,一会儿向西,使我们无法招架,不多久浑身就淋得像个"落汤鸡"。但是我们不管这些,把裤腿卷得高高的,弯着腰,撑着伞奋力向前走。

雨越下越大,简直使人无法走路。哥哥对我说:"怎么样?怕了吧!不要怕,这是台风雨,再坚持一会儿雨就会小的。"我说:"不怕,你能走我就能走,保证一步也不落下!"我们互相鼓励着,仍然顽强地迈着大步向前走。

过了不一会儿,雨果然小了许多,电影院也快到了。这时看着像喇叭似的被扇动着的伞面,我不禁想到了暴风雨中的雄鹰。(它多像鹰的翅膀啊!)雄鹰那坚强的翅膀是经过暴风雨锻炼出来的。只有不畏艰险,迎着困难上,才能像雄鹰那样磨炼出坚强的性格。

回家的路上,雨很小,可风却更大了。然而,正好是顺风,大风吹着我们,迈步也轻飘飘的,毫不费力,好像一个巨人把我们拼命地向前推,很快我们便到了家。

走进家门,我们愉快地回答着妈妈关切的询问。虽然浑身像刚从水里捞上来似的,但心情十分愉快。夜深了,我躺在床上听着外面呼呼的风声,看着外面哗哗的大雨,心想,"你吹吧,你刮吧,我已经战胜你了!"想着想着,我酣然进入梦乡。

窗

窗户能映出一幅幅美丽的图画。图画只有一个画面,而窗户却能变换出无数个美丽的画面。无论是春夏秋冬、严寒酷暑,它都能如实地映现出窗外的各种景色。我们家楼梯口的那扇窗也正是这样。

那是一扇长约 1 米宽约 1.3 米的有着棕红色框子的窗户,窗口朝北,窗外是一片宽阔的农田,旁边是黑瓦白墙的农舍,农田的尽头露出杨浦区肺结核病防治所的红砖瓦房的一角。远处隐隐约约可以看到高大的厂房煤气筒和高耸的高压线铁塔……这扇窗给我们展示过一幅幅极其美好的图画。

春天,万木吐翠,百花齐放。窗外的农田也披上了绿装,杨柳吐出了鹅黄色的嫩芽,小草穿上了碧绿的外衣,田地里到处都是播种耕耘的农民。只见"铁牛"在田野里"突、突、突"地开动,小伙子们紧握锄头铁耙把翻松了的土梳理得整整齐齐,围着花布头巾的老太太和姑娘们抓起一把把菜种均匀地撒入田里,整个田野里呈现出一派热气腾腾的劳动景象。

夏天,火辣辣的太阳照射着大地,田垄间不时走过一个个喷药的社员,只见他们一只手对着气筒打气,一只手握住喷射杆,随着他们熟练的动作,农药像一层层薄雾轻轻地向田间飘去。喷过药的蔬菜在阳光的照耀下显得格外精神。

秋天,秋风一阵紧一阵,树叶渐渐地发黄下落。地里蔬菜成熟了。社员们一起出动如风扫残云般把蔬菜一齐收割完毕,整个工作做得有条有理,一丝不乱。

冬天,大雪纷飞,皑皑白雪覆盖着大地,从窗口望去,树梢上房顶上到处都是白茫茫的一片,玉树琼枝,简直成了玉琢冰雕的童话世界。

夜晚,夜幕笼罩着大地,田野间便亮起一盏电灯,朦胧的灯光照射着大地,偶尔有一个人走过,就更增添了这幅画的诗情画意,走过去的人也简直成了"画中人"了。

窗,你映出的一幅幅美丽的画不住地吸引着我,常常引起我的遐想,这一幅一幅画动人,不断变幻,而我就是最欣赏这些画的人。

崔东明

生活是写作的源泉
——"暑假乐事"习作讲评

【作前指导与要求】

"暑假生活乐事多",一开学有位同学就十分得意地对我说。接着好几位同学拥上来,七嘴八舌,抢着介绍自己的乐事。我被大家的欢乐所感染,仿佛跟着你们赴无锡,去金山,看星星,学游泳,分享你们的欢乐。

请几位同学描述一下暑假生活中自己最欢乐的事——游泳、打球、集邮、登山等。暑假生活几十天,每人都有许多乐事,可入文章的不少,现在请大家围绕"乐"字选择一件或数件事情记叙。可完整地记叙一两件事,也可写片段。注意描写,展现生动的场景。先列写作提纲;书写端正,语句通顺;题目自拟。

一、讲评目的

1. 引导学生忆欢乐,说欢乐,激发热爱生活的感情。
2. 懂得生活是写作的源泉,要观察、注意、感受、理解。
3. 学习用生动的语言描述欢乐的场景和欢乐的心情。

二、讲评材料和方法

《暑假趣事二则》《欢乐的海滩》《夏令营的乐趣》三篇习作;照片几

张,贝壳、海石花等少许。

朗读,谛听,评论,归纳。

三、讲评要点

1. 审清题意抓要领。

这次作文的范围是"暑假乐事",关键在抓住哪个词做文章,其他词各起什么作用?

关键在于"乐",写出满纸欢乐、满心欢乐就达到目的。

"暑假"二字限定了时间,"事"指记叙的对象。要求写的是记事的记叙文。

2. 品题。

根据上述要求请学生品析下面的作文题:

"欢乐的海滩"　　　　"夏令营的乐趣"

"暑假趣事二则"　　　"暑假生活二三事"

"游泳场上"　　　　　"钓龙虾"

"瓜田乐趣"　　　　　"乘凉晚会"

"采风"　　　　　　　"读"

十个题目都是学生自拟的,与写作要求对照,有的标题欠妥帖,不醒目。"暑假生活二三事"一般化,没突出"乐"。"游泳场上""采风"可写"乐",也可写"不乐",不鲜明。"读"的题意很广泛,和暑假乐事对不上。标题是文章的眼睛,标题醒目、新颖,才能吸引读者;题目和内容要切合,不能内容写乐事,题目一点儿不透露消息。

3. 朗读与谛听。

请三位同学朗读《暑假趣事二则》《欢乐的海滩》和《夏令营的乐趣》,要求:

(1) 读的同学读出气氛,读出感情。

(2) 其他同学仔细听,听完以后就下列问题发表意见:

① 三篇文章各叙述了几件事?

② 你觉得哪些场景、哪些细节写得最好?为什么?

③ 暑假里你接触到类似的材料没有?写作中你用了没有?为什么?

学生发表意见后,明确:

① 三篇习作叙事清楚。《暑假趣事二则》《夏令营的乐趣》分别叙述了两件事和三件事,每件事都用小标题标明,十分清晰。《欢乐的海滩》记叙的是海滩玩耍的情景——观海、捉蟹、嬉笑。

② 《烧菜记》中关于炒菜一段的描写颇有情趣。手炒(装模作样),口念(好菜、美味),煤气灭,妈妈嚷,描写连贯,语言、动作穿插得很协调。

③ 《欢乐的海滩》中绘海、疑海、抓蟹、放蟹、找蟹,情节曲曲折折,描绘具体生动,洋溢着欢乐的气氛。

④ 《夏令营的乐趣》三个片段中"踏浪"写得有声有色,能把欢乐传递到读者身上。

4. 阅读、评析。

单凭"听"难以细致、深入,再用眼睛看这三篇习作,可理解得更为具体一些。

阅读后讨论:

(1) 为什么上述场景能把欢乐的心情表露出来?

(2) 语言和写法在其中起什么作用?紧扣词句分析。

(3) 有的习作中语病明显,请找出来并进行修改。

讨论后归纳:

① 生活是写作的源泉。每个同学都经历了暑假生活,都碰到过欢乐的事,但是写入文章竟有粗细之分、好差之别。有的丰满,给人以乐趣;有的干硬,不硬着头皮难以读完。这是什么缘故呢?

感受不一样,理解不一样。在日常生活中每时每刻发生的不过是些零碎琐事,看起来既不轰轰烈烈,又不缠绵悱恻,然而就是在这些普通的、平凡的、零碎的事情中浸透着人们的欢乐与痛苦。只有对周围发生的事真正理解了,真正在心底里有所感受,才能在笔端流露出来。要能有所感受,就要细心观察,注意接触到的人、事、景、物。俄国作家契诃夫曾说:"作家应当样样都知道,样样都研究……我们作家的本分就在于观察一切,注意一切……"现在我们虽不是作家,但在生活中做有心人同样十分重要。观察得越精细,感受得越深刻,笔下就可能绘出生动的场景、感人的细节。

《欢乐的海滩》中"啊,眼前的大海好似万里平畴,又像广阔天空一望无垠。远处水天相接,灰蒙蒙的一片,衬托着海面上涌起的无数波浪。泥黄色的海浪后浪推前浪,一浪胜一浪地夹着'哗哗'声响冲击着海边沙滩。这正是涨潮的时候。宽阔的海面泛起粼粼波光,一排排小土堆似的海浪'蜂拥齐上','争先恐后'地涌向岸边的人群",显然是细致观察有所感受的产物。看到大海,联想到"万里平畴""广阔天空";看到"远处水天相接"和海面上的"无数波浪",感受到它们之间是"衬托"与"被衬托"的关系;看到"海浪"涌向岸边,联想到似"一排排小土堆""争先恐后"地"蜂拥齐上"。如果不展开联想,没有具体的感受,是不可能这样来描绘大海的。下文的疑海、拍打海面更是直接抒写自己的感受。

单调的生活形成单调的思维,写作文说来说去就那几句话,"在一棵树上吊死"是极不可取的。丰富多彩的暑假生活能开拓我们的视野,活跃我们的思维,问题在于自己要积极地到生活中寻找,要理解,要感受,否则生在"源泉"之中也汲不到水。

② 要写出欢乐,不仅材料须有趣,语言和写作方法也同样重要。理解的东西不能表达,理解的作用就未能发挥。写这类文章语言须活泼,给人以跳荡的感觉。如:"淌着水的袜子粘在脚上,湿透了的衣裙贴

在身上,回头再看那条被浪涛拍击着的小路,兴奋之余仍带着惊骇……"的描述,使踏浪后的喜悦跃然纸上。"粘""贴""淌着水""湿透了"写出了浪花的威力,而"兴奋""惊骇"两个看起来很不协调的词组合在一个句子中运用,就准确而生动地刻画了欢乐之情。又如"她呀,今日是'督军大帅',监督我完成自己订下的'军令状'哩",这类俏皮话文中偶尔出现,也能增添色彩。

写法上应注意之处很多,这里只提一点:曲与直的问题。"直"就无味,不易写出欢乐。"曲"可以蓄势,可以奔放,能较充分地表达情意。如《欢乐的海滩》先写想"观日出",再写"老天不作美",然后写即使有"不祥之兆",在海边玩耍,也仍然是兴趣倍增。这样曲曲折折,能够引人入胜。

③ 这次作文中语句有不少毛病,即使写得较好的,也常有病句出现。如《欢乐的海滩》结尾一段与上文比较,显然比较弱,最后一句尤为累赘笨重。

5. 把习作内容与习作提纲对照,明确列提纲的重要。

先列提纲后动笔,心中就有谱,下笔就不滑不乱。

《欢乐的海滩》的提纲:

一、中心思想

记叙金山夏令营的一次活动,表现暑假生活中的欢乐。

二、段落要点

1. 海边游玩的时间、地点。

2. 观赏、游玩的经过。

3. 给暑假生活带来的欢乐。

《夏令营的乐趣》提纲:

一、中心思想

通过对"太湖语文夏令营"几个片段的描写,表现了营友们纯真的友谊,反映夏令营带给营员的无穷乐趣。

二、段落要点

1. 我们攀登锡山,其乐无穷。
2. 我们去踏浪,险中有趣。
3. 我们离别前互赠话语,情深意长。

两个提纲比较,后一个具体明确,事情的要点拎了出来,前一个比较笼统、模糊。后一个提纲中的"我们"皆可省略。

四、作业

1. 修改写作提纲,修改病句。
2. 从记忆里搜索暑假乐事中的细节,给自己作文作补充。
3. 课后观看照片、贝壳、海石花,请这些物品的主人介绍它们的来历。

板书

生活是写作的源泉

"水"在何处——观察、留意、搜寻

怎样汲"水"——认识它的意义

　　　　　　　理解它的实质

　　　　　　　感受它的价值

　　　　　　　掌握它的特殊点

生动跳荡的语言助"水"流淌

暑假趣事二则

(一)烧菜记

我抹了一把头上的汗水,心里不住打小鼓:能行吗?自己已经夸下海口,再不做岂不丢脸?也只能试试看啦!我琢磨着,偷偷看了看妈妈一眼。她呀,今日是"督军大帅",监督我完成自己订下的"军令状"哩!此时,妈妈正"幸灾乐祸"地望着我,好像在说:"怎么样,你会烧菜了不行喽!"我不服气地嘟起嘴,眼却呆呆地盯着刚洗净的菜,咳!要是菜自个儿能烧该多好!

不过,我现在还是信心百倍地上了"阵地"。

拎起"手榴弹"——油瓶往锅里倒了一大摊油,点上煤气,这可是我平时学来的样。又忙操起淘箩把菜往锅里倒……这下可坏喽!我是"照葫芦画像学不像样",油没开,我就装模作样地炒起来,口中还念念有词:"烧个好菜,大家欣赏,美味……""啪"地一声,煤气灭了,我一抬头,原来是妈妈!她大声地冲着我嚷:"哎哟,油还没热呀!快走开,尽捣乱!"哟!我这时才恍然大悟,望着一锅子报销的菜,不知怎的,眼泪竟簌簌地落了下来……

(二) 蟋 蟀

叔叔从乡下逮来了几只蟋蟀,送给我一只,还是位"黑将军"哩!只见它全身披着油黑的"盔甲",毛茸茸的手脚十分结实,终日一蹦一跳,跳个不停,好像不知疲倦似的。"将军"有一节小指那么高,算不上身材魁梧,头上长着两根又细又长足以引以为荣的触角,威武地摆动着,最有趣的是蟋蟀两颗小牙,十分锋利,因而蟋蟀常常是龇牙咧嘴,一副不可侵犯的样子。

蟋蟀最出色之处莫过于它的歌声,"将军"也是位歌唱能手。只是它架子十足,从不轻易卖弄它的歌喉。为了能让它引吭高歌,我掐来了蟋蟀草,逗弄"黑将军"。蟋蟀将军威风凛凛,对我的侵犯十分恼怒,摆动触角,又开牙齿,奋力厮杀,来维护它的尊严。过了一阵,"将军"终于力不从心,它不耐烦地踱来踱去,毫无办法。嘴里唱着怨歌:"喔喔喔……"我欣赏着,猛然间,我发现"蟋蟀将军"背上展开了两片极薄的翅膀,随着歌声的时起时伏,翅膀一颤一颤的。原来蟋蟀是靠翅膀来发音的呢!面对着这位能歌善舞的"天才",我乐得眉开眼笑,手舞足蹈了好一阵。

黎　莉

欢乐的海滩

人们常常用美妙、豪放的词句来赞美湛蓝的大海,借以表达自己心中的激情。今年暑假,我有幸参加了"金山夏令营",实现了长久以来的心愿——观赏向往已久的大海。

那是夏令营的最后一天,当天空还是黑沉沉的,一切都静寂无声之时,我们全体营员披着夜幕来到了海边。这次活动内容本是观日出,可"老天不作美",天穹中的云层淹没了点点星光,这可是个"不祥之兆"。但是能在海边玩耍,这已使大家兴趣倍增。

……不知过了多久,东方泛现了一丝光亮,我一个打挺从地上窜起身来,与此同时,营员们也个个兴奋地望着天边,静静地等待着,天光渐渐扩散开来,远处云朵也依稀可见。我们再也按捺不住激动的心情,纷纷跑下防洪堤,踏着细软的沙滩向大海拥去……

啊,眼前的大海好似万里平畴,又像广阔天空一望无垠。远处水天相接,灰蒙蒙的一片,衬托着海面上涌起的无数波浪。泥黄色的海浪后浪推前浪,一浪胜一浪地夹着"哗哗"声响冲击着海边沙滩。这正是涨潮的时候。宽阔的海面泛着粼粼波光,一排排小土堆似的海浪"蜂拥齐上","争先恐后"地涌向岸边的人群。我站在充满凉意的海水中,心中竟疑惑起来:"这就是大海吗?"是的,眼前这翻卷、跳跃、奔腾着的浪花不正是证明吗?身旁的浪花欢跳着向我扑来,打在脚上,飞到身上、脸上,凉丝丝的。我情不自禁地弯下腰,用凉鞋"叭嗒、叭嗒"地拍打着海面,任其飞溅到身上,真舒服呀!环顾四周,营员们也和我一样,在尽情地享受着大海的欢乐。

  这时,一个脸蛋圆圆的小胖子不知从何处捉到了一只方壳小蟹,他得意地摇晃着手中的"猎物",嚷道:"哎,我抓到了一只蟹啦!我好不容易才从沙滩里'扒'出来的呢!"于是我们都开玩笑地说:"那你再把它放回沙滩里去,看你怎么抓住这蟹的,你有本事吗?"小胖子竟满口答应了。他把手一放,只见那位"横行小将""呼哧,呼哧"地用两只利钳掏开一个小坑,随即灵活地把身体一钻,"咻溜"一下窜没了。这下可急坏了小胖子,连忙乱翻沙,满地找。看他那副哭笑不得的模样,大家都笑开了。嘿,真别说,还让他给找着了。"哎哟哟",他如释重负似的吁了口气,"你这小乖乖,叫我找得好苦呀!"说着又得意地瞅着我们,"怎么样,还算有些'能耐'吧?""你真够'可怜'的!"不知哪位同学说了句。"哈哈哈",大家再也抑制不住欢乐的闸门,"轰"地一下把欢笑全都"倾泻"出来了。霎时间,笑声、喧嚷声和海浪冲击声汇合成一片,仿佛是首欢乐的交响曲,在弯曲延伸的海岸边久久回荡……

  在这"乐曲"声中,我也仿佛增长了许多东西,见识?友谊?欢乐?大概都有吧。我无法用语言表达彼时彼刻的心情。海滩上这美好、有趣、欢乐的时刻使我经久难忘,又是多么的值得留念啊!

魏　群

夏令营的乐趣

(一) 登　山

  汽车把我们带到了锡惠公园。一位热心的同学自告奋勇做我们的向导,我们便跟着她去寻找登山的崎岖道路。也许是心急,也许是想冒险,没走多久,我们便选择了一条极僻静的小路向上攀登。第一次尝到登山的滋味:真累!才爬了多少路啊?我们已经开始喘粗气了。虽然累,可心里高兴。大家乐呵呵地喘息着:"哎呀!累死我了——""哎!

真累!"大家唠叨着,互相看看,脸上的神色既像是看不起别人,又像在嘲笑自己。我们继续前行,向导三番五次地打退堂鼓:"我上山从来就是走石阶的,我们还是下去吧。""不行不行。我们一定得爬上去。"大家还是把她推上去了。我们互相帮助,你拉我,我推你,一步步艰难地爬过了半山腰,渐渐接近了山顶。"坚持到底就是胜利!"我喊出了这样一句"革命口号"。大家嬉笑着借助树根缓慢地迈动双脚。高二年级的薛倩落后了,她拖长声音说:"你们——等——等——我——""快点儿。"初二年级的王燕头也没回,她干劲十足,我紧紧地跟上她。"拉住我。"来自农村的华纯洁向薛倩伸出了手。猛然间,一幢房屋透过树林,映入我们的眼帘。"啊!到山顶啦!"王燕欢叫起来。向导也抬起了汗淋淋的脸,长长地舒了口气,像在说:"总算到了。"山顶多凉爽啊! 美景尽收眼底:长长的运河,高耸的厂房,还有田野、马路、行人,一切都能看见,龙光塔就在眼前……我品尝着香甜的咖啡,回想刚才的情景。呀! 先苦后甜,先苦后甜……

(二) 踏　　浪

淌着水的袜子粘在脚上,湿透了的衣裙贴在身上,回头再看那条被浪涛拍击着的小路,兴奋之余仍带着惊骇……

这是一条多么险峻的路啊! 走在上面,浪花没过膝盖,浪头打来时使人不自觉地摇晃。我紧紧拉着王燕,大声对她说:"我要是掉到水里就把你也一起拉下去,我这叫'拖人下水'。"我们笑着小心翼翼地向前走。我们已经摸到窍门,水一退赶紧走,稍一犹豫,第二个浪就打上来。"啊——!"王燕尖叫一声,我回头一看,她的营帽被吹到水里,很快地漂走了,她急得不知怎么办才好,幸好有人在游泳,帮她追回来了。"哗"一个浪花溅起一米多高,水花从头顶浇下来,真凉! 前面有一个大洞,一个老师回头嘱咐我们小心。我慢慢地想从旁边绕过去,王燕大概还在想刚才的事,好像没听见,一脚往窟窿里踩,要不是我紧紧拽着她,前面的老师及时抓住了她,王燕非掉下去不可。

越是险,我们越高兴,真说不清为什么。我想:我们真可谓"小冒险家"了。不知不觉已到了对岸。糟糕,忘了拾块太湖石了,真是让波浪冲昏了头!不过,我们还是以波涛为背景,拍下了一张以战胜险恶为题的照片。

(三) 话 别

安静笼罩着招待所,却罩不住我们这个宿舍,大家正高高兴兴地开"告别晚会"呢!

晚会的第一项内容是吃西瓜。我们兴致勃勃地开了第一个瓜,大家伸过头来看,哟!橘黄色的瓤,从没见过,再开第二个——"冬瓜"!大家全乐了,决定把瓜切成小块,好的坏的大家尝尝。结果装了一脸盆,"吃得了吗?"我们怀疑起来。戴眼镜的刘爱武首先挑了一块"冬瓜"瓤,我们也各自拿了一块差的吃起来,味淡如水。橘黄色的还不如白色的好呢,刘爱武连吃两块"冬瓜",还对我们说挺不错。"反正一时吃不完,我们还是先把地址留下吧!"薛倩建议道。"最好再写几句心里话,留个纪念。"华纯洁接着说。刘爱武立即拿出本子让别人写。其实,她自己写作水平就很高,你看,当王燕把本子递给她,她略一思索,便写下了"美丽的彩虹在雨后,纯真的友谊在别后"。华纯洁为我写下了四句诗,其中有两句是:

"我们的友谊始于江南名城,

这里,永远萦绕着……"

萦绕着什么?耐人寻味。凌晨三点多了,我们累倒在床上。王燕说:"明天,我就睡在自己家里了。"她是想家了吗?不,她和刘爱武、薛倩一样,留恋这夏令营的生活。

是啊,这充满乐趣、充满友谊的生活,谁不想再延长一些呢?

谢书颖

要使人物站立起来
——"我的××"习作讲评

【作前指导与要求】

写人是记叙文训练的基本内容,从小学三年级开始就逐步进行这方面的训练。然而,不少同学写的人犹如纸人,站立不起来。这是什么缘故呢?这次我们学了第一单元的课文,可能从中会找到一些答案。

怎样写才能使写的人站立起来呢?请同学发表意见,并以课文中的词句段落、写作方法为例说明。

归纳意见:所写人物能否站立起来原因很多,其中一个重要原因是让不让人物自己说话、行动,好坏、臧否、思想性格是由作者下评语,还是让人物自己表现?是作者一叙到底,还是有人物肖像、语言、动作等的描写?

这次作文写一个人,要求写自己最了解、最熟悉的人,写出这个人的喜怒哀乐、个性特征,要有对话描写。文句要通顺。题目自拟。

一、讲评目的

1. 理解语言描写是表现人物性格的重要方法,探讨个性化语言的特点。

2. 懂得如何截取生活片段表现人物的思想性格,认识流水账的危害。

二、讲评材料和方法

《我的同学毕允为》《我的哥哥》《记好友"乡帮"》三篇习作,得奖作文《我心中的你——老师》。

听,评,比,写。

三、讲评要点

1. 总述这次习作情况,明确讲评课题。

这次写人的练习与过去比有点进步,内容不像过去那样单薄,人物不是哑巴,也会说几句话了。尤其是肖像描写,有几篇习作还真能写出外形特征,给人以清晰的印象。语言也较通顺,拖拖拉拉的长句少了。

问题还在于作者叙述多,具体描写不足,自己下评语、作判断仍常出现,让人物自己登台表演不够。这次讲评重点就在"怎样使人物站立起来"。

2. 请许谦朗读自己的习作《我的同学毕允为》,其他同学仔细听,然后评论。

(1) 朗读。

不读作文题,不读文中写的人名,让大家辨别。读流畅,读得有声有色。

(2) 听与评。

① 聚精会神地听,听内容,听语言,听出主要的写作方法。

② 就下列问题开展评论:写的谁?像不像?写了几件事?抓住哪些特征来写的?运用了哪些描写方法?

(3) 归结评论要点。

许谦一读,大家就笑了,说是毕允为。可见写得有几分像。原因在:

① 抓准特征写外貌。肖像描写有多种方法，可简笔勾勒，可工笔细描；可静态描写，可动态描写；可集中笔墨写，也可结合情节的发展逐步显示。但无论怎样写，都要在仔细观察的基础上抓准特征。老舍同志说："在短篇小说中，须用简洁的手段，给人物一个精彩的固定不移的面貌体格。"写短文也是如此，不宜用冗长的篇幅描写肖像。该篇习作用"圆"来显示毕允为的外貌特征，鲜明、风趣。"像个圆皮球"是总写；脸庞、眼睛是"圆圆的"是分写，耳朵是一边一个"半圆"，合起来也是"圆圆的"，是分写中的曲笔。写肖像不只是画个脸谱，要注意表现人物的性格特征和精神面貌。《我的同学毕允为》描写肖像时除突显"圆"的特征外，还写了"她的脑门挺大，鼓鼓的"，为她的聪慧、学习好做铺垫。

② 集中笔墨写思想。写不出人的精神世界，人就无生命，站立不起来。人的内心世界可用心理描写的方法直接描写，也可通过语言、动作、精神等描写显现思想性格。该习作着重写人物的嗜书如命和对同学的友爱。表现前一点时注意用语言描写、神情描写，表现后一点时主要写了自己的心理活动，起衬托作用。乍看起来，直接写毕允为的笔墨不是很多，实质上写"我"的语言、"我"的心理活动都是在写毕允为，衬托得细，衬托得好。把人的思想性格放在一件曲曲折折的事件中展现，笔墨用得集中。

该习作语言活泼，句式多样，增添了文章的趣味。毛病有没有呢？听读下面的文章就会清楚一些。

3. 听读《我的哥哥》《记好友"乡帮"》和得奖作文《我心中的你——老师》，并开展评论。

(1) 听读三篇文章。

(2) 就下列问题开展评论：

① 写得最感人的是哪一篇？原因何在？

② 其他两篇有没有明显的优点？如果有，是什么？为什么优点明

显,也比不上最感人的那篇?

③ 三篇文章中有无个性化的语言?什么叫个性化语言?为什么写人须有个性化的语言?

(3) 请同学归纳讨论要点,明确:

① 《我心中的你——老师》显然写得感人,老师被描绘得有血有肉,栩栩如生。《我的哥哥》虽有文句通顺、流畅的明显优点,但基本上一叙到底,犹如向人们作客观的介绍,人物自己说、自己做、自己活动极少,人物的所思所想所言所行被习作者的"言"包揽了,因而人物仍是平面的,站立不起来。尽管习作者力图刻画出"哥哥"的粗鲁,使"哥哥"的"变"更有个性色彩,但由于缺少具体的描写,未能充分展现。《记好友"乡帮"》语言活泼风趣,在集中记叙的两件事中注意到外貌、动作的描写,而且写得生动。"乡帮"形象基本上能站立起来,但"好友"这一点落空,结尾加上个"情好日密""知心好友"也无济于事。这是明显的缺陷。

② 老舍在《我怎样学习语言》里说过:"对话就是人物性格等的自我介绍。"鲁迅在讲到对话时也说:"高尔基很惊服巴尔扎克小说里对话的巧妙,以为并不描写人物的模样,却能使读者看了对话,便好像目睹了说话的那些人。"由此可见,要把人物写得栩栩如生、活灵活现,须学会语言描写,学会写对话。这次习作中这方面仍然有缺陷。一是语言描写少,二是语言一般化;常常为叙事需要而写,缺乏个性特征。如《我的哥哥》一文中写"哥哥"的语言只一句,即"关你什么事,要睡你自己去睡好了",显得孤零零的,和全文的叙述不协调,相比之下,《记好友"乡帮"》的语言描写好一些。"乡帮"的一句书面语言:"老师:我新来,假期作业不知道,我做的是老学校布置的。"交代身份,初露纯朴、老实的特点。口头语言虽只简单的两句:"是哩呢""去找老师,走",也一定程度地反映出老实与纯朴。不足的地方仍然是笔墨太少。《我的同学毕允为》也是这个毛病。

得奖作文《我心中的你——老师》在语言描写方面值得大家学习。就以"喜"这一部分来说,至少有以下几点可供借鉴:

话不在多,但句句顶用。"今天,我……我真高兴。你终于长大了……"老师看到学生递上的认真解剖自己的入团申请书,怎不由衷高兴?用什么话来夸奖、来激励、来赞许呢?"你终于长大了"虽只一句,却饱含千种情、万般意,喜悦之情溢于纸上。这是经过提炼的热爱学生的老师的典型语言,有特色,有个性,起到了以少胜多的作用。

语言和情态结合起来描写,表现人物的内心世界。语言描写并不是声音的记录,而是要放在特定的场景中与情态、与周围人物结合起来写,才能分外有感染力。"喜"这部分的语言描写就是这样安排的。先是以"熟悉的高而急的声音飘进了教室"做铺垫,然后以"兴冲冲地进了教室"叙述事实,推动感人场景的出现,奏出"你终于长大了"的强音。在强音奏出之前、之际,以"极亲切地搭着我的肩""像母亲般柔情地注视我"和"声音竟哽咽了"一系列情态描写作伴奏,刻画出人物的活力,取得感染人的效果。而这些描写又与周围人物的反应交织,使人物的内心活动刻画得极为微妙。

善于剪裁,为语言描写提供方便。刻画人物思想性格要善于选点,截取生活片段。时间跨度长,不易把语言、对话写好(作家例外,这儿指初学写人的学生)。《我心中的你——老师》截取了"喜""怒""哀""乐"四个片段描写,语言容易显露出特色。

四、作业

1. 再阅读《我心中的你——老师》,体会语言描写的重要。
2. 复看自己的习作,在恰当的地方改叙述为描写,特别是语言描写。

板书

要使人物站立起来

展现肖像——抓准特征,以形传神。

让人物自己 { 说话 { 经过提炼,个性化。 / 与情态结合起来描写。 } 行动 }

忌作者包揽,下评语、作判断。

我的同学毕允为

她长得简直像个圆皮球:脸庞是圆圆的,两只眼睛也是圆圆的,还有那耳朵,一边一个半圆,合起来也是圆圆的。这个人不用说你也能猜到,对,她就是"小白熊"毕允为。她的脑门挺大,鼓鼓的,据说这种人顶聪明。别说,还真是这样,她的学习成绩总是班上数一数二的。

我们俩相处也不过两个多学期,可从我俩相识的那天起,我就发现她有个最大的特点:"嗜书如命。"正碰上我也是个书迷,于是情投意合,两人很快就成了好朋友。时间过得真快,转眼间,两个学期过去了。我俩总是放学后只要一有空,就泡在阅览室里,非看到夕阳西下,管理员催上几遍才恋恋不舍地离开。因为看书我们之间还发生过一件不愉快的事呢。

那是一个星期六的下午,我要去洗澡,恰好轮到我锁门。我想,如果待在教室等值日生扫完,吃灰不算,还白白浪费这么多时间,何不利用这时间去阅览室看会儿书,待会儿再回来锁门去洗澡,不是一举两得吗?打定主意后,我便和毕允为一起来到阅览室。约莫过了半个时辰,我估计时间差不多了。于是起身对毕允为说:"'小白'(白熊的简称),我还要去洗澡,别看了,陪我一起回家吧!"这书呆子看书可真入迷了,我说了两遍她才抬起头来,踌躇了一会儿,柔声说道:"难得周末有机会看个痛快,要不,你先回去吧!"我听了心里老大不快,嘟着嘴:"嗯,你有事我哪样不陪你,哼,忘恩负义的家伙!"毕允为为难地瞅瞅我,又瞅瞅手里的书,一看就知道她不情愿。我心里嘀咕开了:怪人,把书看得比人还重要,真少见!正在这时,一个念头闪现在我的脑子里:刚才因为还要回来锁门,所以咱俩的书包都没拿。只要我"咔嗒"一落锁,那她明天就甭想再做作业,最后还得问我来讨钥匙,向我赔礼道歉呢!想到这,我得意极了,狡黠地对毕允为说:"'小白',我可先走了。一切后果可由你负责。"我有意把"后果"两个字说得特别重,毕允为开头漫不经心地答应了一声,等她醒悟过来时,我已跑出了教学大楼。等我锁好门,走下楼梯时,却又有些于心不忍,我们到底是好朋友啊!这时我注意到楼梯口出现了毕允为那特有的胖墩墩的身影,赶忙躲到旁边的阴影里。心想:不出两分钟,她就会下楼来追我,向我讨钥匙的。我带着胜利的骄傲走下楼来,一心等着她来赔礼,可等了好大一会儿,也不见她的人影,我耐不住性子,想来个火力侦察。我悄悄地摸到三楼,躲在近处窥视。毕允为正在教室门口徘徊,就像热锅上的蚂蚁一样,大概她还指望我去给她开门呢。瞧着她那副"熊"样,我扑哧一声笑了出来。这一笑可坏了事,我暴露目标了。毕允为过来一把抓住我,要掏钥匙,我可恼了,愤愤地说:"怎么着,想抢东西呀?没门!""没门跳窗户!"毕允为毫不客气地回敬了我一句。说罢,又要摸钥匙。我气极了,简直是咬牙切齿地说:"好吧,你要,给你!"我狠狠地把钥匙朝楼梯上一摔,然后,扬长而去。

  第二天,我又碰上倒霉事了,怪我粗心,直想着看书,算术补充题忘抄了。这,这可怎么办?新村里我们班的女同学除了我,就是毕允为了。我心里打起了小鼓,作业是不能不做的,可就冲我昨天那态度,唉!没办法,我只得硬着头皮去找"小白"。我们两家只有几步,可今天走起来却异乎寻常的远。我好不容易挪到了毕允为家门前,艰难地举起手敲了门。毕允为应声而出,笑容可掬地迎接了我。好像昨天压根没发生过那件事。我一下子不知所措，连话也说不连贯了："我忘——忘了抄题，借我抄——抄好——吗？"她一口答应，把我让进屋，然后，她抄了一份工工整整的题目递给我，我接过纸，心里很不平静，我抬起头，想向她道歉，刚要开口，她似乎看出了我的心思，示意我别说。其实我又能说什么呢？我盯着她重重地点了点头，一转身，跑出了门外。

回到家，我静静地想了许久，许久：我熟悉她吗？也许，但也不完全。今天，我似乎才真正地了解了毕允为，了解了自己，我看到了她身上一种闪光的精神，是什么呢？这，值得我好好深思。

许　谦

我 的 哥 哥

我的哥哥叫崔东靖，比我大三岁，今年16岁了。他中等个头，稍长的圆脸上长着一双明亮的大眼睛。他性情粗鲁，说起话来粗声粗气，好像在跟谁吵架似的，喜欢对我晃拳头。他酷爱下棋。过去受"四人帮""读书无用论"的影响，不好好读书，上课不是讲废话就是做小动作，放学后扔下书包就拿出棋子来下，成绩单上常常有"红灯"。一直到重点中学理科班招考前夕他才如梦初醒，奋起直追，恨不得在短短几天之内把过去失去的时间全部夺回来，可是已经晚了，他到底没有能考上重点中学。当时他非常悔恨，而且一直为此感到十分难为情。碰到原来和自己同班的已经考进了重点中学的同学，就尽量地避开。即使面对面碰到了，也低着头装作没有看到，从旁边悄悄地走过去。

这沉痛的教训给了他很大的促进，从那以后，他每天早起晚睡，发奋学习。不管是春夏秋冬、严寒酷暑，他每天早晨都很早起床，复习功课，晚上很晚睡觉，演算习题。多少次，夜已经深了，可他还在继续写着，算着。多少次，天还没亮，他就爬了起来向阳台走去，朗读外语。冬天，写字的手指冻僵了，他用热气呵呵手照样写下去。夏天，闷热的空气憋得人喘不过气来,汗水从他额头上一滴一滴地往下掉,可他全然不顾,仍然写着,写着……

记得有一天晚上,天气格外闷热,夜已经深了,可他还在做习题。蚊子成群地向他飞来,虽然点了蚊香,却毫无用处,为了防御蚊子的叮咬,他不得不穿上长裤,汗水渗透了他的衣裳。我关切地对他说:"这么晚了,睡觉吧!"可他却粗声粗气地对我说:"关你什么事,要睡你自己去睡好了!"我没办法只好自己去睡,也不知他什么时候才睡的。

就这样经过一年多的勤奋学习,他的学习成绩有了很大的提高。过去数学成绩的"红灯"已经在成绩单上消失了,接踵而来的是 98 分、99 分的好成绩。大家都说他变了,变得好了。是的,随着祖国建设"四化"的步伐,我哥哥越变越好了。尽管他有时对我态度粗暴,但我越来越佩服和喜欢他了。

崔东明

记好友"乡帮"

他以纯朴、老实的品质在我记忆中留下了深刻的印象……

上小学时,我有个同学,绰号叫"乡帮",因为他是从杭州乡下转来上海读书的,所以我们都以"上海人"的身份"赏赐"了他这个美称。其实他的真姓实名是高福平。

四年级开学第一天,同学们回到自己的教室,交上暑假作业。老师点"将"要我来收。我把收到的作业一本本数过去,出乎意外地收到了 49 本(应该是 48 本)。我找出了多余的一本,只见本子上歪歪扭扭地写着"高福平"三字。这是什么人的名字?没听见过呀。我翻开本子看了看,立刻发现几处错误,不过字迹还端正,有点认真劲!本子的最后一页,毕恭毕敬地写着一行字:"老师,我新来,假期作业不知道,我做的是老学校布置的。"这位同学可真够老实的,凭他这种情况,完全有理由不做假期作业。

"叮铃铃",铃声响了,同学们蜂拥而入,最后一个走进来的是"乡下人",大概他就是那位"高福平"。他,人不高,但看上去非常结实,加上皮肤黝黑,给人的印象土里土气、笨头笨脑,是标准的"乡帮"。他走到教室里想找个座位,可这里有人,那里也有人,弄得他手足无措,引得哄堂大笑。好不容易才找到一个空位子,就在我前面,这个位子向来空着。从此他就是我的新同窗了。

下课铃一响,我就急着问他:"喂,你是不是高福平?"他点了点头,轻轻地说:"是哩呢。"哎哟,讲的尽是乡下话。同学们围了上来。听他讲的是乡下话,都有点小看他。班级里两个有名的坏小子举起拳头给了他两拳,没有什么反应,又是两拳,"乡下人"看看我们没响,再是两拳。"乡下人"发怒了,脸色涨得通红,一把抓住两个坏小子,一手一个,操着乡下话说:"去找老师,走!"说着把两个人拖走了。"真是牛力气!"同学们纷纷议论。到了老师那里,他却像哑巴吃了黄连——有苦说不出。结果反而被老师批评了一顿,真是自讨苦吃。"乡帮"到我们班级第一天,就闹了一场笑话。

当时我们学校是半日制,所以要办"小小班"。说来也巧,我和"乡帮"分到了一组,事出有因,他就住在离我家不远的房子里。"乡帮"成绩很差,默写生字总是得十几分。老师要我帮助他,还组成了"一帮一,一对红"小组。有一次,我给他默生字,第一遍他只写出了几组词,复习了一会儿,再来还是老样子。我不耐烦了,说道:"你给我把每个词抄二十遍,不然我去找老师,哼!"其实这只不过是演员吹胡子——假生气,他倒真的去做了。

第二天上语文课,老师让我们默生词。当她批到高福平这一本时,大为惊讶,他得了 98 分。老师问道:"高福平,你偷看过别人吗?"高福平摇摇头,我也为他担保。他把昨天的事原原本本地告诉了老师,我得到了表扬。

从此,我俩真是情好日密,至今还是一对知心好友。

徐本亮

我心中的你(片段)
——老师

喜

——"我真高兴,你终于长大了!"

熟悉的高而急的声音飘进了教室,前排的同学蓦地转回身,用完全陌生的目光打量着我。"怎么了?"我心里不由一阵纳闷。

万老师兴冲冲地进了教室:"今天,钱晶同学交了一份入团申请书,我看,她是很认真地在写,在解剖自己……"我的耳朵嗡嗡作响,什么都听不清。

朦胧中,我跟着万老师走出了教室。她极亲切地搭着我的肩,像母亲般柔情地注视着我:"今天,我……我真高兴。"她的声音竟哽咽了。"你终于长大了……"

两颗晶莹的泪珠顺着她的脸颊滚落下来,她哭了,我的心不禁一颤。我知道,那是喜的泪,爱的泪,为我,为和我一样在阳光下由混沌到开窍、由幼稚到成熟的年轻一代而流的泪——从一颗充满了严肃的责任感、崇高的献身精神和母亲一般深沉的爱的心中流出……

(1984年华东六省一市中学生作文比赛获奖作品,作者是华东师范大学第二附属中学钱晶)

托物叙事见精神
——"记一件心爱的物品"习作讲评

【作前指导与要求】

学习吴伯箫同志的《记一辆纺车》时,有同学曾情不自禁地说:"小小一辆纺车竟然写出那么多的事,那么多的思想精神,不简单。"确实如此,这篇叙事散文从延安军民开展大生产运动的一个侧面,歌颂了艰苦奋斗的光荣传统,共产主义的劳动态度和乐于同困难做斗争的革命精神,使我们在思想和写作方法等方面都深受教益。

这种记物叙事见精神的文章我们也要学会写。这次作文的话题是"记一件心爱的物品"。每个同学都认真地想一想,自己有哪些心爱的物品。请几位同学说一说,并简要说明为何喜爱它们。

要求对小物品慎加选择,意寓其中,情表于外;要求物记得清楚,事叙得有条理,主题思想鲜明。语言要通顺、朴素。

一、讲评目的
1. 懂得以物组织情节,按一定线索记叙事物的方法。
2. 学习在记事中深挖主题,描述场景。

二、讲评材料和方法
《"海鸥"》《一件心爱的物品——白跑鞋》两篇习作,工艺品"海鸥"。

交流构思过程,评一篇带一篇,比较分析。

三、讲评要点

1. 出示工艺品"海鸥",启发思维。

这是瓷制的工艺品"海鸥",请同学们仔细观察,开展想象。要求:

(1) 把"海鸥"的状态用生动的语言描绘一番。

(2) 说一说从"海鸥"可能联想到哪些事,这些事又具有怎样的意义。

同学们发表意见,活跃思维。

2. 朗读《"海鸥"》,就文中的"物""事""精神"展开讨论。

(1) 过渡。同学们看物开展的想象合不合理、有无深意暂且不作评析,先来谈一谈章引写的有关习作,看她怎样记这个工艺品,围绕这个工艺品叙述了哪些事情。

(2) 习作者朗读。要求其他同学边听边做记号,加圈画线,积极思考。

(3) 就文中的"物""事""精神"开展讨论,评析文章的优劣。

学生评析后归纳以下要点:

① 下笔注情于"物",点出"海鸥"是自己"最喜爱"的物品,故而总把它放在"最显眼"的地方。

② 记"物"的来历,渲染对它的怜悯之情,于"喜爱"的同时增添"爱护"。而述说"物"的来历时平中求奇,"那是用魔术把真的海鸥变成的",就使"怜悯"之情有了依据,而不是凭空渲染。

③ 转折,开拓,进一步记"物"叙"事"。着力写同学金波喜爱"海鸥",睹物思亲,引出"物"的意义,使文章有了内涵。

④ 议论,抒情,揭示爱"物"的深意,显现文章的精神——盼海峡两岸亲人早日团聚,坚信这一天终将到来。

这样写,文章就情意相连。情是抽象的,要通过具体的物的记叙、事的记叙加以表达。只注重情,只说"心爱""心爱",写不出"心爱"的原因,缺乏引人深思的意义,情就苍白,不能感染人。所以,开掘主题的深意十分重要。意深情浓,才能感人。

(4) 请习作者谈构思过程,加深对以物安排情节、叙事见精神写法的理解。习作者谈后,可强调:

① 选"物"记"物"要下功夫。《记一辆纺车》之所以有价值,能教育人,是因为纺车反映了大生产运动的意义,反映了人的乐观主义精神。选"海鸥"想到它的飞,想到海峡两岸人民的欢聚,笔下就有话可说。"物"要记清楚。为使读者印象深刻,"物"要反复描写,从不同角度描写,不能介绍一次,就把它放在一边不管。文中先简笔写"海鸥"放置的地方;然后重点写金波爱"海鸥"的奇特行动,用三个"有时"三写"海鸥";再写"我"眼中"海鸥"的形态;又用拟人化的手法写"海鸥"的情和态;最后又以"更喜爱""更爱护""海鸥"收笔。这样,"物"既形象鲜明,又串起了全文的情节。

② 叙事要拓开。只从"海鸥"的来历做文章,只是个人喜爱、怜悯之情,不易有深度。从"我"的喜爱写到金波的喜爱,写出共同的喜爱,文章的精神就有深度。

③ "物"记得清楚,"事"叙得明白,抒情议论就有了基础,文章的精神就可充分得到阐发。

(5) 习作者所谈与课的起始阶段观察"海鸥"后同学们发表的意见相比,明确:

① 看一眼写与认真构思以后写,效果大不一样。习作时不可马虎了事,要反复思考,对写的对象、内容等作一番认真的设计。

② 要运用多种写作方法,既记叙,又议论、抒情,做到意寓其中,情表于外。

3. 习作者谈《一件心爱的物品——白跑鞋》的构思情况,引出对该文的评析。

（1）习作者谈写该文的构思过程。

（2）阅读该文，与《"海鸥"》对照分析，寻找异同。

学生发表意见后明确：

① 在托物叙事见精神这一点上，两文相似。《一件心爱的物品——白跑鞋》是以"白跑鞋"为线索，叙述白跑鞋的由来，表达妈妈对女儿的关怀和疼爱。与《"海鸥"》的构思相仿。

② 具体写法各有特点。《"海鸥"》写法已作分析。《一件心爱的物品——白跑鞋》有如下特点：

由事引出物。由达到60米短跑体育锻炼标准之事引出"白跑鞋"这个所记之物，十分自然。由此可知，写这类散文不一定下笔就说"物"，由物引出事，由事引出物，都可以。

集中笔力写"片刻"的场景，渲染欢乐的心情衬托对白跑鞋的喜爱。白跑鞋的由来通过插叙的方法写。

用反复对比的方法写物叙事，突出主题。把"白跑鞋"和"大帆船"放在不同的体育比赛场景中进行比较，比出前者值得"心爱"；把自己的新白跑鞋和妈妈的微微发黄的旧皮鞋进行比较，比出妈妈对女儿的关怀。

结尾处套话，"我要穿上它去攀登更高的山峰"使文章的情意大为削减。

4. 从剖析的两篇习作中可得到哪些启发，请学生交流。

（1）每个同学谈一小点，重复的不谈。

（2）归总到以下几个方面：

① "物"要写具体，既可集中写，又可分散写，以分散写为好。可多角度，可逐层加深。

② 事要叙清楚。既可叙眼前，又可叙过去，还可写将来；既可叙描此场景，又可叙描与此场景密切相连的彼场景。这样考虑比局限在一时一地为好。

③ 情要真挚。将真挚的感情倾注在物的描叙当中，让感情的细流

在字里行间流淌。心中对所写物品不喜爱,抒情就会沦为无病呻吟。

④ 意要启人深思。文章写不出感人的精神,就很难给人以启迪。意从何而来？从"物"中剖析,从事中提炼。

四、作业

从"物""事""精神"三方面评析自己作文的优点与不足。

板书

托物叙事见精神

物——选择,记述 { 集中。
                分散——多角度,逐层加深。

事—— { 叙眼前、过去、将来。
       写此场景、彼场景。

情——倾注于物,在字里行间流动。

意——深入开掘,给人以启迪。

"海 鸥"

我家有许多陶制的工艺装饰品,我最喜爱的是"海鸥",总是把它放在最显眼的地方,放在我的写字台上。

小时候,我问妈妈:"这只海鸥是从哪儿来的？"妈妈开玩笑似的说:"那是用魔术把真的海鸥变成的。"此后,每看到这只"海鸥",就产生一种怜悯的感情,倍加爱护它,生怕它再遭不幸,直至今日,我对它还是那种情感。

但是,我爱"海鸥"不只是因为妈妈的那句话。

我的一个同学金波,常来我家玩,一进门总是先盯上这只"海鸥"。有时,她坐在桌前轻轻抚着它微微下垂的颈脖;有时,她跪在凳上凝视着它,向我描绘着它的外形;有时,她跪在桌上,抬眼与它对视良久;有时,她站在桌前,用雪白的手绢,拂去它身上的细灰。她对待"海鸥"简直像姐姐待妹妹一般亲。她的这种奇特的行动引起我的好奇,就向她探问。她说:"我是一个台胞。爷爷奶奶都在台湾,爸爸被海潮夺去了生命,我从来没见过他们。妈妈说他们都爱海鸥,我真想见到他们!"难怪她那么爱"海鸥"。

我望着这只"海鸥":又宽又长的翅膀高高竖起,脖颈向右下方伸着,头部嵌着一双小而圆的眼睛,脚下是一道卷起的海浪。

海,多少歌唱家唱它,多少作家颂它,它却隔断了骨肉,吞噬了亲人。而海鸥,它不畏海的巨浪、海的咆哮,在海的两岸来回翱翔。

我又望着这只"海鸥":它正眨着眼睛,似恳求:"让我自由吧!"它挥动着双翅,正在做起飞的准备。我坚信,总有一天,它会重获自由,我们也会乘着"海鸥"到台湾游览、建设,金波母女、所有的台胞们,都能和亲人欢聚。我坚信这一天已经不远了。

美好的愿望在我心里升腾,我更喜爱洁白的"海鸥",更爱护色素形美的"海鸥"了。

章 引

一件心爱的物品
——白跑鞋

"呼呼呼!"阵阵清风从耳边擦过。"嚓嚓嚓!"我竭尽全力向目的地奔跑。"加油啊!"同学们使劲地为我鼓劲。我只觉得脚底像生了风似的,轻快多了……终于我到达了目的地。"10秒8。"体育老师带着胜利的微笑对我说。许多同学都跑来祝贺我的胜利。我几乎不敢相信自己的耳朵,要是在家里,我准会跳起来。欢呼着:"我60米短跑达到体育锻炼标准啦!"我凝视着脚上那双崭新的洁白的"前进牌"白跑鞋,眼前仿佛出现了妈妈那慈爱、微笑的面容。记忆的闸门打开了……

记得那也是节体育课，测验60米短跑。我穿的是一双布鞋，头大得很，晃晃荡荡的。同学们打趣地称它叫"大帆船"。去年的那双白跑鞋实在破得不成样，都怪我不爱惜。要测试了，第一个就是我。尽管我拼命向前跑，可那该死的、沉甸甸的"帆船"总拖我的后腿，脚上像上了铁索，步子沉重极了，结果，跑了11秒半。同学们用惋惜的眼光望着我。我低下头，扫兴地说道："多么笨重的布鞋啊！"

　　晚上，吃饭时，我终于忍不住对妈妈说起买白跑鞋的事。平时，我看见妈妈省吃俭用十分节约，不好意思开口。今天，我可是忍着一肚子气说的："妈妈，我体育锻炼老通不过，那双布鞋太大了，您就给我买一双白跑鞋吧！"妈妈听了我的话，沉默着，没有回答。我有点后悔自己不该说，省得妈妈操心。

　　就这样过了两天。一天下午，妈妈下班回来显得特别高兴，她眯着眼，笑呵呵地从包里掏出一包东西。打开包着的纸头，"啊！"我喜出望外地叫喊起来，"白跑鞋，我有白跑鞋了！"我拉着妈妈的手亲热地说："你真是我的好妈妈。"妈妈也笑着说："瞧你那高兴劲儿，以后可得爱护这双球鞋啊！""嗯！"我一边答着，一边捧着白跑鞋端详着：雪白的跑鞋一尘不染，大小合适，穿起来一定又轻快，又灵便。和那笨重的"大帆船"相比真是天壤之别。我爱不释手地摸着、望着，忽然，看见妈妈脚上那已经旧得微微发黄的皮鞋。妈妈这双皮鞋已经穿了十几个秋冬，可依然没有破，可见妈妈是多么爱护鞋子啊！妈妈自己不买双好的鞋子，却给我买了双崭新的白跑鞋，妈妈是多么关心我，对我寄托着多大的期望啊！妈妈，多好的妈妈啊！

　　又是一阵欢呼声把我从回忆中唤醒，哦，原来，又有一个同学顺利地达到了60米短跑体育锻炼标准。我又一次凝视着心爱的白跑鞋，心里充满了信心，我要穿上它去攀登更高的山峰。

张小澜

剖析物情，咏物言志
——"××赋"习作讲评

【作前指导与要求】

学习《茶花赋》时，我们被文中描绘的祖国南疆二月的春景所陶醉，热爱祖国的感情在胸中阵阵激荡。一朵小小的茶花为何能牵动人们如此的情思呢？作者善于剖析物情，从茶花的种种外部特征一直洞悉到它的内在气质，借托它来抒发自己的思想感情。

咏物言志是抒情散文常用的一种艺术手法。我们平时接触到各种各样的物，它们各具特征，也能寄以各种含意，赋予各种感情。这次作文写一篇"××赋"，自选所咏之物，借托它抒发思想感情。要求：选择能闪耀思想光芒的景物写；寄情于物，咏物言志；语言生动，主题鲜明。

一、讲评目的

1. 理解"物"和"志"的内在联系，懂得要写好"志"须对"物"进行具体描绘。

2. 明确辞藻堆砌不是语言生动，铺写不能乱用。

二、讲评材料和方法

《树根》《牡丹花赋》和《从筷子想到》习作三篇；以反求正，正反对照。

三、讲评要点

1. 朗读《茶花赋》片段,请学生就如何写好这类文章发表意见。

(1) 朗读第 3、第 4、第 14 至第 18 段。

(2) 学生发表意见后明确:

写这类抒情散文,要有物有情有志。

"物"要精选,要刻画出它的外形特征;离开所选对象的特点与个性,"物"就一般化,就无从言志,难以抒情。

"情"要健康,要真挚。对生活中所看到所接触到的景物确实有感受,情才会从心底溢出;否则,就好像是硬装上去的,矫揉造作。

"志"要有积极意义。形容、摹写某一景物的目的是为了释理抒情,为了挖掘所咏之物的内在思想意义;停留在口号式的叫喊,浮在事物的表面,是言不清"志",言不好"志"的。

"物""情""志"要糅成一体,水乳交融,"物"中有"情","志"托"物"中。

2. 按上述要点评述习作《树根》,对不妥之处进行修改。

(1) 阅读《树根》,先剖析写得较好的段落。

学生发表意见后强调:

① 能选物绘物,抓住树根的个性特征进行刻画。文中第 2 段写树根的形态、作用、功能,具体形象。"躺""伸""吭"等词用得准确、生动。

② 能寄情于物。一下笔就赞美树根,然而又不是直抒,而是用"不会想到""更没有人来注视或是赞美"来进行反衬,这样,习作者对树根的赞美之情就溢于纸上。

③ 注意到以物喻人,以树根精神赞喻人们大干"四化"的精神。

(2) 再评析不妥之处,进行修改。

学生讨论后明确:

① 第 4 段说理不清。有语言方面的,如"然而正是这种普通的东

西为人类创造了伟大的成就","这种普通的东西"是指树根,树根怎么对"人类创造了伟大的成就"？说得不清楚是由于没有想清楚。有举例方面的,如"大饼创始人""油条大王"、小皮匠等,如何与树根精神挂上钩？既没有说到问题的实质,又以偏概全。

② 清代扬州八怪之一的郑燮说过:"为文须千斟万酌,以求一是,再三更改,无伤也。"第4段托物言的"志"不明白不妥帖,须认真修改。修改什么？一思想,二语言。思想认识没提高,单在语言上兜圈子不行;而语言上的修改又可促使思想的明确和条理化。

③ 修改思想集中在物情的剖析上。树根究竟具有怎样的内在气质与可贵精神须弄准确。"默默无闻"只是特点之一,为人类做出贡献才是本质特征。如果不把后者写出来,树根精神就缺乏深意。

（3）请习作者自己谈修改情况。略作评析。

习作者课前把第4段修改成:"远的不说,就说这几年里,出现了多少为革命事业而劳心劳力的先进人们啊！张海迪是一位高位截瘫的姑娘,然而正是这样的一个病残人却为一万多人治好了病,创造了伟大的奇迹;煤炭工人赵春娥对群众如此关心,对自己却舍不得花时间,她的事迹早已家喻户晓;蒋筑英、罗健夫……如此众多的人物就像天上的繁星,要把他们的名字全讲出来,起码得说上三年五载。然而,他们都是极其普通的人,正是因为他们能够发扬树根精神,铁树终于开花,祖国的春天终于来到,'四化'也将在不久的将来实现。"

与修改以前的比较,进了一步,所举事例与树根精神连得紧密了。不足的是:事例平均使用力量,缺乏《茶花赋》中对创造生活美的能工巧匠那样的具体描述,树根精神未能获得较为充分的揭示;"铁树终于开花,祖国的春天终于来到"是硬套上去的,与所举事例,与树根精神缺少必然的联系。由此可见,要"以求一是",须"再三更改",特别是修改思想,一次是难以完成的。

3. 比较《牡丹花赋》和《从筷子想到》，加深理解剖析物情、托物寓意的写法。

（1）阅读思考以下问题：

① 两篇习作的物情各是什么？习作者是否抓准了物情？

② 在寓意和表达上各有何优缺点？

（2）开展讨论。讨论后归纳要点：

① 两篇习作都注意到托物寓意。但寄予什么"意"，有深浅之别。《牡丹花赋》赋予牡丹以美的象征和不畏强暴的精神，前者容易理解，但显得笼统，后者具体，但又不典型，与岁寒三友——松、竹、梅中的梅无法比拟。它身无傲骨，在这方面不易引起人们的联想和共鸣。它花团锦簇、富丽堂皇倒是基本特征，抓住这个个性生发出我们事业兴旺发达的情状也未尝不可。《从筷子想起》是借对筷子的吟咏赞中华民族的灿烂文化，激发对祖国的热爱和增强自强不息的决心。对物情剖析得较深，所言之"志"鲜明突出。

② 在表达上也不相同。《牡丹花赋》文字比较华丽，铺写了百花盛开的春景，引用了中外诗人关于咏牡丹的名句。不足之处是：尽管用了浓墨重彩，但未能抓住该花能闪耀思想光芒的东西，开拓出令人动情的意境，词胜过意，显得"飘"，分量不够。《从筷子想到》文字上比较朴素，情注其中，叙述具体。文章写出了层次，从年幼无知时对筷子的认识写到作为一名中学生对筷子的新认识，由表及里地剖析，认识物情，揭示其中蕴含的意义。然后展开联想，发挥想象，由古至今，阐发自己的感受，表露写作意图。文字通顺，不拖泥带水。但是，用写作要求衡量，仍有明显不足。前面说过，要求写的是抒情散文，咏物言志，须有对物的描绘，有画面的展现，议论的笔墨只起点睛的作用。这篇习作议论部分比《树根》一文还多，占了不少篇幅，而《树根》第 2 段的关于树根的描绘在此文中不见相仿的文字，注入激情的画面更是不见。因而，看起来像

杂文,不像抒情散文。

总之,要把握一种文体的写作方法是十分不容易的。须多读多体会,多进行习作实践。

四、作业

1. 复习《茶花赋》,加深对托物寓意、借景抒情的理解。
2. 查自己习作中的"物"和"志",进一步剖析物情,明确主题。补上必要的铺写,修改不妥的思想与文字。

板书

剖析物情,咏物言志

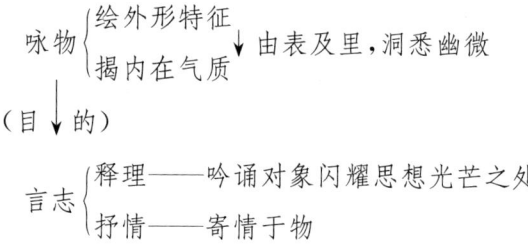

树　　根

朋友,当你看到一棵棵拔地而起的参天大树,或是一株株枝叶茂盛、果实累累的果树,你一定会情不自禁地赞道:"多么粗壮、美丽的树啊!"这时,你当然不会想到踩在你脚下的树根。它既无五颜六色的装饰,更没有人来注视它们或是赞美它们。然而,如果没有它,那参天大树将会倒塌,将会枯萎,整个自然界就将永远看不到"绿"这一大自然的本色。

树根总是躺在地底下,看来似乎很悠闲,但事实并非如此。它工作任务很繁重,要把"手脚"深深地伸入地底下,从中吸收水分和无机盐,供给地上部分,同时还得把地上部分牢牢固定好。它从不吭一声,吸进去的是水、养料,反映出来的是美的造型,美的色彩,壮观的景象……

我突然想到那树根不正象征着我们勤劳勇敢的劳动人民吗?那参天大树不正是"四化"的大厦吗?每时每刻,有多少劳动人民正为大厦之壮观而默默无闻地工作啊!如果没有他们,大厦能耸立起来吗?不,绝不能。自古以来,中国人民就是勤劳勇敢的。你还记得万里长城是怎样才蜿蜒在悬崖峭壁上的吗?大运河怎样才千里迢迢奔向远方的吗?……这一切的一切都是劳动人民树根精神的体现。如今,人们又以极高的热情大干"四化","四化"建设需要的正是这种树根精神。

在自然界中树根是一种极普通的东西。然而正是这种普通的东西为人类创造了伟大的成就:它使叶儿翠绿,树干粗壮,使整个自然界呈现出一片欣欣向荣、蒸蒸日上的景象。它是平凡的,但精神是可贵的,它从不抛头露面,也不需要人们对它加上什么赞美之词,它就在人们见不到的地方,辛勤地、坚持不懈地工作着。在现实生活中,有些人在自己的大饼摊上做出成就,就称为"大饼创始人""油条大王",还有些人是个小皮匠,整天和鞋打交道,但他们都在平凡的工作中,做出了不平凡的事业……中国有句俗话:三百六十行,行行出状元!是啊,无论你是个小皮匠也好,大饼姑娘也好,当你在自己岗位上默默无闻地干出一番成就,人民就会感谢你。只要每个人都发扬这种树根精神,为大厦添砖加瓦,"四化"定能早日实现。

如果说,花是美的象征,那么树根是美的创造者,人民是美的创造者,为之奋斗吧,中华儿女!在大家的努力下,总有一天幼苗会长成大树,开出花儿,结出丰硕的果实。

周 涛

牡 丹 花 赋

花,历来就被人们所喜爱,它是美好、纯洁、光明的象征。人们常常用鲜花来表露心意,也常常养花以供观赏。

　　春天来啦!冰雪消融,草木吐翠,金色的阳光普照大地,河里涨满了春水,"哗哗"地流着。这边蝴蝶翩翩起舞,那边蜜蜂在嗡嗡唱歌,树上的鸟儿叽叽喳喳地欢叫着……这一切声响,交织成一首极其动听的交响乐:"啊!春天来啦!春天来啦!""春风又绿江南岸。"转眼便春满人间,最浓的春意在百花园。这里,百花齐放,真是美极啦!春桃、杜鹃、李花、杏花同时盛开,姹紫嫣红,那奇色异彩真会使你眼花缭乱。在这些花姐妹中,你会时常看见数朵富丽堂皇的又大又美的花,那就是"花中之王"——牡丹。它给人以美的享受,使人心旷神怡,眼前一亮。

　　诗人们曾用多彩的笔描绘花的魅力和它们的美。尤其是牡丹的美。意大利著名诗人但丁在《神曲》中写道:"我向前走去,但我一看到花,脚步就慢下来了。"苏东坡借诗咏牡丹:"一朵妖红醉欲流,春光回照雪霜愁。花工只欲呈新巧,不放闲人得少休。"欧阳修在《洛阳牡丹记》中也写道:"洛阳地脉花最宜,牡丹尤为天下奇。"

　　牡丹不仅象征着美,同样也是不畏强暴、不屈于豪门权贵的形象。传说在武周之时,女皇武则天下了一道诏,命所有的花在一夜间全部开放。那正是数九寒天、百花凋零之时。第二天,百花盛开,唯有牡丹花不开,牡丹仙子对百花仙子说:"武则天独断专横,我偏不从!"说完这番话便远走高飞。武则天盛怒之下命令把牡丹发配洛阳,以示惩罚。但性格坚强的牡丹在洛阳愈开愈盛。从此"洛阳牡丹甲天下",为祖国大好河山增添了无限春色。

　　看着这竞艳斗彩的美景,我触景生情:牡丹啊,你不仅是幸福与光明的象征,你更是祖国前途似锦的象征。

李向群

从筷子想到

记得我第一次用筷子的时候,还是个年幼无知的孩子。那次,爸爸从杭州出差回来,带回一竹筒杭州竹筷,筷子上刻着杭州的美景,我一见就爱不释手。于是爸爸就让我学着用筷子,我就像玩玩具一样用筷子吃饭了。

随着岁月的流逝,我已从一个无知的孩子成长为一名中学生了;随着知识的增长,我对筷子又有了新的认识。原来,筷子是中华民族的特产,早在春秋战国时期,中国人就发明了筷子。这样两根貌似简单、十分平凡的东西,却是高妙绝伦地应用了物理学上杠杆的原理。它是人类手指的延长,手指能做的事,它又何尝不能完成呢?而且,它不怕高热,不怕寒冷,真是高明极了!西方人使用刀叉吃东西,已是十六七世纪,但刀叉哪能跟筷子比呢?从筷子的发明,可以看出中华民族是个优秀的民族,筷子象征着中华儿女的聪明智慧。

每当夏夜,我望着繁星满布的天空,常常这样想:如果筷子的发明是一颗小星星,那么它的周围又是什么呢?那一定是火药、指南针、造纸术、印刷术的发明,一定是中华民族上下五千年的灿烂业绩。那一颗颗星星,不正是华夏智星吗?它们仿佛在招呼我前进。

确实,中华民族有着光辉灿烂的过去,但是,现在的中国,经过无数次摧残,正在复苏,还处在落后的状态中。作为一个华夏后裔,我们能甘心这样贫穷落后下去吗?不,绝对不能。如果把每一个人比作一根筷子,那么中华民族十几亿人口,聚集起来是何等巨大的力量。有了这种力量,又有谁会不折服呢?中华民族是个自强不息的民族,外国侵略者的铁蹄没有能够征服中国人民顽强的意志;"四人帮"兴风作浪,没有能够遮住人民的眼睛。20世纪80年代的中国,正像做筷子的竹子那样,处在节节向上、欣欣向荣、朝气蓬勃的时代。我们拿起筷子吃饭时,难道就没有想起自己肩负的历史重任吗？正如拿破仑所说："中国像一头沉睡的雄狮，一旦醒来，就会发出巨大的吼声。"让我们每个人为中华之崛起而发奋学习吧；让我们应用自己的才能，造出一颗颗"星星"，去点缀我们美丽祖国的富饶山河，点缀光辉灿烂的科学文化史吧。

张　涛

情中景，景中情
——"故乡游"习作讲评

【作前指导与要求】

在学习鲁迅先生《故乡》时，我们曾为小说中辛苦辗转、辛苦麻木、辛苦恣睢的形象而同情而悲哀而深思，它的深邃精辟的主题思想曾帮助我们认识旧中国在帝国主义、封建主义的残酷剥削和层层压榨下农村破产、农民日益贫困的社会情景。这些暂且不说，就说作品中"我"流露的对故乡深深的恋情也就够感人的了。

"我"返回故乡见到萧索的景，情感压抑，作品用淡淡的笔触传达出悲凉激愤的心情。如今，时代不同了，每个地方的山山水水在人们辛勤劳动下都发生了新变化。为了用欢乐的心情赞故乡的美景，颂故乡的变化，我们学写一篇"故乡游"的散文，要求：寄情于故乡的山山水水，表达对故乡的依恋和热爱；选景抒情，内容具体，语言通顺，力求写得优美些。

一、讲评目的

1. 引导学生认识故乡故土的发展变化，培养和激发热爱家乡、热爱祖国的高尚情操。

2. 理解并学习景中寓情、情景交融的写法。

二、讲评材料和方法

诗歌三首，范文《竹思》一篇，《故乡游》《我回到了北京》习作两篇。以诗歌引路，以《竹思》片段为范例，听写，赏析，对照比较。

三、讲评要点

1. 以诗导入，突出"情"字。

思念故乡、热爱故乡是一种高尚的感情，这种感情和祖国、和大地山河紧密相连，中外许多诗文中都倾注了这种感情。且不说李白的《静夜思》，就说贺知章的《回乡偶书》和宋之问的《渡汉江》，恋乡之情也各具特色。请同学听写：

回乡偶书	渡汉江
少小离家老大回，	岭外音书断，
乡音无改鬓毛衰。	经冬复历春。
儿童相见不相识，	近乡情更怯，
笑问客从何处来。	不敢问来人。

两首诗写的都是久离家乡客居在外而重返故乡时的情状和心理状态。前一首用欢乐的场面写久别的哀情，委婉备至；后一首用"情更怯"来写接近家乡时的"情更切"，以极其矛盾的特殊的心理状态刻画思念故乡亲人的深情。正由于感情真挚，笔法巧妙，它们都成为千古传诵的名篇。

我们写的是记事写景的散文，尽管时代不同，体裁各异，但在"情"上的要求仍相似。胸中如无动情之景之物，笔下就难有动情之文。要打动别人，习作者必须先受感动。

2. 对照《故乡游》与《我回到了北京》，剖析它们在写景、叙事、抒情方面的优缺点。

（1）习作者朗读《故乡游》与《我回到了北京》，要求字句清楚，以情感人。

（2）开展评论，要求说明三个"最"。

① 写得最好的段落是哪些？为什么？

② 语言用得最得当、最感人的是哪些？为什么？

③ 最明显的败笔是什么？为什么是败笔？

（3）在同学充分发表意见的基础上归纳要点：

① 要把《故乡游》写好，必须写好故乡的人、故乡的事、故乡的景，而又以"情"贯串其中。而人和事又在自然景物、社会环境中活动、发展，因此，衡量文章写得好不好，某些段落是否感人，主要看是否景中寓情、情景交融。

② 景要选得好，能显露地方特色。如写故乡绍兴出现在眼前时，"山水秀丽，景色宜人。山紧靠着水，水倒映着山，花红叶绿，犹如仙境一般"，虽寥寥几笔，却写出了特色。这毕竟是概述，既然是重游，就要选具体的景和物。习作者在《故乡游》中描述了大禹陵、鲁迅纪念馆、三味书屋，以及绍兴城里的石板路、小拱桥，这些确能代表绍兴的风景文物，有独特的地方色彩。《我回到了北京》选了北京的风、北京站的钟、长安街、王府井和天安门广场来写，也能反映出新北京的风光。

③ 景中、事中要有情，无情难以感人。《故乡游》写得最好的是"拜访年过九旬的曾祖母"这件事。"我顾不上旅途的劳累，一口气到了曾祖母的家"，未明写对曾祖母的思念、热爱，然而爱寓其中。"她双眼注视着前方，双手颤抖地朝我伸过来，我顺从地把头移过去，她摸摸我的头，捏了我的手，高兴地笑了。"这是用细节传深情，"顺从地把头移过去"，让双目失明的曾祖母抚摸，寄寓了老疼小、小尊老的感情。在记述的基础上又直接抒情，赞曾祖母从苦难中来，不为挫折所屈服的坚强精

神,感谢她对小辈无微不至的关怀。情寓事中,即事抒情,所以感人。文中写的游览大禹陵、鲁迅纪念馆等处,与之比较,相形见绌。景是写了,可惜的是只——介绍,缺少了返回故土时应饱载的恋乡之情。

《我回到了北京》在这方面要略胜一筹。文章一开始就以列车的急驰衬托心的狂跳,透露对故乡的深情。到了故乡,景景物物都寄情,景景物物都有情。"风"洗征尘;"空气"如甜流水流进心里;"钟"解人意,既体会离情,又欢迎故人归来。习作者寄爱恋故乡之情于这些物,又用一个又一个的比喻,用拟人的手法使这些物活起来、动起来,具有人的情意。长安街、王府井、天安门广场同样浸透了深情。习作者满怀激动看故乡的变化,而变化的情景更增添了习作者对故乡的热爱。对天安门的热爱不直接抒写,而是借画抒情,借心中的画抒发强烈的感情。习作者笔力集中,只截取了返回北京的片刻来写,由于情意甚浓,把眼前景、眼前人、眼前事与昔日的情景交织起来写,内容比较厚实,也比较感人。

④ 文中的败笔有的在于套话,如"我的心不知被什么触动了,思绪万千",前一句有味道,后一句"思绪万千"反把蓄足的感情泄掉,无味起来,如果换成具体描写,或直抒胸臆,都会情味浓郁。叙事要线索分明,时间要交代清楚,《故乡游》中"第二天"去城里玩,"后来"去大禹陵,"过了晌午"来到鲁迅纪念馆,显然时间弄错。大禹陵在绍兴郊外,鲁迅纪念馆在城里,有相当的路程,怎可能"过了晌午"就到鲁迅纪念馆?再说,"后来""过了晌午"就是"第二天"中的,还是另一天、另两天的?没说明白。这就影响表达效果。

究竟怎样写才合乎要求,情深意浓呢?

3. 以《竹思》为范例,引导学生赏析体会。

(1) 印发《竹思》的讲义。

(2) 在阅读的基础上重点赏析文中第三、第四部分。(材料附后)

① 朗读"杜甫草堂栽种的多半是慈竹"至"于是,雨水和着我的泪水,悄然滴落在故乡的土地上"。要求口齿清楚,饱含感情。

② 赏析。让同学充分发表意见。在以下几方面让学生能有所领悟。

以竹之慈写母之慈,情有所依。(子母竹)

人在景中动,景为人添情,情景交融。如:"有一年夏天,妈妈坐在青石板上,用晒干的笋壳给我填纳鞋底。笋壳垫底,可以防湿。风吹拂着青青竹叶,也撩动着妈妈的丝丝鬓发。她忽然停下手中的针线,问我:'娃呀,你总不能像这笋,一辈子老守着妈妈。你长大成人,远走高飞了,还会记得你的故乡吗?'妈妈把我紧搂在怀里,她的眼眶湿润了。"母亲对儿子的期望是通过轻轻的话语传送的,风吹竹叶为之伴奏,"紧搂在怀里"的动作又使奔腾的感情收蓄聚集,此情此景,令人感动不已。

运用多种修辞手法,赋景物以人的感情。如:"江边的慈竹林沙沙摇响,似叮咛,似教诲,似鼓励,就像母亲在挥手送别她远征的儿郎。"又如:"江水泱泱,在我脚下无声地流去;雨,顺着低垂的竹梢缓缓淌下……我总觉得那是母亲的泪。"景物有情,恋情就更深沉。

语言带情,优美生动。语言不是蜜,但能粘住读者的注意力。一篇好的散文必然在语言上表思想传感情,叩击人们的心扉。《竹思》通篇语言优美生动,有时仅几句话,就够人寻味的了。如:"岁月,在我心中刻下深深浅浅的痕迹;儿时的梦境再也不能寻找回来。当年的小街已从地图上抹去,而唯有家乡的慈竹依然还是那样郁郁葱葱。"其中"深深浅浅""郁郁葱葱"叠词的运用,"寻找""抹去"表意的准确性,使作者对故乡慈竹的恋情鲜明地显露出来。

③ 齐读第三、第四两部分,加深理解。

4. 以范文的两篇习作为例,看这次习作中存在的问题。

(1) 请几位同学谈对照后的认识。

(2) 强调以下不足之处必须克服。

① 景、物、人、事未慎加选择,显示不出故乡的特点,情无所依。

② 客人似的游览一番,情淡意不浓。

③ 语言未用情浇铸,准确性、鲜明性不够。

四、作业

1. 仔细阅读《竹思》和《我回到了北京》,体会如何表达思念故乡、热爱故乡的深情。

2. 给自己的习作写评语,重点修改一两个段落,从语言到写作方法到具体内容。

板书

情中景,景中情

胸中有动情之景,笔下才有动情之文。

选景 { 显露地方特色 / 反映今昔变化 } 寓情于景,情景交融

抒情 { 明抒:热情奔放 / 暗点:含蓄深沉 }

竹思(第三、第四部分)

杜甫草堂栽种的多半是慈竹;望江公园那郁郁葱葱的竹群里,数量最多的也还是慈竹。慈竹用途极广。它材杆坚韧,节间长,中空又大,不仅能制各种日常的竹器,还是造纸的上好原料。秋后,金稻入仓,农民忙完了田里的活,就上山砍来竹子,运入作坊,清水漂,石灰煮,制成的土纸厚实而柔软。泥水匠们则把慈竹捣成竹筋,拌和着石灰,用以粉墙。

走到成都郊外,不多远,便能发现许许多多的"林盘"。这是农民的

宅基,外面围上密密的慈竹林,形成了一圈别致的植物墙。如果把平畴比作大海,那么远远望去,林盘就仿佛是海面上一个个绿色的岛屿。林盘有大有小,有方有圆。往往是两三家、五六家聚姓而居,也有独门独户的,两竹林外总有一条清清的溪沟或一个池塘。水竹交映,炊烟袅袅,间或传来几声狗吠鸡鸣,却难以见到人影。有时,万绿丛中也会闪出一点艳红,那是农家姑娘为风牵动的衣裙……

慈竹的生命力极强。在家乡的泥土里,只要有数尺见方之地,哪怕在低矮的屋檐下,阴暗的高墙后,它也能挺身拔节,崛然而起,去追求空气和阳光。夏秋插上一竿竹苗,来春就会绿叶扶疏,不几年就繁殖成茂密的一丛。

我的幼年是在锦城东南的一条小街上度过的。锦江的流水就从我们屋背后淌过。院子里是一丛慈竹。竹前是一块大青石板,那是我们游戏和读书的地方。春天,笋子探出了头,妈妈总要我去数一数。一个、两个;五个、十个……数着数着,有的齐了我的腰,有的窜过了我的头,于是妈妈笑着说:娃,你又长大一岁了!

慈竹是我们的好伙伴,大家从不肯轻易去折损它。只是在放风筝的季节,得到大人的允许,我们才砍下一株旧杆,劈成篾条,糊上旧报纸,然后奔向江边;一会儿,那漫天的柳絮中,就升起了一群群蝴蝶、老鹰和蜈蚣……

有一年夏天,妈妈坐在青石板上,用晒干的笋壳给我填纳鞋底。笋壳垫底,可以防湿。风吹拂着青青竹叶,也撩动着妈妈的丝丝鬓发。她忽然停下手中的针线,问我:"娃呀,你总不能像这笋,一辈子老守着妈妈。你长大成人,远走高飞了,还会记得你的故乡吗?"

妈妈把我紧搂在怀里,她的眼眶湿润了。

岁月,在我心中刻下深深浅浅的痕迹;儿时的梦境再也不能寻找回来。当年的小街已从地图上抹去,而唯有家乡的慈竹依然还是那样郁郁葱葱。

都说望江公园的竹海四时宜人,我却更留恋它的初春和初秋。那也是我假期将满,快要离开的时候。春风浩荡,春水激涨,江边的慈竹林沙沙摇响,似叮咛,似教诲,似鼓励,就像母亲在挥手送别她远征的儿郎;到了秋天,常常会下着蒙蒙细雨,兼日不止。那时,望江楼前几乎没有了游人的踪影,而我却撑着一把油纸伞,踽踽徘徊在公园的长堤。江水泱泱,在我脚下无声地流去;雨,顺着低垂的竹梢缓缓淌下……

我总觉得那是母亲的泪。

于是,雨水和着我的泪水,悄然滴落在故乡的土地上。

刘征泰

《人民日报》1981年12月1日

故 乡 游

久经分别的故乡——绍兴,又一次出现在我的眼前。绍兴,山水秀丽,景色宜人。山紧靠着水,水倒映着山,花红叶绿,犹如仙境一般,使我心旷神怡。

我到故乡的第一件事就是拜访年过九旬的曾祖母。我顾不上旅途的劳累,一口气到了曾祖母的家。她老人家双目失明,躺在床上。知道我来了,十分高兴。我亲昵地叫了声:"曾祖母!"她双眼注视着前方,双手颤抖地朝我伸过来,我顺从地把头移过去,她摸摸我的头,捏捏我的手,高兴地笑了。喃喃地说:"好,好。我盼你们好几年了,现在来了,我就高兴!"我的心不知被什么触动了,思绪万千。多好的曾祖母,您老人家一向勤俭节约、善良、纯朴,您从苦难中走来,吃了好多苦,但您没有被挫折所屈服,对我们小辈关心备至。现在,您九十多岁了,子孙满堂,这怎不叫您高兴呢?

第二天,我们先去城里玩。绍兴城保持了她独有的风格,窄小的石板路,弯弯的小拱桥,布局雅致,建筑精巧,表现了劳动人民的聪明才智。

后来去大禹陵,那里山峦起伏,是绍兴的著名胜地。它同苏州的西园、杭州的灵隐寺布局大不相同。走近庙门,看到的是一块大石碑,左右是一条石板路,穿过石板路,迎面是几十级的阶梯,登上阶梯,跨过很高的门槛,就进入正殿。大禹的全身塑像矗立在我们眼前,人们想起他一心为民治水,三次不进家门的功绩,不禁肃然起敬。

过了晌午,来到鲁迅纪念馆。游客很多,日本的、美国的、中国港澳地区的,一批又一批。我们进了鲁迅的故居,绕过正屋,顺着走廊,来到百草园。看,光滑的石井栏,碧绿的菜畦,高大的皂荚树,紫红的桑葚,何首乌藤和木莲藤互相缠绕着,一堵矮矮的泥墙就在菜畦的一边,和鲁迅先生说的一模一样。我望着这一切,竭力地想象童年的鲁迅如何活泼,如何天真,在这小天地里怎样自由玩耍……

出门向东,不上半里,走过一道石桥,就到了三味书屋。书屋正中的墙上挂着一幅画,画上的树底下有一只肥大的梅花鹿,中间的八仙桌上整齐地放着笔墨和纸砚,还有一把戒尺。东北角上的那张桌子,是鲁迅先生小时坐的。一切如故。

游览结束了,我心里久久不能平静。绍兴,这座悠久的历史文化古城,自古到今,饱经风霜,许多革命英雄诞生在这里:秋瑾、鲁迅、周恩来……自豪吧,故乡!您的子孙后代正在开辟美好的明天,再过十年、二十年,您这颗明珠将放出越来越亮的光辉,为世人所骄傲!

金向民

我回到了北京

列车在向前急驰着。

我的心在胸中狂跳着。

"怦怦"作响的心脏，仿佛要逾越那由肉和骨架连成的防线，一直飞向我向往的北京。急驰的火车呀，在我看来是多么缓慢，隆隆的轰鸣远远比不上我激动的心。我焦急地趴在窗口，竭力向前眺望："北京在哪里？""北京到了吗？"

一声汽笛的长鸣，火车奏起了清脆嘹亮的进行曲。那高亢激昂的曲调仿佛在告诉人们："北京到了！北京到了！"……

我走出车站，阵阵风儿吹来。虽然已是初冬时候，但并不凛冽，它轻轻拂去我身上的征尘，把北京清新的空气送进我的肺腑，又轻轻地揩干了我额头上的汗水，就像母亲的手一样柔和，我闭上了眼，静静地享受着，犹如一股甜甜的流水，一直流进我的心里。

"当，当"的钟声响了起来，这声音是多么熟悉、亲切啊！我抬起头来，啊？是你们，我的好朋友们，守卫北京站的卫士们，你们好，你们好啊！两个高大宽阔的大自鸣钟高高地矗立在北京站的两边。它们像宝塔一样雄伟，像壮士一样魁梧，远远望去它们真像两个卫士一样，守卫着北京站的大门。这时它们那两根长长的指针聚在一起，发出洪亮悦耳的声音，仿佛在对人们说："欢迎你们来到北京，欢迎你们啊！"望着它们那粗壮的身躯，我不禁想起上一次我离开北京时在它们的脚下哭鼻子的情景。我哭得是那么伤心，呜咽得连气都喘不上来。我的哭泣和哽咽仿佛惊动了这两位士兵，它们又一次奏起那洪亮的乐曲，可我听了是那么悲伤，好像它们也不愿意离开我，也不愿意我走一样。想到这些我不禁暗暗说道："我又回来了，我又回到了北京！"

匆匆涌来的人群差点把我撞倒，这时我才像刚从梦里醒来一样，背起行李，随着人流走去。大街上的人们仿佛都向我投来亲切的目光。几个快乐的小朋友在前面仿佛是在为我引路，他们时而你追我赶地向前去，时而停在不远的前方，欢快地啁啾跳跃。这些天真纯朴的孩子，在我前面跑着，蹦着，等着，嘻嘻地笑着，叽叽喳喳地议论着。我边走边想,这里的一草一木一砖一瓦都能唤起我美好的回忆。看,那儿是长安街,对了,那儿是王府井。嗨!真了不起,这里已经翻造起那么多新楼。咦!原来的垃圾堆现在已成了百花争艳的大花园。北京的变化这么大,使我忘记了沉重的行李给我带来的烦恼,忘记了艰苦的旅程给我带来的疲劳,更加兴致勃勃地游览起来。

前面不就是天安门广场吗?对!那儿就是天安门广场。我多么想念的天安门广场啊!一回回我梦见自己在天安门广场上快乐地打着羽毛球,玩着飞碟,和小伙伴们一起进行激烈的足球比赛。我想着不禁加快了脚步,甚至跑了起来。天安门、人民大会堂、人民英雄纪念碑,一座座建筑物林立两旁。中间宽阔的广场上游人来来往往。我来到了天安门前,凝视着眼前这座我既熟悉又陌生的古建筑,心潮起伏。我幼年画的第一幅画就是你,天安门。我当时把你画得歪歪斜斜很不像样,可在我心目中却一次又一次地把你描绘。今天我又来到了你的身边,你那朱红的宫墙,闪闪发光的琉璃瓦,精致的小桥,盛开着荷花的池塘,还是那样的美丽。我要重新为你画一张,我要用最美丽、最鲜艳的色彩画出你宏伟壮观的姿态。

今天,我是多么激动、高兴,因为我终于又回到了我朝思暮想的北京。

姬 军

透彻了解说明的对象
——《竹影赏菊》习作讲评

【作前指导与要求】

上星期六下午我们去虹口公园观赏了菊展。这次菊展与往日展出的有同有异。同在各种品种的菊花争相展姿,简直使人眼花缭乱,目不暇接;异在此次菊展以屋内陈设为主体,翠竹陪衬,竹影扶疏,给菊花增添更多的雅趣。

今天我们做一次写作训练,就写"竹影赏菊"。不是写参观记、观后感,而是对"竹影赏菊"这个展览作说明介绍。下笔前先仔细回忆一下菊展的情景,把方位、布局弄清楚,然后在众多的展品中确定说明的对象和说明的重点;说明时要抓住事物的特征,说得有条有理;语言要准确、简明。

一、讲评目的

1. 懂得透彻了解说明的对象是写好说明文的基本要求,从而重视观察,锻炼自己观察事物的能力。

2. 学习抓住事物特征进行准确、生动的说明。

二、讲评材料和方法

《竹影赏菊》习作三篇。

采用全班学生综合评论的方法。教师加强指导。

三、讲评要点

1. 明确写说明文的基本要求。

学习了说明文单元以后,同学们对写说明文的基本要求有所理解,请大家说说看。

说明文是用说明的表达方式来介绍事物、阐明事理的文章。说明,说明,说了就要使人"明"。写说明文的基本要求是:

(1) 明确说明对象。即弄清楚说什么。

(2) 抓住说明对象的特征,不把这个事物和那个事物混淆。

(3) 说明要有条理,按一定的顺序组织材料。

(4) 语言要清楚明白。

背离了这些要求,就会说不清楚,甚至发生文体混乱的毛病。

2. 请以这些要求来衡量印发的三篇习作,开展讨论。估计有些学生能看出以下一些问题:

(1) 文体混淆。王雷写的不像说明文,有点像抒情散文。尽管描绘细致,但不符合说明的要求。

(2) 没有抓准菊花的基本特征,如"香气浓郁,姿色艳丽"等词句明显不妥。

(3) 方位、布局不准确。

(4) 遗漏了一些该介绍、该说明的物品。

3. 请习作者自评,并对同学的评论发表意见。

4. 教师归纳、讲评。

(1) 肯定学生的正确意见。怎样才能把这篇介绍说明的文章写好呢?关键在于透彻了解说明对象特征。

(2) 先弄清楚菊展的方位与布局。

请学生根据回忆简单地勾勒出"竹影赏菊"展览的平面图,包括草坪与房屋,房屋内包括前厅、回廊、院落、后厅。

（图示）

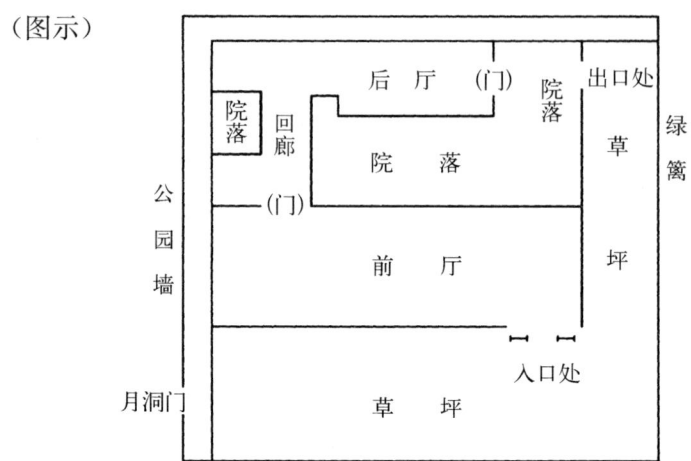

写作前脑中对说明对象要有总体的了解，否则，不是遗漏，就是弄错。石巍习作中的"穿过草坪的月亮门，来到一个宽敞的大厅"就与说明对象的实际情况不符，穿过月洞门要经草坪向北才到大厅的入口处。又如第4段中所介绍的"走过大厅，来到一个屋子"，什么屋子呢？使人费解。原来是在回廊的一侧布置了一个小小的院落，有假山有泉水，池中有睡莲，池边有菊花。正因为没看仔细，第5段的"走过小屋，便是道回廊"就不准确了。比较起来，魏巍习作中的游廊与小园的方位写得比较正确。但是，魏巍的习作也有说得不清楚的地方。如结尾一段的开头写"在门前有一片大立菊"，是哪个门前？是入口的门，还是出口的门？未交代清楚。大立菊和成千盆菊花堆成的塔菊亭是布置在草坪上的，在草坪的东侧和南面，说明时应交代明白与入口的门或出口的门之间的方位。

要透彻了解说明对象，在总体或整体上弄清楚是第一步。

（3）认清说明对象的特征。

事物都是有自己的特征的。特征是这一事物区别于其他事物的标志，只有认清事物的特征，抓住它加以说明，才能使读者对被说明的事物有具体、清晰的了解。

这次习作要求说明的重点是"竹"和"菊",以菊为主,竹为陪衬。首先要认清和抓准它们的表面特征。竹篱、竹架、竹丛、竹筒、竹笸、立菊、悬菊、盆菊、竹筒插菊等的色彩、形态要认识清楚。魏巍习作中写菊花花瓣"或呈篷状,或如狭带,或似长须,或成匙状,或如托冠"等就抓住了菊花形态的特征。单说明事物的表面特征只能使人获得初步印象,要使人对某说明对象有比较全面深刻的了解,还要注意说清楚事物的本质特征。展览馆中的竹子尽管形态各异,青色、绿色交杂,但究其实质而言,除少数是天然竹子外,其余都出自能工巧匠之手,人工制作。说明时可表述它们的以假乱真,但不能以假充真,把人工制作的说成天然而成。这一点同学们的习作中几乎都未点明。花的质地也是同样,须辨析清楚。菊花坚韧耐寒,有淡淡的药味香,形容它"娇柔妩媚""姿色艳丽""香气浓郁""散发出浓郁的清香"都是很不恰当的。桃花妩媚,牡丹艳丽,桂花香气浓郁,这些均由它们各自的本质特征所决定,研究植物学的就能从它们花青素的性质、木本植物的特点诸方面深入阐述。同学们习作时不能张冠李戴,抓几个美丽的词语来形容修饰。

要透彻了解说明对象特征,须仔细观察,认真思考,把握它们的表面特征和本质特征。与此同时,还须说清楚这一事物和那一事物之间的关系。如前所说,竹、菊之间的配置须准确地说明。石巍习作中"大厅的中央,并排排列着的是由竹子和菊花配成的叠得很高的盆花,五彩缤纷的菊花在绿色的竹子的陪衬下显得那样优雅美观"的说明符合实际情况,而魏巍的有些说法就欠考虑了。他写道:"进了菊展的大门,但见竹径通幽,翠绿的竹篱、竹架使得整个展览馆显得更加幽静雅致。片片的竹叶丛中,陈列着许多名菊,群相争艳。"乍看起来,只是"群相争艳"用得不妥。其实不然,说明文最重要的是符合原物实际,不能凭空臆造。第一,菊展中无"通幽"的"竹径"。展览馆外是草坪,平坦宽阔;展览馆的前厅和后厅也都是宽大的,呈长方形,无小径,更谈不上竹径。

习作者想把学过的常建《题破山寺后禅院》中的有关词句拿过来用,意图是好的,这种从读迁移到写中来的做法是应该提倡的,但要用得恰当,符合实际,"竹径通幽"用在文中就不合适。第二,"片片的竹叶丛中,陈列着许多名菊"也不尽妥当。展览馆前厅内部分陈设是如此,竹架上垒的盆菊就不是这样配置的。

总起来说,在了解被说明的竹、菊时,我们存在着明显的不足。

① 看得比较表面,写得比较肤浅。许多同学列举了菊花的种种名称,而对其形态、色彩,与竹枝、竹叶、竹筒、竹篾组成的各种图案等缺乏具体的介绍说明。至于菊的本质特征,如何"飒飒西风满院栽",如何培植,功用如何更是没有涉及。

② 看了要思考,不思考就不能由表及里,就弄不清事物本身的条理、各部分之间的关系(菊花的根、茎、叶、花,与竹的关系),就不能抓住特征,准确说明。

(4) 这次习作同学们虽说明了观察的重点,但遗漏了墙壁上的布置。墙壁上有哪些布置,请认真回忆,说说看。

有字有画,有大幅的水乡图,有"黄华垒"的横匾,有"秋菊有佳色,月地霜花黄"的条幅,还有书录的名诗句,如屈原的"朝饮木兰之坠露兮,夕餐秋菊之落英",陈毅的"秋菊能傲霜,风霜重重恶。本性能耐寒,风霜其奈何"和杨万里的诗句。

这些说明我们在观察方面有许多不周到之处。

看展览和看一张画比较,要复杂得多。我们评述同学们习作中的种种不足正是为了帮助同学提高认识和说明复杂事物的能力。吃一堑,长一智,写作也是如此。

四、作业

根据讲评要求,重点修改习作中的某一段,或"前厅",或"后厅",或"回廊"。写出竹、菊各自的特征和彼此之间的关系。以说明为主,不能再把文体搞错。

板书

透彻了解说明的对象

弄清楚方位与布局（脑中要有一张平面图）

认清说明对象的 { 表面特征 / 本质特征 / 与其他事物的关系

——不仅用眼看，而且用脑想——

竹 影 赏 菊

千古以来，菊花一直受到我国人民的赞赏。不说别的，单是一年一度的菊展就足以说明菊花在万花丛中的显赫地位了。

今年秋天，我去看虹口公园的菊展，更增添了我对菊花的喜爱之情。进了菊展的大门，但见竹径通幽，翠绿的竹篱、竹架使得整个展览馆显得更加幽静雅致。片片的竹叶丛中，陈列着许多名菊，群相争艳。有白中带青的"太白积雪"，紫色的"黑狮子"，浅红的"黄昏灯照"，以及"帅旗""白鹤腾空""墨荷"等，色彩鲜艳。花瓣或呈篷状，或如狭带，或似长须，或成匙状，或如托冠，千姿百态，娇柔妩媚。真是入目皆竹影，处处菊芳菲。

出前厅有游廊，这儿又是另一番景象。各种各样的菊花按构图原理放置在竹筒、竹筐中，一盆盆别具匠心的插菊盆景，构成一幅幅以菊花为主题的主体画，别有一番情趣。一旁还有一个小园，潺潺清泉，随流送来阵阵清香，清澈见底的池水中，呈现出一只只青蛙、一条条金鱼。岸上一只蚂蚱正在低头欣赏着水中的景色，它仿佛是陶醉了。旁边是一派山花灿烂的田园景象，秋菊丛中，竹篱茅舍，雄鸡报晓，秋色宜人，生意盎然。后面的大厅里展现着三株攀天竹,四周环绕着由各种名菊组成的层层云彩,盘旋而上,壮丽动人。

在门前有一片大立菊,最大的一株,共结出1319朵花,煞是好看。一边是成千盆菊花堆成的"猪年庆丰收"的塔菊亭。望着这些菊花,我心里油然升起一种敬意,这样美的菊花,不经过园林工人的妙手,怎样会使游览者留恋呢?在今天,在向"四化"进军的路上,我们正需要这些园林工人去装饰我们的祖国。

魏 巍

竹影赏菊

菊花,香气浓郁,姿色艳丽,具有披风傲霜的品行,自古以来,一直受到人们的赞赏,正因为如此,我市举办一年一度的菊展。

今年的菊展在虹口公园进行,和往年大不相同,菊展布置在室内,特别讲究竹子和菊花的陪衬,真是别有风味。一踏进菊展的大门,眼前是一片宽广的草坪,草坪上这儿一簇,那儿一丛,放了许多盆菊花,菊花散发出浓郁的清香,闻着这诱人的香味,感到有说不出的舒坦。草坪的尽头是一个水泥的高台,上面放了用菊花搭成的三只小猪,小猪的眼睛、耳朵、高高翘起的鼻子都是用绸布做成的,两只大耳朵在风中摇来晃去,真是既可爱又生动。小猪的背后是由一层红色菊花、一层黄色菊花堆叠而成,给人一种整齐、优美的感觉。

穿过草坪的月亮门,来到一个宽敞的大厅,大厅的中央,并排排列着的是由竹子和菊花配成的叠得很高的盆花,五彩缤纷的菊花在绿色的竹子的陪衬下显得那样优雅美观。大厅的墙边和墙角也安置着竹子和菊花,不过,它不再像安置在中央的竹子和菊花那样互相映衬,而是一簇竹子、一簇菊花有规律地分离开来。大厅里的每一盆菊花都有自己的名字,如"锦绣江山""雪片""月明星稀""纷狮怒吼""腊红""玉楼水姿""湘妃鼓瑟"……这些名字不仅动听,而且都和每一盆菊花的特征相吻合。

走过大厅,来到一间屋子,这间屋子虽然小,但比前面的那个大厅更为雅观。屋子里的菊花和竹子不多,设计者着眼于有山有水的美丽风光。假山洞里流淌出清净的泉水,泉水沿着石缝流到山脚汇成了浅浅的水池,水池清澈见底,水面还开着一朵朵美丽的睡莲和荷花。池的周围稀稀疏疏地放着几盆菊花,也是用来做陪衬的。

走过小屋,便是道回廊。即使是回廊,也不放过布置。这里布置的是用菊花和竹子配在一个花盆里的盆景。穿过回廊,又来到一个大厅,布置基本和最先看见的那个大厅没什么差异。

竹影赏菊布局精心别致,可以说的当然不止以上这些。

石 巍

竹 影 赏 菊

春看桃,夏观荷,秋赏菊,冬品梅,真谓莫大愉快。

11月的一天,我去公园观赏了历史悠久的中国花草四雅之一的菊花。走进展览馆,就犹如徜徉于菊花之海。只见红、黄、紫、白、墨、绿各色菊花同展齐放,五彩缤纷,各呈姿态。有的龙飞凤舞,有的亭亭玉立,有的小巧玲珑,有的繁复硕大;有的像火焰那么热烈,有的像月夜那样静谧,有的像羽毛般轻柔,有的却又像贵妇人似的持重。它们或倚,或仰,或俯;似歌,似舞,似语,似笑,极妍尽态,美不胜收。此花此景,使人眼花缭乱,心旷神怡。

正当我沉醉于这令人感动、使人陶醉的景色时,忽然听到任懿的说话声:"喂,快看,那朵菊花!"我顺着她手指的方向看去,那里的一朵菊花就像冉冉升起的太阳,金光灿烂,朝气蓬勃。我走过去一看,哦,它的名字就是"朝阳",多么富有诗意啊! 这使我情不自禁地想到古往今来多少人钦佩菊花、赞叹菊花的诗句。宋朝爱国诗人陆游曾写过这样一首诗:"菊花如端人,独立凌冰霜……纷纷零落中,见此数枝黄。高情守出贞,大节凛介刚。"菊花啊菊花,你以耐寒傲霜的品格赢得了多少美誉啊! 我想着走着,进了插花展览室……

王 雷

学会在尺水中兴波
——"故事一则"习作讲评

【作前指导与要求】

同学们不少是故事迷,读故事书会爱不释手,听故事会废寝忘食。为什么故事对大家有如此大的吸引力呢?其中一个原因是情节曲折生动,悬念层叠,矛盾丛生,在尺水中兴波澜。最近我们读了《牛郎织女》《孟姜女》等课文,对民间故事、民间传说的写法有所了解。这次作文我们来尝试写一则故事。

故事内容不拘一格,可以写民间故事,可以写神话传说,可以写童话故事,不管写什么内容,采用什么样式,都要注意几点:写给小朋友看的,要切合他们的水平,看懂听懂;故事中蕴含道理,有教育意义;情节曲折,结构完整,有趣味性,能牵动孩子的心。

一、讲评目的

1. 交流故事标题,激发写作兴趣。
2. 学习巧妙地安排结构情节,探讨怎样在有限的篇幅里掀起波澜。

二、讲评材料和方法

习作三篇,白兔画片一张。

播讲,比较,分析,评论。

三、讲评要点

1. 交流作文题目，激发兴趣。

这次看同学们的作文简直好像进入了童话世界、神话世界，兔子、乌龟、山羊、孙悟空、猪八戒等围绕在我周围，跳啊，说啊，有趣极了。同学们究竟写了哪些有趣的故事呢？请每个同学讲一讲自己写的故事的标题，大家交流交流。如："兔子的眼睛为什么是红的""天宫游记""山羊妈妈""小铅丝人贝贝""小马虎游历马虎王国"和"全全历险记"等。

2. 请两位同学分别播讲《兔子的眼睛为什么是红的》和《好朋友》两则故事，要求大家听了以后讨论如下的问题：

（1）两则故事的主题思想是什么？

（2）哪则故事好听？为什么？

3. 组织学生开展讨论，综合大家的意见后明确：

（1）两篇习作都是通过龟兔赛跑的故事表现骄傲必败的主题，意义是积极的。

（2）两篇习作语言虽都比较活泼，但《兔子的眼睛为什么是红的》趣味浓，《好朋友》在这方面差一点。两相比较，情节结构的安排不一样。

（3）文贵曲忌直。平铺直叙，一叙到底的写法使人感到枯燥呆板。要学会"在尺水中兴波"，把握住事物的发生、发展过程，巧设悬念，铺垫渲染，波澜起伏，这样写出来的故事就引人入胜。以这个要求衡量，《兔子的眼睛为什么是红的》有如下特点：

起句用两个问句巧设悬念，激发小读者的兴趣。"很久很久以前"制造了故事气氛。

龟兔赛跑是情节的核心部分，小作者不是一下笔就直接写"赛跑"，而是以一找黑熊二找猴子做铺垫。正当小白兔"扫兴""嘀咕"之时，见到了乌龟，趾高气扬地要与乌龟竞赛，情节由伏而起。正当小白兔稳操胜券时,小作者没有立即写谁夺魁,而是把小白兔山腰做美梦描绘一番,以梦境的描述来开拓情节。就在情节推向波峰时,"突然一个转身,从崖上摔了下去",使情节急转直下。看来小白兔生命无望时,又叙写它出现在山羊大伯的炕上。就这样一波来平,一波又起,曲曲折折,生动有趣。

篇末未在赛跑胜负上收笔,而在"哭"上做文章,点清题意,并以"你们想知道小白兔以后的情况吗"再设悬念,使余音缭绕,增添情趣。

4. 阅读《天宫游记》,要求在以下方面发表意见:

(1) 文章情节是否有起伏?如有,作具体分析。

(2) 和《兔子的眼睛为什么是红的》进行比较,找出异同之处,并判断它们的优劣。

5. 学生比较、分析、评论,请一位同学归纳大家的意见,理出写这一类文章须注意的要领。学生理不周全,教师补充。

(1) 故事要完整,时间、地点、人物,事情的发生、发展、结局要交代清楚,叙写明白。《天宫游记》从东东和方方"在院前草地上"开仗起笔,然后地点转换到"一条小河边",接着用齐天大圣孙悟空的出现再使地点转换,转到天空"灵霄宝殿",在天空随着脚步的移动由大殿而后花园而果园(花园中一角),最后写因东东和方方干了许多捣蛋事受到"惩罚"返回大地。记叙的线索清楚,无丢头落尾、不相衔接的情况。

(2) 故事要有趣,要学会写得曲折有致,回旋推进,给人以"山重水复疑无路,柳暗花明又一村"的感觉。《天宫游记》注意到在"趣"上下功夫,它与《兔子的眼睛为什么是红的》不一样,一是童话世界,一是天上、地下,蒙上神奇的色彩。文章着力描写的是一对"小活宝"调皮捣蛋,损坏公物,突出了一个"打"字。围绕"打"字渲染紧张气氛,推进情节发展。文章第一句"哎,看棒!""着鞭!"就不一般化。明朝人谢榛曾说:"凡起句当如爆竹,骤响易彻。"意思是文章开头要响亮,使读的人为之一震。《天宫游记》用对垒双方简短的针锋相对的话开篇,很有气氛。在情节发展的过程中注意有张有弛,有时十分紧张,有时松弛平缓,在张弛之中显示曲折。例如,"战斗打得树林弯腰,河水作浪,天昏地暗"的白热化时刻,突然"一声高叫","两人住手",绷紧的弦松弛了下来,正在舒缓的气氛中"观赏"花草,忽又"重操旧业——练起武来",于是又"烟雾飞扬,喊杀阵阵,花落枝折,树伤木亡",又是一番紧张。至于吃仙桃、长尾巴、求救星等都是张弛相间,曲折生动。在有限的篇幅里,写出情节的变化,注意节奏的起伏,尽管只有"尺水",也能掀起令人注目的波浪。

(3)故事要蕴含教育意义。《天宫游记》采用神话的方式规劝小朋友爱护公物,意义是积极的。

以上三个方面都能做到,写的故事就能牵动孩子的心。这次习作第三点做得好,第一点绝大部分达到要求,第二点最欠缺。为此,我们要在结构情节方面多思考、多推敲,学会把故事写得峰回路转。

6. 对照《兔子的眼睛为什么是红的》和《天宫游记》两篇习作,根据上述三个要领,补充、修改自己的习作,重点放在情节的安排方面,力求有起有伏,张弛结合。

四、作业

1. 把作文誊写在统一发的稿纸上,要求字迹端正,标点清楚,格式正确,标题处空四行,留作写美术字及美化。

2. 用彩笔美化自己誊写好的作文。

3. 装订成册,作为节日的礼物送给幼儿园,请老师讲给小朋友听。

板书

学会在尺水中兴波

"文贵曲忌直。"

巧设悬念,制造悬想和期待。

铺垫渲染,构成波峰波谷。

张弛相间,展现起伏节奏。

兔子的眼睛为什么是红的

亲爱的小读者们,你们知道兔子的眼睛是什么颜色的吗?哦,对了!是红色的。可你们知道兔子的眼睛为什么是红色的吗?这可得从这么一件事讲起了:

那是在很久很久以前,在一片古老的森林里住着许多动物。其中有活泼、顽皮的猴子,懒惰的黑熊,忠厚老实的乌龟,还有骄傲的小白兔。

一天清晨,天刚露出鱼肚色,小白兔就起床了,他想找一个伙伴跟自己玩,于是就来到了黑熊家。可黑熊还在热乎乎的被窝里"呼噜"着呢。

于是,小白兔又找到了猴子家,可猴子却说:"没空。"

小白兔讨了个没趣,扫兴地走了出来,边走边自语道:"瞧我,起得多早,别人都……"

正嘀咕着,他看见了乌龟,乌龟正慢吞吞地一步一步地往前走。

小白兔在一旁讥笑他说:"瞧你这傻瓜,走得这么慢,就像老牛拖破车似的,哪比得上我!"

小白兔存心想捉弄乌龟,接下去就说:"咱们比赛跑步怎么样?"

"不行啊,我哪及得上你啊?"乌龟难为情地说。

"没关系,如果你不参加比赛,我今后叫你'胆小鬼'!"小白兔趾高气昂地说。

"那,那好吧,我,我参加。"乌龟无可奈何地答应了。

"我们看谁先翻过那座大山。"小白兔指着几百米远的一座大山对乌龟说道。

"这么高哇!"乌龟暗暗吃惊,可他怕小白兔骂自己"胆小鬼",只得勉强答应下来。

"预备,起!"小白兔一下子冲出了起跑线。他跑啊,跑啊,耳边只听得呼呼的风声,两旁的树木好像在急速地往回转……不一会儿,他就跑到了山脚下。

再说那只乌龟,他走啊走啊,可没有走出多远。

这时小白兔已经爬上了山腰,他看见乌龟气喘吁吁,汗流浃背,离山脚还远着呢,于是就说:"看你这副样子,到明天也爬不了这座山。现在我倒不如美美地睡一觉,醒了再跑也不迟。"

小白兔就靠在山崖边上的一棵大树上睡觉了。在梦中,它见到了自己第一个翻过大山,得了第一名……梦正做着做着,突然一个转身,从崖上摔了下去……

当小白兔醒来的时候,发现自己躺在山羊大伯的炕上,感到很奇怪,心想,我怎么来到这儿的呢?

山羊大伯似乎知道了他的心事,就说:"你那天从崖上摔了下来,幸好崖不高,再说,亏得是摔在草地上,所以没有摔死。前些天你一直昏迷不醒啊……"

"乌龟呢,他得了第一名吗?"小白兔打断了山羊大伯的话赶忙问。

"那当然啰!乌龟不像你这么骄傲,他看见你睡着后,就坚持走啊走,终于到达了终点。别人也都不像你这么骄傲。如今你丢了第一名不算,还受了伤,你自己酿的苦酒只能自己喝啰。"

小白兔摸摸自己的伤口,越想越懊悔,不由地哭了起来。就这样,他哭呀哭呀,整整哭了三天三夜,把眼睛都哭红了。

从此,兔子的眼睛就成了红色的。

亲爱的小读者们,我的故事讲完了。你们想知道小白兔以后的情况吗?这个吗,那就请你们自己去想象吧。至少,他已经改正了骄傲的缺点。

须 磊

好 朋 友

小朋友,你们一定听过《龟兔赛跑》的故事吧!小白兔自从那次赛跑输给乌龟后,心里一直很不服气:小乌龟有什么了不起?!哼!等着瞧吧!

冬天悄悄地来临了,连湖面上都积上了一层厚冰。小白兔早早地起了床,抓起冰鞋就跑。到了结了冰的湖边,哟!真热闹呀!小松鼠哥哥、大公鸡叔叔、母鸡妈妈、小鸡弟弟,还有最懒的大狗熊都出来了!冰湖上,小乌龟在练习滑冰哩!小乌龟背着厚厚的甲壳,笨重地一挪一步,可没滑几步,便"啪"地翻了个四脚朝天。"哈哈哈……"小白兔笑得前俯后仰。大家都不满地瞪着她。只有小乌龟谦虚地说:"小白兔,你会滑冰,教教我好吗?""可以!"小白兔可神气啦!她觉得炫耀自己的时候到了。小白兔蹬上冰鞋,飞快地在冰上速滑起来,她时而凌身一转,把两只长长的耳朵翘得高高的,时而单腿滑地,大家看着情不自禁地鼓起掌来。小松鼠还叫着:"快来看呀!小白兔表演得可精彩啦!"小白兔听了更得意了,来了个大腾跃。哎呀,不好!正好一脚蹬在薄冰上,冰碎了,成了个大窟窿,小白兔身子一歪,掉进了冰窟窿。冰场上顿时骚动起来,怎么办呢?大家议论纷纷。"我去救!"小乌龟毫不犹豫地说。他跳下水,用脚划着水,好不容易抓住了小白兔,使劲把她拖上了岸。过了好一会儿,小白兔才苏醒过来,当她知道是小乌龟救了她时,感动极了。她噙着眼泪对小乌龟说:"小乌龟,你真好!以后我再也不骄傲啦!"

至于以后嘛,小白兔不仅改正了缺点,还和小乌龟变成了一对好朋友。

黎 莉

天 宫 游 记

"哎,看棒!""着鞭!"一阵吵嚷声又从院前草地上传来。邻居们不用看就知道准是东东和方方又在开仗了。说起这两个人,可真算是天生的一对"小活宝",东东只比方方多吃三天粮,两家只隔一堵墙,每天放学,他们就开始到处"流浪",不一会儿父母们便迎来了一队告状者。这对"小活宝"在学校也不安宁,不是今天刻坏了课桌,就是明天在沙坑旁扔沙对打,弄得老师批评还来不及呢!

此刻,东东正紧紧地咬住方方不放,两个打到一条小河边,方方一个转身躲开,东东扑个空,"武器"飞了。方方干脆也丢了"神鞭",两人又赤手空拳地格斗起来。这场战斗打得树林弯腰,河水作浪,天昏地暗!正在难解难分之时,忽听得一声高叫:"孩儿们为何如此?"两人住手一瞧,咦,这不是齐天大圣孙悟空吗?"我们在练武!"方方高声答道。"妙哉!尔等可愿随我上天宫玩耍一番?""噢,那太好啦!"东东转身来了个倒立。

"呼",只听得耳边风声作响,不一会便来到灵霄宝殿。东东、方方看见大殿两旁直立着的天兵神将个个面无表情,觉得好玩极了,便绕着天神捉起迷藏来。忽听得侍卫高读道"圣上有旨,准东东、方方在天宫中玩赏……"两人没等听完圣旨,便飞似的冲了出去。他们来到后花园,观赏了一会花草,觉得没劲,便重操旧业——练起武来了。这下可好,原来安静的、轻烟缭绕的花园,如今变得烟雾飞扬,喊杀阵阵,花落枝折,树伤木亡了。唉,真没法子呀! 这时,忽听得一声惊雷般的大喊:"你们怎敢乱闹!"呀,是身长十尺的黑脸卫兵追来啦!"快溜!"东东惊叫一声,拉着方方撒腿就跑,就像装了风火轮似的。两人又逃到了一处安静之所,四周静悄悄的,香气芬芳。一瞧,眼前原来是一株株挂满仙桃的果树。"哈,造化,造化!"两人迫不及待地扑上去,狼吞虎咽地大吃起来,真好像是一对永不安生本性难改的顽猴一般。眨眼工夫,树下便铺满了桃核。这对"小活宝"又糟蹋了一块好地方,真可谓是昔日悟空重现。

忽然,东东和方方觉得人变得又高又长,手却又小又细,浑身又痛又痒,"哎哟,还长出了一条长尾巴!"方方急得大哭起来,东东也忍不住大叫。霎时,桃园里充满了哭喊声。"孩儿们又在做什么?""大圣,快救救我们吧!"孙悟空笑道:"这也是你们活该如此! 你们在凡间干尽捣蛋事,到天宫还不安生,这是对尔等的惩罚。尔等以后不再如此,就放你们! 如果再要胡闹,就把你们变成一对大王八!""是,我们……哎哟……再也不敢了,让我们回到人间吧!""好吧,且看你们以后的表现。"

"呼,呼,呼",这对"小活宝"又返回大地。

从此,东东和方方再也不淘气,再也不损坏公物了,因为每当要做时,就想起自己会变成一只大王八的。

魏　群

以事实来说道理
——《谈谈学习习惯的培养》习作讲评

【作前指导与要求】

在学习中许多同学越来越体会到良好习惯的重要性,意识到不良习惯对学习的影响。对习惯在学习中的作用,从不认识到有些认识,从不重视到重视,这是一大进步。这次习作请同学就这个问题谈谈自己的看法。过去,大家记叙文写得比较多,很少写议论性的文章。初次学写,会有困难,但只要认真体会一下老师指导的要点,就不会感到无从下笔了。

我们曾补充过一篇文章——刘蓉的《习惯说》。请同学们回忆一下,作者是怎样以简单的事实来说明深刻的道理的。作者从一件小事阐明人的动作、行为一经形成习惯便难以改变的道理,从而得出"为学贵慎始"的结论。我们谈学习习惯的培养也可以先叙事,叙一件从不习惯到习惯的事,说明培养良好习惯的重要性;事情要真实,不胡编。叙事以后要说点道理,和学习习惯挂上钩,不要跑题。条理要清楚,语句要通顺,字迹清晰,卷面整洁。

一、讲评目的

1. 进一步认识培养良好学习习惯的重要性,启发纠正书写、阅读、写作等方面的一些不良习惯。

2. 学习以比较简单的事实说明某一个道理的写法。

二、讲评材料和方法

习作两篇，刘蓉的《习惯说》，有关学习的名言一段。

讲、议、读三者结合。

三、讲评要点

1. 请学生回忆并复述这次作文的要求，明确须有叙有议，以所叙述的事实说明一个深刻的道理。

2. 以写作要求来衡量，指出这次习作较为普遍的问题。

（1）六篇习作文不对题，不是和"学习"不沾边，就是和"习惯"不沾边。指导时如认真听，仔细思索一下，就不会出现这种毛病。

（2）大部分习作仅叙述了事情，议论不充分，有些习作叙的事和议的道理对不上口。

（3）有些习作叙事抓不住要领，东拉西扯，难以看出其中蕴含的道理。

究竟怎样才能把这篇习作写好呢？

3. 请学生读《习惯说》，回答四个问题：

（1）哪里是叙事部分？

（2）哪里是议论部分？

（3）叙事部分和议论部分之间是什么关系？

（4）作者写这篇文章的目的是什么？

从中我们可受到启发。

4. 阅读两篇习作，就上述四个问题展开评论。

5. 在学生评论的基础上，教师归纳要点。

（1）要审清题意，确立中心。作文题目须逐字逐词咀嚼推敲，含义、范围、体裁等都要理解得一清二楚，丝毫不能马虎，不能含糊。稍一疏忽,漏看一个字一个词,就会出现跑题的毛病,弄清楚题目含义后不能立刻动笔,要先确立文章的中心。可以像《习惯说》一样,告诉人们习惯一经养成就难以改变,因而"为学贵慎始",必须从小养成良好的学习习惯。也可以进一步地说:在当今时代,学习不是一阵子的事,是一辈子的事,要学有成效,从小培养良好的学习习惯非常重要。

（2）所选的材料要紧扣中心,不能游离,不能扯开。可以直接用学习方面的材料,如孙乐群习作中的事例,叙述写大楷怎样从讨厌、马虎改变为认真、喜欢,养成天天写大楷的好习惯,基本上无旁枝外逸（叙述得简要些更好）。也可以用身体、礼貌举止、生活等方面的材料,但一定要着眼于习惯,尤其要注意的是和学习习惯的培养挂上钩,不然的话,就会离题,或与题意不大切合。

（3）叙事和议论两个部分要紧密结合。叙事是为议论做基础,议论是对事情中蕴含的道理加以阐述。这方面问题较多,是这次习作中普遍存在的弱点。叙事还可以,议论部分没有几句话,说不出道理;议论的内容和所叙的事情脱节;硬装上一个尾巴,以表示扣题。正如同学们所评析的,朱俊的习作材料是具体的,叙述了自己视力怎样由好变差,又怎样由差恢复到正常,说明习惯养成难以改变,但没有从道理上展开论述,更没有阐明学习上必须培养良好的习惯。尽管文章末尾加了一句"为学贵慎始,要认真培养起良好的学习习惯",但由于和所叙的事实之间缺少道理上的阐发,所以没有说服力。

6. 集体讨论并修改朱俊习作的结尾部分。下列几点要注意:

（1）"这件事虽然已过去两年……可不要再像过去那样了"的句子删去。这种写法仍是记叙文结尾的写法,不合适。

（2）段首可用感叹句,感叹习惯对于人的影响之大。

（3）用一两句话概括用眼方面习惯的形成与改变,进而论述到学习上的种种习惯无不如此,一经养成难以改变。

(4)"为学贵慎始",必须从小培养良好的学习习惯。

7. 要开拓思路。

《谈谈学习习惯的培养》这次习作我们只做了一半,只学着从一件小事出发阐明习惯一经养成难以改变的道理,从而得出学生必须从小培养良好学习习惯的结论。至于怎样培养良好的学习习惯,此次习作没有接触。先请同学们在学习实践中摸索,有意识地总结经验教训,过一个时期再在练笔本上写"续篇"。

四、作业

1. 自学朱熹的"读书要'三到'",与自己的读书习惯对照。

2. 自查学习中的不良习惯,思考怎样纠正这些习惯,培养良好的习惯。

3. 修改自己习作的议论部分,可模仿集体修改的,也可另辟蹊径。

板书

以事实来说道理

逐字逐词咀嚼推敲,弄清题意,不疏忽,不遗漏,文体不混淆。

根据题意,确立文章中心。

材料要紧扣中心,不能游离,不能扯开。

叙事和议论紧密结合,叙是议的基础,议是事中所含道理的阐发,不能脱节。

习　惯　说

蓉少时,读书养晦堂之西偏一室。俯而读,仰而思;思有弗得,辄起绕室以旋。室有洼,径尺,浸淫日广,每履之,足若踬焉。既久而遂安之。

一日,父来室中,顾而笑曰:"一室之不治,何以天下家国为?"命童子取土平之。后蓉履其地,蹴然以惊,如土忽隆起者;俯视地,坦然则既平矣。已而复然。又久而后安之。

噫!习之中人甚矣哉!足之履平地,而不与洼适也;及其久,则洼者若平,至使久而即乎其故,则反窒焉而不宁。故君子之学,贵乎慎始。

刘　蓉

读书要"三到"

凡读书……须要读得字字响亮,不可误一字,不可少一字,不可多一字,不可倒一字,不可牵强暗记,只是要多诵遍数,自然上口,久远不忘。古人云,"读书千遍,其义自见",谓读得熟,则不待解说,自晓其义也。余尝谓:读书有三到,谓心到,眼到,口到。心不在此,则眼不看仔细,心眼既不专一,却只漫浪诵读,决不能记,记亦不能久也。三到之中,心到最急。心既到矣,眼口岂不到乎?

朱熹《训学斋规》

谈谈学习习惯的培养

《习惯说》一文从一件小事得出了"为学贵慎始"的结论。是啊,学习上最重要的是在开始时要小心谨慎,养成良好的学习习惯。的确,习惯一经养成,便难以改变。对于这个问题,我是深有感触的。

我升入初中后,有许多事都不习惯,就连课程也来了一个大飞跃。但是,有一件事我很习惯,也很喜欢,这就是一星期三天练大楷。说起喜欢练大楷,这里还有一个小故事呢!

记得那是五年级的时候,那时正面临严峻的毕业考试,可班主任老师还要我们每天写一张大楷。我心想:"作业那么多,还要写大楷,真烦死了。"有一天我照字帖胡乱地写了一下交上去。

大约过了两三天,一个早晨,当我理书包时,突然发现大楷没写,这可把我急得团团转,可又没法子,时间来不及了,我只好没写大楷就去上学。这天上课,我什么都没听见,心里乱成了一团麻。

放学时,老师通知我去办公室,我心里像是在敲小鼓。进了办公室,我低着头,牙齿咬着嘴唇,手拉着衣角,非常不自然。老师见了我,并没有马上批评我,只是和蔼可亲地对我说:"孙乐群,你是班上的学习委员,连作业都不做好,怎么能起带头作用?"办公室的老师听了都用怀疑的目光望着我,我觉得脸热辣辣的,恨不得地上有一条裂缝就钻下去。之后,老师又说了一些话……

我垂头丧气地回了家,把实情都告诉了爸爸,爸爸笑呵呵地抚摸着我的头说:"乐群,你们的老师做得对。"我用惊讶的目光望着爸爸,"这,是怎么一回事?"爸爸又说:"乐群,你以后会明白的,现在还是天天坚持写吧。"我"嗯"了一声,就叫爸爸提醒我天天写大楷。

不知怎么搞的,我每天回家,总是先拿出本子写大楷,一天不写就别扭,这样,字不但有了进步,而且养成了天天写大楷的习惯。想想过去,看看现在养成的好习惯,真是多亏老师和家长的教导与帮助。以前我的性情很急躁,现在很温和,是谁帮我改了这坏习惯呢?哦!是写大楷帮我陶冶了性情。

我在学习上也有不良的习惯,怎么才能够纠正呢?正如《习惯说》里所说的,如果不好的习惯一旦养成,要纠正过来需要花时间,所以我们做任何一件事都要一开始养成良好的习惯。

习惯是不能一下子养成的,要持之以恒,养成好习惯,对于学习是有很大好处的。

孙乐群

谈谈学习习惯的培养

古人曰:"习之中人,甚矣哉!"一点不错,习惯一旦养成便很难改掉,不论是好的还是坏的。

我小时候很爱看书,三年级的时候就会看《三国演义》《西游记》《水浒传》之类的小说。每当一本好书迷住了我,我便会把周围的一切全都忘了,整天泡在书里,吃饭的时候看,走路时也看,甚至放学回了家,刚放下书包就拿起书便看,直到吃好了晚饭才放下书,开始做作业。而且看书和写字的时候,我总喜欢把头低得很低,这样久而久之,便成了习惯。写字做功课的时候,头越来越低,差不多和握铅笔的手一样低了。这下可急坏了家里人,特别是爸爸(要知道爸爸就是因为视力差才没考上大学的)。他们成天像敲木鱼似的提醒我:"把头抬高点,以后不要成天看书!"他们虽然这么说,可我总觉得是多余的。于是,他们的话便成了我的耳旁风,吹过了算数。就这样,我读书、写字的时候头还是很低,视力也随着下降了,本来是1.5,后来却是0.9,0.8,0.7。爸爸妈妈越来越担心我的眼睛,生怕我得了真性近视。可我觉得眼睛好不好对我来说无关紧要,况且我的视力又不是太差,照样能读书写字。

我心里虽然这么想,可是无情的苦恼终于产生了。

每天上课的时候,我总觉得老师写在黑板上的字有些恍恍惚惚,就像蒙了一层白纱,看起来十分吃力,总得眯着眼睛,甚至有时得站起身来跑到前面才能看清楚。书本上的字也变得模糊了,要看,也得把眼贴近书本才能看清楚。此时,我才后悔没听爸爸妈妈的话。这又有什么办法呢?都怪自己不好,如今自己酿出的苦酒只能由自己来吃啰!

正当我悲观失望的时候,老师和家长给了我勇气和力量。班主任老师把我的位子从第四排调到了第一排;卫生老师还在每天放学后给我做推拿操;爸爸妈妈给我买了眼药水,每天给我点上三次。而我自己也觉悟过来了。不论是看书和写字都把头抬高到一尺左右,可是坏习惯一经养成很难改掉,有时我难免又会不知不觉把头低下去。为此,我便把奶奶做衣服的尺拿来,支在下巴下面,只要下巴颏儿一碰到尺,我便马上提醒自己抬起头来。

就这样,一直到了五年级,我的视力才恢复了正常。

这件事虽然已过去两年,可还时常浮现在我的脑海里,每当我想起这件事,便会不由自主地提醒自己,"可不要再像过去那样了!"为学贵慎始,要认真培养起良好的学习习惯。

朱　俊

立足点和观察点
——"观灯展"习作讲评

【作前指导与要求】

上学期我们讲评《竹影赏菊》习作时提出,要把参观的对象介绍明白,必须对被说明的对象有透彻的了解。这次我们再做这方面的训练,仍然写参观展览物。大家都去观赏了迎春灯展,和前次参观比,兴趣要浓得多,估计写出来的文章也会比前次有进步。

请同学们明确几点:彩灯如海洋,写时须慎加选择,有主有次,有点有面;立足点和观察点要有变化,选择恰当的角度介绍、描述;前次在参观时不该遗漏处被遗漏的教训要吸取,看得周到些、精细些;体裁不拘,可说明,可记叙;语言通顺、活泼。

一、讲评目的

1. 理解观察事物中立足点、观察点如何确定与变换,培养有条不紊地叙述事物的能力。
2. 运用典型事例激发写作兴趣,树立提高写作能力的信心。

二、讲评材料和方法

习作《迎春灯展》《灯》两篇。

采用分析讨论和现身说法的方法。

三、讲评要点

1. 肯定进步。

正如写前所预料的一样，和《竹影赏菊》的习作比较，这次质量有比较明显的提高。注意到事物的表面特征和本质特征，主体写了，陪衬也带到了，条理也比较清楚。写成记叙文的，能生动形象地描绘，给人以鲜明的印象。

尤其值得称赞的是郑重同学的作文。他从小学写作文以来，一直感到拿笔千斤重。一是觉得没有什么内容可写；二是写起来文理不通，错别字连篇。这次竟大不一样，篇幅长了一倍多，出现了不少好句子，灯展的情况介绍得清清楚楚。我在批改时既吃惊又高兴，真是天天相见，也要"刮目相看"。从郑重的作文可以推知同学们身上蕴藏着写作的潜力，这是十分可喜的。

2. 请郑重同学现身说法，谈谈这篇作文有明显进步的原因。

课前已个别交谈，下列几点可引申发挥，给同学以启发：

（1）不东抄西抄，要自己动脑筋。

（2）看灯展时没有想到要写作文，但是，灯展实在好看、好玩，就看得仔细了。那天下午一两个小时参观，时间太短，没看够，第二天星期日，又和弟弟去看了半天，一直看到天黑，什么灯什么灯，背都能背出来。

郑重同学的话不多，但蕴含的道理值得咀嚼。要提高写作能力，就要付出辛勤的劳动，舍得花时间，正因为观灯展花了比别人多一倍、两倍的时间，展品已经成为胸中之物，下笔当然就顺畅起来。兴趣是学习的先导，对周围的人和事如果也像对灯展一样有浓厚的兴趣，多观察，多思考，写作材料就会日益丰富，脑子也会灵活起来。道理很明白：观察是智慧的能源。郑重同学对作文能不能写好还总结了一条重要经验：抄，想抄，写不好；不抄，动脑筋，会写好。这话说得对。文章是表达自己情意的,缺情少意,怎么可能写好呢?东拼西凑的东西没有生命,当然好不了。要把文章写得有血有肉,要提高正确运用语言文字的能力,没有什么捷径,就是有计划、有目的地练。

3. 阅读两篇习作,分别找出文中所反映出来的习作者的立足点和观察点,并就下列问题开展讨论:

(1) 立足点和观察点是不是一回事?为什么?

(2) 立足点不动,观察点移动,行不行?如果观察点移动的话,在表达上应注意什么?

(3) 观察事物不动,立足点移动,可不可以?可以的话,在表达上应该注意什么?

(4) 观察点和立足点都移动,行不行?如果行,在表达上又该注意些什么?

(5) 两篇习作在立足点和观察点方面是怎样确定和变换的?请具体分析。

4. 在学生讨论的基础上,教师归纳、指导。

这次习作在说明或描述"灯"这个实体时比前次作文具体得多,细致得多。但是一部分习作在立足点和观察点上出现了这样或那样的毛病,影响叙事的条理和文意的连贯。这个问题须弄清楚。

(1) 立足点和观察点不一样,不能混淆。立足点是指观察时观察的人所站的位置,观察点是指观察的人目光集中点或叫目光集中的地方。《迎春灯展》第3段中写的是第一厅里的现代化灯具,立足点是第一厅,观察点是两棵圣诞树上挂满的五颜六色的小电珠。《灯》写第一厅(文中说"一间不大的展览室")时,立足点是这间展览室的入口处,目光集中的观察点是松树上"星星点点散落在枝头"的"五彩缤纷的灯泡"。两篇习作的立足点和观察点都很明确。

(2) 在文章中立足点不动,观察点移动是常见的。观察时要注意目光移动的顺序,表达时要能按照一定的顺序有条不紊地说清楚。《迎春灯展》写第二厅景物时,立足点放在里屋的池塘边,观察点由瀑布旁的梅花鹿移到灰兔,再移到从"水光潋滟的湖中"一跃而起的红色鲤鱼,最后移到池塘旁边翠竹中的两只熊猫,顺序很清楚,由池旁到池中再到池旁,先平视,再俯视,再平视。这种立足点基本固定,因观察点变换而展现不同景物的方法,被称为定点换景。它的作用在于不是孤立地介绍某一景物,而是描述相对完整的"环境",使读者有身临其境之感。在表达时除注意按一定的顺序外,还可用适当的语句过渡,暗示观察点的移动或变换。如上面所述,观察点从池旁移动到池水中,习作者用了"这时,只见红光一闪,我惊奇地低下头一看"进行过渡,变换得很自然。定点换景时特别要注意观察点须在目力所及的范围,否则,表达就不合事理,不合逻辑。有的习作中明明是定点观察,但表述时居然不仅写观察到的事物的正面,而且写观察不到的背面,这就不符合定点换景的要求,不合事理。

（3）观察事物不动,立足点移动,也是可以的。在文章中我们也常见到这种定景换点的写法。从一个角度观察事物不容易看全面,要透彻了解,可以从不同的角度进行观察,观察对象不动,观察的位置变换。《灯》一文中写巨型灯时说"灯分三层,远看像盏灯,近瞧,原来是幢精巧的房子",就是变换了立足点,观察的位置先远,后来变换为近。观察事物可以多角度,正视、侧视、仰视、俯视等,可惜这次习作中定景换点的写法极少。采用这种写法时,要交代清楚立足点的变换,而且变换必须按一定的顺序,不能跳跃式的,不能杂乱无章。

（4）立足点和观察点都移动,在游记一类文章中常见到,也就是移步换景。两篇习作都采用了这种写法。《迎春灯展》一文中立足点由第一厅到第二厅再到第三厅,按照足迹的转换变换观察点;《灯》一文中也是不断按照立足点的移动而变换观察点的。表达观察点的变换时最为重要的是把立足点的变换交代清楚,否则就乱套了。《灯》在这一方面写得比较好,不仅注意在恰当的地方交代,而且不断变换交代的方式,丝毫不呆板。梳理一下:立足点是第一间展览室,观察点是松树上五彩缤纷的灯泡和树旁的条幅"红日光辉千载好"——立足点是展览大厅中央,观察点是三层巨型灯——立足点移向双龙戏珠灯,观察点是双龙戏珠灯——立足点是"大厅那边",观察点是大白象灯——立足点在厅中移动,观察点是周围的吊灯、壁灯、宫灯、动物造型灯。观察点第一次移动时,习作者用"心情带行动"的语句交代,"我羞得一扭头就跑出展览室,也不知怎么就闯进了大厅",立足点明显转换。第二次观察点由巨型灯转换到双龙戏珠灯,是用连续两个动作交代立足点移动的,先是"我一扭头,发现了玻璃罩子里的金光闪闪的双龙戏珠",接着"走近一看",清楚明白。观察点第三次转换,用人声来引出立足点的移动,"大厅那边传来了一片赞叹声,我连忙跑过去挤进人堆"。第四次转换是哨子声,"忽然,集合哨子响了","我加快速度"。综上所述,可以看出文中每一次换景,都把立足点的移动交代得一清二楚,纹丝不乱。移步换景处理得好,可大大增添文章的实感,使人觉得身临其境,与习作者同行同观,思想感情得到交流。

5. 再阅读、思考。

两篇习作都是写观灯展,但在写法上有不同之处,大家能列举一二吗?

(1)《迎春灯展》偏重说明,《灯》记叙的成分多。

(2)《迎春灯展》《灯》观察重点、描述重点不相同。

(3)《迎春灯展》语言比较平实;《灯》语言比较活泼,感情比较充沛,兴奋、欢乐之情跃然纸上。

(4) 两篇习作开头结尾各有妙处。《迎春灯展》开头用排除法确定介绍的对象,"不说惠山的泥人,也不说景德镇的瓷器,单说'灯'",单刀直入。结尾采用和读者直接说话的方式激发读者兴趣,增强文章效果。

《灯》的开头用的是先声夺人的方法在气氛上进行渲染,结尾用真景幻景交错出现的写法进一步渲染灯展的魅力,最后又以梦境中灯的世界、灯的海洋增添浓度,创造强烈的艺术效果。

四、作业

阅读自己的习作,检查立足点和观察点表达不清楚和表达错误之处,进行补充和修改。

板书

立足点和观察点

区别 { 立足点:观察时所站的位置。
　　　 观察点:目光集中的地方。

联系 {
　一动 { 立足点不动,观察点移动——定点换景。
　　　　（按顺序表达）
　一定 { 观察对象不动,立足点移动——定景换点。
　　　　（研究多角度）
　二动——立足点、观察点都变化——移步换景。
　　　　（交代清楚立足点）
}

迎 春 灯 展

我国的民间艺术相当丰富。今天且不说惠山的泥人,也不说景德镇的瓷器,单说"灯"。灯对人们来说并不陌生,灯是一种照明工具,但我这里要说的灯是一种供人观赏的,以一种工艺品形式展现在人们面前的"灯"。

"灯"吸引着我们向虹口公园走去。进入公园,远远地望去,只见一座高大的灯塔竖立在灯展馆门前,它招引着慕名而来的人们。我随着人群走进了大厅。为了便于向您介绍,我把整个展览馆分为第一厅、第二厅和第三厅。

第一厅里是现代化的灯具。两棵挂满了五颜六色小电珠的圣诞树屹立在两旁。红的、绿的、黄的、蓝的,各种电珠连在一起构成了锦鸡的美丽的尾翅。

我走出第一厅,慢慢地穿过幽静的走廊。浏览着墙上挂着的浓墨大字,不知不觉地来到了第二厅。第二厅的门口挂着"辉煌"和"火树银花"字样的牌子。我还未走近,已听到瀑布飞下的声音,好奇心使我加快了脚步走进屋里。啊!真美,瀑布旁梅花鹿正歪着头吮吸着清凉的泉水;灰兔正津津有味地吃着嫩绿的青草,大概是我惊动了它,它还不时用怯生生的眼光看着我。这时,只见红光一闪,我惊奇地低下头一看,啊!原来一条红色的鲤鱼从水光潋滟的湖中一跃而起,这真是名副其实的"鲤鱼打挺"。在池塘的旁边有一片翠竹,两只可爱的大熊猫正在嬉闹。这一切简直和真的一模一样。

第二厅参观完了,我带着浓厚的兴趣走进了第三厅。一走进第三厅,首先映入眼帘的是一艘精巧的龙船。龙船的船身是一片一片金色的鱼鳞,紧密地排列在一起,高昂着的龙头下飘着银须,船上还有两层楼阁,船的前前后后都插满了绣有金龙的一面面小旗帜。在第二层的楼阁里还有一只精致的走马灯,制作得十分逼真。但谁又想到这一片片金光闪闪的鱼鳞竟是纸剪的呢?您大概没有见过花中之王的雍容风姿吧?但在灯展里却能看到,那些在绿叶的衬托下显得鲜艳夺目的牡丹实在令人赞叹不已。牡丹丛中还有一只金色凤凰亭亭玉立,欢迎着我。再向前走我来到了一只名叫神仙鱼的灯前,这精巧的玩意,简直达到了以假乱真的程度,竟使我情不自禁地想到由于自己"太勤快"而使喂养的两条金鱼死于非命。当我正以懊丧的心情回想这不快的一幕时,一群人把我挤到了一边。我看到了一只长着乌黑发亮翅膀的喜鹊正停在一枝含苞欲放的蜡梅上,正向人们报告着春天将要来临的消息。看着这件春意盎然的作品,我的心情重新舒畅起来。像这样小型的花灯还有许多,真是看不厌,数不尽。

我又走到了大厅的中央,一只足有两米高的大型走马灯矗立在我面前。灯一共分三层,第一、二层是转动的,第三层是仿照古代建筑的特点制造的。我饶有兴趣地数了一下走马灯中的仕女像,一共有16个。这时,我的眼睛略有些痛,想抬起头来休息一下,谁知,一抬起头,才知天花板上也吊着许多灯,有画仕女像的灯,有花灯鸟灯,琳琅满目。

这时天渐渐地暗了下来,但灯却更亮了。在弟弟催促下我走出了大厅,再回头看,只见里面灯火通明,灿烂夺目。

我愿您也去参观一下这给我留下美好印象的灯展。

郑　重

灯

"噢,到了,到了!"观灯展的队伍还没到虹口公园,声音先到了大门口。初春的阳光洒在我们身上,带着暖意。以往久闻灯彩的精巧别致,今天总算能大饱眼福了。

我们急不可待地进了园门,大家无暇顾及公园早春的美景,径直朝着门口竖着一根挂满"大肚皮"红灯笼的"迎春灯展"走去。"啊!可真漂亮!"一进门,队伍里就发出了一阵啧啧的赞叹声,那五颜六色的灯彩像磁石般吸引着人们。我们最先进了一间不大的展览室。首先映入眼帘的是两盆迎客松,松树上扎满了五彩缤纷的灯泡,鲜红的、嫩黄的、艳紫的,星星点点散落在枝头,还一眨一眨的。噢,真像……像什么?嗯——火树银花,对,火树银花。松树旁边挂着一个条幅,我费力地辨认着那龙飞凤舞的字迹:"红日光辉千载好,东风和煦万家春。"我不禁低声吟诵起来,念完了才意识到自己的冒失,我用眼角瞥了瞥周围的人们,大家似乎都向我投来惊奇的目光,我羞得一扭头就跑出展览室,也不知怎么就闯进了大厅。今天想起来,可真懊恼,听同学们说那里面还有孔雀开屏和锦鸡展翅呢!

  我闯进的那间展览厅里展出的全是手工扎的彩灯,望着眼前这些隽永耐看的花灯,我刚才满腹羞愧的心情一下子烟消云散。大厅中央的那盏巨型灯格外引人注目,灯分三层,远看像盏灯,近瞧,原来是幢精巧的房子。顶层围着一圈栏杆,两位仙女手擎扇子正凭栏远眺。我想她们一定正在赞赏祖国山河的美丽,称颂这带来大自然的繁忙的春天吧。底下两层,吸取了走马灯的样式,在花木掩映的窗口,不时闪出一个披红挂绿的古代女子:有的怀抱琵琶,有的弯弓张弩,有的轻拨琴弦,真可谓造型优美,活灵活现。我一扭头,发现了玻璃罩子里金光闪闪的双龙戏珠。走近一看,制作者的手艺真叫绝了。两条龙身上的鳞片不下一千,只有指甲那样大,每片边上都嵌上了金钱,甭提有多精细了。两条龙双目炯炯,嘴里衔着一颗闪着亮光的大珍珠,身边还忽忽悠悠地飘着几团棉絮般的云朵。这时,大厅那边传来了一片赞叹声,我连忙跑过去挤进人堆,咦,这不是大白象吗? 大白象今天打扮得可真漂亮,身上披的是绣着精细花纹的大红毡子。头上顶着盆万年青。旁边是灯彩的题名"万象更新"。我细细品味着,咀嚼着。忽然,集合哨子响了。什么,要走了? 天哪! 我真不敢相信自己的耳朵。我赶紧加快速度,匆匆浏览了周围的吊灯、壁灯、宫灯、动物造型灯。这些令人倾倒的彩灯使我陶醉了,眼前出现一片灯的海洋、灯的世界。同学来催了,我眼前的幻影这才消失,一步一回头地离开了大厅。走出好远,我仿佛还看到狮子耍球的动物灯。

  晚上,我做了个梦,我又走进了灯的世界,淹没在灯的海洋里,围着我的是五彩缤纷的灯,灯,灯……

许 谦

筛选与胶合
——《让歌声伴随着我们奋勇前进》习作讲评

【作前指导与要求】

每个同学都参加了"班班有歌声"的准备工作,每个同学又都参加了"班班有歌声"的比赛大会,按理说,大家对这个活动应该比较熟悉了。现在请大家回忆一下当时比赛的盛况,每个同学抓住一点描述,语言要简单明了。

在同学谈论的基础上,明确下列要求:记盛况,要在"盛"上进行渲染;精选材料,不能把18个班级比赛的情况都流水账似的报一报;要突出意义,不能停留在唱啊唱啊、比啊比啊的水平,要透过事物的现象发掘其中蕴含的意义;"散记"要"散",但"神"不能"散",要有明确的中心,要力戒杂乱。

作文的正标题是"让歌声伴随着我们奋勇前进",副标题是"'班班有歌声'比赛大会散记"。

一、讲评目的

1. 激发奋发向上、热爱集体的感情。

2. 理解选择有意义的材料的重要性,学习把分散的材料围绕主题胶合起来。

二、讲评材料和方法

录音磁带一盘，习作两篇。

读、忆对照；讨论，比较。

三、讲评要点

1. 放"班班有歌声"比赛大会的部分录音，激发讲评兴趣。

这次习作大家很有兴趣地写了"班班有歌声"比赛大会的情况，写得究竟怎样呢？让我们听一听那天大会的录音片段，重温一下那天的欢乐吧。

2. 忆大会盛况，排可资写作的材料。

以录音片段勾起回忆。

（1）从会的起始、进展、高潮到结束，排列可选用的材料。

（2）以班级为单位，排列所见到听到的材料。

不管是从会的程序来看，还是从班级划分来看，大家接触到的材料有几十个，对这些材料写作时该怎样处理呢？

3. 根据自己习作情况说明选择材料的原则与方法。

在学生交流的基础上明确：

（1）有条理地回忆思索，是选用材料的第一步。有些学生想到什么就写什么，没有把比赛情况在脑子里梳理一遍，这就容易挂一漏万，让有意义的材料溜走。

（2）在回顾各种材料的基础上认真地进行筛选。一个下午有18个班级参加比赛，不能都写入文章。有的习作写了七八个班级唱歌的歌名，只见到同学上台、下台的字样，主题并不鲜明。

（3）筛选要有原则。生动的、有意义的应选，一般的、无意义的可舍弃。选用与舍弃均由文章的主题而定，不是凭主观上的好恶。有的同学没有注意用"筛"来区别材料，故而出现选用不当的毛病。

(4) 由此可见,确立主题是筛选的前提。心中没有确立文章的主题,筛子就拿不正,不能把筛上和筛下的严格加以区别。

4. 对照杨清和李向群二人的习作,说明他们在材料筛选上的优缺点。要求:

(1) 先排列各自选用的材料。

(2) 分析两篇习作各自的主题。

(3) 判断材料选用是否得当。

学生讨论后请一两位同学归纳:

(1) 杨清用了初一、高一(1)、高一(2)、初三补课班唱歌的四个材料,以谢副校长讲话为结束语。李向群用了初一(1)、初二(2)、"悲歌散楚"和《马赛曲》等材料,并概述了所唱的几首歌的歌名。

(2) 两篇习作的主题相仿,前者着重写欢乐,表明歌声能使人振作精神,给人以轻松愉快的享受;后者通过对比赛大会的记叙议论,表现青年学生应唱激励斗志、鼓舞勇气的健康的歌,抵制使人恶心和厌烦的靡靡之音的主题。

(3) 从材料与主题的关系来说:

① "拉歌""高一(2)班的演唱"等材料筛选得好,台上台下紧密呼应,写出了欢乐的气氛、奋发的气氛。

② 运用联想谈意义时,"悲歌散楚"、《马赛曲》的材料用得恰当,能表现主题,而选用的初一(1)、初二(2)的材料反倒是唱的情景描述多,歌的意义和作用未展开,与主题扣得不紧。列举的几个歌和详写的比较,列举的反倒注意扣住主题。

③ 两篇习作材料均不够充足。杨清习作的结尾尽管照应到与开头呼应,但收得草率。既然点到"经过一个月的活动,大家认识到了唱歌的作用"(动宾不当,"认识到"应改为"体会到"),就可选用一两个材料加以反映。又如"班班有歌声"比赛大会分两场进行,文中写的只是

一场,应有所交代。李向群的习作议的材料比记的材料厚实,两相对照,现场实况的描述显得单薄,与题意不太相切。

材料是文章的质地。身在会场,眼观耳听,应学会把各种材料汇总到脑海中,写作时认真地进行筛选。如果只掌握一鳞半爪,就很难挑出最佳的材料,如果脑子里塞满了比赛时的情景,不严格地筛选、舍弃,写出来的文章就主次混淆,糊成一片。

再说,同学们选材料时思想没有放开,就会场情况写会场情况,带着生活露水的花絮都很少,更不要说延伸到场外。只有两三个同学穿插了场外准备的情景。当然,穿插场外也要为场内的比赛服务,否则,材料就游离主题,变成了赘疣。

5. 再次讨论两篇习作,评析它们是怎样把所选的材料连缀起来的。要求:

(1) 紧扣有关词句进行评析。

(2) 说明是否体现"散记"的特点。

在大家评析的基础上,教师明确:

(1) 两篇习作都注意到材料的联系与过渡。如"拉歌"一节,用"把全场同学的心都唱热了"的"唱热",为后面放声歌唱的种种材料做铺垫,用"喊"拉拉词和"响"起"应和声"把材料胶合起来。这个片段写得比较活泼,材料衔接比较自然。又如李向群的一篇,从全场高唱国歌到初一(1)班同学登台表演是用"首先"这个词来关联的,初二(2)班接着表演,是用前者"走下了舞台"和后者"一上台"来衔接的,注意到结构上的严密。

(2) 然而,在注意过渡时又出现了赘笔,使本来衔接得比较紧密的段落松散起来。如上述的"走下了舞台"和"一上台",接得既自然,又紧密,习作者在"走下了舞台"后面加了个"……",反而把紧凑的弄松散了。

(3) "散记"要"散","散"中有"聚"。两篇习作相比,杨清同学的稍好一些。用小标题的方式来组合,既能见到材料的"散",又能见到这些材料的"聚"。"散",显得潇洒,文笔流动;"聚",中心突出,材料胶合。当然,小标题的文字应认真推敲。显然"高一(2)班的演唱""大会结束时分"两个标题远不如"拉歌"好。至于李向群的习作,除在立意上高人一筹外,实在不能给人以"散记"的感觉。当然,第一次学写这类文章也是在所难免的。

四、作业

以印发的两篇习作和自己的习作为基础:

1. 进行材料的筛选。
2. 写一段类似"拉歌"的场景,把看似分散、琐碎的材料胶合起来。

板书

筛选 { 首先要博采(忆盛况)
区别材料的意义和价值(分)
围绕主题决定取舍详略(筛)

与

胶合 { "散"中有"聚"
用恰当的词句把材料衔接起来
忌多余的"过渡"(包括不该用的标点符号)

让歌声伴随着我们奋勇前进
——"班班有歌声"比赛大会散记

我们的校园里有一大群百灵鸟,今天欢聚在大礼堂里,举行歌咏比赛。大礼堂里打扮得格外美丽,台上八面彩旗分插两边,台边放着许多花盆,下面是两块黑板,上面写着各班的节目,在这里将有18个班级登台演出。

拉　　歌

"红星闪闪放光彩,红星灿灿暖胸怀。"初一小同学唱起了《红星歌》,他们的歌声嘹亮、清晰,把全场同学的心都唱热了。他们唱完后,响亮地喊起了拉拉词:"杨浦之春来到了,我们大家心欢畅,我们唱,哥哥姐姐也要唱,高一同学来一个!"全场响起一片应和声。高一同学放声高唱"快马加鞭,朝着'四化'迅跑……""我们是共产主义接班人",这是初中同学的心声,鲜艳的红领巾在我们胸前飘扬,我们用歌声唤起斗志,鼓舞勇气,坚定方向。最后我们拉了初三补课班的同学唱,他们虽然深受"四人帮"流毒的影响,但是他们决心以实际行动夺回失去的时间,歌声使他们看到了明天,四个现代化的明天,他们异口同声地唱道"明天比蜜甜"。全场报以热烈的掌声,为他们的进步而感到高兴。

高一(2)班的演唱

高一(2)班的演唱是全场最精彩的,博得了雷鸣般的掌声。钢琴伴奏也是他们班的同学。他们唱的是《长征》,那浑厚有力的歌声,使我们回想起漫长的革命岁月,把我们带到战火纷飞的年代。他们音色和谐,精神饱满,重唱、轮唱井井有条,体现了这个班级高度的纪律性。他们还为我们表演了一首欢快诙谐的歌《哼一支快乐的曲调》,这首歌唱得轻松自然。场下有的同学也打起了拍子,欢快地轻声和唱。我被这美妙的歌声陶醉了,歌声消除了一天的疲劳,使我们心情舒畅。

大会结束时分

大会将结束了,谢副校长讲了话。他鼓励我们把"班班有歌声"的活动继续开展下去,振奋精神,努力学习。他说:"歌声可以使我们振作精神,给人以轻松愉快的享受。"经过一个月的活动,大家认识到了唱歌的作用。悦耳动听的歌声,划破校园的清静,在上空回荡,这歌声胜过百灵鸟;这歌声唱得我们心花放。

杨 清

让歌声伴随着我们奋勇前进
——"班班有歌声"比赛大会散记

"哗——"在一阵热烈的掌声中,杨浦中学"班班有歌声"比赛大会开始了,全场唱起了雄壮的《义勇军进行曲》:"起来,不愿做奴隶的人们……前进!前进进!"

首先上台表演的是初一(1)班同学,他们歌声嘹亮,表情丰富。嘿!一年级小同学真是"初生牛犊不怕虎",向大哥哥、大姐姐们挑战来了。看着他们充满必胜信心的样子,觉得他们胸有成竹,不慌不忙。他们唱完后,全场报以鼓励的掌声,小同学们满脸带笑地走下了舞台……

初二(2)班一上台就引人注目,不光是一式的高领绒线衫,而且队形排法新颖,与众不同。别的班级一般是从矮到高,然后是从高到矮,初二(2)班正相反,别的班级一般是男同学站在后两排,女同学站在前两排,初二(2)班是男、女同学各站两旁。他们曾在去年的歌咏比赛中荣获一等奖,这次在技艺方面比上次有更大进步。他们唱的《让我们的歌声张开翅膀》优美动听,充满了年轻人的朝气和活力……

歌咏大会结束了,这次比赛活动是对"班班有歌声"这一活动的总结。这次比赛中,同学们都很认真,唱的歌曲也是很健康的,有抒情歌《再见吧,妈妈》;有青年进行曲《青春啊青春》;有外国歌《哼一支快乐的曲调》……相比之下,当前社会上一些流行歌曲,如《何日君再来》等靡靡之音是多么不堪入耳。

歌曲的作用从来就是不可忽视的,它能使人精神振奋,也可使人精神萎靡不振。在楚汉相争时期,汉将韩信设下十面埋伏,将楚霸王项羽团团围住。但由于项羽骁勇异常,一支方天画戟神出鬼没,无人可近。

再加上他手下的将士们个个英勇无比,汉兵一时难以打垮楚国军队。刘邦的谋士张良想了一个计策,让汉兵都唱起了楚国歌曲。楚国将士听到四面楚歌,以为楚地已失,于是军心动乱,纷纷开小差逃离了项羽。项羽只带了少数随从冲出重围,自刎于乌江。这就是历史上有名的"悲歌散楚"。再有,在18世纪末,奥、普两国武装干涉法国革命。战争中,由于政府的腐败,法军节节败退,法国面临着亡国的威胁。在这生死攸关的时刻,马赛义勇军唱着进行曲向巴黎汇集,开赴前线。这支歌很快就在法国人民中传开了,它激励着法国人民为保卫祖国而英勇战斗。这就是名闻世界的《马赛曲》,后成为法国国歌。

现在,在实现四个现代化的征途中,我们不需要《何日君再来》这样的靡靡之音,它只能使人恶心和厌烦。我们不容许在我国再发生"悲歌散楚"的悲剧,我们要唱像《马赛曲》这样激励斗志的歌,振奋我们的精神,鼓舞我们的勇气,用激昂的革命歌声伴随着我们奋勇前进!

李向群

围绕说明的中心选材
——"语文学习方法"习作讲评

【作前指导与要求】

请查《现代汉语词典》中"方法"这个词,说说它的含义。"方法"指的是关于解决思想、说话、行动等问题的门路、程序等。思想、工作要讲究方法,学习也一样,要攻克知识堡垒,达到掌握某些知识的目的,必须讲究学习的程序,摸索一套切合自己实际的科学的学习方法。无数事实告诉我们,任何一个领域里的成功者,常常在方法上有一套经验。得法者事半功倍,反之,也就是不得法者事倍功半,一乘一除,相差甚远。学习语文也是如此,要深知祖国语言文字的奥秘,要有效地提高听、说、读、写的能力,必须重视学习方法,创新读书方法。

每个同学都是自己学习方法的创造者,不过,大部分同学没有意识到,方法也有科学与不科学之分。这次习作就是请你们有意识地思考、小结一下自己学习语文的方法,向大家作介绍,要注意:是说明自己学习语文的方法,不是就学习方法发表议论;说明要具体,不可笼统;要有中心,有重点,不可东拉一把,西拽一把;既然向别人介绍,当然要层次清晰,语言明白;篇幅不一定长,但要言之有物。

一、讲评目的

1. 进一步引起学生对学习语文方法的探讨和重视,促进语文学习效率的提高。

2. 明确如何确定说明的中心和如何围绕说明的中心选材剪裁。

二、讲评材料和方法

严济慈《读书主要靠自己》一文的节选部分,学生习作六篇。

交流习作内容,综合评论,读写对照。

三、讲评要点

1. 强调方法,引起重视。

这次习作介绍语文学习的方法,尽管同学们写得比较认真,但由于过去重视不够,写的时候道道儿不多。要解决这个问题:第一,思想上高度重视;第二,学习实践中努力创造。

方法问题不是一般问题,它的重要性究竟如何呢?请听巴甫洛夫说的一段话:"科学是依赖于方法的进步程度为推动力而前进的,这句话并不假。方法每前进一步,犹如我们每上升一阶一样,它会为我们展开更广阔的视野,因而看到前所未有的对象。"学语文也如此,方法如阶梯,阶梯牢靠,攀登到目的地就不是可望而不可即了。

2. 朗读习作,交流学语文的方法。

习作者读自己的习作,要求口齿清楚,速度适当。

听的同学择需而记,记录要眉目清楚。

3. 综合评论。

(1) 文中所介绍的学习方法涉及哪些方面?谁能有条理地加以说明?

(2) 文中介绍的学习方法可不可取?为什么?

(3) 习作者学习语文的方法仅止于此吗?为什么写到文中只有这些内容?

(4) 就语言、层次等问题可充分发表意见。

同学在讨论中应明确下列几点：

（1）涉及课内和课外，读和写，观察和思考，自学和听讲等方面。

（2）尽管这几篇习作的内容有充实与较为单薄之分，但都言之有物，来自习作者学习的实践，是"经验之谈"。

比如，在语文学习中如何培养自己发现问题的能力，黎莉同学介绍得很好。一个不善于学习的人，脑子里总是混沌一片。拿到一篇文章，表面上是在读，实际上是"对书"，对着书，因为不动脑筋思考，不知道问题在哪儿，请他分析内容和表达的方法，那就会如老虎吃天一样，无从入手。黎莉谈了在这方面的学习方法，是颇值得借鉴的。

又比如王雷谈的"不动笔墨不读书"也比较好。有些同学也在书上做记号，但是没有一套固定的阅读符号，东画画，西画画，线歪歪扭扭，有时把文中的字词都画掉了。书弄得像个大花脸，读起来不是增加困难吗？至于个别同学书上无符号，学过的课文与没学过的面孔一个样，绝无增添，是不是也可以从中得到启发呢？

习作中说明的有些内容，不少同学也写到了，值得注意的是他们都有自己学习上的特点，不具备一般性。比如，课外阅读开阔视野的问题，姚蓉能课外查资料分析验证课内所学的知识，又能把课内不能解答的问题带到课外，到课外书籍中寻找解答。这种学习方法很有道理，是真正为了求知，而就在寻求解答的求知过程中，自学能力得到了培养，得到了提高。其他如听课要有针对性，要发挥自己感官的作用，时时做有心人等，也都有各自的特点。

（3）习作者学习语文的方法不仅仅如文中所介绍的。因为语文涉及的面很广泛，字、词、句、篇、听、说、读、写等，学习时各应有法，要在短短几百字的文章里说清楚是不可能的，故而下笔前必须确定说明的中心。

写一篇说明文，在明确说明的对象以后，必须考虑要说明这一对象的哪一方面或哪几方面,这就形成了说明的中心。被说明的对象如果比较复杂,涉及的方面很多,不确定中心,文章不是冗长,就是庞杂,就会出现无中心、多中心、主次不分等毛病。

说明的中心确定以后,就要根据中心选择材料,与中心有关的材料要说明白,力求说透彻,无关紧要的略写,乃至毫不可惜地舍弃。在这个问题上,有部分同学没有处理好,习作中出现了并列地介绍学语文几个方面的方法,但都没能深入下去。黎莉同学的习作这方面处理得比较好。文中只谈了一个问题:学习语文如何发现问题和解决问题。围绕这个中心,先说明什么是问题,怎样才能发现问题;接着运用《故乡》中不解之题为例,说明解答问题之不易;然后用《黄山松》为例,说明所提问题不一定都正确;再进而说明解决问题的种种途径;最后以提问题和解决问题都需要有勇气作结。只要稍加思考,就可明白可写的材料还不少,如发现问题后怎样在书上做记号、怎样组织语句提出问题;又如解决问题时顾老师讲述了哪些内容,于老师又讲述哪些内容,解决疑难问题时同学们如何开展讨论,讨论的内容是什么,等等。但文中都没有作具体的说明,这些材料都被舍弃,是什么原因呢?为的是突出重点,不冲淡说明的中心。如果用一定篇幅的文字介绍解答的场景、内容,杂七杂八,说明的中心就遭到破坏。

几篇习作在文章开头部分都交代了说明的中心。有的从议论入笔,突出一点;有的用排除的方法;有的直截了当摆出说明的中心。说明的中心确定以后,也都能围绕中心有条理地进行介绍。如《不动笔墨不读书》介绍得条分缕析,用举例法一一说明,清楚明白。

(4) 几篇习作语言都较通俗、简明,有的还较活泼。如"进了中学,我才觉得自己知识贫乏得多么可怕"就比"我才觉得自己知识很贫乏"活泼得多。

4. 朗读严济慈的《读书主要靠自己》(节选),在学习方法上进一步启发学生。

这是一篇议论文,阐述了"读书主要靠自己"的观点,其中谈了读书方法,请同学们仔细听,择要做记录。

下列语句慢读,提示同学做记录:

(1) 像任何事物一样,读书有一个从低级向高级发展的过程,这就是听(听课)—看(自学)—用(查书)的发展过程。

(2) 听课要抓住重点,弄清基本概念。

(3) 一本书从头到尾循序看下去总可以看得懂。

(4) ……要学会查书,一旦要用的时候就可以去查。

(5) 每个人都要摸索适合自己的读书方法,要从读书中去发现自己的长处,进而发扬自己的长处。

四、作业

做有心人,摸索和创造学语文的好方法。

板书

围绕说明的中心选材

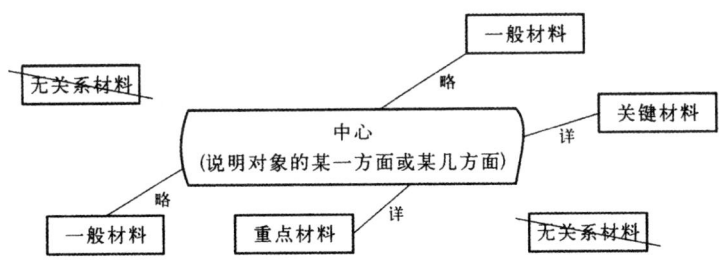

我学语文的方法

学语文,并不是件容易的事,除了要课前预习、课堂听讲、课后复习以外,还会碰到许多麻烦事。因此,学语文能考验一个人有没有顽强的毅力。我在学习语文方面谈不上有什么好经验,只是对语文中的提问题很感兴趣。

每当看到一段令人费解的文字,脑子就会出现问号,为什么？为什么呢？问号逐渐地转变为语言,这就是问题。

要发现问题,也不是件容易的事,尤其是在学语文的过程中。对手中的课文只看一遍脑子里就有问题的可能性是很小的,这就需要看上三遍、四遍,甚至更多遍。熟悉了课文,对课文就会有一定的认识,再加上对知识的渴望和追求,自然而然就形成了问题。

语文问题和数学问题是截然不同的。为什么呢？举个例子来说吧,数学上有了问题去问老师,很快就会得到解答,而语文就不一样了。有一次,我在学习鲁迅先生《故乡》一文中有不解的问题,马上去请教顾老师,顾老师为了能让我得到一个完美的答案,就从多方面,头头是道地说了一大段,可我并不真正理解,而且听完也已忘得差不多了。不久,又有同学问同样的问题。这次,我吸取教训,脑子像把快刀一般,把听到的东西按条理切成一块、一块的,简单记下,一条、两条、三条……然后用自己的话再说一遍,这样答案不是记在纸上,而是深深地记在脑子里了。所以,在提语文问题时,每个人不一定都能得到满意的答案。因为它所联系到的内容,如文章的历史背景、作者的思想感情等,比数学问题——只限于得到一个最终的答案要深得多、广得多。

学课文的时候,也不一定提出的每个问题都是正确的。我就碰到过这样一件事。那是在课堂上,我们学习知识短文。在学到关于诗中形象这一章节时,下面附有一首《黄山松》,我以最快的速度看了一遍,马上脑子里就有了问题,觉得前段中的形象与末句"不符",于是就自信地提了出来,得到的答案却是我错。于老师不仅没有批评,还热情地鼓励我。我坐下以后,她细细地为我解答。哦,原来是这样！猛然醒悟的我思想终于合上了诗篇中雄伟的拍子。

提出了问题就要去解决,解决问题的途径有两种:一种是继续深入学习,自己寻求答案;另一种是直接去问别人。之前,我一有问题就马上问,不管问题的深浅。随着知识储存量的增大,我变得爱一个人潜心思考,静思默想,在课堂上提问题也就少了许多。经过一段时间的学习,我又体会到单用这种方法是不可行的,因为一个人的认识毕竟太狭隘、太肤浅了。从提问题到解决问题有一套程序:发现问题—独立思考,先有一定的认识—在课堂上提出来—听取大家的意见—整理完整。很显然,这一套程序要比前两种途径更完整,既自己动了脑筋,又博采了许多同学精当的见解,这对问题的解答无疑是更完美、更全面了。

无论是提问题还是解决问题都需要有勇气,只有这样,才能毫无顾虑地钻入浩瀚的知识海洋中,获得真正属于自己的精神食粮。

黎　莉

不动笔墨不读书
——谈谈语文学习方法

要学好语文,必须要有正确的学习方法。这里,我只就"怎样在书上做符号"的问题谈一点自己的体会。

符号有各种各样,但必须规定明确,前后一致。使用符号的目的在于突出重点,加深理解,掌握警句。在我的书上常用的有这样几种符号:三角形、直线、双线、括号。

1. 三角形:在一些字、词下面画上一个三角形,就说明这些词语在文章里用得很精彩。如《闻一多先生的说和做》里,我就在"钻探""消化尽""吃尽"等词下面画了三角形,因为这些词充分说明了闻先生研究古籍的韧劲和他的雄心大志、爱国之心。

2. 直线:我用来画出必须掌握的词语。如《故宫博物院》这篇文章里,有许多平常不大使用的词,如"鎏金""玉玺"等。在这些词下面画上一条直线便于抄写,查阅字典,做到理解掌握。

3. 双线:使用双线,是为了表明文章的要点,文中发展线索及名言佳句等。例如我在学习《雄伟的人民大会堂》这篇文章时,就在说明人民大会堂特征的"雄伟壮丽"等词句下面画上双线,使人民大会堂的形象如在眼前,加深印象。又如《井冈翠竹》一文的线索是"井冈山的竹子是革命的竹子"。我就在这句话下面画上双线,表示这是贯串全文的一条主线,顺着这条主线,有利于理解和掌握全文的中心思想。再如在诗歌《观沧海》里,"日月之行,若出其中,星汉灿烂,若出其里"的下面画上双线,则是因为它是千古流传的名言,须牢牢记住。使用这些符号帮助阅读,加深理解。

4. 括号:我主要借用它来帮助分析文章结构。我一般把大括号用来分段,中括号用于划分层次。例如在《谁是最可爱的人》一文中,我就在第1段前面和第3段之后各画了半个大括号,因为这三段是文章的第一个层次。又如《新闻两篇》中的第一篇《人民解放军百万大军横渡长江》中,我在"20日夜起"之前和"30万人"的后面各画了半个中括号。因为这是文章的第二个层次,它简略地介绍了中路军的渡江情况。

此外,为了较好地分析和理解文章,便于自己复习,我还在书上适当地作一些批语一类的补充说明。如学习李清照的《声声慢》一词时,除了文中注释外,我又在文旁写了这些语句:"金兵入据中原,北宋灭亡,建立南宋。南宋苟安于小朝廷,丈夫赵明诚病死。浙东亲历变乱后,尝尽颠沛流离之苦,晚境寂寞凄凉。"这样就帮助自己进一步理解作者于开头用14个叠词时极度悲哀的感情。又如对文言文中的一些词语解释,说明文、议论文中的段落大意,以及散文中使用了哪些修辞手法等,也记一点精要。这些词句虽然很简单,但在我复习的时候,却往往起点睛的作用。

上面只是我在语文学习过程中的一点肤浅体会。它还很幼稚,就像刚刚出世的小鸽子,还需要母鸽的精心照顾。

王　雷

我学习语文的方法

每个人都有自己学习语文的方法,下面我粗略地谈一下我学习语文的方法。

第一,要做好预习工作。预习是学习中的第一环,是必不可少的。课前预习,听起课来就有底了,可以有针对性地听。预习时先看几遍课文,搞懂字词,了解文章大意;然后再看课后的思考和练习,借助它来理清文章脉络。在这基础上,再给文章分段,并概括出段落大意、中心思想。坚持这样做,可以培养自己的逻辑思维能力。

第二,上课积极思考,做学习的主人,不能总是机械地把老师所讲的囫囵吞下,而应该积极思考,多问几个为什么。就好比一个人吃菜,不能一口咽下,而要细细品味,嚼出滋味。因为已经预习过,听起课来就有了重点。已搞懂的可加深印象,看自己的见解与老师同学说的是否相同;不懂的就可用心听讲,潜心思考,消化为己有;如果还不懂,那就等下课再向老师请教,切不可为了一个难点,而放弃了听其他内容的机会。

第三,要认真复习。每篇新课学完以后,间隔一段时间便复习一次。不要等考试前再"临时抱佛脚"。复习不仅仅是背几个字词、解释,更多的是复习一下文章的写作特点、写作意图、语法、逻辑等。对文章的理解,不同的年龄,理解的深度与广度也不同。随着年龄与社会经验的增长,对一篇文章乃至一个词句的理解也会更深刻、透彻。因此复习还能起到"温故而知新"的作用。

预习、听课、复习这是三个相连的环节,环环紧扣,缺一不可。不预习,听起课来就会茫然无措。听课不认真,靠课后去补,那是花几倍的时间也补不过来的。当然光听课,不复习也是不行的。孔子云:学而时习之。不复习等于没学,学了就忘,那是无效劳动。除了这三个方面,还可以阅读课外书籍,开辟广阔的第二课堂,充实课堂上的学习。如我读《宇宙里有些什么》一文,开始对"宇宙"这个概念不甚理解,通过阅读科学杂志,我就对它有了较全面的认识。

在今后的学习生涯中,我将不断探索,及时总结,逐步完善自己的学习方法。

张 叶

怎样划分段落

预习,是学习语文的一个重要环节,而划分段落又是预习中必不可少的一个内容。它可以帮助我们提高分析文章的能力和逻辑思维能力。

怎样划分段落呢?我认为,首先要了解作者的写作意图,即中心思想。因为作者往往是围绕中心来组织材料的。要理解中心,就必须多读。俗话说:"读书千遍,其义自见。"

第二步是理清文章脉络。文章的顺序有多种多样,如时间顺序、地点顺序、事件发展顺序……因此,分段不是绝对化的,关键是怎样掌握分段标准。

在理清了文章脉络的基础上,可以进行分段。分段时要注意段落与段落之间的关系。例如《向沙漠进军》一文中第5、第6段都是讲人们防御沙漠的方法,因此不能把这两段拆开。而第4、第5段讲的是不同的内容。前者是讲沙漠对人类的危害,后者是讲人们如何防御沙漠,因此不能分在一起。

划分好段落后,还要概括段落大意。它可以使我们对文章的理解更加清晰、透彻。有时段落大意在文中可以找到现成的句子,如中心句,它经常出现在一段的开头或结尾,这时只需稍加修改即可。如果没有,就需要自己概括。概括时要仔细、确切,不要庞杂。

以上是我划分段落的一些粗浅体会。

张 涛

我学习语文的方法

我学习语文分课内学习和课外学习两大途径。要说有什么经验,谈不上,我只谈一点课外学习的体会。

以前我的知识面十分狭窄,往往只限于课内老师所教的知识,并片面地认为只要成绩好,就是最大的光荣。进了中学,我才觉得自己知识贫乏得多么可怕,于是我开始一点点地阅读课外书籍。之前,我看课外读物并没有什么兴趣,往往只看书中的情节和写得十分"惊险"的段落,对于优秀的作品也只是浏览,从不咀嚼消化。这样,书倒看了不少,但收益很少。随着时间的推移,我越来越觉得这种读书方法是不行的。于是我吸取教训,开始选读一些文学名篇,注意思考,认真理解。读文学作品兴趣浓了,也有点收益;但是遇上科学技术之类的书籍,我还是不喜爱阅读,因为飞机大炮的制造对我没有什么吸引力。后来老师要求我们广泛地阅读科普读物、青年修养读物,全面增长见识。这样我才逐渐懂得:读书如蜜蜂采花一样,不能只吸一朵鲜花的花蜜,应该博采众芳,读书也应博览,要努力做到广泛吸收养料。于是我注意培养读这些书籍的兴趣,渐渐地,好奇心也促使我喜欢阅读这几类书籍了。

有时,看上一本好书,不加摘录就不免觉得可惜。因此我订了一个积累本,对书刊上的一些精彩句子加以整理,积累到本子上,有些还背诵,记在脑子里。这样,日子一久,储存的知识就丰富起来了。

有时我还在课外查一些资料来分析验证课内所学的知识,对课内不能解答的问题到课外书籍中寻找解答。我觉得自己找资料得来的答案和自己思考的内容相结合,比从老师口中说出来的完美答案印象要深得多。比如在学习《故乡》一文中,开始我有许多不解之处,看了《鲁迅作品分析》,经过自己思考以后,印象就深得多了,理解也就比较透彻了。

课外学习方法很多,我这里谈得还很不成熟,有待于今后继续努力地去探索。

姚 蓉

学习语文的方法

学习语文的方法是多种多样的。不少同学认为背诗、组词、造句才是真正的学语文,其实不然。如果你能够仔细地观察自己的周围,观察生活,观察社会,那么,到处都是学习语文的天地。

每天早晨,当你走在上学路上,你有没有注意到街上的行人?那是很有趣的。他们有的是二十几岁的小伙子,使劲地蹬着车,犹如一匹脱缰的野马飞驰在上班的路上;有的是年过花甲的老人,他们在路旁的小花园里边散步边欣赏着两旁的花草树木;也有的是刚上学不久的小学生,他们背着小书包由妈妈搀着走在上学路上,边走妈妈边不停地向孩子嘱咐着什么,孩子点着头,眨巴着小眼睛,好像在说:"知道了,忘不了。"同学们,如果你们对这些行人作更具体的描写,那么久而久之,写作水平就会不断提高。

很多同学爱听收音机,你们注意到没有?中央人民广播电台的广告节目有一个很大的特点,那就是:短小精练,语言规范,句句清楚明白。短短几句话就能把货名、厂家、特点等讲得一清二楚,如果长时间地注意收听并学习这种语言,那么对自己口头表达能力的提高将有很大的帮助。

在我们的生活中少不了交谈,在交谈的过程中,你会发现,有的人讲话条理清晰，很风趣，爱用一些歇后语或成语；而有的人讲话支支吾吾，一句话要连续用上好几个重复的词。如果你能向前一种语言学习，而对后一种语言中的毛病及时加以纠正，那么，久而久之，你语言表达的准确性就会大大提高。

充分发挥自己感官的作用，做有心人，把更多的语文知识贮藏在自己的小仓库里，努力提高自己听、说、读、写的能力。

石　巍

事物本身的条理性和说明的合理顺序
——"一次××实验"习作讲评

【作前指导与要求】

这是一次实体事物说明的训练,要求把某一次生物实验或物理实验的目的、步骤(包括操作)、变化和结果写成一篇说明文。同学们刚学过《蜘蛛》《统筹方法》《石油的用途》《机器人》等四篇介绍科技知识的文章,对说明事物的基本方法有所理解。写作前请把说明事物的基本要求和常用的说明方法在脑子里过一遍,减少下笔时的盲目性。

任何一个事物都包含着许多方面,做一次实验,包含着实验的目的、用具、操作过程、变化结果;就实验对象而言,有外部形态、内部构造,有其自身发展的情况和过程,因而,在说明的时候,必须弄清楚说明对象本身的条理性,安排好合理的顺序。

个别写作有困难的同学可着重说明事物的一个方面,如写解剖蟾蜍,或着重说明解剖的步骤,或着重写解剖的方法,或着重说明蟾蜍的外部形态和内部结构。但不管是说明事物的一个方面或几个方面,都要求层次清楚,条分缕析,语言准确、明白。

一、讲评目的

1. 激发做科学实验的兴趣,培养热爱科学的感情。

2. 懂得说明事物须根据人们认识事物的过程及事物本身的规律安排合理的顺序,克服条理不清、笼统混乱的毛病。

3. 培养分析比较和抽象概括的能力。

二、讲评材料和方法

《解剖蟾蜍》《解剖豚鼠的实验》和《有趣的实验》三篇习作。

集体讨论,比较异同,概括出写好这类说明文的要领。

三、讲评要点

1. 激发兴趣。

科学实验是人们认识客观世界的重要途径。同学们如果不进行蟾蜍和豚鼠的解剖,就不可能对它们有如此具体、真切的认识,当然也就不可能写出介绍它们的习作。

实验是非常有趣的有意义的活动,它能增进知识,锻炼我们进行科学性观察的能力。许多同学习作中都流露出对做实验的浓厚兴趣,现在我们选择其中的三篇进行评析。我想,同学们也会怀着做实验时的同样兴趣来评析做实验的实况记录的。

2. 阅读印发的三篇习作,做讨论的准备。

(1)说明文讲究科学性,三篇习作说明的内容符不符合实验的情况?

(2)迅速梳理出每篇习作的说明顺序,思考这些顺序是根据什么来安排的。

(3)比较三篇习作在说明事物中的异同。

3. 开展讨论。

讨论重点放在第二个问题,第二个问题弄明白,第三个问题就迎刃而解。讨论时兼顾说明的语言。

4. 请两位同学分别根据讨论的情况作详略取舍的处理,归纳出与第二、第三个问题有关的要点。教师注意点拨。

(1) 说明的顺序。

《解剖蟾蜍》——解剖目的、解剖器具、解剖步骤和解剖效果。重点说明剖皮、固定、观察、画图四个步骤,按照实验操作的先后顺序依次说明(暂且这么说)。说明被解剖的实体时,由外而内;说明实体的内部结构时,由上而下。这是根据人认识事物的过程和事物本身的结构来安排说明顺序的,比较合理。

《解剖豚鼠的实验》——解剖的全过程:解剖前的麻醉,剖皮,切开胸肌,打扫胸腔和腹腔,解剖后肢肌肉,头部解剖,剥鼠皮。按照实际操作的先后顺序安排说明的顺序。说明每一个被解剖的局部时,按照实体的本身结构与人认识事物的过程安排顺序,由上至下,由外到内。

《有趣的实验》——实验三阶段:准备、失败、成功,按照实际操作的程序安排说明的顺序。每个阶段具体说明的顺序也是照操作先后进行安排。

(2) 三篇习作在说明事物中的异同。

① 同是一次实验的说明,都抓住了被说明事物的特征,注意运用学过的作比较、打比方等说明方法,语言明确、通顺。

② 异是实验的具体内容不同,两篇写的是生物实验,一篇写的是物理实验;同是生物实验,解剖的对象也不一样。

《有趣的实验》进行的是单体动态观察,把握瞬息时机说明实验的成败。说明的内容虽简单,但有趣味,和题意相切,由实验引出的议论比较得体,末尾的"但大自然像一个吝啬鬼一样,将更多的奥秘藏得很深、很深",寓意深刻,发人思考。

《解剖蟾蜍》和《解剖豚鼠的实验》都是进行单体静态观察。前者不但突出了解剖步骤这个重点,而且解剖的目的、器具、效果均作了扼要的说明,比较全面。在说明某个解剖程序时还夹以分析的文字,使人理解得更为清楚。如"剖皮的关键是准、稳、狠。只有准才不会剪歪；稳了才能剪好；狠也就是有力，一剪刀下去不至于有筋筋拉拉，不会破坏内脏组织"，说明之后立即分析，使人加深印象。实验的四个步骤的说明有主有次，详略分明。在观察内脏这段文字中接连用了四个比喻进行说明，贴切生动。说明的语言生动形象。这篇习作明显的缺点是"观察"从解剖的步骤中单独立出来。观察应贯串解剖的全过程，在剖皮、固定、画图的活动中都离不开观察。从现象上看，分四个步骤依次说明是按照操作的顺序，实质上划分步骤时没有遵循事物本身固有的规律。"以类相从"才"条分缕析"，"观察"怎能和"剖皮""固定"并列呢？分类就不恰当。"画图"也是如此。解剖过程应说明的是一道道解剖工序，"观察""画图"都不属解剖过程。只要仔细一点，就可发现"剖皮"一段已写了解剖的好几个步骤：剖皮、切肌、断筋，只是未详说罢了。

这个问题《解剖豚鼠的实验》处理得比较好。先总写解剖前的准备工作，然后分述一个一个解剖的步骤和观察所得的情况；先身体、后头部；先外后内再外；以一般状态为主，适当穿插即时状态。如豚鼠吸入乙醚气体后的极度兴奋状态，"用后肢站立起来，举着短短的前肢，全身哆嗦着，连嘴鼻周围的须也在颤动"，就是即时状态的说明。文章根据操作进程的顺序和说明对象本身的规律来安排，说明的顺序是清晰的、合理的。

《解剖豚鼠的实验》这篇习作是全班习作中写得最细致的一篇，对解剖的对象观察得十分精细，说明详尽周到。这一点大家都应学习。做科学实验必须严格精细，要观察、观察、再观察，只知大概，粗粗拉拉，绝不是科学的态度。

5. 从三篇习作的异同和优缺点中能抽象概括出哪些启示？请同学发表意见。

(1) 观察的质量决定了说明的质量，观察得越细致，说明得越具体。

(2) 把人认识事物的过程和事物本身的条理性结合起来,安排说明的顺序,就层次清楚,条理分明。

(3) 说明一个事物的几个方面须主次分明,详略得当。

(4) 采用恰当的说明方法,可增强说明的效果。

四、作业

以《解剖豚鼠的实验》为对照,分析自己的习作,检查观察的遗漏,补充说明的欠缺,检查说明的顺序是否合理,是否清晰。

板书

事物本身的条理性和说明的合理顺序

说明事物的顺序要合理,不可随意编排。

根据 $\begin{cases} 人认识事物的过程 \\ 事物本身的规律 \end{cases}$ 依次说明。

关键在观察精细,理解正确、深刻。

解 剖 蟾 蜍

解剖学是动物学中一个重要内容。通过解剖动物的实验,可以更好地理解课堂上所学到的知识。理论实际相结合,可以学得更深入、透彻。

解剖蟾蜍的实验是这学期解剖课的重要内容。蟾蜍解剖实验器具有解剖剪、镊子、解剖盘、大头针等。解剖过程共分剖皮、固定、观察、画图四个步骤,每个步骤质量的好坏都与整个实验成败有直接联系。

剖皮是解剖中的重要环节。先用大头针在蜡制解剖盘里固定好蟾蜍的四肢,然后用镊子夹起它的腹部皮肤,用剪刀沿腹面向上剪,至口缘后方。这时,蟾蜍内脏就露出来了,但不完全,还需用剪刀在腰和肩处左右转向地横切,同时切断肤下肌肉,这样才能使内脏全部显露出来。剖皮的关键是准、稳、狠。只有准才不会剪歪;稳了才能剪好;狠也就是有力,一剪刀下去不至于有筋筋拉拉,不会破坏内脏组织。

剖皮后的第二步是固定,就是用大头针把剪开的表皮固定牢,观察起来可更清楚。插大头针时要直、深,这样才能"牢"。还应钉到位,如腰、肩、头颈、腹等处,这样才可展平剖开的皮肤,便于观察。

观察是整个实验的关键,只有观察仔细、周全,理解才能深刻,画图才能正确无误。观察先从心脏开始,这时蟾蜍并未气绝身亡,鲜红色的心脏还在有节奏地微微搏动着,殷红的血从破口流出,映红了肌肤,真有些目不忍睹。紧挨着心脏的是肺,这是全身"空气交易所"。接着肺脏的是肝胰等消化器官。这些器官几乎占了内脏的一半,好似一座迷宫一般。一根连通口、咽的食道直通袋状的粗大的胃;它的东北角上分别是膨大的肝脏和矮小的胰腺。在肝胰交界处还有一个墨绿色的胆囊。而围绕着这些器官的则是细长曲折的小肠。像一条地道,弯曲蜿蜒,真可谓"曲径通幽"了。小肠直通排泄系统的膀胱、肾脏等,所有废物都由泄殖腔孔排出体外。

摘除所有内脏,就能看到一条白色纤维状的神经。它们直通大脑,那是全身的"总司令部","主宰"着全身运动。

最后一步则是画图,只需按照书本图例并结合自己的观察去画就行了。

解剖实验不仅能帮助我们理解所学的知识,而且使我们掌握了解剖的方法,学会动手做实验的实际操作能力。

魏 群

解剖豚鼠的实验

解剖豚鼠是生物课一项有趣的实验。在解剖前,须将豚鼠进行麻醉,当它刚吸入乙醚气体时,表现出极度兴奋,它会用后肢站立起来,举着短短的前肢,全身哆嗦着,连嘴鼻周围的须也在颤动,不多时,它便像发酒疯的醉汉东倒西歪,数分钟后就倒下不动了。

这时把豚鼠腹面朝上,用水把腹毛浸湿,再把四肢拉直钉在蜡盘上,撬开它的嘴,塞进药棉,准备就绪后,就可以开刀了。

一手用镊子拎起腹部皮肤,一手用剪刀沿中心线自身体后端向前一直剪到颈部,再在腰带、肩带处左右横切到四肢上部。把皮肤剥开,翻向两侧。要是处理得当,会没有什么血渗出。皮肤下有一层约半毫米厚的脂肪层,分布着一些毛细血管,这层皮下脂肪与肌肉之间还有一层很薄的几乎透明的膜。隐隐的,可以看见胸口有节律地起伏,肚子是圆鼓鼓的,极富有弹性,前肢瘦弱,后肢肌肉发达。摸上去,肌肉表面光滑而有弹性。豚鼠的身体还是暖呼呼的。

剪开胸肌后,一股股鲜血便流了出来,拿掉胸肌及肌骨,豚鼠的内脏器官就显露出来了。暗红色的心脏还在吃力地搏动,大小宛如一粒大扁豆,用手轻轻一捏,心脏就被压瘪了,松开,又渐渐恢复原状。我们把连着心脏的血管割断,霎时,血喷出了心脏,心脏立即变得瘪瘪的。两叶肺就像用多孔的粉色泡塑制成的,连着一条乳白的大气管,气管就像粗大的橡皮水管一样,有着一圈圈横向凹纹。摘去肺,胸腔里几乎空空如也了。在如薄橡皮膜似的横膈膜下面,便是腹腔。褐绿色的肠占了腹腔的大部分容积,鼓鼓的,外面也包着一层亮晶晶的膜,这是为防止肠在震动中排列错乱而设置的。把盲肠挪到一边去,就可以看到淡红色肾脏,有些像三棱体,摸上去挺结实。

再来看看豚鼠的后肢肌肉。大腿上有一条粗大的动脉,一刀子戳下去,血马上涌出来,剔除部分肌肉,就能看见一条白色尼龙绳似的韧带。韧带富有弹性,很结实。

用刀割下豚鼠的头,可以看见小小的耳朵,鼻周围有须,且摸上去像细砂布。嘴里有两对约四毫米细长的犬齿。撬开嘴,还可以看见一条粉红色的小舌头,舌尖尖圆,口腔壁手感毛糙。

剥去头皮,我们可以看见头部稍后一些的两侧有两个黑的小洞,那是耳朵。豚鼠的脑壳在受压均匀的情况下很抗压,但用刀尖一戳,薄薄的脑壳就出现了一条裂缝。去掉脑壳的一部分,最明显的是乳白色的大脑,大脑表层凹凸很少,血管也不是很密集,拿掉大脑,便看到像肠一样盘起来的小脑,小脑凹凸很多,小脑后面便是延髓了。

豚鼠的皮还算中看,白色的夹着黑斑和黄斑,毛有近两厘米长,能把这张皮完整地剥下来,也是挺有意思的。可惜比不上兔子皮,有一股臊臭味,上面还有虱子。

郝建源

有趣的实验

看了别莱利曼著的《趣味物理》,我决定要做其中一个有趣的实验。

我先拿了根针插在橡皮上,稳稳地放在玻璃板上。接着,又拿了一张长方形的薄纸,将它的四条边两两对折,再展开,自然,两条折痕的交点就是它的重心。我把这张纸放在针上,使重心恰好顶着针尖,我又非常轻地吹了一口气,这张纸像风车一样转动了起来,看来,它转得很好。

于是,照书上所说,我将手掌竖在玻璃板上,掌心向着纸片,向纸片慢慢地移动,但我太性急了,快临近纸片时,我加快了一点速度,不料立刻带来了一股气流,将薄纸片给掀翻了。我只得重新放好,耐心地再来一次,这回很好,手掌离纸片只有几厘米了,我静静地等着。

终于,纸片开始转动了,起初是不被人察觉的动,后来越转越快了。将手掌移远一点,它又慢慢地停止转动。

成功了!

我着魔似的看着它,这好像是个谜。在几百年前,人们就观察到了这个现象,信奉神秘的人说这是"人体能够发出神秘的力量"。其实,道理很简单:纸片下部的空气被手掌温暖后就上升,碰到纸片,就使纸片旋转起来,这同走马灯是一个道理。

现在是20世纪80年代了,人们已"窥视"了自然界的许多秘密,但大自然像一个吝啬鬼一样,将更多的奥秘藏得很深,很深……

史　进

要善于截取精彩的横断面
——"课余"习作讲评

【作前指导与要求】
认真地排列自己课余生活的内容,选择其中最有乐趣的事作为材料;细读《多收了三五斗》一文中描绘粜丰收谷米场景的部分,体会人物对话中的不同神色和语气;叙事要生动,描写要细致,语言要活泼。

一、讲评目的
1. 检阅课余生活内容,培养热爱生活的感情,引导学生关心社会上的新信息,开拓课余生活的新领域。

2. 理解场景描绘的要点:截取表现主题最需要的那一段;有点有面,点面结合;层次显豁,多方着墨。

3. 推敲一些重点词句,体会生动准确的语言在渲染气氛、刻画人物和表现主题等方面发挥的作用。

二、讲评材料和方法
《四国大战》《课余》《球》三篇习作。

采用一篇带多篇的方法,开展全班性的讨论。

三、讲评要点
1. 导语。

在我们国家,欢乐是生活中的主旋律。同学们这次写课余生活,笔底下涌现的都是欢和乐。我在批改的时候,常常被你们文章里跳动着的喜悦、兴奋、快乐所感染。我改着改着,有时忍不住地笑出声来,或者用你们作文里的话来说,叫作"捧腹不已"。

同学们在文中究竟写了哪些趣事和乐事呢?请一些同学报一报自己这一次写的课余生活的作文题,或用一句话简要说明写的内容。

2. 交流反映课余生活内容的作文。

《剪纸》(刘静)　　　　　　《剪贴》(周偲)

《集邮》(杨蓓珏)　　　　　《养花》(张涛)

《学骑车》(姚蓉)　　　　　《泥塑》(黎莉)

《钓鱼》(卢鸣)　　　　　　《缝纫》(姜欣)

《溜冰》(陆铭)　　　　　　《养鸽》(孙乐群)

《武术》(王强)　　　　　　《书迷》(王雷)

《乐迷》(谢书颖)　　　　　《烧菜》(魏巍)

《科技制作》(史进)　　　　《养金鱼》(冯宇)

瞿兵、须磊、陈斌、吴震宇、王伟等好些同学写的都是棋与球。

初步检阅一番,已可窥见课余生活的乐趣,而棋与球尤其带给我们欢乐。正因为如此,这节课关于写个人课余乐事的习作暂且放一放,着重评析球赛与棋赛的描绘。

3. 重点评析《四国大战》。

显然,球赛与棋赛的场面是以人物活动为中心的场面,主要是动态的。不少同学写了这方面的内容,但是否生动逼真、引人入胜就大有区别了。怎样才能把这样的生活画面写得生动逼真、情趣横溢呢?请看魏群同学写的《四国大战》。

(1) 请声音洪亮的王伟同学朗读,注意不要读破句。读得不正确的地方请同学纠正。

(2) 开展评论。

《四国大战》写棋战的场面是否生动逼真、引人入胜？好在哪里？有没有不足的地方？围绕上述问题放手让学生评析、议论。

在学生评论的基础上请魏群同学自评。

（3）教师归纳、引导。

根据学生评论，归纳要点，上升到写作知识的讲述。

① 大家对《四国大战》这篇习作有个基本评价，即场面描写生动逼真，引人入胜，写出了课余生活的欢乐。为什么能取得这样的效果呢？因为习作者懂得了如何围绕主题到生活中选择和截取材料。同学中的棋战有许多次，他选择了一场"别开生面、波澜起伏的激战"。一盘棋从开始到结束，整个过程是很长的，文中又说是"鏖战"，必然回合很多，估计得个把小时。魏群同学没有报流水账，也没有把所有的细节都写进去，即使是问了三次物理题目，也只写了一次。从这里，我们受到如下启发：要把以人物活动为中心的场面写活，须学会截取最精彩的横断面，切不可拖泥带水。所谓最精彩的横断面就是最能反映主题思想的那一段，为了突出主题思想，可以把生活中的材料进行掐头去尾、删枝削叶的处理。《四国大战》一文只写了两个回合，四国双方的情况一清二楚。如果材料堆砌，冗长烦琐，就会把精彩的部分淹没，使文章失去光彩。

② 截取不是残缺，不是没头没脑。《四国大战》一下笔就进行面上的勾勒，说"课余我有三大爱好：下棋、看小说、踢足球"，然后从这个面上的叙述进入"点"——"下棋居首位"。写一场大战时，又先进行面上的勾勒，简介对弈双方下棋的特征，然后再在点上下功夫，细笔细描，拍摄特写镜头。如"叶路绮频频点头，翘着嘴角，嘿，俨然一副'大将风度'；连我也按捺不住心中激动，挥着手中的物理书，得意洋洋地问'裁判'史进：'哎，0.76米乘9.8牛顿每平方米是多少呀？'史进板着脸对我道，别啰唆"，既对人物作了细节描写，又运用了小插曲增添情趣。美中

不足的是,关于物理题的内容前文未略做铺垫,否则,就不会显得突然,给人以空穴来风的感觉。不过,我们仍然可从中悟出一个道理,就是场面描写必须有面的勾勒,有点的描绘,要点面结合。有的同学一下笔就你怎样,我怎样,丢掉了面,丢掉了全局;而更多的是丢掉了点,从头叙述到底,缺乏生动逼真的描绘,没有一个特写镜头,这样,怎能给人以欢乐,怎能引人入胜呢? 因此,不能有面无点。

③ 场面描写以人物活动为中心,活动的不止一个人,而是好几个人,要写好是不容易的。写时要层次显豁,多方着墨,不能杂乱无章。有篇作文也是写棋战,但写着写着,把一个人丢了;有的就是写我吃"车",你吃"马",吃来吃去,在一个平面上移动,显不出层次,不清楚。《四国大战》有所不同。如写第一回合中的第一个层次,先总写"轮番进攻",然后分笔写"司令同归于尽""军长……报销""吃掉了叶的师长",先总后分,层次清晰。既是四国大战,四方都要写清楚,写的时候既要有合笔,又要有分笔,文思不能乱,一乱就会浆糊一盆。调度笔锋时要注意衔接,转得自然,如"这下可傻眼了""可别慌""你瞧"等语句都发挥了既调转笔锋,又衔接得自然的作用。场面要写活,还须多方着墨,写人,画神情,传声音,绘心理,疏疏密密,高高低低,才有情致。如第二回合中乍看是"我方"兵败如山倒,似乎没有多少层次,细细推敲,心理描绘很有点起伏波澜,由乐而恼,由松而紧,再松再紧,松松紧紧,紧紧松松,颇有味道。最后决定棋局胜负的是"小毛排",出人意料,妙笔。

④ 要把场面写活,语言非活泼生动不可。习作者从课文中引进"俨然""殉难"等词语,从课外读物中引进"鏖战""围魏救赵"等词语,从电视电台的转播中吸收了解说球赛的一些用语,渲染了紧张的气氛,生动形象地表现了欢乐的主题。如果语言干瘪枯燥,效果就迥然

不同。

中华民族文化深厚,对上述写作的技巧许多著名文人有十分精辟的论述。随园主人袁枚说过,"着意原资妙选材",习作者如果不截取棋赛中的这些"妙着",棋赛怎么会写得生动?画家、书法家董其昌讲过,"识得真,勘得破",魏群如果不仔细观察,也就描绘不出细节。同时写几个人物,安排就很有讲究,曹雪芹在《红楼梦》中说,"安插人物也要有疏密,有高低";"生活是最伟大的一部活语汇",这是语言大师老舍的名言。要描绘课余生活的欢乐,不仅要注意观察、潜心思考,平时积累语言材料也非常重要。

4. 阅读《球》与《课余》两篇习作,与《四国大战》比较,用上述几点衡量,评述两文的长处与不足。

《球》一文除写对垒的双方,还写了观众的反映;《课余》没有点,无层次,失之于笼统。

5. 结束语。

写棋赛、球赛的场面要合上述要求,写课余其他集体活动也一样,王强的《武术——"少林寺弟子"》基本符合上述要求,也写得很生动。即使是个人课余乐事也要注意截取,写得生动有趣。

尽管我们课余生活有不少乐趣,但还不够丰富,兴趣爱好不够广泛,尤其在迎接新的技术革命挑战的今天,课余更要拓宽视野,如张欣课余去少年宫学电子计算机就很好。不能只局限于球与棋,只限于观赏花草虫鱼,要开辟学习科技的新径,钻进去,培养兴趣,培养发现问题和解决问题的能力。生活是写作的源泉,一年之后,再就这方面内容练一次笔,再来检阅大家的新进展。

四、作业

根据讲评要点自评自己的习作。

板书

要善于截取精彩的横断面

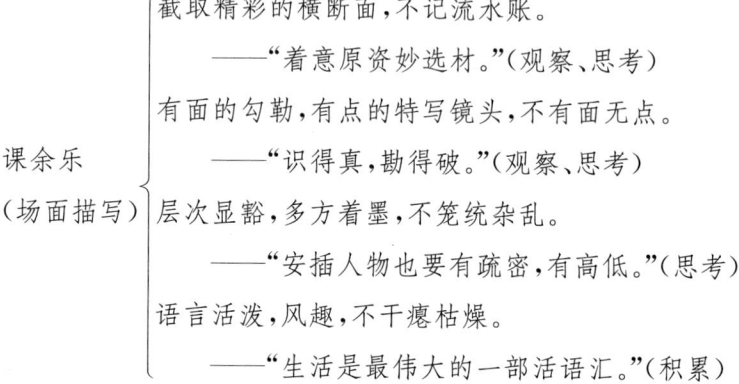

四 国 大 战

课余我有三大爱好：下棋、看小说、踢足球，而下棋（不论象棋、军棋、围棋）居首位。在学校开"四国大战"是我们一伙"棋将"午间活动的重要内容。

就以上星期的一次"大战"来说吧。嘿，那真是一场别开生面、波澜起伏的激战啊！

那天，与我、叶路绮对弈的是张涛、张欣。我方素以稳重、打"防守反击"著称。而对方则以骁勇冲杀、屡出奇兵闻名。

第一回合，对方重点对叶路绮进行轮番攻击。"叭"，张涛的司令与叶路绮的司令同归于尽，又一会儿军长也都报销了。这时，张欣瞅准个机会，用司令一下吃掉了叶的师长。这下可傻眼了，我心急火燎，向他瞪眼。可别慌，形势急转而下，原来叶的炸弹可不好惹，"轰隆"一下，张欣的司令便"殉难"了，哈，这下可妙啦，我的司令、军长、两个师长都还"健在"呢！可对方只剩一个军座了。你瞧，叶路绮频频点头，翘着嘴角，嘿，俨然一副"大将风度"；连我也按捺不住心中激动，挥着手中的物理书,得意洋洋地问"裁判"史进:"哎,0.76米乘9.8牛顿每平方米是多少呀?"史进板着脸对我道:"别啰唆。"我"哦"了声。这才看看"二张",他们都默不作声思量着对策……

第二回合较量开始,对方深思熟虑之后,便催动三军,频频出击,用以引诱我司令、军长"出山"。而我还沉浸在胜利之中,竟稀里糊涂地被张欣拼去了军长,而后司令又与炸弹相撞,"死"有应得。刚才我还占全局优势,此时却损兵折将,这不禁使我懊恼万分,心火直往上蹿,于是我再和"二张"换师长、旅长,总算稳住阵脚。待我从险境中摆脱出来,糟糕,叶路绮阵中已是大兵压境,就剩"光棍团长"了。我再调兵救援,想使个"围魏救赵"之法,引开对方,哪知这个叶路绮是个"短命鬼",没等我这"世界妙着"走完,他就"归天"了。

完了,全完了。少胳膊少腿的,没个帮手叫我怎能力敌"二张"。"哗"地一下,我全军崩溃。在对方左右夹击之下,一败涂地,不一会儿,张欣"小毛排"直捣腹地,出"我"不意,拔走了军旗……

整整一小时的鏖战,我方竟败于"二张"之手。大家你争我吵,喋喋不休,只闹得耳红脖子粗,唾星横飞。尽管未争出个分晓,但我从中悟出了一个道理——胜败虽兵家常事,但骄兵则必败!课余生活也能给人以启迪。

魏 群

课 余

"叮铃铃……"当下午最后一节下课铃响起时,宁静的教学大楼顿时像把盐撒在油锅里似的喧闹起来。

班级里的几个象棋大师早已把棋子放好了,跃跃欲试。一些棋迷们簇拥着,指手画脚讲个不停。他们分成两派,各自帮着下棋的一方。草地上,武术大师已经选好角斗场,三个一帮,五个一群,打得天昏地暗,方才停止。然而更有趣的是:在操场上将要进行一场精彩的足球赛。同学们已经做好了充分的准备,只听见裁判员王强一声长哨,比赛开始,由他们一方发球,周晔一个地滚球传给了陈斌,我方的叶路绮一个箭步冲上去,好球!截球成功。他快速带球冲过禁区,一脚怒射,球进了。我们高兴得跳了起来,可是周晔却暴跳如雷,冲到王强面前不停地讲着这个球是越位。还好,王强秉公而断,总算我们是进了一球。就这样我们踢来踢去,最后我方以三比二获胜。好战分子周晔也像一只红了脖子低着头的大公鸡,而陈斌呢,他的脸像《三国演义》中的关云长。在回家的路上,我们不停地讲着刚才那场比赛,我们又成了好伙伴。

是啊,踢球能增进同学们之间的友谊,课余活动能使我们班级成为一个整体。

倪　军

球

球,有各式各样的,有大得出奇的,有小得稀奇的。我最喜爱的是小球,是乒乓球,我最爱打乒乓球,小小的球儿给我带来了欢乐和希望。

我们常常来到这熟悉的地方,来到这墨绿色的球台旁。操起心爱的球拍,乒乒乓乓地打一气,巴不得永远留在这里。今天,我来到乒乓房,耳边又响起昔日欢快的呼叫声,眼前又出现了半年前一次小队乒乓球赛的情景。

那是深秋的一天,我们小队组织了一次乒乓赛。一提起这比赛,我们小队可真沸腾了,从中队委员到一般同学,那股高兴劲儿更不用提了。

刚到乒乓房,我们就炸开了锅,比的比,练的练,那个认真哟。董峰是一员乒乓女将,在女同学中可谓一"霸"了。因此,我们女同学硬把她推到男同学的球台上,让她去和男同学较量较量。瞧,瞿兵上场了,他是个左撇子。董峰瞪着大眼,抿着嘴,气势汹汹。瞿兵张着嘴,边打边不时地叫唤着。董峰抓着时机猛扣,瞿兵呢,认真地接球,积极防御,准备反攻,但过于急躁,终于败北。他放下球拍,对着旁边男同学说:"同志们啊,我们是中国队,中国队怎么会输给外国队(指董峰)呢?要报仇雪恨哪!"一席话引得哄堂大笑,几个女同学更是捧腹不已。

接着,矮个子须磊上场了。虽然他人小,力气可不小。他扣过去的球,也使董峰有些吃惊。瞧,董峰发了个又快又转又刁的球,妄图发球得分,可须磊眼疾手快,一板把球挡了回去,球过高,董峰撩起板,猛扣一板,须磊抵挡不及。别叹息,球出界了,还有1分呢!这1分意味着董峰的失利,须磊的胜利,男同学在一边喊着:"须磊加油,中国必胜!"女同学也不甘示弱,于是齐心协力叫:"董峰加油!董峰扣……"球台上两员虎将在拼杀,球台旁两队在鼓劲,热闹非常。须磊发球,董峰推挡;须磊轻吊,董峰扣;须磊推挡,董峰轻抹;须磊猛扣,董峰冷不防,擦边球,须磊赢了。男同学冲上去,拥抱着须磊,边跳边喊:"呜啦……呜啦!"瞿兵在一边说:"同志们,中国队胜了。不愧是龙的传人哪!下面要保持胜利,让她们永世不得翻身!"男同学欢心地笑了。

我们女同学虎着脸,准备迎接挑战。范菁对须磊。范菁利用"刁"把须磊打败了。倪军对范菁,倪军水平更不在话下,三扣两推,范菁就把他给杀了下去。这时,男同学急得双脚跳,瞿兵又发话了:"同志们,加油啊,我刚才说她永世不得翻身,你们要牢记这句'真理'啊!"几句话,又逗得人前俯后仰。

乒乒乓乓,乒乓球,牵着我美好的回忆,带给我们课余生活无限的欢乐……

任 懿

激情铸文文味浓
——《当我向少先队告别的时候》习作讲评

【作前指导与要求】

再过几天,同学们要过最后一个儿童节,要从颈上摘下红领巾,大家很是依依不舍。为了感谢少先队组织对我们少年儿童的教育与培养,为了再现金色童年时代的欢乐,这次作文就写《当我向少先队告别的时候》。能不能写好这篇作文,关键在于是不是倾注真情。下笔前先把少先队生活在脑子里像电影一样过一过,认真地回忆一下在少先队组织中最欢乐最有意义的生活,然后选择其中最精彩的进行描述,把对少先队组织的深情倾注其中。

一、讲评目的

1. 回顾在少先队组织中有意义的激动人心的生活,激发学生对生活的热爱和对理想的追求。

2. 使学生懂得"情动于中而形于言"的道理,学习在记叙中抒发感情。

二、讲评材料和方法

习作三篇,《清晰的记忆》录音磁带,红领巾与团徽。

听、读、议、讲四者结合。

三、讲评要点

1. 践耳同志作曲的《清晰的记忆》是一首很感动人的歌曲,现在我们放这首歌的第 1 段,请仔细听。一听旋律,二听歌词,听后谈感受。

2. 请三五位同学谈听后的感受,明确:旋律之所以感人,歌词之所以动人,是由于作者创作激情在燃烧。"我虽然没有丰富的阅历,却有清晰的记忆,当鲜红的红领巾飘在我胸前,好似红旗在心中升起,多么鲜艳,多么壮丽,我深情地行个队礼,激动的泪花呀,激动的泪花呀,泪花呀,泪花呀,点点滴滴对党充满感激。"歌词饱含着丰富的激情,它形成一种冲击波,使听的人唱的人心驰神往,感情沸腾。歌曲之所以产生如此强大的艺术感染力,是由于作者的激情,《当我向少先队告别的时候》要写得感人,同样需要激情。

3. 阅读印发的三篇习作,就内容、文字、思想、激情等方面开展评论。

4. 请一位同学归纳大家的意见,明确:内容都切题,文字也通顺,都回顾了在少先队组织教育下自己的成长,也都憧憬着美好的未来。但是,文章的味道不一样,陶德敏同学写的要浓郁得多。这是什么缘故呢?不妨细加分析。

5. 重点评析陶德敏的习作。

(1) 有表情地朗读陶德敏的习作。

(2) 理清脉络,剖析文味浓郁的原因。

① 启发学生充分发表意见,形成对少先队组织、对党倾吐真情的气氛。

② 在议论的基础上,对下列要点加深理解:

唐代白居易曾说过:"感人心者,莫先乎情。"文章要写得感动人,必须在"情"上下功夫。"情动于中而形于言",情动才辞发,自己心中有感情的冲击波,写出来的文章才会以冲击波叩响别人的心扉。这篇习作应该是肺腑心声的吐露,自己胸中有抑制不住的对队组织、对生活、对理想的追求的热情,笔端才会饱蘸感情。

在这篇习作中,小作者不是空泛地抒发感情,而是情注于事,记述了两件难忘的往事。一件是加入少先队宣誓的情况,突出誓词"为实现共产主义而奋斗!时刻准备着!"并用昔日心的"微微颤动"表达今日回忆此事的激情。另一件是夏天夜晚队活动的陶醉情景,景美人乐,天上人间,美不胜收。小作者融情于景,情景交融,用蘸满感情的笔触写在少先队组织中的欢乐,如痴如醉,令人神往。很显然,选择几件精彩的事或几个片断场景描述,比列举一些情况泛泛而谈要感人得多。

激情来自对生活的热爱与思考,来自对理想的憧憬与追求。这篇习作没有把感情停留在对过去生活的美好回忆上,而是在回忆的基础上探索人生,憧憬未来。俄国文艺评论家车尔尼雪夫斯基曾这样说:"思索吧,思索能引人入胜。"小作者在这篇习作中用"我的理想,我的抱负,应该崇高;我的学识,我的思想,应该丰富;我的青春,我的生命,应该燃烧"的排比句,表达迎接青年美好时代的思索,抒发对理想的憧憬和追求的感情。这样的表达,比只写"争取加入共青团组织"的语句要感人得多,这样写内容丰富,感情激越,理想的火花闪发光芒。

要使所憧憬的未来成为美好的现实就必须奋斗。习作者注意到这一点,在文中引用了孟子"天将降大任于斯人也"的名言和荀子《劝学》中"锲而不舍"的名言来表达和激励自己的奋斗决心。写这一段,文章内容就比较厚实,对生活的激情就有支柱,就有着落。当然,在个别词句上还应推敲得再贴切一些,如"我们在攀登科学高峰的时候"的说法与学习实际有距离,可修改得妥帖些。

这篇习作激情洋溢,还与写作技巧有密切关系。文章开头与众不同,起笔不用文字,而是用音符和旋律,而这音符与旋律又是人们最熟悉的,一听就热血沸腾的国歌的旋律。这样开头,一下子就把人的感情

"吊"起来,形成强烈的冲击波。习作者这样开篇,在于展现庄严的升旗场面,表达"心情很不平静",在于把自己的成长和亲爱的国旗、祖国的象征紧密联系起来。用"举手礼"和"注目礼"的变化透露离队的依依惜别的深情,题点得委婉,对祖国对队组织的炽热感情在字里行间潜动。结尾"请你最后一次接受一个少先队员庄重的举手礼吧"不仅首尾照应,再次点题,而且情深意长,余音缭绕。文中"小天使"的比喻更是增添了色彩,"飞进""嬉戏""撞击""遍体通红"等动词、形容词的运用使语意跳动,情趣横溢。

③ 小声读陶德敏的习作,体会其中产生共鸣的内容与语言。

6. 请习作者谈写作时的心情和现在的认识。再次强调感情发生"井喷"才会写出激情洋溢的文章。

7. 忆在少先队组织下的成长,为的是永不忘祖国的期望,少先队教育的恩情,为的是迈好青春的步伐,插上理想的翅膀翱翔。让我们再听一遍《清晰的记忆》,大家跟着唱。

四、作业

1. 会唱《清晰的记忆》的课后唱几遍。
2. 还不会唱的听录音,记歌词,学会唱。

板书

激情铸文文味浓

"感人心者,莫先乎情。"

情注于事
情满未来　　}构成感人的冲击波
激情化作奋斗志

《清晰的记忆》(第2段歌词)

我虽然没有丰富的阅历,却有清晰的记忆。当共青团徽章挂在我胸前,好似号角在心中响起,多么嘹亮,多么有力。我庄严地举起右臂,青春的火花呀,青春的火花呀,火花呀,火花呀,闪闪熠熠是党点燃起。

啊,红旗为我插上翅膀,号角唤我更奋起,我的理想之歌啊,理想之歌啊,来自伟大的七月一。

当我向少先队告别的时候

$(1\cdot 3\ \overset{3}{555}\ |\ 6\ 5\ |\ 3\cdot 1\ \overset{3}{555}\ |\ 3\ 1\ \overset{3}{555}\ \overset{3}{555}\ |\ 1\ )\ 0\ 5\ |\ 1\cdots\cdots$

鲜艳的五星红旗伴随着国歌雄壮有力的节奏徐徐上升,我站在国旗下,望着它,心情很不平静。

几年来,我一直对国旗行举手礼,可星期一我就要向它行注目礼了;几年来,我胸前一直飘扬着鲜红的红领巾,可星期一它就要离去。这一切标志着我要离队了。是的,我就要离队了,美好的回忆像一群希腊神话中快乐的天使飞进了我的脑海,它们嬉戏着,撞击着……

那是夏天的午时,天气很炎热,我举起右手庄严地宣誓:"为实现共产主义而奋斗!时刻准备着!"那时我的心也稍微颤动过,可当时我究竟在想什么,已经模糊了。

那是夏天的晚上,天空蓝得透明,在这蓝宝石上,镶嵌着无数星星,月儿像一弯柳眉;地上,腾起几堆大火,火光闪烁,照红了我们张张小脸,大家围着火堆唱着愉快的歌,跳起了欢乐的舞。一瞬间,天上人间,仿佛只有我们这些遍体通红的小天使,一切都被陶醉,这是一个多美的夏天的夜晚啊……

脑海在翻腾,小天使扇着白翅膀飞走了。我知道童年已经一去不复返了，我悲伤吗？不，不会的，一个美好的时代在等着我。

我要向前去，迎接这一美好的时代。啊，我的理想，我的抱负，应该崇高；我的学识，我的思想，应该丰富；我的青春，我的生命，应该燃烧。一切都在等待我，等待我去开拓未来，迎接光明。

我知道，在这一时代我应该获得更多的知识。孟子说过："天将降大任于斯人也，必先苦其心志，劳其筋骨，饿其体肤，空乏其身，行拂乱其所为，所以动心忍性，增益其所不能。"我们在攀登科学高峰的时候也要有这种不辞辛苦、坚韧不拔的意志。"锲而舍之，朽木不折；锲而不舍，金石可镂。"让我们坚持不懈，勇敢地去探索，寻找科学世界的瑰宝。让我们送走欢乐的童年，迎接奋发向上的青年时代吧！

亲爱的国旗，祖国的象征，请你最后一次接受一个少先队员庄重的举手礼吧！

陶德敏

当我向少先队告别的时候

今年我已14周岁，14周岁意味着一个人少年时代的结束，青年时代的开始。在这人生两时代交替的时刻，我百感交集，思绪万千。

6年前的6月1日我光荣地加入了中国少年先锋队组织，鲜艳的红领巾飘扬在我胸前，从此我与红领巾形影不离。

在课堂上，我吮吸着知识的乳汁，偶尔碰到困难，胸前的红领巾就会鼓励我："想想，慢慢地想一想。"在操场上，跑步、跳高、投弹……难免要摔跤，此时红领巾似乎微笑着说："别泄气，摔一跤虽疼了点，但它会增强你的体力和培养你坚强的意志，起来，再练。"在课外活动中，有时唱歌跳舞，有时猜谜做游戏，有时打球跳橡皮筋，有时看书做科技小品……这时的红领巾会叮嘱我："要有认真的态度，搞好每次活动。"在工作时，红领巾会提醒我："工作要一丝不苟、勤勤恳恳……"正是在红领巾的引导下,我增长了知识,提高了思想觉悟,年年被评为"三好学生",红领巾是我的骄傲,我热爱红领巾。

少先队员的生活是绚丽多彩的。记得初一时举办的一次夏令营,特别有趣。我们顶着炎炎烈日兴致勃勃地去看跳伞表演,参观自来水厂,游玩植物园,游泳,观看乒乓球比赛,参加纳凉晚会。美好的生活给我留下了难以磨灭的印象。

我留恋少先队员的生活,珍惜鲜艳的红领巾,仍然想把红领巾戴在脖子上,可是年龄不允许我这么做了。离队只是意味着少年时代的结束。我画完了人生第一红杠,现在画第二红杠。我被批准第一批加入共青团组织,心情之激动是难以表达的。我希望也相信共青团员的生活一定会比少先队员的生活更绚丽多彩。我要让团徽像红领巾那样引导我前进,自己的青春像闪闪发光的团徽那样闪发红光!

陆恩铭

当我向少先队告别的时候

留恋,对少先队的无比留恋。这是我们每个少先队员即将离队时的心情。在这怀着依依惜别之情向自己的少年时代告别,向我们的队组织告别之际,抚摸着飘扬在胸前的红领巾,回顾自己在队组织的关怀和教育下成长的过程,我心潮激荡,思绪万千。

7年前的6月1日,我光荣地戴上了红领巾,成为少先队队伍中的一员。从此红领巾伴随我开始了新的学习生活。在学校里红领巾教我遵守纪律、勤奋学习,在生活中红领巾又教我讲礼貌、爱劳动、多做好事。每当我遇到困难的时候,看到了这鲜艳的红旗一角,想起千千万万为革命胜利而前仆后继、英勇奋斗的先烈们,就增添了战胜困难的决心和力量。是红领巾教会了我怎样做人,是红领巾鞭策我不断成长。现在,我们就要离开队组织和红领巾了,又怎能不使我感到依恋呢?

当然，我也深深地知道，离队并不意味着脱离组织，而是象征着我们灿烂的青年时代已经开始。有更高的山峰等待着我们去攀登，有更长的道路等待着我们去跋涉。我们将在党的领导下，共青团组织的教育下，不畏艰险，排除前进道路上的一切障碍，向着更高的山峰攀登，向着更远的目标挺进。

当前，摆在我们面前的主要任务是抓紧时间努力学习。同时，还要不断提高自己的思想觉悟，争取加入共青团组织。只有这样才对得起少先队组织对我们的培养和教育，才能更好地为红领巾增添荣誉。

在这即将离队的时候，我想了很多，很多……

崔东明

精致物品的观察与说明
——"一件工艺品"习作讲评

【作前指导与要求】

学习魏学洢的《核舟记》时,我们曾作了这样的评价:刻者惨淡经营,笔者织锦成文。核舟刻得奇巧灵怪,文章写得惟妙惟肖。读这样的说明文,我们无丝毫枯燥乏味的感觉,相反,沉浸在艺术美的气氛之中。今天,我们也学写一篇介绍工艺品的说明文。中国的工艺品制作历史悠久,品种繁多,制作的技艺精妙绝伦,观赏工艺品确实就是艺术享受。

我这儿有五十张工艺品的彩色明信片,上面拍摄的是各种玉雕、竹雕、漆器、瓷器,线条清晰,轮廓分明。现在发给大家,每人一张。由于是一套一套的,封面与里面的一张图片有时重复,两个人愿意写相同的一张也可以。如果觉得所发的图片不合适,可自己另行选择。

对说明的对象要仔细观察,抓准特征,并注意开展联想与想象;在说明的同时,适当地进行描绘,织锦成文。

一、讲评目的

1. 激发观赏优美工艺品的兴趣,培养观察精细物品的能力。

2. 懂得抓住说明对象的特征生动形象地表达,把观察和联想、想象结合起来,把说明和描绘结合起来。

二、讲评材料和方法

图片五十张,《荷花鹭鸶》一张放大;《荷花鹭鸶》《上海玉雕》《扁豆瓶》《人物纹竹雕笔筒》《中国彩蛋》五篇习作。

采用对比分析的方法开展讨论,图文对照,文文对照。

三、讲评要点

1. 摆出图文之间的矛盾,激发思考。

我们曾经做过多次观察与说明的训练,写建筑物,写展览品,写自然风光,写学习用品,写科学实验,这方面的能力得到了锻炼,有所提高。这次习作是对精致物品的观察与说明,和前几次习作比,有相同的方面,也有不同的方面。它特别要求精细,特别要求我们有眼力。

图片上的工艺品是精致的、优美的,入了文章以后美不美呢?能不能激起人们观赏的兴趣呢?不一定。阅读同学们的习作,有的与图片上的工艺品相似,有的谈不上精致美观,简直简陋得很,有的"指鹿为马",兔子成了羊。介绍它们的文章确实有正误之别、粗细之分。原因何在呢?先请读两篇习作。

2. 阅读《上海玉雕》和《荷花鹭鸶》,请大家就下列问题发表意见。

(1) 两篇习作说明的对象是相同的,还是不同的?

(2) 对比两篇习作,找出各自遗漏和不妥之处。

(3) 分析形成这些现象的原因。

3. 出示放大的《荷花鹭鸶》图片,开展评析。

两篇习作都是写的这张图片中的工艺品,但读起来好像又不是。原因何在呢?从两个方面来说:

(1) 观察的粗与细。

这座玉雕是鹭鸶戏荷,显然由鹭鸶和荷花构成。究竟有几只鹭鸶,各具什么神态,须仔细观看,稍一疏忽,就把藏身荷叶下半露出的头、身遗漏,或者误把鹭鸶的脚看成荷花的茎。姚蓉的习作里少了两只鹭鸶,大概就是这个缘故。陆荣珍习作里这一方面看得细致,看出了大小不等的四个鹭鸶各具神态。荷花也是这座玉雕中的重要形象,两篇习作中所反映的与前面正好相反。陆荣珍的只着重引用《爱莲说》中的名句说明荷花的气质与精神;姚蓉的看得精细,写得也活泼。鹭鸶与荷花之间的联系也应认真观察,恰当地表述。花归花,鸟归鸟,就构不成艺术的整体。

(2) 表达的正确与差误。

总的来说,两篇作文的表达还可以,说明有顺序,描写也生动,语言较活泼。但是,有些地方观察到了,表达却不确切。如姚蓉以《上海玉雕》为题,范围太大。又如"基体线条挺拔柔和","基体"究竟指什么,含义不明。又如陆荣珍说明立在石柱上的鹭鸶时,说它"转回头,半张着嘴,好像在水中寻找着小鱼儿",这样表达有好几个费解之处。石柱顶端是玉雕的最高点,鹭鸶站在上面,与荷花、荷叶有相当距离,怎么够得着与水接触呢?再说,既然是"半张着嘴",又怎么在水中寻找小鱼儿?嘴没在水中,就看不见它"半张着"。至于"转回头",连在一起,就更难理解了。把观察所得加以说明时要准确,开展想象要合乎情理。"蚯蚓""蜗牛"的想象在文中也不恰当。

4. 阅读另三篇习作:《人物纹竹雕笔筒》《扁豆瓶》和《中国彩蛋》,与对应的三张图片对照,进行评述。

三篇习作中写的工艺品结构、造型有的比较简单,有的比较复杂,然而,只要观察得细致,表达得恰当,即使看来简单的物品,也会令人喜爱。究竟怎样锻炼精细观察物品的眼力?

(1) 要反复观察。看了整体,还要看局部,看细部,尤其是细部,要一而再、再而三地看。工艺品是十分细致的,要如实地向别人介绍,就得把精细之处看清楚、看真切,不能有误差。

《人物纹竹雕笔筒》造型简单,花纹也不繁复,似乎没什么可写的,但由于习作者反复观察,细致入微,终于识得其中的佳妙。文中第 2 段说明笔筒上雕刻的主仆郊游图十分细腻。习作者采用先总后分的方法说明,从画面的高处说到画面的低处,从画面的左边说到画面的右边,巨细不漏。在说明局部时,把局部中的某些细部都刻画了出来。如写画面上的"主人",从看上去的感觉入笔,写年龄、长须、双目、长发、衣袖、双手,一笔一笔增添,尤其是"长长的衣袖遮住了座下毛驴的中间部分"。如不仔细,就往往只见长长的衣袖,而见不到座下被遮住了的毛驴部分,这个细处就会丢了。反复观察,不仅能看清细部,而且能领悟事物之间的内在联系。文中说"老翁右面是一苍松,盘绕回旋,蜿蜒曲折,颇见风骨。枝干向上翘起,如巨龙欲腾飞冲天之势,苍松枝顶迎着一朵浮云,飘飘然如一缕青烟",就表明了事物之间的联系,尤其是"迎着"这个词,把苍松枝干和浮云之间相互呼应的神态栩栩如生地刻画出来,引人遐想。

(2) 要多角度观察,看出层次,看出多种形态。我们所观察的每一件工艺品都是立体的,为什么写下来有些却成了平面的呢?其中原因很多,观察的角度问题是其中的一个。观察必须多角度,可平视、仰视、俯视;可正视、侧视;可定点观察;可移动观察点。不仅可变换角度,也可变换光线。力戒把物品看"呆"了,看"死"了。立体的物品一写成平面,味道马上索然。《扁豆瓶》《中国彩蛋》在这方面稍好些。《扁豆瓶》写瓶口和瓶盖之间的藤条互相缠绕,既从静的角度写,又从动的角度写——"无论瓶盖怎样转动,瓶口与瓶盖上的藤条也是连成一片的";既粗看,又细看,写了明处扁豆的反光,暗处可见也看了。这样多角度观察,多方着笔,立体感增强。"彩蛋"也是如此,看来十分简单,但由于写主体,写陪衬,写"躺"的横的角度,写直的竖的角度,也就显得多姿了。

(3) 要边观察边开展联想,使静物"活化",给人以栩栩如生的感觉。几篇习作写得比较生动之处,都是从某具体事物出发开展联想、想象,使静物活动起来,前面所说的苍松、浮云就是如此。人们常常误解为观察就是用眼睛,其实不然,还得用脑子,不用脑子想就看不出其中的奥秘,不把客体的说明和自己主观的感受结合起来写,就显得干瘪、枯燥,静物就活不起来。

（4）观察是说明的前提,但观察细致不等于就一定能作精彩的说明,还要采用恰当的说明方法,使用准确的语言。在说明的同时须夹以恰当的描写。《人物纹竹雕笔筒》除个别语句重复出现外,语言简洁、顺畅,可以借鉴。

四、作业

请再仔细看图片,与自己的习作对照,在作文后记中写明误看和遗漏之处,并简述原因。在观察的基础上把有些词句修改或补充得生动、优美一些。

板书

精致物品的观察与说明

锻｜反复观察,巨细不漏,细微处尤其看真切。
炼｜多角度观察,看出层次,看出多种形态。
眼｜　——平视、仰视、俯视,正视、侧视……
力｜边观察边联想,使静物"活化"。

表达准确——语言准确,说明有条理,使用合适的说明方法,夹以恰当的描写。

荷 花 鹭 鸶

中国的雕刻艺术是世界上首屈一指的。白玉雕刻也十分出色,荷花鹭鸶是其中杰作。因为白玉雕刻是比较珍贵的工艺品,所以我未能目睹其真相，实为惋惜，只能借图片观赏它的姿容。

　　整个工艺品可分为主体和基座两部分。主体是由白玉雕成的，而基体则是由红木雕成。

　　主体由荷花、绿叶、鹭鸶、石头组成。主体中央是一个石柱，有一个鹭鸶正站在石柱上，花时间露出它细细的长腿，它转回头，半张着嘴，好像在水中寻找着小鱼儿。右下方还站着一位昂着头、张着嘴的鹭鸶。看它那高傲的样子，想必已美餐了一顿，而现在正嘲笑着那位寻食的呢。最底下右侧有一只鹭鸶浮在水面，看它那模样，似乎是一个文静的小姑娘。左侧还有一只正回转头欣赏着荷花呢。这四个大小不等的鹭鸶各具神态。在石柱和鹭鸶的周围还生长着一些荷花与绿叶。荷花那"出淤泥而不染，濯清涟而不妖"的气质无不毕现。它们是那样的纯洁，它们"中通外直""不蔓不枝""亭亭净植"，看着它们，我似乎真的来到荷花池边，置身于美的包围之中。

　　底座呈深褐色，由于光线的关系未能辨清图案，但我通过凹凸面可以想象出在那"肥沃的土壤"中一定有许多蚯蚓、蜗牛……

　　从整个画面看，《荷花鹭鸶》这座玉雕不仅雕刻得精致，而且在光泽上也颇有吸引力，这座玉雕总能给人无穷无尽的美的享受。

陆荣珍

上 海 玉 雕

　　玉石雕刻是我国传统工艺之一，历史悠久，技艺精湛，独具民族风格。我有幸看到上海的玉雕制品，心里真是高兴。

　　我尤为欣赏的是一尊《鸳鸯戏荷》的玉制品。它长约十二三厘米，宽三厘米许。它分为两大部分，上为主体，下为基座。主体为白色和淡翠色，基座为赭红色，颜色素而明，风格清而新。基体线条挺拔柔和，中间刻有一展翅欲飞的蝴蝶。主体部分由初露芳华的荷花和悠闲自得的鸬鹚构成。朵朵荷花各具情趣：有的歪着头似与鸬鹚私语；有的昂着头仿佛要让人们看个饱；有的低着头好像是个害羞的姑娘；更有那么几个，紧挨着头显得异常亲切。那两只小生灵呢？居然也挤在它们底下，俨然是卫士，守护着它们，可谓引人入胜。再看看雕刻的技艺，用四个字概括，即精妙绝伦。茎茎叶叶互不盘曲，中通外直。花骨朵上的茎丝，精工细琢，线条分外明快。花叶刻得惟妙惟肖，简直到了乱真的地步。作品透明而具有光泽，胜似黑龙江的冰雕。整个主题歌颂了荷花圣洁高尚的品质。

上海玉雕果然名不虚传，我赞赏它在工艺品中的佼佼者地位，我更赞叹精心雕琢它的美术师。

姚　蓉

扁　豆　瓶

中国是一个文明古国。在中国历史上，有许多像王叔远那样的能工巧匠，他们雕刻出无数奇异的工艺品，使人看了爱不释手。扁豆瓶就是无数珍宝中的一件。

扁豆瓶高半尺有余，瓶子是用半透明的绿色翡翠制成。外面缠绕着与瓶子颜色一样的绿藤，错落有致。这条藤和那条藤之间互相穿插，彼此之间又互不粘连。藤上的叶子疏密得当，密的地方却有一个个空隙，疏的地方，藤条是互相掩映成趣。瓶口和瓶盖之间的藤条互相缠绕在一起，启盖子时藤条互相分开，无论瓶盖怎样转动，瓶口与瓶盖上的藤条也是连成一片的。在藤条上分散着巧色的扁豆。粗看上去，扁豆好像是作者随心所欲挂上去的，细看却是作者的匠心独具：扁豆挂在藤条上，使藤条之间没有过多的空隙，又增加了瓶子的新颖感。扁豆刻得生动逼真，在明处扁豆上反出光亮，好像真的一样。瓶子下面是紫色的底座。底座和瓶子的形态配合得十分默契，也是错落有致，颜色也是十分和谐，一点儿不感到刺眼。

在一只瓶子上能刻上藤条、叶子、扁豆等东西，又刻得如此精细，布局如此完美，实属罕见。从这个瓶子上可以看出我国古代劳动人民的聪明才智，同时也增添了我们的民族自豪感。

卢　鸣

人物纹竹雕笔筒

这是一只竹雕的笔筒，高约 13 厘米，直径约 3 厘米，笔筒雕刻得较为精细，且古色古香。做笔筒的竹子要求质地坚硬，所以较难雕刻。但雕刻者却能"因势象形"，顺着纹路刻，很有技巧。

笔筒上雕刻的是主仆郊游图。主人，看上去像是一个文人，七十多岁，长须飘飘，双目炯炯有神，长发盘结在头顶上，长长的衣袖遮住了座下毛驴的中间部分。他双手牵住缰绳，回首眺望，仿佛在观赏远处山间的美景。他座下的毛驴也竖起双耳，圆睁眼睛，似乎也在吮吸山野的精华。它的四蹄微曲，当中镂空，富有立体感，由此可见雕刻者技艺不凡。老翁的左面是一书童，圆头圆脑，很是可爱。额上发髻凸起，目光顺着老翁眺望的方向，也被美丽的山色所吸引。老翁右面是一苍松，盘绕回旋，蜿蜒曲折，颇见风骨。枝干向上翘起，如巨龙欲腾飞冲天之势，苍松枝顶迎着一朵浮云，飘飘然如一缕青烟。在路旁有怪石突出，路上有青青小草。

整个画面构成一个完整的图案，野外的山色、人物的形态栩栩如生，富有立体感。它不仅实用，而且具有鉴赏的价值。

张　涛

中 国 彩 蛋

中国的工艺品在世界上享有很高的声誉，能工巧匠们用他们智慧的双手创造了无数件精湛绝伦的艺术品。

我的家里有一只玲珑小巧的彩蛋,被装在一只布满花纹的纸盒里。

　　由于彩蛋不宜碰硬物,因此盒底铺上厚厚的碎纸条。打开盒盖,便可见一只匀称的彩蛋躺在柔软的碎纸上。把它竖起来看,朝上的一头尖尖的,蛋身左右对称,看得出这是一只标准蛋。

　　彩蛋的周身洁白光滑,上面画有桃花喜鹊图。一只美丽的喜鹊用脚爪勾住桃花的枝条,枝上盛开着两朵粉红色的花,其他的正含苞欲放,有的还只是一只花蕾。喜鹊的翅膀微微张开着,头高高地仰起,一张伶俐的嘴巴张得大大的。俨然一位神气十足的英雄,不,像一位歌手正以她那甜美的嗓音向人们报告春天的喜讯。

　　彩蛋的底部粘在一只黑漆漆的木头底座上,下面有三只脚垫着,十分灵巧。

　　整只彩蛋,从上到下都显得浑然一体,令人爱不释手。

姜　欣

感之深者言之切
——"《黄生借书说》读后"习作讲评

【作前指导与要求】

这是同学们第一次学写读后感。有一种误解,认为读后感就是在"感"上做文章,发表点感想就行。其实不然,不下功夫认真读,不潜心思考,"感"从何而来呢?因此,要写好读后感,首先要细读文章,不能一目十行,浮光掠影;其次要深思,对文章内容和布局谋篇要真正理解;再次就自己感受最深的发表看法,阐述道理。题目可自拟,要醒目。以《黄生借书说》一文为发端,展开议论,论点明确,内容具体,不泛泛而谈。

一、讲评目的

1. 以写促读,以写读后感的形式帮助同学克服读书不求甚解的缺点。

2. 理解写读后感的要点,初步培养写读后感的能力。

二、讲评材料和方法

课文《黄生借书说》,《为学在于勤奋》《惜时》《借书杂感》三篇习作。采用演绎的方法综合评论。

三、讲评要点

1. 简述习作情况,激发思考。

这次学写读后感有一定的难度,一部分同学基本符合要求,但不少习作毛病较多,我列举几条,请你们分析造成这些毛病的原因。有的下笔就讲"学了这篇文章",哪篇文章呢？不知道；有的介绍了《黄生借书说》的内容,或把事情的前前后后叙述一番；有的写了要努力学习,不浪费宝贵光阴,泛泛而谈,茫无涯际；有的说不清道理,写了不少"表决心"的话,不通的句子也比较多。

2. 学生发表意见。引导到：

（1）读得不扎实,"感"不出来。

（2）体裁混淆,把议论文写成说明文或写成决心书。

（3）写读后感必须交代清楚是读了什么书而后产生感想的,不能没头没脑地"感"一番。

3. 教师讲述读后感的写作要点。

读后感,顾名思义,就是读了一篇作品后的感想。要写好读后感,须抓住三个环节,一读,二感,三表达。特别要明确的是：感之深者才能言之切,没有真切的感受,当然写不具体,说不清楚。怎样才能做到确实有感受而又清楚地表达出来呢？

（1）认真阅读,正确理解文章的内容,概括出它的思想观点、精神实质；切不可曲解原作,随心所欲。《黄生借书说》已学过,随园主人在文中所表露的思想观点我们讨论过,这里不赘言了。

（2）读是第一步,接下来是"感",在理解原作的基础上选"点"。读后思索所得的感受,选择其中最深的作为重点。这个"点"可以是原作的中心论点,可以是原作中的某一要点,可以是原作中的某个关键语句、关键段落。"点"选得好,定得好,就不至于凌空发挥,茫无涯际。

（3）要紧扣一"点",生发开去。读后感不是原作内容的重复,关键在于写出自己的真实感想。"点"要简,"生发"要详。也就是说,读的内容只须扼要拎出,不能冗长、拖沓；"感"是文章的主体,要集中笔墨写。

如果读的内容写得多,"感"的内容写得少,就轻重倒置,喧宾夺主。

(4)"感"可以叙事,可以抒情,但应以议论为主。从读引出的"感"须有明确的观点,须围绕这个观点或中心展开联想,精选典型事例,分析说理,既验证原文的主要观点,又论证自己提出的论点,最后推出结论。在说理的过程中,语言要通顺,说理须清晰。

4. 学生运用上述要点评述三篇习作,衡量哪些地方符合要求,哪些地方不足。

全班同学综合评论。

5. 归纳学生意见,加深对写读后感要点的理解。

(1)《为学在于勤奋》《惜时》《借书杂感》三篇习作符合写读后感的基本要求。

(2)《为学在于勤奋》选的"点"是原作的中心论点;《惜时》选的"点"是原作中的一个要点;《借书杂感》选的"点"与第一篇习作同。三个习作者从原作中选"点"以后,立即确立自己的观点,而这个观点或论点正是感受最深的。第一篇习作开宗明义地提出对原作中"书非借不能读"的论点持不同意见,认为"为学在于勤奋""在于主动争取时间"。《惜时》引用原作中"叹借者之用心专,而少时之岁月为可惜也"的语句以后,用撇开的方法缩小论述范围,突出少时岁月必须珍惜的观点。《借书杂感》选"点"以后,从"点"引申开来,提出"借来的书要好好读可不容易",然后展开论述。选准"点",确立文章的论点,是写好读后感的基本条件。

(3) 三篇习作都做到了"点"简,"生发"详。《为学在于勤奋》精选了宋代文学家黄鲁直得宋祁《唐史稿》初稿钻研文字提高写作水平,法国著名短篇小说家莫泊桑刻苦创作、毫不懈怠,大文豪高尔基少年时代渴求知识等三个事例论证"为学在于勤奋"的观点。《惜时》除一般性论述外,还谈了自己的切身体会,比较亲切。张欣同学的写作困难较大,语句上毛病较多,这次习作却大有进步。重要的原因在于他确实有真切的感受,一件件事、一个个问题说得比较清楚,不是硬做的文章。他把自己借书读的情况和班级的同学作了比较,把小学借书读的情况和中学时作了比较,把自己借书读的情况和到上海图书馆借书阅读的人作比较,通过这三比,阐明"借来的书要好好读可不容易"。

(4) 由于初次写,不足之处不可避免。如第一篇习作论述论点的事例选得比较好,尤其是黄鲁直在开封相国寺得宋子京的《唐史稿》归而熟视之的材料,有新鲜感,但说理就显得欠缺。给人总的印象是事例多,道理少。即使对"书非借不能读"持不同观点,也可对原作作者当时提出该论点的历史情况作简要的恰如其分的评价。《惜时》在说理方面同样有许多不严密之处。如引用了富兰克林和歌德的关于珍惜时间的名言后,说"这些话对我们大概也较实用。现在的我们,谁不想有充裕的时间痛痛快快地玩呢? 要好好地玩,也必须珍惜时间"。稍加思索,就可发现至少有以下漏洞:阐述的内容与引文对不上号,引文中说的是不要浪费时间,要利用时间,未涉及"玩"的问题;"要好好地玩"与"也必须珍惜时间"没有逻辑关系,连在一起说,使人费解;"这些话对我们大概也较实用",如果不是修辞需要,"大概"这个词也可删除。说得不严密是由于想得不周到,思维跳跃,写出来的语句意思就会不连贯。《借书杂感》谈了一些感受,但为什么"借来的书要好好读可不容易",实质未拎出来,说理缺少深度。这些都有待在今后的写作训练中逐步纠正,逐步提高。

6. 学生静思默想,把写读后感的要点在脑中过一遍。

四、作业

阅读自己的习作,对不符合要求的地方进行修改;如完全不符合读后感要求的,就另搭架子,另立提纲。

板书

感之深者言之切

阅读原作,抓住精神实质。

在理解原作的基础上选 { 中心论点 / 某一要点 / 关键句段 } 选。
"点",从原作的

紧扣一"点",生发开去;"点"要简,"生发"要详。

重点在生发,议论 { 论点明确, / 精选事例, / 分析说理, / 推出结论。 }

为学在于勤奋

我读了袁枚的《黄生借书说》一文,对书中提出的所谓"书非借不能读"这个观点持不同意见。我认为读书在于自己勤奋,在于主动争取时间。俗话说:"师傅领进门,修行在个人。"只有自己勤奋,才能读好书。

宋代文学家黄鲁直为了提高写作水平,每天攻读大量古今书籍。一天,他到开封相国寺去,得到一本宋子京写的《唐史稿》初稿,便如饥似渴地读起来。这是一本初稿,宋子京多次修改,密布蝇头小字,字体难认。但黄鲁直从遣词用字、拟形摹声、修辞造句等方面进行细心的学习、研究,从中体会到运用文字的奥妙,提高了自己的水平。

像黄鲁直这样的人,古今中外不乏其人。

法国著名短篇小说家莫泊桑,青年时期酷爱写作,他常把自己的稿子拿给福楼拜看,可是,福楼拜对他要求极严,作品无一通过。但莫泊桑毫不气馁,他一直不停地写,年复一年,他的小说稿快一人高了。到了三十岁莫泊桑才写成功一篇著名短篇小说《羊脂球》。莫泊桑正是这样一种败不馁、主动学习、勤奋刻苦的人。

大文豪高尔基少年时期虽然生活条件艰苦,可是他利用一切空余时间学习,店老板不许他读书,他就躲在阁楼里、储藏室里读,晚上没蜡烛,他就借着月光读,高尔基就是这样勤奋学习的。一次他边揉面边看书,老板进来了,抓起书就往火里扔,高尔基一把拉住他的手,怒吼道:"你敢烧掉那本书!"老板吓退了。高尔基就是这样在极艰苦的条件下获得大量知识的。

以上这些人,他们和袁枚少时有着相同的强烈的求知欲。他们成名后仍继续努力,继续寻求更多的知识。可是袁枚"通籍后,俸去书来,落落大满",并不继续学习,因此,他认为少时岁月之可惜,殊不知活到老,学到老,人一生的时光都十分宝贵。

读书应该踏踏实实,不能非借不读,一些名人少时想读书也读不到,千方百计积攒钱买书,苦心攻读。可见书并非非借不能读,而在于人主观上是否勤奋。

叶路绮

惜　　时

随园主人曾在《黄生借书说》一文里说:"叹借者之用心专,而少时之岁月为可惜也。"且不去追究"借者"为何"用心专",而"少时之岁月为可惜也",倒值得我们认真议一番。

时间,古今中外不计其数的人,都曾给予它很高的评价,金钱、生命都不如它宝贵。直到现在,我才渐渐有此感觉,感觉到时间的短促。

有时,我会觉得很忙,仿佛有许多事在排队。然而,每日有每日的事,有的事隔了很长时间也轮不到办,最终只好草草了事。出现这种情形已不止一次,我也时常为之苦恼。然而到底我寻到了解决的办法——今日事,今日毕。尽管有时仍很紧张,毕竟我抓紧了时间,没有拖沓,所以,这其实也就是节约时间,珍惜时间。

有这样一句话:"想要有空余的时间,就不要浪费时间。"(富兰克林语),歌德也曾说:"善于利用时间的人,永远找得到充裕的时间。"这些话对我们大概也较实用。现在的我们,谁不想有充裕的时间痛痛快快地玩呢?要好好地玩,也必须珍惜时间。

说到底,要干好任何一件事,都必须珍惜时间,怪不得有人说:"金钱是宝贵的,生命更宝贵,时间最宝贵。"我觉得还应该说,青少年时期的光阴的价值更是无比宝贵,否则,这个时期怎么会被称为"黄金时代"呢?

我们正处于青少年时期,不应忘了"少年之岁月为可惜也"!

谢书颖

借 书 杂 感

《黄生借书说》一文阐明了"书非借不能读也"的论点,但借来的书要好好读可不容易。在我们班级中有的同学非常爱书,他们拿着借书卡急切地借书,急切地去看,渴求知识,把整个身心都投入书的海洋中去。但也有的不珍惜借书卡,拿到后漫不经心,有时放在家里,有时让给别人借,有时借一些对自己没有帮助的侦探或武侠小说,甚至有时胡乱借一通,并把书放在家里不管了。像这样不珍惜借书的权利实在太不应该了。

例如我在小学时,老师规定要拿到借书卡,就要写一篇文章。我看到别人拿着借书卡借到好书时,心里真是急得慌,于是充满信心地、认真地写起文章来。老师说写得很好,并把它和另外两篇文章一起贴在橱窗里展出,而且给了我一张借书卡,从此我可以自由借书。我非常珍爱它,用它借了许多有益的书,受到了不少教益,知识逐渐丰富起来。可是到了中学,因为不需要花劳动就能得到借书卡,所以就不太珍爱它,急切的心情也不比以前了,有时借书卡会一两个月放在口袋里;有时借了本书,拖拖拉拉地看,还不断地延误归期。最近我有几次路过上海图书馆,看到上百个人在门前排队等待着开门。我看着这些渴求知识的人,心中真是自愧:他们中可能有人能在本单位免费借书,可还到这里来花钱看书。他们图什么?是像袁枚那个年代一样图做官吗?不,是出于对知识的如饥似渴,出于为祖国"四化"学习真本领的渴望。而我有了借书的权利,有了读书的好机会,却白白浪费它。看看别人,想想自己,真是惭愧啊惭愧。

学习了课文《黄生借书说》以后,我深有感触,下决心改变这种情况,勤奋学习,认真读书。

张　欣

从材料中提炼观点
——《0与32之比》习作讲评

【作前指导与要求】

盛况空前的第23届奥运会在洛杉矶拉开帷幕以后,全国人民无不密切关注,报纸、电台、电视台报道的中国体育健儿在奥运会上拼搏的每一则新闻都叩击着人们的心弦,带给人们无限的欢乐:"0"的突破,"天下第一剑"的栾菊杰打破了保持八十多年的欧洲剑坛纪录,李宁一人荣获三枚金牌,女排登上了三连冠的宝座。激动人心的材料难以一一列举。32枚奖牌,就是32支拼搏之歌,志气之歌,毅力之歌,也是32支伟大祖国的颂歌。今天我们就进行这方面内容的写作训练,题目是"0与32之比"。同学们在暑假期间接触了许多这方面的材料,回家找一找报纸,把有关的消息与报道回看一下,做到一归拢,二熟悉,把原先脑子里散乱的印象梳理梳理,遗漏不全的补上,生疏的熟悉起来。这次写作要求的不是描述一个个激动人心的比赛场景,而是在占有这些材料的基础上深入思考,寻找这些材料中蕴含的深意,提炼出观点。从0与32这两个数字的现象入手,剖析成败的实质,论述其中的道理。写作时要精选典型的材料,切忌材料堆砌。说理时力求语句通顺,层次清晰。

一、讲评目的

1. 学习搜集与论题有关的材料,懂得把握材料的实质,从材料中提炼观点。

2. 区别叙述与议论,理解材料须为观点服务。

3. 增强民族自尊心,激发民族自豪感,培养热爱社会主义祖国的感情。

二、讲评材料和方法

《0 与 32》习作四篇。

采用讨论的方法综合评论,在评论的基础上自改、互改习作。

三、讲评要点

1. 用提问的方法引入讲评课题。

《0 与 32 之比》这篇习作总的说来大家写得比较认真,内容比较具体,书写、卷面也有所进步。新学期第一篇作文有良好的开端,这是可喜的。现在请回答下列问题:

(1)《0 与 32 之比》应该写成什么体裁的文章?

议论文,不是记叙文,不是描绘奥运会某些比赛的场景。文体不能混淆。

(2)"0"涉及什么材料?"32"又涉及哪些材料?

"0"涉及 1932 年中国运动员参加奥运会的史实;"32"涉及 1984 年中国运动员参加奥运会的许多振奋人心的材料。很显然,材料是两类,失败的与胜利的。

(3) 议论文必须有鲜明的观点。"0 与 32 之比"就是要求我们透过数字的现象认识事物的实质,从这两组材料中提炼出鲜明的观点。今天习作讲评的课题就是"从材料中提炼观点"。

2. 请每个小组快速阅读一篇习作,口头回答:这篇习作用了几个材料？这些材料可划分为几类？

第一篇：用了13个材料。可划为四类：1932年参加奥运会的中国运动员的人数与成绩；1984年参加奥运会的中国运动员的人数与成绩；五个队跃入世界强队，跻身于强手之林；外界评论。

第二篇：用了12个材料。可划为三类：旧中国参加奥运会的失败纪录；体育健儿获奖牌情况；奥运村活动室墙上的横幅。

第三篇：用了6个材料。可划为两类：中国体育健儿拼搏的情景和取得的成绩；国务院致体育健儿贺电摘录。其中三个材料重复使用。

第四篇：用了8个材料。可划为四类：外电评论；教练员水平提高；运动员精神面貌改观；全社会支持。

3. 汇总四篇习作中材料的类别，进行同类合并。合并以后，还有几类？这几类材料中哪些是写这篇文章非用不可的？

（1）同类合并以后，材料有以下几类：

① 旧中国参加奥运会的失败纪录。

② 新中国体育健儿参加奥运会的拼搏情景和取得的巨大成绩。

③ 教练员的指挥才能。

④ 全社会的支持。

⑤ 国务院贺电。

⑥ 外电评论。

（2）在这几类材料中，①是核心材料，非用不可，②也必须带到，其他材料可酌情选用。

4. 从这些材料中怎样提炼观点？提炼出怎样的观点？

（1）剖析材料，弄清这些材料具有的意义。如：①材料表明奥运会的惨败是旧中国反动政府腐败所造成；②③④等材料显示新中国体育事业的成就，显示国家和人民对体育事业的重视和支持，显示社会主义祖国的兴旺发达；⑤⑥材料证明我国体育事业的飞跃。一个材料可具有多方面的意义,材料⑤即如此,也显示了政府对体育事业的关怀。

(2) 把材料所具有的意义集中起来,紧扣论题,分清主次,提取最有意义的作为文章的主要观点。在上述材料具有的意义中,社会主义祖国的兴旺发达,国家和人民对体育事业的重视和支持是最主要的,紧扣论题就可提炼出这样的观点:0 与 32 之比是中国体育史上的跨时代之比,是旧中国落后衰败和新中国兴旺发达的鲜明标志。提炼出这样的观点,所写文章就有主心骨,就有一定的深度,不会受材料的缠绕,在材料上打转转。

综上所述,我们可以把提炼材料的过程概括为:搜集和占有材料—排列梳理,归类集中—剖析材料所具有的意义—紧扣论题,分清主次—提取最有意义的确立为文章的主要观点。

材料是文章的质地,无具体材料空发议论,就会夸夸其谈,言之无物;观点是统率文章的灵魂,观点不是写作的人主观臆造,而是从材料中提炼而成。提炼就是把材料中最有意义最有价值的提出来、炼出来。提炼的过程是一个复杂的思维过程,它受种种因素的制约,如材料本身的价值、写作者认识问题的能力、写作者的思想水平等。在这个思维过程中有两种能力很重要,这两种能力是归纳能力和分析能力。经常锻炼对接触到的材料进行归纳和分析,提炼观点就不是难事。

这节讲评课是借用同学习作说明怎样从材料中提炼观点;同学们作文时应按照板书所述步骤进行,不可写好了再套。

5. 刘勰《文心雕龙·论说》中说道:"论如析薪,贵能破理。"习作者从材料中提炼出观点以后,要根据观点准确地运用材料,剖析事理。

请同学评论四篇习作中观点与材料是否一致,有没有材料几乎淹没观点的情况,怎样使用材料比较好。

6. 在学生充分讨论的基础上归纳要点:

(1) 第一、第四两篇选用的材料较好,能阐明观点,为观点服务。

第一篇习作使用材料的目的很明确,完全是为阐述观点服务的。开头用极其概括的语言列举三个材料,阐明中国在奥运史上"0"的耻辱被洗刷,接着用三个材料进行今昔对比,突出 0 与 32 之比震撼人心,然后又用列举的方法使用五个材料阐明新中国体育事业的进展与成就,最后以外界评论的材料作佐证。用材料不铺展,不冗长,目的在阐述观点,一步步深入,从 0 与 32 这两个数字现象入笔,剖析到今日取得胜利的原因,剖析到新中国兴旺发达的风貌,这就抓住了事物的实质,观点鲜明。

第四篇同样是观点与材料一致,但在使用材料时,与第一篇有所不同。习作者只用外电报道两个材料阐明中国夺得 32 枚奖牌后在国际体坛的反响,不在比赛的具体情节上花笔墨,这样写,文字简洁,不受材料束缚。用材料时须注意,前人所已言、众人所易知的应少用、精用,重复说许多大家都知道的事就削弱文章的吸引力。习作者王强注意到了这一点,就把笔墨花在中国运动员成绩提高的原因方面。剖析时有观点有材料,观点从大量的材料中提炼而出,阐述时又精选典型事例突出观点。文章结尾用比喻的方法点题,生动形象,意寓其中。

(2) 第二、第三两篇虽各有优点,但在使用材料阐述观点时还有值得讨论之处。第二篇习作中列举了好些材料,如第 4 段,材料不少,但未注意说理。习作者想阐明 0 与 32 之比是中国人在体育史上的跨时代之比,但道理上没有作比较充分的阐述,只罗列了一些材料。第三篇习作中选的材料是有典型意义的,"0"的突破、"天下第一剑"、女排三连冠都选得恰当,问题在使用这些材料只说明了体育健儿的风貌,没有更深一层的论述;三个事例也花笔墨太多,如一个详两个略,就无材料堆砌之感。

这两篇习作开头都很别致,黎莉写的语言活泼,结尾从体育成绩的提高引申到建设事业的突飞猛进,比较自然。但末尾两个"零"的句子难以理解,第一个"零"是实数,指过去的竞赛记录,第二个"零"呢? 含混不清。议论文里概念含义要一致,不可任意变换。如改成"32,是未来的开端"就合适了。

7. 在理解的基础上自改和互改作文,要求:

(1) 以议论为主,还是以记叙为主,文体是否混淆,请区别。

(2) 找准习作中的主要观点,分析一下材料是否精选,是否为阐明观点服务。

(3) 修改不通的语句和订正错别字。

四、作业

课堂上未完成修改任务的继续修改。

板书

从材料中提炼观点

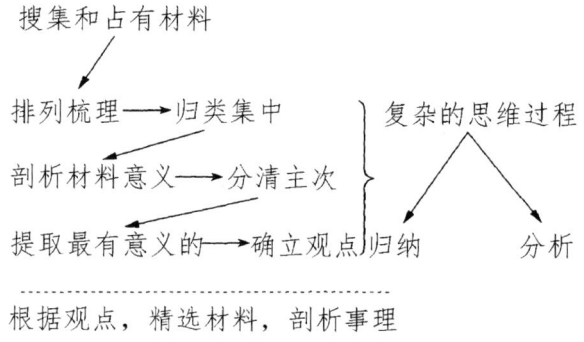

根据观点,精选材料,剖析事理

0与32之比

盛况空前的第23届洛杉矶奥运会在万众瞩目下,缓缓落下了帷幕。但这帷幕遮不住亿万人民对运动健儿们的敬爱,人们仿佛还能看见:许海峰的神射中的、李宁的"托马斯全旋"、中国女排的飒爽英姿……就是他们,打破了52年来中国在奥运史上"0"的纪录,洗刷了半个多世纪的耻辱。

记得吗？1932年，也是在这洛杉矶城，当时的中国派出第一位（也是唯一的一位）运动员参加奥运会，捧回的是"0"。那时候，谁会想到1984年7月28日（洛杉矶时间），由225名中国运动员组成的队伍，行进在第23届洛杉矶奥运会开幕式的入场式队伍中？其实人们看到的何止是人数的悬殊？那15枚金牌、8枚银牌、9枚铜牌在世界人民的眼前闪现光彩。0与32，震动人心的比啊！

　　中国体育的成就，近年来已有所展现，中国女子排球队、体操队、跳水队都一跃成为世界强队。中国女子篮球、女子手球也跻身于强手之林。中国人不再是受人鄙视的"东亚病夫"。你看，当中国运动员步入纪念体育场时，场外的合唱队全体起立表示欢迎，再也不会有人用漫画来取笑中国人是"鸭蛋冠军"。对32块奖牌的获得，外界评论说："中国以一个从长期睡梦中觉醒的巨人的姿态突然出现在奥运会上。""中国像一个神秘的巨人一样从帷幕后面走到人们面前。"

　　中国已被世界公认为"巨人"，"东方巨人"在世界人民的心目中站立起来了。

　　体育是一个国家的窗口。体育实力的强或弱，直接反映出一个国家政治、经济的盛衰。旧中国，并非无体育人才，只因为当时政府腐败，不重视体育事业，加之经济力量薄弱，才遗留下"0"的纪录——这几十年的耻辱。而今，祖国建设事业飞速发展，党和国家对体育十分重视，人民支持体育事业的发展。正是有了这样的支柱，健儿们才精神焕发，才得以展现雄姿。他们抱着为国争光的目的，凭着中国人特有的坚韧不拔的精神去拼搏，去为祖国争取光耀。如果说旧中国体育的落后反映了当时国力的衰败，那么，新中国体育的辉煌成就，正显示了社会主义祖国的兴旺发达。如今，中国运动员在奥运会上获得了32枚奖牌，我相信，随着我们伟大祖国的不断强大，国民经济的高度发展，他们得到的奖牌会越来越多，他们的成绩会越来越震惊世界。

愿我国的体育之窗开得更大些吧,让全世界更清楚地看到新中国的风貌。

谢书颖

0 与 32 之比

"0"是多么醒目的符号!标志着奥运会的五个"〇"状圆环紧紧相连,代表着世界五大洲。这五个"〇"是奥林匹克象征。人们看到它就想起奥林匹克精神。奥林匹克精英,这五个"〇"是多么令人向往。然而"0"又是多么刺眼的符号!旧中国参加奥运会的第一次纪录是"0",第二次又是"0",第三次还是"0"。这三个"0"就是旧中国参加奥运会的历史见证。这些"0"意味着什么呢?它意味着耻辱,意味着旧中国体育事业的极端落后。拥有四万万民众的旧中国,由于政治腐败,出不了人才。如今,日月换新天,拥有十亿人口的新中国,以崭新的面目去迎接举世瞩目的第 23 届洛杉矶奥运会。

不是吗?我国 27 岁的"神枪手"许海峰在奥运会第一天比赛中夺得了男子手枪慢射项目冠军,成为中国第一位夺得奥运会金牌的运动员。中国人终于打破了几十年的"0"的纪录。接着喜讯一个接一个地从大洋彼岸传来,举国一片欢腾。

为了洗刷旧中国体育史上"0"的奇耻大辱,我国运动员刻苦训练,争取夺得好成绩。在奥运村中国代表团居住的一间活动室的墙上,挂了一条横幅,上面写着五个大字:"拼,为国争光!"

中国健儿的赤子之心使他们不畏强手,勇攀高峰。继许海峰之后,我国大力士获举重 4 枚金牌,男女体操健儿获 5 枚金牌,女子跳水获 1 枚金牌,有"天下第一剑"之称的栾菊杰获 1 枚金牌,女排获 1 枚金牌,我国运动健儿获得了 15 枚金牌。获 3 枚个人体操单项冠军的李宁,被称为体操史上最伟大的运动员,而名不见经传的两位射击选手却出人意料地独占鳌头,尤其使人敬佩的是女排姑娘,她们在失利的情况下,毫不气馁,敢拼敢打,不仅为祖国夺得了一枚可贵的金牌,而且也登上三连冠的宝座,真是可喜可贺。

我国运动员还夺得了 8 枚银牌,9 枚铜牌,共获得了 32 枚奖牌。金牌总数居 140 个参加国家的第四位。

由此可证实,中国人已经不再是所谓的"东亚病夫",中国人从此在奥林匹克运动会上站起来了。今天的 32 枚奖牌已经洗去了昨天"0"的耻辱,0 与 32 之比是中国人在体育史上的跨时代之比。自豪吧,体育健儿! 伟大啊,中华民族的志气和精神。

范 菁

0 与 32 之比

"0",终于被打破了! 在许海峰首开纪录的枪声中被打破了! 在郎平的猛扣中,在李宁潇洒飘逸的英姿中,在吴数德定乾坤的奋力一举中,在栾菊杰连连交叉的进攻中,奖牌的数字在不断地上升:1、2、3、4……32! 这就是中国在世界瞩目的第 23 届奥运会上的成绩,这就是中国运动员为祖国母亲夺回的荣誉!

"你们的优异成绩,改变了旧中国在奥运会的零分纪录,是我国体育史上具有历史意义的重大突破,标志着我国体育事业的新飞跃。"这是国务院在贺电中对体育健儿的盛赞。

的确,运动员们是当之无愧的。不是吗? 在冲出亚洲、走向世界的道路上,我们的健儿正迈着坚定有力的步伐。奥运会上,也正是他们,靠着顽强的拼搏,取得了累累硕果。

7 月 29 日,难忘的一天! 这一天,正是中国选手许海峰夺得本届奥运会第一块金牌的日子,同时又是盼了 52 个年头,金牌第一次挂上中国运动员脖子的激动人心的时刻。许多观众惊讶了,奥运会主席也始料未及。然而,这,毕竟是现实。是中国人打响了这进军的第一枪,是中国人自己用优异的成绩洗刷了过去的耻辱。

很快地,又一项世界纪录被中国人打破了。那就是中国姑娘栾菊杰,打破了保持八十多年的欧洲垄断剑坛的纪录。她,身材修长,眉清目秀,左手握着一柄花剑,沉着冷静地对着对手——32岁的剑坛老将,名手哈尼斯,为夺取最后的胜利而拼搏。哈尼斯不断挑逗,栾菊杰成竹在胸,双方在斗智、斗勇。终于,几分钟的交手使栾菊杰发现了对方的薄弱环节,她一鼓作气,勇夺金牌,被誉为"天下第一剑"。为了祖国母亲能屹立在世界体坛前列,栾菊杰拿出了非凡的勇气,创造了出人意料的成绩。这也可以说是爱国主义的一种体现吧!

然而,又一件令人难以预料的事情发生了:中国女排的姑娘们以1比3输给了美国队。虽然,这是小组预赛,但仍然使女排队员背上了沉重的包袱。她们真的输了,输给了几次败北的美国队,怎么办?教练袁伟民逐个儿找队员谈心,谆谆诱导,逐步扭转了队员们后悔、懊丧的情绪,排球场上又出现了姑娘们轻盈敏捷的身影。在中日比赛中,姑娘们配合默契,不断地救起了一个个险球,毫无受挫后的窝囊。她们夺得了最终的决赛资格。这真是"山重水复疑无路,柳暗花明又一村"。在中美决赛中,姑娘们表现得更为出色,似乎飞出去的金牌终于又飞回来了。虽然只有一枚,可这小小的一枚包含了姑娘们多么顽强的意志,多么坚韧的精神,更不用说她们那幸福和难过的泪水。

健儿们在运动场上奋力拼搏的例子是举不胜举的,是他们,赛出了我们中华民族的风格和水平;是他们,体现了华夏儿女的精神面貌。他们为祖国赢得了荣誉,为中华民族增添了光彩,他们是伟大祖国的骄傲。

由此,我想到既然我们的健儿能把"0"提高到"32",使祖国的体育事业出现一个前所未有的局面,那么,我们的建设为什么不能也来个突飞猛进,从而跻身于世界的前列呢?同是炎黄子孙,都对祖国怀有深沉的爱,我们有信心、有能力使之成为现实。

零,是过去的耻辱。零,是未来的开端。

黎　莉

0 与 32 之比

第 23 届奥运会顺利闭幕了。在这届奥运会上,中国代表团共夺得了 32 枚奖牌,引起了国际体坛的强烈反响。

法新社报道说:"中国人以惊人的 15 枚金牌,迫使世界承认它是体育强国。"

《泰晤士报》报道说:"中国不久将和欧美一样成为体育强国。"

然而 52 年前,中国参加奥运会,一直是吃"鸭蛋",报道上只有讽刺和嘲弄。回想这些,是多么的令人心酸啊!

为什么在短短的 52 年里,中国运动员能提高得这么快?

首先,教练员的水平提高了。在 52 年里,涌现出了袁伟民、胡鸿飞等一些著名教练,他们掌握了运动员心理学,有着丰富的临场指挥才能。例如:中美女排决赛中,每当战斗到紧张的时刻,中国队侯玉珠就上来发球。这是为什么呢?因为侯玉珠发球前冲力很强,美国队难以应付,看到她发球心里就紧张。在紧张时刻,她上来发球,美国队更怕失误,就更加紧张,所以接发球就失误。从这一点可以看出,教练袁伟民的临场指挥才能是首屈一指的。

其次,运动员的精神面貌有了很大改观。运动员们的拼搏精神更加足了,例如:中国三级跳远名将邹振先腿上有伤,每跳一步都疼得厉害。但是,他为了祖国的荣誉,坚持不懈地跳着,成绩伴随着伤痛而来。从这一点可以看出,运动员们富于拼搏精神,他们想的不是个人,而是人民的荣誉、祖国的荣誉、民族的荣誉。有这样的运动员,祖国为此感到骄傲。

　　关键在于国家的重视。过去,旧中国反动政府不重视,推说资金不够,让运动员自费去。结果,比赛遭到惨败,到了难以回国的地步。52年过去了,中国重返奥运会,得到了全社会的支持。张家口提供了饮料,上海提供了运动服装,海军提供了干粮,民航提供了专机。这些和52年前比,真是天壤之别啊!"0",它沉重地锁着我们,使我们头抬不起来,腰直不起来。然而"32"就像一声春雷,它击开了锁链,使我们站起来了。"32",不是终点,而是起点,它的前面,是无限的辽阔。

王　强

"心神"与"物境"合拍
——"××礼赞"习作讲评

【作前指导与要求】

初二第一学期我们学了《茶花赋》以后,学写了一篇托物言志的抒情散文。但是,难啊!尽管写了什么《园丁赋》《红笔赋》《桂花赋》《百花赋》,真正像样的很少。我曾试图请同学改过一篇《树根》,然而,也说不出多少道理。学习不是一次完成的。当时,要在原有的基础上往上跳一步并不容易。为此,我们没继续写这类文章,而是推荐了杨朔、刘白羽、秦牧等作家的散文让大家课外阅读。

时隔一年,我们有所长进。最近学了茅盾的《白杨礼赞》,对咏物言志、借景抒情的写法认识深了一步。现在,就以"××礼赞"为题,进行一次写作练习。要求:搜求物象,把握它的特征;寄情于物,力求外物和内情契合交融;语言生动、流畅。

一、讲评目的

1. 理解外物和内情必须契合交融,不能物、情脱节,空洞地抒情。
2. 认识积累词语的重要,理解词语丰富能加强表达情意的表现力。
3. 以习作中所写的物的内在气质陶冶学生的情操。

二、讲评材料和方法

《太阳礼赞》《地下"大力士"礼赞》和《翠竹礼赞》三篇习作,课文《白杨礼赞》。

自评、互评,对照比较。

三、讲评要点

1. 总述习作情况,肯定进步。

此次习作和初二上学期写的相比,有比较明显的进步。主要表现在:

(1) 物选得比较好,有话可说,有情可抒。

(2) 物的内在意义揭示得比较准确。

(3) 语言比较通顺流畅,诘屈聱牙、硬作的情况减少。

倾向性的问题是什么呢?

2. 听写一段话,指出此次习作较为普遍的问题。

听写。唐代诗人王昌龄谈诗的构思时用了下面16个字,请大家记下来。"搜求于象,心入于境,神会于物,因心而得。"意思是你要在生活中真正对某一景物有所感触,才言得出"志",抒得出"情";"心得"来源于对生活中物象的启发,心神进入物境,才能写得出有血有肉、释理抒情的散文。也就是说要使所描述的客观景物与自己的主观感情契合交融,力求"心神"与"物境"合上节拍。这个问题处理得不好,就会情、物脱节。此次习作中有些同学的作文就出现了这种毛病,二者不是渗透、胶合,而是粘得不牢,脱漏不少。

怎样来解决这个毛病呢?

3. 朗读《太阳礼赞》等三篇习作,就这个问题习作者进行自评。自评时说明:

(1) 为何选该景该物作为吟咏的对象。

(2) 它的外形特征和内在气质你是怎样认识怎样理解的。

（3）你是怎样寄情于物，表达自己的思想感情的。

（4）你采用这样的结构和方法写，是否实现了写作意图。

4. 根据三位习作者自评的情况展开讨论，三位习作者之间也相互评论。讨论时注意运用比较法，一将三篇习作进行比较，二和《白杨礼赞》对照，三与自评的作比较。

（1）学生开展评论。

（2）评论后归纳要点。

① 特征抓得准确，刻画得具体。要写好这类散文，须"搜求于象"，绘声绘色，给人以视觉美、形象美。《太阳礼赞》一文写太阳的外形特征时先写其"万道金光"，写它冉冉升起时的壮观，再写它刺穿云层的"灿烂的光芒"，烤尽乌云的"辉煌的烈焰"，太阳的外形特征可写的很多，如圆形、色红（日出日落时）、大小等，习作者把这些都舍弃了，而是从立意出发有选择地描绘它的外形特征。这样就把物的特征和文的题旨结合起来。《地下"大力士"礼赞》绘"水泥桩"的外形特征笔墨不多，但几笔勾勒，就写明白它的形与质。《翠竹礼赞》写竹子，突出它的挺立、修长、枝丫向上、根根相连。而这些特征与习作者所要表达的主观感情是紧密相连的。三篇习作同写物象，《地下"大力士"礼赞》写得集中，其余两篇分散写，把外形特征写出层次。

② 把握物的内在气质、内在品格，注入习作者的情意。"神会于物。"仅对所咏对象进行外部特征描写，是远远不够的，要善于透过外部特征看到它的内在气质，表现它的内在意义，要把所选择来歌咏的景物作为人来写，赋予人的品格、人的精神，使它具有明显的象征意义。

《太阳礼赞》通过写外形的"万道金光""灿烂的光芒""辉煌的烈焰"，写太阳的无私和千层乌云压不倒的英雄气概，以此来象征为了革命事业、为了人民的解放无私地献出宝贵生命的革命先烈，以及伟大、坚强的中国共产党,从而尽情地讴歌。这样赋予所写的景物以人的品格、人的精神,象征意义鲜明,外景和内情统一。《地下"大力士"礼赞》通过写水泥桩的"每时每刻都承受着建筑物对它们的重压"象征抵抗"四人帮"重压的战士和献身"四化"建设的大军,赞美他们坚实、质朴的品格和力抵千钧的气概。《翠竹礼赞》通过写竹子修长、挺直、枝丫向上、根根相连的外形特征,揭示它坚韧不拔的内在气质,以此来象征江南人民,象征中国人民建设"四化"的精神和意志。咏物是抒情的基础。三篇习作抒情释理都能挖掘所咏之物的内在意义,使景物和情理沟通,字字咏物,又句句颂人,这样就物情交融,"心神"与"物境"合拍。

写景物特征(外在的和内在的)千万不能无选择地渲染,物归物,情归情,物情游离。写景物特征,每写一点都须考虑到能否寄情,有无象征意义。这样,就不会为咏景物而咏景物了。

③ 借鉴《白杨礼赞》的种种写作手法,达到咏物言志的目的。如《太阳礼赞》中反复手法的运用——"我赞美太阳""我赞美太阳不仅是因为它的无私,更重要的是它那种千层乌云压不倒的英雄气概""我赞美太阳,我更赞美那些无私地献出自己生命的先烈,赞美我们伟大的党",形成反复咏叹的气氛,增加抒情色彩。又如衬托手法的运用,增添文章隽永之味,在《翠竹礼赞》中可以看到。用竹子的普普通通平平凡凡衬托它独特的美、内部的美,使它大丈夫的气质更为鲜明突出。再如,反诘排比句的运用,使情理相生,不仅抒情气氛浓重,而且所咏之物的内在思想意义得到逐层深入的揭示和发挥,大大增添了文章的色彩。《太阳礼赞》和《翠竹礼赞》中都有这样的安排。写景物不是静景素描,而是放在特定的环境里展现,画面有浓厚的生活气息,便于开拓意境,易于发人联想,这也是写作上的特色。三篇习作的开头部分都注意到这个问题。当然,借鉴不是抄袭,须从阅读中吸取养料,来一番"化"的功夫。此次习作中有的"化"得好一些,有的生硬一点,也有少数同学对

借鉴不够注意,不注意从阅读中吮吸营养。

④ 抒情散文语言要优美、流畅,话都写不通,疙疙瘩瘩,又怎能咏物抒情呢？三篇习作和过去相比,语言流畅些,词语用得比过去考究一些。《太阳礼赞》中如"慷慨""公平""无私"的运用,比较准确、有序;"刺穿云层""烤尽乌云"的"穿""尽"刻画出太阳的威力,表意有分量。又如《翠竹礼赞》中"弱嫩""坚硬"的对比美的设计,"三分温和、五分端庄,也不乏秀丽"的姿态美的描写,显然习作者是经过一番思考的。

词语要注意积累,词语干瘪,再深再新的意也不可能生动形象地加以表达。此次习作中我看到了一些过去习作中从未出现过的词语,如"飞瀑喧豗,烟云蒸腾""千仞绝崖""流云出岫"等,说明同学们注意课外阅读,注意积累词语。这是可喜的。当然,在运用时要注意恰当,不能生搬硬套,不能堆砌。

四、作业

复看自己的习作,给写得好的段落加评。或综合评论,或就用词造句、写作方法、思想意义等某一方面评论。

板书

"心神"与"物境"合拍

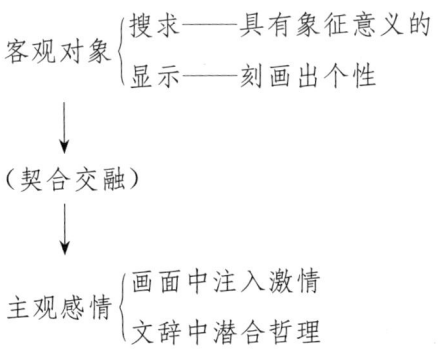

太 阳 礼 赞

太阳是地球和生命的起源,我赞美太阳。

清晨,一轮红日从东方冉冉升起,把万道金光洒向大地,在朝晖的映照下,大地披上了一件金色的外衣。人们就在这阳光普照、生机勃勃的大地上,开始了新的一天的生活。当你站在海边或山顶看日出的时候,当你仰望天边火红的晚霞的时候,你一定会情不自禁地赞叹它的庄严、它的美丽。

地球上的生命之源是太阳,它把光和热慷慨地送给了大地,有了它,地球上才有了生物;有了它,地球上才有了一年四季的变化;有了它,人类才有了光明;有了它,植物才能生长。它是那样公平地把光明和温暖送给了人们,它是那样无私地将大量的能源给予人类,却不向人类索取任何报酬。

古往今来,多少人歌颂过它,多少人崇拜着它,世界上有许多国家至今还把太阳当作神来顶礼膜拜,虽然太阳并不是神,只不过是一颗普通的恒星罢了,但是它发出的光和热在整个太阳系中却是无与伦比的。

虽然,有时太阳也被大片的乌云遮住,甚至接连几天见不到它的影子。但是乌云终究遮不住太阳,它那灿烂的光芒终究要像利剑一样刺穿云层,它的烈焰终究要烤尽乌云,它那辉煌的光焰是任何东西都无法遮挡的!

我赞美太阳不仅是因为它的无私,更重要的是它那种千层乌云压不倒的英雄气概。

太阳那种无私的精神不正是无数革命先辈的化身吗?在那白色恐怖、血雨腥风的年代里,在那硝烟弥漫、炮火连天的战场上,许多先烈为了革命事业,为了人民的解放无私地献出了他们宝贵的生命。

太阳那种乌云压不倒的精神不正是党的象征吗?在历次革命斗争

中,我们党经历了一次次激烈的斗争,并在斗争中锻炼得更加坚强。

我赞美太阳,我更赞美那些无私地献出自己生命的先烈,赞美我们伟大的党。

崔东明

地下"大力士"礼赞

当你看见高耸的大厦、宽敞明亮的厂房、庄严雄伟的大会堂时,你一定会情不自禁地赞美这些建筑物的雄伟、壮丽,也一定会赞扬建筑工人高超的技术和聪明才智。然而就在这同时你却忘了一样东西,一样看不见的东西。

那就是桩——建筑上用的水泥桩。没有它是建不成万丈高楼的,就是建成了也是要倒掉的。水泥桩用钢筋混凝土浇铸而成,呈灰白色,底部一尺见方,长约三丈。打桩机用汽锤把水泥桩一锤一锤、一寸一寸地打入地下,然后挖去表面泥土浇上钢筋混凝土,就能在上面造房子了。

对这么平凡的桩基,住在新房的人常常不会想到它们,更不会看到它们。可是,它们每时每刻都承受着建筑物对它们的重压,它们靠自身对泥土的摩擦,抵抗着建筑物的重压。它们不仅仅是水泥桩。它们就像"四人帮"横行的年代里抵抗"四人帮"重压的战士们,他们靠人民这块坚实的"土地"的支持,战胜了敌人。今天,打桩机打入地下的也不仅是水泥桩,汽锤发出的阵阵巨响,好像是敲响了向"四化"进军的战鼓。那一排排的水泥桩,就好像是"四化"的地基,十亿人民将用他们勤劳的双手,在上面建起一个又大又美的新时代、新天地,建起社会主义的高楼大厦。

我赞美地下的"大力士"——水泥桩。赞美它那坚实、质朴的品格,力托千钧的气概,我们现在的建设工作不正是需要这种品格和气概吗?

宋小青

翠 竹 礼 赞

我要赞美那普普通通平平凡凡的竹子!

在江南,不管你到哪里,都可以看到挺立的竹子,三株五株,盖山成林。竹子有顽强的生命力。每到春天,在山坡上,山溪旁,田野边,只要竹子遍及的地方,就会钻出一只只尖尖嫩嫩的竹笋,你不禁会怀疑这弱嫩的竹笋怎么能顶翻坚硬的泥土。等到春雨一停,你再来看竹笋,不,该叫竹子,已有丈许了。竹子是砍不完烧不尽的。听老人们讲过在清兵南征的时候,江南各地燃烧起抗清烈火,有个清将在进攻浙江时,被当地人用竹弓射中一箭,大为恼火,命令手下兵士看竹便砍,见竹就烧,想叫竹子绝代。可是当他南征北还,见竹子不但没有绝,而且长得更茂,不觉叹道:"竹似南人,南人似竹。"竹子纤细修长,高达二丈许,甚至十丈,参天捣云,竹子直到顶梢才有枝丫,而且枝丫也一律向上,叶儿密集。那一节一节的干是它生活的记录。竹子的根与根相连,团结一致。竹和松梅合称岁寒三友,四季青翠。特别是那笔直的干,给人一种力争上游的感觉。许多竹子组合在一起,点缀着江南的景色。竹子有着它特有的姿态,三分温和,五分端庄,也不乏秀丽。但不难看出竹子的骨子里有一种坚韧不拔的气质,一种大丈夫的气质。

正如那员南征清将所说的,竹子像江南的人民,江南的人民像竹子。当你在春雨刚停的田野上走过,看见村边屋后傲然挺立着翠绿的竹子,难道你就觉得它只是竹子?难道你就不想到它的秀丽、温和、端庄,至少也象征了江南的农民?难道你竟一点也不联想到,在江南富饶的土地上,到处有坚韧不拔、勤劳智慧就像这翠竹一样点缀家乡的农民?难道你又不更远一点想到,这样根根相连团结一致,有顽强生命力的翠竹,宛然象征了今天建设"四化",勤奋劳动的中国人民的那种精神和意志?

竹子是普普通通、平平凡凡的,在江南极普遍,但是它有独特的美、内部的美,比那被花匠摆弄得奇形怪状的松梅美得多、美得真。

翠绿的竹子是值得赞美的,我要高声赞美翠竹。

陈　剑

"目注"与"神驰"
——《献上一支心中的歌》习作讲评

【作前指导与要求】

在新祖国诞辰纪念日即将来到的时候,我们承受党的阳光雨露哺育的儿女们有多少心里话要对祖国妈妈说。为此,我们以"献上一支心中的歌"为题写一篇作文,向祖国母亲倾诉自己的赞美和热爱。

歌颂祖国的文章有多种多样的写法,这次要求写散文,用托物言志、借物抒情的方法。首先要选准歌颂的对象,总的范围是祖国,具体说来可颂先烈,颂英雄,颂高尚的人。要求在记叙中夹以议论和抒情。

一、讲评目的

1. 懂得怎样选"物"、观"物"、绘"物"和借物抒情。
2. 理解观察、联想在咏物言志中的重要作用。
3. 激发学生热爱祖国热爱党的感情。

二、讲评材料和方法

《献上一支心中的歌》习作一篇,1980年第7期《少年文艺》的封底画。

图文对照,阅读分析。

三、讲评要点

1. 进一步审清题意,明确应怎样写。

"献上一支心中的歌"这个题目难度较大,部分同学能扣住题意写,内容具体,有真情实感;部分同学写得大而空,或不十分切题。怎么写才会具体、充实、形象、生动呢?首先再仔细审一审题意,咬文嚼字一番。

(1) 请学生从语法角度分析。

题目是什么结构的词组?谁"献"?"献"给谁?句子中省略主语和状语。向谁献呢?向亲爱的党,向伟大的祖国,向革命先烈,向英雄人物,向高尚的人等。

(2) 请学生从含义的角度分析。

"歌",是否就是音乐课上教的歌唱的歌呢?不是引吭高歌的"歌",而是象征性的。

用一位同学作文开头的话来说:"歌,是从口中唱出的;而心中的歌,却是从心灵发出的,是世界上最美最富有旋律的歌。我要把心中的歌献给心中最崇敬的人——参加对越自卫反击战的英雄们。"

因此,"心中的"歌,是发自肺腑的心声;"献",表示无比的崇敬,情要真,意要深。

(3) 审清题意,可判断这篇作文应写成抒情散文,记叙中夹以议论和抒情,即前文所说的释理抒情,向党、向祖国、向英雄抒发热爱之情、赞美之情、颂扬之情。

这些情该怎样抒发呢?是不是用许多概念化的词句,什么"伟大啊""壮丽啊"等凭空抒情呢?不是。应做到:情寄于物,借物抒情。把真挚深厚的感情寄寓于描绘的"物"中,借托"物"具体细致地表露发自肺腑的深情。因此,"物"要选得好,写得好。

2. 出示《少年文艺》第 7 期封底的放大彩色图,图文对照,进行评析。

（1）请同学观察彩色图，说明图中画了哪些景物，画的主题是什么。

（2）请章引同学朗读自己的习作，并说明自己如何选"物"，如何观察"物"，如何描绘"物"，又怎样借物抒情的。要求指画讲解。

（3）进行对照比较。一图文对照，辨别文中所写是否符合画面的情况；二将自己观察所得与这位习作者说的写的比较一番，寻找共同点与不同点。

（4）开展讨论后归纳要点。

观画写文，借画抒情，须做到目注神驰，观此思彼。

① "物"选择以后要认真观察。观察，贵在细致、准确，讲究先后有序，不仅要用眼睛看，而且要用心灵体会。这篇作文表明：习作者观察画面细致入微，准确无误。主体、背景、整体、局部、细部，都表达得清清楚楚。画中主体是祖国的儿女西藏姑娘，她骑着牦牛，披着霞光，行进在肥沃的草原上。背景远近分明，色彩绚烂。细小的部分也看得真切，如皑皑雪山由于夕阳映照，因而"映红"了；水本无色，但涓涓雪水在夕阳映照下却"闪着耀眼的红波"；夕阳照射在姑娘身上也增添了无穷的意味，"使她置身于霞光之中，让霞光为她镶上金环"。这种建立在细致观察基础上的描写，不仅有画意，而且有诗情。画中描绘的是祖国明朗的天，祖国肥沃的草原，祖国的儿女，奏一曲伟大祖国的颂歌。习作者观察得深，观察得细，热爱之情就会在文中流淌。有的同学也想托画抒情，由于未仔细观察画面，只有整体，细部未看到，因而下笔笼统，缺少情味。

② "目注"还要"神驰"，要善于开展想象。写这类文章，要善于从观察实物或观察画面出发，开展想象，浮想联翩。这篇习作由视觉，即由眼前所见引出听觉——由"整个画面和谐地统一在一个橙红的基调

中"引出"旋律响起",由色彩写到有旋律的歌声——"有道是:'色彩是绘画的语言,它能奏出旋律,能产生感情'",使画面"活"起来,"动"起来,味道浓郁起来。习作者发挥想象,由画内写到画外——"看那姑娘,深邃的目光一直射向画外,使画的意境跃然跳离了画面的束缚";再由画外回到画内——用三个"看到"的排比句转入"你看,姑娘笑了"。放开去,神思飞越,驰骋万里;收回来,紧扣关键,突出主题。画面是有限度的,实物也有限度,然而,习作者不能受此限制与束缚,要据物据画开展联想,发挥想象,开拓意境,这样文章内容就充实丰满,收尺幅天涯之效。如果就画谈画,就物谈物,不开拓出事情的叙述,不开拓出画面的描绘,内容就干瘪,难以动人。当然,开展联想与想象要以"物"为依据,离开了"物"去乱想,不叫想象,叫想入非非。想入非非的文章就会成为"游谈无根"。

③ "目注"与"神驰"中须有明显的线索,使眼前景物和开拓出的意境要缝合紧密,浑然成为文章。这篇习作线索分明:

《高原的歌》—藏族姑娘的歌—每一个中国青年的歌—我,一个共青团员心中的歌。

习作者以"歌"贯串全文。从眼前一张别具一格的抒情风俗画写起,由景而人,以景托人,引出画上传出的姑娘心中的歌;从"耳边萦绕"的歌声引出眼前呈现的"暮色中的高原",再用"那碧波滚滚的南海,白雪飘舞的北国,景色宜人的江南"排比词组展现祖国一幅幅优美、壮阔的图景,使万里纵横尽收眼底。正由于"听""想""欣赏",心弦被拨动,故而极其自然地引出了每一个中国青年献给母亲的赞歌;再一收来,落实到"我"心中的歌。这样写,线索分明,祖国儿女们对自己"母亲"由衷赞美的主题犹如乐曲的主旋律回旋激荡,抒情气氛浓厚。

④ 散文的语言要讲究。语言犹如作品的翅膀,插上翅膀才能飞抵彼岸。这篇习作中语言的运用费过一番斟酌,既借了绘画方面的语言,又借用音乐、戏剧方面的有关词汇,句式活泼,引用得当,使文章生色。

3. 同桌互看习作,以托物言志、目注神驰的要求衡量,推荐较好的习作。

同学互看的过程中,估计会对下列习作作一番推荐:

(1) 歌颂歌乐山下永生的烈士,从访红岩岭所见所闻所忆生发开去。(陈安)

(2) 赞颂平凡的清洁工人,借托歌曲《美丽的心灵》。(周翔)

(3) 歌颂对越自卫反击战中的英雄,借托歌曲。(陈剑)

(4) 赞颂为国增光的体操健儿,借托电视中"体育之窗"。(陆恩铭)

……

同学推荐后小结,归结到讲评的目的。

四、作业

就观察与想象方面的要求评析自己的作文,并写简短的评语。

板书

"目注"与"神驰"

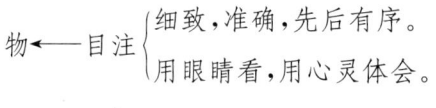

志——如乐曲主旋律回旋激荡。

献上一支心中的歌

《少年文艺》1980年第 7 期的封底刊登着一幅别具一格的抒情风俗

画《高原的歌》。夕阳西下,红光晃漾,晚霞满天,一位藏族姑娘骑着牦牛,行进在霞光中,脚下是撒满小红花的草地,远处被夕阳映红的皑皑雪山连绵不断,若隐若现。整个画面和谐地统一在一个橙红的基调中。

有道是:"色彩是绘画的语言,它能奏出旋律,能产生感情。"果真不假,《高原的歌》那红色的韵味,使人心情豁然开朗,精神为之大振。旋律响起,你似乎就可看到无垠的草原上,乌黑的牦牛在悠闲地散步、吃草;那涓涓的雪水在无声地淌着,闪着耀眼的红波,灌溉草原,滋润暮色。作者以洗练粗犷的笔触,高亢热烈的旋律,描绘了这幅"世界屋脊"的绚丽的彩画。

画的"潜台词"更在那位姑娘的身上。作者给予她粗犷爽朗的性格,但又使她置身于霞光之中,让霞光为她镶上金环,这就使人感觉到她还有温柔恬静的一面。看那姑娘,深邃的目光一直射向画外,使画的意境跃然跳离了画面的束缚。她在看什么呢?在看她放牧的牛群?在看阿爸种植青稞?在看喷泉边的电站?还是在看织毯厂里双手灵巧的姐妹?⋯⋯啊,姑娘都看到了,她看得很多很多,她看到了意气风发的人民在建设中大显身手,看到了美丽的祖国正奔跑在"四化"大道上。你看,姑娘笑了,仿佛看到母亲久病初愈,笑得那样甜哩!从那画上传来的何止是笑声?还有歌声——姑娘心中的歌:"我爱你,中国!我爱你青松气质,我爱你红梅品格,我要把最美的歌儿献给你,我要把最美好的青春献给你,我的母亲,我的祖国!"

合上眼睑,那轻轻的、优美的歌声会在你耳边萦绕。"心有灵犀一点通",这时呈现在你眼前的就不仅仅是暮色中的高原了,还有那碧波滚滚的南海,白雪飘舞的北国,景色宜人的江南⋯⋯你听着,想着,欣赏着,你的心弦也一定会被拨动的,你也会情不自禁地随着那位藏族姑娘唱起来。唱啊,唱啊,你会深深地感到这正是你心中的歌,正是每一个中国青年献给年轻的母亲——朝气蓬勃的祖国的赞歌,当然,也是我,一个共青团员献给祖国最美好的赞歌。

祖国啊,我们的母亲,请接受您的儿女们由衷的赞美吧!

章 引

文章的生命在于真实
——《永恒的怀念》习作讲评

【作前指导与要求】

学了《回忆我的母亲》以后,许多同学深受感动。文章清新自然,质朴无华,一件件往事的叙述不仅蕴含了真挚的感情,而且把热爱母亲、歌颂母亲的感情同热爱劳动人民、歌颂劳动人民的感情完全融合在一起,使主题蕴含深意。末尾排比段的议论抒情,是在叙事的基础上情不自禁地倾诉自己的衷肠,感人至深。

学生齐读《回忆我的母亲》结尾四段,激发写作热情。

同学们的记忆中也有许多难忘的人和事,对有些人我们也总是深深怀念。这次我们写一篇以人物为中心的回忆性散文,题目是"永恒的怀念"。要求:抓住人物主要特征勾勒,刻画精神品质,使形神显现;要有真情实感,以思想感情为线索,组合各组材料,突出中心思想;书写端正,卷面整洁,语句通顺等是基本要求。

一、讲评目的

1. 理解文章不是无情物,只有倾注真情实感才有意义,才能感人。
2. 学习多角度多侧面开掘,使人物形象丰满,使怀念之情基础深厚。

二、讲评材料和方法

《永恒的怀念》习作三篇,照片一张,录音磁带一盘。

听、读比较,评论剖析。

三、讲评要点

1. 听录音,初次评论。

(1) 放《永恒的怀念》两篇习作的录音(课前录制好),要求:

① 认真听,弄清各自怀念爷爷的原因。

② 辨别优劣,说明原因。

③ 比较异同,说明听的效果。

(2) 开展评论,可深入展开。只要达到如下目的即可:

是回忆性的叙事散文,材料都具体,都表达了对爷爷的怀念和崇敬,有真情。但取材角度不一样,笔调很不相同。

(3) 说明这是两篇习作,是谢书颖和魏群写的。请他们二人谈自己对同学评论的看法,交流思想。

2. 发习作材料,同学阅读,二次评论。

(1) 阅读两篇习作,理出文中的"事""情""理"。

(2) 就下列问题开展评论:

① 两文取材的角度有何区别?它们和主题的挖掘有怎样的关系?

② 在人物描写方面各具有怎样的特点?

③ 是否具有真情实感?理由何在?

④ 语言上各具有怎样的特点?有无好差之分?

⑤ 读与听对照,你觉得第一个印象中哪些需要修改的?

(3) 请同学畅抒己见,然后明确:

① 文章贵在有特色,有个性;文章不是无情物,贵在有真情实感。唯其有个性,唯其真实,才能感人。

第一篇习作的特点是朴素之中见真情。文章没有华丽的辞藻,写得平平实实,一件件事娓娓叙来,崇敬之情在字里行间潜动。第二篇习作特点迥异,语言活泼,笔触跳动,把祖孙二人之间的趣事描绘得有声有色,读来令人捧腹。

② 两篇习作尽管取材角度不一样,但都事真而不妄。古人说写文章要"事信而不诞",事情要可靠而不荒诞,否则就成了满纸谎言,还有什么价值呢?

第一篇取材多与社会历史背景紧密联系,摆脱了稚气的笔调,舍弃了带有儿童气息的材料,增强了怀念的严肃和庄重的气氛。另一篇所写都是儿时所接触的琐事,主要表现的是祖孙之间的情意。材料选取的角度往往决定主题的大小与深浅。因此,要表达怎样的主题,须精心思考和选择取材的角度。

③ 人物不能平面,否则"怀念"之情缺乏基础。要不平面,须从多角度多侧面开掘。第一篇习作就是这样处理的。文中写爷爷宁可清苦一生,也不与旧社会当政者同流合污;写爷爷顶住习惯势力,送儿参军;写爷爷坚持清白,不入奸邪。写爷爷又不孤零零地只写一人一事,而是多方着墨,正面写,侧面写。写伯伯的艰苦、守本分,写爸爸的勤奋、质朴,都是衬托爷爷的品格和为人。这样多方面开掘,人物的思想性格就显豁丰满、不单薄。要使人物不平面,细节描写也十分重要。细节描写要传神,一个好的细节描写不但能赋予人物以栩栩如生的血肉,还能起到以一当十的点睛作用。习作者写爷爷的出场颇有技巧,不见其人,先闻其声,而这声又特别,是"叭"的一声打手声,醒人耳目。又如写祖孙欢乐情景:"高兴起来,爷爷就用他的拉碴胡子'刺'我的脸蛋。而我呢,则爬上'弥勒佛肚'跳它几下,有趣极了!"这样刻画,情态毕现,欢乐溢于纸上。

④ 情要真。"情深而不诡",情深厚而不虚假、不欺诈。怎样在文

中表露真情，写作中可运用种种技巧。第一篇习作是朴实中显技巧。如开头明明写怀念爷爷，却从写爸爸入笔，短短两句话，写了两代人的眷念，情浓意深，曲折生姿。又如，写爷爷去世前的情况，习作者用分笔的方法，从父与子两个角度写，格外感人。结尾在记叙的基础上议论抒情，一是与开头呼应，再次写父女两代人的怀念；二是把热爱爷爷的感情逐步升华，上升到热爱纯朴的普通人，热爱这些人组成的民族，热爱这个民族拥有的祖国，主题思想突出，有一定的深度。这种写法显然从《回忆我的母亲》中得到了启发。另一篇表情的方法不同。所选几个材料变化的幅度大，有起有伏，有憎有爱，故而写对爷爷的怀念也别开生面。写怀念不从悲入笔，而从乐展开，以欢乐托悲哀，哀就更深，怀念就更切。

⑤ 语言各有特色。前一篇力求用准确、朴素的语言表达深沉的感情。文中的"尽力周济""形势的几次变化"等显然由读迁移到写中来，简洁、明确。后一篇在生动、形象方面努力。

两篇习作都事真、情真，因而表达的主题也就正确。所谓"义直而不回"就是这个道理。

"听"和"读"有区别，"听"容易被趣味浓的人和事所吸引，而蕴含深沉感情的文章往往要靠阅读分析，仔细咀嚼。一听就能抓到要领，抓住特色，那是要经过较长时期训练的。

3. 再发一篇习作，阅读评论。

自己熟悉、尊敬的亲人值得怀念；自己虽未直接接触过，然而这些人的思想、道德、业绩、功勋光照人间，更值得我们怀念，而且是永恒的怀念。这次习作有的同学写怀念为人民鞠躬尽瘁的周总理，有的写怀念刚正不阿的彭大将军，有的写怀念俯首甘为孺子牛的鲁迅先生，有的写怀念冤案终于昭雪的刘少奇同志。尽管文章中绝大部分材料都是间接得来的，但由于习作者对他们由衷地爱戴和崇敬，所以读来也能感人。

（1）挑选怀念鲁迅的一篇习作请同学阅读。

（2）请宋小青同学自评，并说明怎样构思写这篇习作的。

（3）学生稍加评论后强调：真实是艺术的生命，也是文章的生命。只要有真情实感，选取恰当的材料，就有可能写好这类回忆性记事散文。

四、作业

从真情实感角度查一查自己的习作，写简短的评语。

板书

文章的生命在于真实

事真："事信而不诞。"（取材注意角度）

情真："情深而不诡。"（借叙述以抒情；传情处用重笔）

理真："义直而不回。"（建立在多角度多侧面开掘的基础上）

永恒的怀念

爸爸每每谈起爷爷，话语中总充满着无限眷念。我也渐渐懂得了他的感情。爷爷生前的为人，确是值得人敬重而终生不忘的。

爷爷很有才学，写得一手好字。年轻时毕业于一所政法学校。当时从这种学校毕业出来就能得到一个不小的官职。爷爷看清了当时政府的腐败，厌弃官场的黑暗，情愿回到乡里与人合伙做小本生意，平淡地过一生。听爸爸说，爷爷对于乡里的公益事（诸如办学校、整修庙宇、搭戏台等）极为慷慨，总是带头捐款；对乡里的穷苦人和乡下的穷亲戚也是尽力周济，从不嫌弃。爷爷将子女教育得很好，我的爸爸、伯伯是乡里出名的守本分的人。正是由于这个缘故，中华人民共和国成立初民主选举乡干部时，爷爷竟是得票最多的一个。

旧时有这样一句话："好铁不打钉,好男不当兵。"我的大伯高中未毕业就参加了抗美援朝志愿军,爷爷并没有异议,还说一些勉励的话:"既然有志为国出力,我应该支持你。"不久,他又送二伯参加了海军。我这两位伯父没有辜负爷爷的教诲,相继成为出色的军官。

然而在那史无前例的动乱年代,大伯因为拒绝造反派的利诱拉拢,被下放到一个偏僻的山区。形势的几次变化,一些与大伯一起下放的干部又回到省里工作。有人曾劝大伯与他们讲讲情况,打打招呼,仍回到县里当干部。但爷爷却觉得:"清清白白做一个自食其力的农民也没有什么不好,不要为了舒适的生活而去做些不该做的事。"大伯听了爷爷的话,在那里艰苦地过了好几个年头,直到"四人帮"粉碎才回到原来的工作岗位。

也许是受了爷爷的影响,我爸爸到上海的二十多年来,仍旧保持着勤奋、质朴的品格。爷爷到了晚年,十分想念在外地工作的子女,但他觉得儿女的工作要紧,从没有叫爸爸回去。而那几年,爸爸确也因为工作忙而不得回家,直到爷爷去世,也未能再见一面。

爷爷,您的儿女不会忘记他们的好父亲;您的孙孙不会忘记他们的好祖父。爷爷虽然过世了,但他将做人的真谛传给了我们。他廉洁、正直的一生留给了我永恒的怀念。我愿自己成为像爷爷那样朴实、清白、正直、对后人有益的人。我要热爱那些与爷爷一样纯朴的普通人,热爱这些人组成的民族,热爱这个民族拥有的祖国。

谢书颖

永恒的怀念

我的爷爷已去世多年了,但每当回忆起和爷爷在一起的日子,我心中总不免充满了幸福和欢乐。

爷爷高高的个子,大大的肚子,像"弥勒大佛"似的。下巴上一撮短毛胡子,虽然两鬓皆白,但眼神总是那么和蔼慈善,闪烁着奕奕神采,让人觉得亲切。不过,他也有发怒的时候,那模样,和"四大金刚"的凶样差不了多少。

我还只有四五岁时,一年夏天随爸爸回老家,一进家门,就看见客厅的大八仙桌上摆着一盆盆招待客人的糕果和龙眼、荔枝之类的鲜货。我一见就嘴馋了,不管三七二十一,也不与爸爸说一声就上前伸手抓起了一个大荔枝"咔叭"咬开壳,刚想送入嘴,突然,"叭"的一声,我的手顿觉一阵火辣,荔枝也掉落在地。我愤怒地抬头一瞧,"呀",吓得我一哆嗦。只见一位满脸怒气的老人正用责备的眼光看着我,那眼神似乎在说:"真不懂事!这个小馋鬼!"我一吓,便"哇"的一声哭开了。事后,爸爸告诉我这就是我的爷爷。哼,我心目中慈爱的爷爷难道就是这模样?还算爷爷呢,比爸爸"凶"多了!我幼小的心中充满了对他的畏惧和憎恨。

那天晚上,我独自在屋里玩,爷爷双手背着进来了。他摸摸我的脸问道:"群群,不高兴了?"我不理睬他。"哈哈",爷爷笑着从身后拿出一盘荔枝放在我跟前。"哎,想吃吗?"我一见就忘了刚才发生的一切,马上扑上去。爷爷忽地把盘子举得高高的。"群群,你乱吃东西又不跟大人说一声,这很不好。你说要不要改?说了再给你吃。"我跳跳蹦蹦要抢盘子,嘴里嚷着:"不了,下次不乱吃了!"还使劲点着头,表白自己已经明白了。爷爷这才笑呵呵地放下盘子,亲手剥了个顶大的塞在我嘴里。我边吃边高兴地连声嚷着:"爷爷,你真好!"此时,我又觉得爷爷一点也不"凶"了。

此后,爷爷就经常和我在一块,有时带我到山里去玩,有时带我到果园摘果子吃,有时还领我去看山区的小火车。⋯⋯每当傍晚,爷爷就坐在田边给我讲故事、吃荔枝;高兴起来,爷爷就用他的拉碴胡子"刺"我的脸蛋。而我呢,则爬上"弥勒佛肚"跳它几下,有趣极了!

爷爷对别人很关心,邻居有什么事,都来找他帮忙。爷爷还常常干些挑水、劈柴活儿,还在后园种了块地呢！爷爷以前是个会计,退休了也坚持天天看书、写字。他常给我讲孙悟空、猫与老虎的故事……于是,我那时又觉得爷爷是世界上懂事最多的人,最仁慈的人,最好的人。

现在,爷爷已离我而去多年了。但我经常回忆起那欢乐的童年,那和爷爷在一起的岁月。每当想起,心里悲哀与幸福的感情总交织着,眼前不时闪现爷爷的高大身躯、"弥勒大佛"般的圆肚和充满慈爱的眼睛……

我永远怀念我的爷爷！

魏　群

永恒的怀念

我站在鲁迅墓前,面对鲁迅先生的塑像,以一个青年学生赤诚的心,向先生致敬。

先生身穿长衫,端坐在一把藤椅上。他手里拿着一本书,脚穿一双"冬凉夏暖"的胶鞋,手放在藤椅的扶手上,两眼有神地注视着前方,仿佛看着蒋家王朝的覆灭与中华人民共和国的成立。在塑像四周,有突兀而立的广玉兰,枝叶扶疏的樟树,郁郁葱葱的松柏,还有许多不知名的花草。

我静静地立在先生墓前,回想起先生生命不息、战斗不止的一生。他从来不愿意别人为他操劳,而他自己却鞠躬尽瘁,一生做人民大众的"牛"。我仿佛看到,先生风尘仆仆,去为青年演讲;他迈着大步,去参加战友的追悼会;他不顾病重坚持在灯下奋笔疾书,一篇篇杂文,像利剑一样,直刺反动统治者的心脏。先生永远是我们青年人学习的榜样。我们要把鲁迅先生的"横眉冷对千夫指,俯首甘为孺子牛"作为我们人生的座右铭,面对任何凶恶的敌人,我们决不屈服,要做人民大众的

"牛",鞠躬尽瘁,死而后已。

"你们所多的是生力,遇见深林,可以辟成平地;遇见旷野,可以栽种树木;遇见沙漠,可以开掘井泉的。"

鲁迅先生要求青年人靠自己的"生力"努力向上发展。在祖国的各个地方生根发芽,开花结果。先生是我们青年的良师,他的谆谆教导时时刻刻铭记在我的心上。先生虽然离开我们已经多年了,但是先生的音容笑貌时常浮现在我的眼前,先生穿着长衫的身影,好像是傲霜斗雪的青松,在寒风中高高挺立。先生嘴角上的两撇浓黑的胡子,一双饱经风霜的有神的眼睛,表现出内心深处的爱和恨,对劳动人民无限的爱,对反动派无比的恨。不!先生没有死,先生永远活在我们的心里,我们永远、永远怀念着他。

宋小青

掌握知识宝库的钥匙
——"人物传记"习作讲评

【作前指导与要求】

在学《祖冲之》《哥白尼》这个单元课文时,我们曾听写了《伟大科学家的生活传记》导言中关于人物传记有益的一段话,请大家背诵。

"阅读别人传记的人,他就度着不止是一个人的,而是很多人的生活。这是由于,通过在自己的生活经验之上添加旁人的经验,他就扩充了自己的生活经验。可以这么说,他是透过很多双眼睛来看世界的。"

正因为读人物传记能扩充自己的生活经验,从中受到教益,得到启示,我们要求大家学写一篇人物传记,介绍古今中外某一人物的卓越成就和巨大贡献,以写作促阅读,使读和写都得到训练。

注意查阅资料,选取典型事例表现人物;在叙述事迹的过程中进行评论;语言简洁,不拖沓。

一、讲评目的

1. 明确充分占有材料是写好人物传记的基础,不能把传记与二三事混淆。

2. 指导查阅资料的方法,启发学生学会掌握知识宝库的钥匙。

二、讲评材料和方法

《辞海》艺术分册、《中国古代画家》《中国绘画史》《扬州八怪》《扬州八怪全集》《郑板桥》等书籍，书画图片几张，习作两篇。

采用交流、评析、查看资料等方法。

三、讲评要点

1. 交流作文题和资料来源。

这次作文学写一篇人物传记，介绍古今中外某一人物的卓越成就和巨大贡献。同学们介绍了哪些人物呢？请每位同学口述自己的作文题，并说明资料来源。

作文题有："独辟蹊径的扬州八怪之一郑板桥""赤脚纱裳的伊莎多拉""古·埃菲尔——现代建筑之父""世界上有这样一位公民——记美国黑人歌王罗伯逊""不是朦胧月下的一只夜莺——马雅可夫斯基""球场上的钢铁战士""一代田径名将——欧文斯""时代伟人""女杰"，等等。

资料来源有：《李大钊传》《郁达夫忆鲁迅》《外国名作家传》《居里夫人传》《率真的邓肯》《笔墨春秋三十年》《600篇名人轶事》《勇于攀登科学高峰的人》《走向世界》《奥林匹克风云》，等等。

从作文标题看，同学写作的面比较广，然而，查阅的资料并不多，少的是一本书或一两篇文章，多的也不过三四篇文章或三四本书，基本上是手头有什么就翻阅什么。材料是写作的基础，要介绍这个人物，但对他不甚了解，怎么可能写得实实在在、恰如其分呢？这次作文的通病是材料不足。为了加深对这个问题的认识，请同学剖析一篇习作。

2. 剖析、评论《独辟蹊径的扬州八怪之一郑板桥》。

阅读该篇习作，就下列问题开展评论：

（1）这篇习作用了哪些材料？请判断这些材料分别来源于哪

本书。

（2）习作者用这些材料表现人物的什么精神什么成就？习作者是在哪些语句中加以透露的？

（3）这些材料和文章的主题、文章的标题是否完全对得上榫头？

通过讨论，明确该文的优点是材料具体，语句通顺。不足之处是：

（1）材料与标题不切合。标题强调的要点是"独辟蹊径"和"怪"，但选用的材料未能紧扣这些要点。

（2）材料与主题不切合。文章主题显然是想通过郑板桥书画的三个"独"——"独辟蹊径""独树一帜""独具一格"来写郑板桥的性格和意志，然而，选用的有些材料与这个主题是游离的。

（3）资料来源不对口。《名人轶事录》与《自学成才的故事》两本书中显然没有足够的材料说明郑板桥书画的特点，因而，从这方面说，书是选得不大恰当的。

（4）与"郑板桥二三事"混淆。人物传记可集中写人物突出的贡献，如《哥白尼》一文着重写地动说的创立，而不牵扯其他。写郑桥板也可集中写其书画的独具一格，无须写他苦学、勤问、不怕得罪富人等事。不能把人物传记写成某某人的故事，某某人二三事。

3. 指导查阅资料。

材料是写好人物传记的基础。材料从何而来？写当代的人主要靠采访、调查来了解，这节课暂且不说，另外一条途径就是查阅资料，尤其写古人、外国人，查资料尤为重要。

查阅资料是学习的基本功，一个人会不会自学，自学的能力强不强，和会不会查阅资料关系密切。查资料不能茫无头绪，靠偶然性，应心中有谱，注意查检的规律，掌握查检的方法。

（1）应怎样查检，请同学发表意见。

（2）归总同学意见，补充说明：

① 定向。查资料首先要定向。查什么人,哪个时代的,什么国别,卓越成就是什么,事前要明确,才会选准资料。如郑板桥是画家、书法家,是清代人,要认识他、了解他、写他,就要到《中国古代画家》《中国绘画史》等书籍中去查找。

② 有序。查阅资料不能东一榔头西一棒子,要注意翻检的次序,从大范围查到较小范围,从类别、种别查到专著,越查越具体、深入、集中。出示六本书,请同学排列查阅的顺序:《辞海》艺术分册、《中国古代画家》《中国绘画史》《扬州八怪》《扬州八怪全集》《郑板桥》(中国画家丛书的专著)。

除此而外,也可到《中国人名大辞典》《中国文学家辞典》等书中查检,也可查有关的报刊。要学会看图书目录,利用图书馆查资料。

德国柏林图书馆大门上有这样一句话:"这里是人类知识的宝库,如果掌握它的钥匙的话,那么全部知识都是你的。"写人物传记首先对写的对象要熟悉、了解,因而单靠手头现成的一点资料是远远不够的,要进入知识宝库,多占有一些材料。

③ 比较。把查阅到的材料进行比较,区别正确与谬误,区别价值的大小,区别确凿可靠的与道听途说的。在对材料的比较之中提高识别能力。

④ 取舍。材料占有要多要充分,如郑板桥的学习、为官、处世、待人、写诗、作画、书法等材料均应涉猎、占有,但动手写时应围绕写作意图作大胆的取舍。了解越全面越好,笔墨越集中越能突出主题。

总之,查阅资料的过程就是学习的过程,开阔眼界的过程,积极思维的过程。这个过程思想上重视,功夫比较扎实,就为写打下了良好的基础;反之,写的文章必然缺这缺那,说不到点子上。

4. 对材料要看透,不能被材料淹没。

占有材料的目的是为了表述对这个人物的认识、看法和评价,因此，要从材料中提炼观点，确立中心。

观点，是文章的灵魂，材料的统帅。没有观点，文章就是材料的堆砌，像没有主见的人一样，不知赞成什么，反对什么；材料，是文章的血肉，观点的依托，没有材料，文章就虚而不实。

在提炼观点时要学会治繁从简，用鲜明的观点把有关的材料拎起来，总起来。使用材料时不可抄袭现成的，须在理解的基础上用自己的话表达，并就某些事实进行评论。

5. 发《独辟蹊径的扬州八怪之一郑板桥》的重写稿，请同学阅读比较，从中领会资料来源不同，文章质量随之而不同的道理。让同学自由发表意见。

四、作业

1. 复看自己的作文，推测一下可到哪些书刊中查阅材料，去图书馆、阅览室翻阅目录卡，记下有关书名。

2. 查一查自己习作的主题是什么，选用的材料是否切合。

板书

掌握知识宝库的钥匙

材料——习作的基础

来源 { 采访，调查
       查阅（定向、有序、比较、取舍）

提炼——治繁从简，确立中心

独辟蹊径的扬州八怪之一郑板桥

清代，在扬州书画界出现了一些现实主义的作品，这些画家所作的画独树一帜，形成流派，被称之为"扬州画派"。而"扬州画派"的八位创始人,却被人们讥为"扬州八怪"。郑燮便是扬州八怪中最杰出的一个。郑燮也叫郑板桥,江苏兴化人。他从小就立下了熔铸古今、自成一家的大志,学习十分勤奋、刻苦,对生活在社会底层的老百姓怀有深厚的感情。

郑板桥出身贫寒,但读书勤奋而且坚持不懈,记忆力极强。每读一本书都要逐字逐句地研究、推敲,直到心领神会。他读书还注重背诵,反复强调背诵的好处,每每读到精彩段落,就要大声朗读上百遍,倒背如流。这不仅加强了他对文章的理解,而且对他记忆力的发展起了很大的作用。不耻下问是郑板桥读书的诀窍。他常说:"学问二字,须要拆开看,学是学,问是问。"郑板桥读书经常提出疑问,向别人请教,对于别人的解答他还能以理论理地提出反问。这为他以后多方面的发展打下了牢固的基础。

历代伟人都从小立下壮志,郑板桥也不例外。他成年累月地临帖摹写。据说有一次,他用簪子帮妻子分头发时,妙手偶得了一点书法要领,便用簪子在妻子背上比画起来,他妻子很有一点乐羊子妻的味道:"你有你的体,我有我的体,你老是在别人体上纠缠什么?"郑板桥恍然大悟。经过努力,他集各家所长,终于形成了他那特有的瘦硬古拙、错落有致的称"六分半书"的板桥体。郑板桥不但精于书法,画起兰、竹来也是胸有成竹。他的竹别具特色,清秀挺拔,亭亭玉立,耐人寻味。这是他四五十年来辛勤汗水的所得。鲁迅先生曾有这样一句话:静观默想,烂熟于心,然后凝神结想,一挥而就。这句话是郑板桥书法绘画时的真实写照。

记得郑板桥曾有这样一句话:"用以慰天下之劳人,非以供天下安享之人也。"这句话同样也是郑板桥那不怕得罪富人的精神写照。早年,他未中举时,他的画无人问津,显得冷冷清清,而当他当上知县后,来索画的人不断涌来,面对这种情形,郑板桥愤恨已至,刻了"二十年前旧板桥"这几个字。这七个字深刻地揭示了封建社会中那种势利小人内心的丑恶。

郑板桥独具一格的书画对中国书画事业的发展起了积极的推动作用。他的性格、他的意志对我们后代来说无疑是伟大的榜样。

资料来源：

1. 《名人轶事录》
2. 《自学成才的故事》

陈秋子

独辟蹊径的扬州八怪之一郑板桥（重写稿）

清代，在扬州书画界出现了一些现实主义的作品，这些画家所作的画独树一帜，形成流派，被称之为"扬州画派"。而扬州画派的八位创始人在当时却被人讥为"扬州八怪"。郑燮便是扬州八怪中最杰出的一个。郑燮是江苏兴化人。在他的家乡有许多美景，他唯独喜爱一座古板桥，因为喜欢这个怪名字，郑燮便自号为板桥道人，世人便叫他郑板桥，反而把他的真名给遗忘了。

要说他怪，其实也不怪；而如果真的要说他不怪，又觉得有点怪。他的诗书画堪称三绝，闻名于世，其中以画为最佳，在他众多的绘画中，又以兰竹最为有名。

在他所有的兰竹图中，虚实、浓淡、远近的结合最为明显。他大多把兰草和竹叶画得十分浓、十分细，并且浓中杂淡，细里有乱，显得十分清淡，若有若无。竹子仔细瞧瞧，又如远处的悬崖峭壁，仿佛兰草、竹就从悬崖上顽强地长出。这儿一丛，那儿一簇。思想与艺术的高度结合，构成了一幅幅独特的中国画。郑板桥的画之所以超人，原因主要在于他敢于突破当时所谓的恪守古法的原则。他的山水画表现出他那"倔强不驯之气"。他对当时大量临摹古人绘画的风气极为不满，强调画中要有魂,要自立门户。当时"正宗"画派大为流行,他们大多以线条是否工整来衡量一幅画的好坏,对郑板桥那种看上去似横涂竖抹的山水画当然要称之为怪画,称郑板桥为怪人了。

郑板桥的绘画对中国文人画所起的作用主要在于它的思想性比当时的绘画要略高一筹。他画的丛兰浓淡相宜,很富有中国画的特点,然而令人奇怪的是,在他所画的丛兰中,常常有一些荆棘。如把丛兰与荆棘相比较的话,就又可发现荆棘往往被画得很小,丛兰虽不很大,却显得十分倔强、豪迈;再结合当时的时代背景来看,不难看出,他这种别具一格的画法正表现出他对当时种种社会弊病的不满,然而同时又表现了他那种大丈夫不记小人之过,无小人,亦无君子的豪迈而倔强的性格。从这种意义上看,郑板桥似乎又不怪了!

不但是绘画,他那自成一家的板桥体也常常为后人所称颂;也有人称他的书法为"乱石铺街"体,即大大小小,方方正正,歪歪斜斜。郑板桥把书与画融为一体,用绘画来补充书法的不足,因此他的书法最为明显的特点就是粗细分明,下笔有神。同一个"清"字,在同一篇文章中,写法各有所长。第一个"清"字写得粗而浓,一顿一挫十分明显,矮矮扁扁很像隶书;第二个"清"字,粗细相结合,颇像楷书;第三个"清"字则是又细又淡,与它的上下两字都有微妙的衔接,极似行书。然而,再把这三个"清"字综合起来看时,又会发现这三个不同的"清"字似乎都杂有篆、隶、行、楷的影子。这就是瘦硬古拙、错落有致的称"六分半书"的板桥体。

总而言之,郑板桥独具一格的书画对于中国书画事业的发展起了积极推动的作用。

资料来源:

1. 《扬州八怪全集》
2. 《扬州八怪》

3. 《郑板桥》
4. 《中国绘画史》
5. 《自学成才的故事》

陈秋子

规矩和方圆
——《论"金玉其外,败絮其中"》习作讲评

【作前指导与要求】

复习《卖柑者言》和《事事关心》两篇课文,加深对"金玉其外,败絮其中"含义的理解,学习一事一议,从一副对联入笔开篇,层层深入地阐述事理的方法。部分同学视写议论文为畏途,这次作文以《事事关心》为具体说理的"规矩",摸索说理的一条途径,在模仿中创造,逐步克服害怕的心理。要紧扣论题逐层深入地说理,层次清楚,语言通顺,结论注意言简意赅。

一、讲评目的

1. 从模仿入手,指出说理的一种途径,消除害怕写议论文的紧张心理。

2. 较深入地理解层层深入地阐述事理的过程与方法,克服把材料和观点拼凑在一起的毛病。

二、讲评材料和方法

《卖柑者言》和《事事关心》两篇课文,《论"金玉其外,败絮其中"》习作两篇。

用小组讨论的方式进行对照评析,然后在全班交流。

三、讲评要点

1. 激发讨论兴趣。

我们曾学写过两三篇说理的文章,同学们反映摆个事实容易,道理讲不出,很困难。有的同学甚至一听到写议论文就害怕。其实,议论文是一种常用的文体,没有什么奥秘。同学们天天都在发表议论,就某件事某个人某种物发表自己的看法,就是议论,只不过没有成文,说理不一定充分周到罢了。最近我们进行的口头表达训练,要求大家就某件事发表看法,开展评论,就是为写好议论文做铺垫。

一事一议要议得具体,议得令人信服并不容易。到底怎么来议论呢?这次我们请《事事关心》作解答。古人有这么一句话:"大匠诲人必以规矩,学者亦必以规矩。"俗话说,没有规矩,不成方圆。我们要掌握议论文写作的基本知识写好议论文,做到观点鲜明,说理清楚,能"成方圆",就得懂"规矩",就得认真地向范文学习,仔细观摩。

请各小组把印发的两篇习作与《事事关心》对照起来评析,以"规"和"矩"来衡量习作中的优缺点,然后汇报小组意见,进行交流。

2. 小组评论,教师巡回指导。

(1) 阅读习作材料。

(2) 与范文对照比较,辨别异同。

(3) 思考:从范文学习观摩中领悟到哪些道理?

3. 各小组简要汇报讨论中的相同意见与不同意见,要求大家立即辨别正误。

4. 请张涛同学介绍写这篇习作的前前后后。(课前曾向张涛了解,觉得有几点认识很好,可供同学参考)

(1) 弄清楚"金玉其外,败絮其中"的含义,组织语句作最简明的解释。

(2) 关于《卖柑者言》的作者刘基,曾在一本文学史上看到过其被害的介绍,记不清了,翻查了游国恩著的《中国文学史》,找到了依据。

(3) 细读了《事事关心》,把论说的层次再梳理了一遍。

(4) 思考联系今日的实际,怎样把道理说得全面些。

5. 教师归纳,提高。

张涛、黎莉等同学开始学写说理文章时写得比较空泛,这次习作有明显进步,与学习观摩范文有密切关系。我们可从中获得以下一些启示:

(1) 模仿是入写作之门的一种手段。特别是刚学写某一种文体、某一种阐述事理的方法时,模仿范文进行写作实践是行之有效的方法。模仿的前提和条件是对模仿的对象要熟读、精思,离开了对模仿对象的熟读和精思,那就只能依样画葫芦,不能得其精神。模仿不是面面俱到,而是应有选择有重点。这次写作训练模仿的重点放在说理的步骤和过程。语言是思维的直接现实,文章的论述过程就是作者的思维过程;思维有共性,所以,范文的论述过程可以借鉴。张涛、周涛等一些同学的文章都以范文的论述过程为借鉴,从"金玉其外,败絮其中"的引文入笔,介绍出处,阐明含义,进行历史唯物观点的分析,再以今论今,突出中心论点。

(2) 模仿不是机械照抄,模仿必须与创造相结合。如前所述,思维有共性,故而范文的论述过程可以借鉴;但是,思维又有个性,一个人思考问题的特点不同于另一个人思考问题的特点,再说,事物有自己的个性,对某件事的论述过程不可能与对另一件事的论述过程完全一样,因此,模仿不能机械照抄,必须与创造相结合。写字临帖一笔笔模仿,但文章不一样。对"金玉其外,败絮其中"各有各的理解,正误不同,深浅不一,因此,以别人文章的精彩之处作为借鉴、楷模时,必须结合自己的实际,要根据自己的思想实际、生活实际、知识实际进行创造。既符合规矩,又有自己的思想、见解、感受,文章要有个性,是"自己"的,而不是其他人的。如张涛在习作中阐释"金玉其外,败絮其中"的含义时,虽模仿范文把上下句分开来解释,但没有生搬硬套,而是融进了自己的见解,既揭示句子的本义,又揭示其比喻义,用相同的句式表述,构成整齐美。习作者分释后没有总述,而是立即进行剖析,给予刘基对元末封建官僚的认识以历史性的评价,这又是与范文论述的不同之处。习作者用较大篇幅阐述了当今的人应该"金玉其外,金玉其内",尤其是"金玉其内"的观点,从生活上说到政治上,进而说到品德修养,层层推进,有一定的深度。当然,不等于说这篇习作模仿中有创造,就完美无缺了。如"至于那些还掩饰着内里干若败絮的人,他们应该痛感自己是败絮其中,必须脱胎换骨,重新做人"的句子是经过修改的,要这些人成为"金玉其内"的说法在认识上有较大的漏洞。至于对"金玉其外"的"外",有时指衣着、形象,有时指形体,就说理的严密性而言也是有瑕疵的。

(3) 模仿中孕育了创造,创造中包含着模仿。刚才同学们的意见是:黎莉同学的作文中看不出《事事关心》论述过程的痕迹。这个判断是正确的。张涛的习作是模仿中孕育了创造,而黎莉的习作有其自己论述事理的过程,更多的是创造,但创造中有模仿的影子。文章立意有独特之处,不是就"金玉其外,败絮其中"这句成语阐释含义,而是从这一成语的制作者身上生发开来,拎出改变现状的改革精神。通篇以古激今,有新意,语言也活泼。尽管习作者根据命题要求自己确立中心论点,自己选材、组合、生发,但仔细推敲,该文从范文中还是吸取了不少养料。如"唐突地提起这句话是事出有因的"这种写法显然是从"为什么忽然想起这副对联"转化过来的。又如对成语的出处,对刘伯温改革精神的评价,以古激今的论述无不从范文中得到借鉴。

综上所述,我们在以下一些问题上可加深认识:

(1) 读是写的基础,读写可以迁移,读得细,读得精,读得深,写的水平会相应提高。

（2）写任何一种文体的文章都有规矩法度，习作者既要认真揣摩，学习规矩法度，又要在符合规矩法度的情况下努力写出新意。

6. 请黎莉同学把习作朗读一遍，使同学加深对规矩法度和创新的理解。

四、作业

结合自己的习作写一段讲评后记。要求：三言两语，言之有物。

板书

规 矩 和 方 圆

模仿是入写作之门的一种手段。

——前提是对模仿的对象须熟读、精思，有所领悟。

模仿必须与创造相结合。

——事物有个性，思维有个性，模仿不是机械照抄。

模仿中孕育了创造，创造中包含着模仿。

——在符合规矩法度的情况下写出新意。

论"金玉其外，败絮其中"

"金玉其外，败絮其中"这句成语出自元末明初的政治家、文学家刘基的《卖柑者言》。

作者在《卖柑者言》中，借柑子的外表华美，内里干若败絮来讽喻元末封建官僚无功而厚禄的腐朽本质。

"金玉其外"有两层意思。既是指所卖柑子的外表鲜艳耀目，又是指文臣武将的外表"洸洸乎""昂昂乎"，像金子一般美好。

"败絮其中"也是如此。既是指卖果者所卖柑子内里干若败絮，又是指封建官僚的实质像破败的棉絮。

刘基能够总结出元末封建官僚"金玉其外,败絮其中"的实质,说明他对当时官僚的腐败本质有了一定认识。不过作者毕竟是一个封建文人,他只是认识到元末官僚的腐败,认为只要推翻元朝统治,建立一个新的封建朝代就可以了,所以他才辅佐朱元璋打下大明江山。当然,他不可能站在历史唯物主义的高度去分析元末腐败的根本原因。这一点也是可以理解的,因为这是历史条件的限制。作者本人却是不幸的,只是受了封建统治者一时利用,后来又为人所害。这也许是认识不到封建制度的实质所造成的吧。

"金玉其外,败絮其中"这句成语今天还适用吗?回答是肯定的。今天社会上也不乏"金玉其外、败絮其中"的人。就拿那些盲目崇洋者来说吧:他们身上穿着流行的服装,嘴里哼着流行的歌曲,或许还能说上几句所谓"时兴"的话,然而他们的腹中却是空空的,就好像绣花枕头一包草。这种人容易被一眼看穿,受到人们的耻笑。而有些人却不同,往往不是一眼所能看穿的,他们很善于掩饰自己,而且掩饰得很巧妙。"四人帮"就是这么一种人,他们披着革命的外衣,却干着反革命的勾当。他们自以为得计,然而人民的眼睛毕竟是雪亮的,他们那败絮其中的本质终于被彻底揭露。

那么,我们要做怎样的人呢?我认为重要的在于做到"金玉其内"。当然,这并不是说不要外表的美观,能够做到金玉其外、金玉其内就更好更完美了。然而人无完人,金无足赤。人的外表是不能苛求的。当代保尔、张海迪三分之二的肢体残废了,可以说他们的外表并不美,然而他们的内心是纯洁高尚的,可以说是金玉其内。你能够因为外表不美而说他们不是时代的楷模吗?

因此,我希望人们都能成为金玉其内的人,包括那些盲目崇洋者,希望他们不但真能金玉其外,而且金玉其中。至于那些还掩饰着内里干若败絮的人,他们应该痛感自己是败絮其中,必须脱胎换骨,重新做人。让我们每个人都以"金玉其外,败絮其中"这个成语时时提醒自己,作为一面对照自己心灵的镜子。

张 涛

论"金玉其外,败絮其中"

"金玉其外,败絮其中"是刘基在洞察元末统治阶层后总结出的观点。

唐突地提起这句话是事出有因的。因为经常听到某君自叹:唉,我这一辈子算完了,十年动乱弄得我学业荒废,如今是"金玉其外,败絮其中"。言下之意,他觉得自己恐怕连脚跟也站不稳了。为了驳倒某君的自我"判决",不得不将古人之论阐述一番。

不妨先看此言的出处——刘伯温的《卖柑者言》。文中,刘公巧妙地借卖柑者之口揭露元末的腐败社会:外面金玉一般,内部却不堪一击。而"金玉其外,败絮其中"短短八个字,正是对这种腐败高度地概括。刘翁的可贵之处就在于不仅仅挂在口上,写在文章里,而且化之为行动。从此以后,他有了新的抱负——那就是要改变元朝的腐朽,用渊博的学问帮助朱元璋建立了明朝。这也可谓是一种改革吧。

就是一直到今天,刘翁的改革精神仍是进步的。由于历史条件的限制,刘伯温还是站在封建立场上,他的那句"金玉其外,败絮其中"仅仅是揭露了元朝的腐败而已。很显然,在作者看来,换个朝代就能消除元末的社会现象。其实不然,这并不是朝代相互间的取代就可解决,实质上是封建制度造成的。试看明末,不是依然如故,重蹈元代的覆辙吗?只要这种封建制度存在,刘翁的抱负就不能实现。幸好刘翁早已故去,永远也不会知道这一点了,若不然恐怕要劳神着手《卖柑者言续》了吧!

我们不需要如刘公一样,再写长篇大论,我们只需要像刘公那样的改革精神就够了。

　　既然古人都知道说了去做,难道某君连改变现状的勇气都没有吗?尚且,今天的改革者也是不乏其人。突出的如海盐衬衫总厂厂长步鑫生的事迹。他面临的是普遍的吃大锅饭问题,他拿出的是不平凡的改变现状的勇气,他迎击的是连绵不断的风风雨雨,他付出的是几倍的代价和力量,面对这些,他没有叹息过一声——他也没有叹息的时间!而他最终得到的是党和人民的肯定!再如近来开展的"职工读书活动",参加的职工大都和某君差不多,他们也曾叹惜过自己的过去,叹惜之余,他们振奋起来,付出可贵的代价:不顾一天工作劳累,去夜校啃书,吸取精神食粮,使自己充实起来,逐渐具备真才实学。这,也是一种改革,是对过去有了工作就什么也不学的社会风气的改革。这一切的一切不都正说明了人们要改变"金玉其外,败絮其中"的共同心愿吗?是的,无论如何,今人要比古人理解得更透彻,做得更完美!既金玉其外,又金玉其中,毋庸置疑,这是对 20 世纪 80 年代的新人提出的新标准!

　　至今仍叹息不止的某君读后不知感想如何?

黎　莉

谈形似神备
——"从记忆中抄出"习作讲评

【作前指导与要求】

学了《回忆我的母亲》之后,我们学写了一篇以记人为中心的回忆性散文《永恒的怀念》,懂得了文章的生命在于真实。最近,我们又学了鲁迅的《藤野先生》,对写这类文章又加深了理解。《藤野先生》和《从百草园到三味书屋》一样,都是旧事重提,"从记忆中抄出来的"。这次我们也写一篇"从记忆中抄出",请同学们先辨析题意。

仔细咀嚼一下,可知题目中"抄"是个关键词语,它规定了文章的内容是"旧事""往事",是回忆性的散文。当然,"抄"什么很有讲究,要在记忆中挑选有意义、有价值或者有情趣的人和事,要在塑造人物思想性格上下些功夫。写有关的人和事注意放到特定的历史背景下刻画表现,倾注真情,力求感人。

一、讲评目的

1. 理解如何抓住人物的主要特征刻画人物的思想品质,使形神毕现。
2. 体会动真情、有感受、善思考在撰文中的重要作用。

二、讲评材料和方法

包含各种内容的习作材料十篇。

读、评带思想交流。

三、讲评要点

1. 肯定成绩,激发阅读兴趣和写作热情。

这次回忆性散文的练习和前次比较有几个明显的进步:

(1) 好的和比较好的习作增多。这次印发了十篇供大家阅读分析,再印十篇也没问题,但由于刻印条件,只得少印一些。

(2) 与《永恒的怀念》比较,这次习作中动真情的更多一些,矫揉造作的现象基本没有。

(3) 人物注意放在特定的场景中或特定的历史背景下刻画,在一定程度上显示出社会意义,刻画人物的方法也比过去熟练一点。

2. 阅读《从记忆中挖掘出来的——记萧老头》和《从记忆中抄出——记我的舅舅》,开展评论。

(1) 阅读以后请深入思考:

① 这两篇习作中"抄出"的人和事是否有意义、有价值? 为什么?

② 人物刻画有何特点? 两篇异同何在?

③ 剖析写得比较成功的原因。

(2) 开展讨论。

(3) 请习作者谈写前构思与写后感受。

(4) 在开展讨论和交流思想的基础上,归纳要点:

① 要有真情,动真情。写文章单讲技巧不行,就技巧论技巧,在"装"、在"做"上动脑筋,即使写得花哨,也终究不能感人。"夫缀文者情动而辞发",写文章的人只有真正被客观的人、事、景、物所感动,情思横溢,不吐不快,才可能用饱含感情的语言写出好文章。须知:只有真挚地流露出来的感情才是有机的,只有有机的东西才可能是生动的。有真情的文章才有生命。"情者文之经",我们总要"为情而造文",为要表达自己的情意而写文章,而不能"为文而造情",不能为写文章去乱造

假情。

　　两篇习作都以真情取胜。即使是肖像描写,也笔端饱蘸感情。如《从记忆中挖掘出来的——记萧老头》采用幻觉中显形象的方法:"只要有人提起这个老人的名字,在我的眼前就会出现一个老头的形象。"而这形象的显现不仅是静态勾勒,而且是动态的、令人揪心的。文中写道:"一张消瘦的脸,眉毛下一对黯然无神的眼睛,头发、胡子都已花白,岁月在他的额头上刻下了一道道深深的皱纹。穿了件露出棉絮的破袄,干枯的身子在田埂上蹒跚地远去。"如果习作者心中不充满了同情,笔下就很难出现这感人的形象。《从记忆中抄出——记我的舅舅》写甥舅之间的情意,也真实动人。

　　② 要确有感受。古人说:"论发胸臆,文成手中。"心中确实有感受,手中才写得成文章。真情从何而来?植根于对生活的感受之中,经过磨炼而来。一个人见闻多,感受深,认识事物的能力就强。接触到具体的事物,不仅能从现象上看,而且能深入事物的本质,真善美,假恶丑,能认得清,辨得明,所以刻画也就深刻。"思想认识是文章的质料",对生活理解深刻才可能透过现象认识本质。

　　《从记忆中挖掘出来的——记萧老头》一文中只写了与老人的一次谈话,由于对十年动乱带给人们的灾难有具体、切身的感受,所以老人凄苦的处境、心情和遭受冤屈的愤怒写得有血有肉,读来令人泪下。《从记忆中抄出——记我的舅舅》一文中写的"舅舅"身上"特殊的气质",就是接触到许多类似的青年而深有认识的结果。

　　③ 要多思考。把生活中的感受经过去粗取精、去伪存真的加工,才能选准最能反映事物本质的材料入文,刻画人物才能以形传神、形似神备。习作者把见萧老头的时间放在除夕的清晨,放在鞭炮声中,以热闹、欢乐衬托孤独和悲苦,悲上加悲;把见萧老头的地点放在狮子山顶的破屋里,为"声嘶力竭"地叫冤提供了合适的环境,为再塑凄苦的形象

提供条件——"我告辞出来,山下有几声鞭炮响,到山腰我回头看,只见萧老头还站在山顶上向我招手……"末尾两段就事论理,揭示事情的社会意义及应从中吸取的教训。"但是应该记住过去的事,绝不能让过去的事重演",这是叙这件事写这个人的目的,也是习作者内心的呼喊。"萧老头,但愿你在地下快乐"一句更是对地上的十年动乱对人们迫害的抗议和控诉。据习作者说,他的父亲曾多次和他谈论萧老头的情况,他自己也见到过萧老头,可写的事情还是不少,然而经过思考,认识到集中笔墨写见面,着力表现世道对他的不公平,远比分散精力写几件事强,因为无辜受害、遭罪致死的不止萧老头一人,从记忆中抄出这个人,是为了表现同情和怜悯,是为了永记前车之鉴。这点写作上的体会是可资大家借鉴的。

《从记忆中抄出——记我的舅舅》一文也是把人物放在时代背景下来刻画的。动荡的年代造就了青年特殊的气质,习作者通过人物的前后变化和一件件带有时代特征的事刻画思想性格,使人物栩栩如生。

总之,要写好文章不仅要掌握写作技巧,在文字上下功夫,而且感情上要磨炼,思想上要提高。苏辙说过:"文者气之所形。"文章通过语言文字表达人的思想,故而专学技巧是舍本逐末,写不出好文章来的。这次作文高下的差距比较集中地表现在这个问题上,今后须多加注意。

3. 阅读其他八篇习作,寻找思想内容、字、词、句、篇方面的优点,圈、点、批、画,从中吸取养料。

(1)"从记忆中抄出"的材料可喜可悲可爱可憎,写奶奶,写外婆,写同学艳群等均有各自的情和意,不应该用刚才评析的一个模式套。

(2)十篇习作的用词造句都有值得推敲之处,读时要仔细。

四、作业

写一段评后感。上了这次作文讲评课以后有怎样的感想,联系自己实际写感受最深的。内容不拘,文字可长可短。

习作中的连锁反应：讲评后学生写了自己的感想，有的受到启发，再写了一篇作文——《老师啊，老师》。文中写的事基本真实，附录于后。

板书

从记忆中挖掘出来的
——记萧老头

过去的事就让它过去吧。然而有些事却使人不会忘记，深深地刻在记忆里，它仿佛是岩石里的泉眼，地底下的暗河，虽然不时常记起，却也不会忘记。

"萧老头"，只要有人提起这个老人的名字，在我的眼前就会出现一个老头的形象：一张消瘦的脸，眉毛下一对黯然无神的眼睛，头发、胡子都已花白，岁月在他的额头上刻下了一道道深深的皱纹。穿了件露出棉絮的破袄，干枯的身子在田埂上蹒跚地远去。

我和萧老头只谈过一次话，不过这次谈话使我了解到他一生的苦酸甜辣。那是1978年除夕的清晨，我推门出屋，天阴沉着脸，村里飘起缕缕炊烟。农村的孩子穷得很，无钱买鞭炮，即使有几个，也要待到晚上热闹。在谷场上，有一群孩子围着一个老头在叫："萧老头，萧拐子。"有的还用石子扔。萧老头既不回骂，也不理睬，依然蹒跚地向前走。我发现他左脚有些拐。我问别人："那是谁？""看茶林的萧老头。家就住在狮子山顶上。"不知怎的，我倒很可怜萧老头，想去拜访他一下。

我跨进萧老头的屋。这房子原先是个庙,屋里很乱,萧老头正背朝着我在喝酒。我考虑了好一会儿,才恭敬地叫:"萧爷爷。"他惊奇地回过头,诧异地看着我,好半晌才问:"你是不是陈家五孙?"我点点头,他慌忙站起,拿了只凳子让我坐,又慢慢地饮起酒,两人都默默无言,终于萧老头开口了:"我这破屋,百年无客人光顾。今天你这上海客人还看得起我这个老头,千载难逢啊。""你孩子呢?""孩子?! 死了,很早就死了。"萧老头的脸上有一种凄苦的笑。"你怎么一个人住在这?""我不能和你们在一起,因为,我,我是一个反革命。""啊——"我呆住了,萧老头继续说:"我被说是砸了毛主席的石膏像,其实那是不小心搞坏的。也不知哪个王八蛋把残片扔进茅房,又去上告,说我是乘机泄恨,我泄什么恨啊? 我是个贫民,是毛主席救了我,我对他感恩不尽,泄什么恨?"萧老头几乎要哭出声了:"这公平吗? 整整十年了,冤枉啊!"老人声嘶力竭地叫,高高地举着酒碗,手颤抖着,酒洒在地上。我安慰道:"不要紧,良心是公平的。"萧老头看着我,说:"是吗? 但愿如此。"我告辞出来,山下有几声鞭炮响,到山腰我回头看,只见萧老头还站在山顶上向我招手……

这是过去的事。萧老头在去年春天去世了。但是应该记住过去的事,绝不能让过去的事重演。

噢,萧老头,但愿你在地下快活……

陈　剑

从记忆中抄出
——记我的舅舅

我很钦佩我的舅舅,简直到了五体投地的地步了。我钦佩他些什么呢? 我觉得他身上有一种特殊的气质,他老于世故,社会知识广博,谈锋雄健,办事胸有成竹,精明能干。这也许是文化大革命所造就的一代人所具有的共同特点吧!

听我妈讲我舅舅小时候可不是现在这个样子,他有着十足的少爷气,饭来张口,衣来伸手,笨手笨脚,只有调皮打架是内行。在他读高中时,那场史无前例的"革命"席卷了整个中国,他们中学组织了红卫兵战斗队,举行大串联,舅舅当然积极参加。这伙血气方刚的幼稚青年搭乘着不要钱的火车、轮船,走南闯北。一次,战斗队来到广西中越边境附近,那时当地正发生战争,舅舅和几个胆大而好奇的愣头青年趁夜间偷偷越过边境,在炮火纷飞的谅山地区逗留了几天……所有这些离奇的富有戏剧性的经历,都使我惊愕,引我遐想。

大串联结束后,舅舅回到了西安家里,不久就到宝鸡郊区插队了。艰苦的劳动环境,脱尽了舅舅身上的"骄"气,练就了他敏捷的头脑、强壮的体魄和灵巧的双手。劳动之余,他还用不知上哪儿搞来的上等钢材做了一把锋利的匕首,镶上了蛇皮刀鞘。前几年,我到西安时,问他要这把匕首,舅舅显出严肃的神情说:"这可不是闹着玩的,扎上一刀要死人的。你还太小,不行!"他看到我噘起了嘴,又赶忙哄着:"好啦!以后你下乡去,我给你做把更好的。"我乐得差点蹦起来。

我最喜欢和舅舅出去打鸟玩。舅舅曾参加过民兵训练,他的枪法很准,打靶全是优秀。因此,他的命中率比我高十倍。可是每次凯旋"回府"后,外婆做的鸟汤,却全是我一个人受用。当时,正是"停产闹革命"的时候,舅舅总是在家陪我玩,不是下象棋就是出去串门。舅舅带我出去串门的时候,彬彬有礼,很注重寒暄,他人缘很好,到处没有他不认识的人。每次归来,我的口袋里都装满了糖果。在这些日子,我就像是舅舅的影子,无怪乎外公送我们个雅号:"一对活宝!"

舅舅很会玩,也很会学习。有时他在书堆里一蹲就是半天,这时我也只好打开荒废已久的课本,打发着漫长难挨的时光。舅舅常给我出些令人头痛的题目,当我绞尽脑汁、百思不得其解时,他便慢慢地诱导我思考，不厌其烦地讲解着，直到我懂了，咧开嘴笑了，他才皱起眉头，用手掌在我后脑勺上打一下，说声："真笨！"因此，我迅速养成了在那时候用手护住脑瓜的习惯。

最令人难受的是分别的时候，每次从西安回上海，总是舅舅亲自送我，一路上，我们相对无言，默默走着。直到火车即将启动的时候，舅舅才说了声："明年再来玩……路上要小心。"我点点头，拼命忍住不听话的泪水，堂堂男子汉轻易哭鼻子算什么名堂！

现在，我已经有好几年没去西安了，我渴望着与外公外婆和舅舅见面。听说最近舅舅在安徽学习计算机知识，讲师用英语讲课，这对于英语基础差的舅舅来说听课并非易事。现在他每天晚上都要过12点才睡觉，我钦佩他的精神和毅力。

舅舅春节要来我家，我盼望春节早日到来！

陈　安

老师啊，老师
——寄给我的老师

老师：

请允许我这样称呼您。已经五年没这样称呼您了，整整五年啦！五年中，我时时想拿起笔给您写信。然而，难以启齿，更缺乏勇气——我怕让您回忆起那幕社会悲剧，伤了您的心。就这样，这支笔整整吊了五年了！

今天，我班发下了十篇题为"从记忆中抄出来的——记×××"的作文讲义。陈剑同学刻画的那个在"十年浩劫"中的苦人儿——萧老头的形象，深深刻在我的脑海里。

那是一张消瘦的脸，眉毛下一对黯然无神的眼睛，头发、胡子都已花白……啊！我突然不知为什么想到了您：空荡荡的校办工厂内，布满蜘蛛网的角落里,您正在埋头干着什么。一张颧骨突出、两颊凹陷的脸,布满血丝的两眼,咳嗽一声接一声。

那时,您有家难回,整天被关在小工厂里改造"孔老二式的花岗岩脑袋",没有人可以说话,得不到人间一丝温暖。您是多么不幸,而这不幸的制造者,居然是我——您的学生,一个年幼无知的孩童。

良心的责备,唤起了我的勇气,促使我拿起了笔……

您的形象如同五年前一般清晰地出现在我的眼前……

那时学校可真乱,回想起来简直使人心寒:学生可以随心所欲地张贴诽谤老师的大字报;年轻老师常常气愤不过与坏孩子斗殴;动刀子打架简直不当一回事……

而在我们三(1)班却奇迹般的安宁:上课完全不像其他班级那样又叫又嚷,而是异常平静,静得连针儿掉在地上也听得见响声。这和我们的班主任、语文老师——您是分不开的。

您经验那么丰富。课文讲得生动、形象又有趣,引人入胜,使人回味。您教课更教人。您告诉我们不要荒废学业,要珍惜时间,您还告诉我们应该怎样做人。假如上课有同学思想开小差,不要说批评,只要您那责备的一瞥就足以使我们不安、羞愧。师生之间相处得友好而真诚。

可是一件可怕的事发生了。它像一股洪水,冲垮了我们这"世外桃源";又像一阵狂风,吞没了这"沙漠绿洲"。

记得那是盛夏的一个下午,天气特别闷热,上课铃像往常一样响过,您又照常给我们上语文课。内容是教课文《毛委员的扁担》。快下课时,您给我们布置作业:"今天作业在78页,要求书上已写得很清楚了……"不知怎的,突然从我嘴里轻轻冒出了电影《决裂》中的一句台词:"赵副书记的报告上已讲得很清楚了嘛……"刚说完,我立即发现一种异样的气氛笼罩了教室,全班48双眼睛一起向我射来,包括在后面"听课"的两位工宣队员。凭良心起誓,当时我真的不知道有这两位"不速之客"在后监视。您盯着我，目光里除了责备、不满还有惋惜和痛苦，您嘴颤抖了好一会儿，才一字一句地说："你真聪明！"我惶恐极了，把头深深埋到破桌下，恨不得在地上找个洞钻进去。当时，我真不明白，您为啥发那么大的火。——现在终于明白了，那是因为这句台词是讽刺所谓"走资派"的，这对于您——一个正直的人，无疑是使您伤心的。天哪，我真是糊涂到极点了！更可怕的是那两位工宣队员竟借此无限上纲，硬说您犯了"严重的政治错误"。

以后，您再也没来上课，您被强制在校工厂劳动，班里真乱了套。许多同学不睬我了，有些同学甚至扬言要打我，为您"报仇"。我真是又悔又气。

我时刻想去看您，以减轻我的思想负担，取得您的原谅，可一次次都没成功。一天夜里，您记得吗？那是一个多么静的夜啊！我来到学校旮旯里的小工厂，发现您正在蜡烛下聚精会神写什么，我轻轻叫了一声："老师。"我发觉您显得那样惊奇，以至于在忙乱中把蜡烛也碰翻了。老师，一定是我突然出现惊吓了您。我为了使自己心灵好受，竟然又一次伤了您的心。哎，我太蠢了！——一阵冷风从门洞里吹来，蜡灭了，我打了个寒战。这时，我才认识到人间之火有多么可贵。可后来，他们连您用蜡烛的权利也剥夺了，这帮没人性的禽兽！当时，我早把一切要取得您谅解的词抛开，只想安慰您，因为您吃的苦太多了。您更加凹陷的两颊，更加突出的颧骨，沙哑的咳嗽声就足可证明这一点。您原是个身体结实的人啊！我应该给予您，哪怕是微不足道的人间温暖，我不忍也不能，更不应该从您那儿要走一丁点东西。记得那夜我们谈了很久很久，直到您催我回去。临走时，又一阵阴风扑来，火苗被吹得摇摆不定，我怕火焰再次熄灭，忙用手护住，您却坦荡地一笑："放心，人间之火永远不会被扑灭的。"——呵，愿太阳发出永恒的光和热，愿人间充满永恒的爱。现在，我对这句名言更加深了认识。

老师，我对不起您，让您受尽了苦，老师，您能原谅我吗？

老师，您的冤案一定平反了吧，因为历史对于任何人都是公正的，也包括那帮乱世奸贼。您看，当年显赫一时的"四人帮"不已被人民押上历史审判台，被人民钉在历史的耻辱柱上了吗？

老师，您看陈剑写得多好："这是过去的事。……但是应该记住过去的事，绝不能让过去的事重演。"是的，值得庆幸的是这幕社会悲剧不会重演了，因为历史的车轮永远向前，每一个妄图开历史倒车的人必将自食恶果！

老师啊，老师，浇灌我长大的园丁……

学生
李向群上
1981年11月8日

细腻与丰满
——"×地×园游记"习作讲评

【作前指导与要求】

《醉翁亭记》是宋代大文学家欧阳修的名篇,其艺术技巧令人赞叹。别的且不说,单是介绍醉翁亭及其周围环境的一段文字就颇见功力。大家还记得吗?在学这篇文章时我们曾说过,这一段的介绍犹如电影中的一组镜头,由远及近,由大而小,一层一层展现景物。起句先点出滁县四周群山环抱之势,然后由远而近,镜头推向"西南诸峰",再推近,展现蔚然而深秀的琅琊山,然后又沿着山路移动,推出"酿泉"之景,最后出现翼然临于泉上的"亭"。这种向纵深展开写景的方法,层次清晰,有条不紊。

我们练笔中也写过一些景物,写得好的也有,但不多,主要缺点是比较笼统,写不出层次,粗粗拉拉的。这次我们作文写篇游记,地点自选,要写出景物的远远近近、大大小小、动动静静,要写得细腻丰满些。

一、讲评目的

1. 激发和培养学生热爱祖国锦绣山河的感情。
2. 理解移步换景和多角度多层次绘景的方法,让景物"活"起来。

二、讲评材料和方法

《泛舟游西湖》《登山》两篇习作。

文章与实景对照,评论,修改。

三、讲评要点

1. 交流习作内容,激发热爱祖国山河的感情。

(1) 请一二十位同学简述自己习作中写的游览胜地。要求语言简明,不啰唆拖沓。

(2) 由于我们生活在江南,所以习作中写得最多的是苏州、杭州、无锡、绍兴,写南京、西安、桂林的极少,但即使如此,也可窥一斑而知全豹,体会到祖国江山美如画。

2. 交流习作中的点滴体会,明确写好游记的关键。

写游记须引人入胜,使人读了有身临其境之感,而且有不去目睹不为快的愿望。怎样才能引人入胜呢? 一般说,要在精细观察的基础上精选美景作为描写的"点",抓住几个"点"或浓墨渲染,或工笔细描,写得山重水复,花团锦簇;穿"点"成"线",有疏有密,有起有伏;词语丰富,语言优美。总之,要写得好,首先要游览得好,观察得精细。

3. 阅读《泛舟游西湖》和《登山》,请同游者充分发表意见,未去过的同学可就文论文,也可根据平日所闻的情况评论、补充和修正。

(1) 暑假有二十多个同学去了杭州,并一起游览了西湖、灵隐寺等处。请同学读文思实景,两相对照,开展评论。

(2) 两篇习作在写景方面各具有哪些特点? 你认为哪些技巧比较好可借鉴,哪些是穿凿硬套应扬弃?

(3) 把两篇习作的优点排列起来,你对游记的写法获得了哪些新的认识?

(4) 同学圈、点、批、画,开展评论。在评论的基础上,请一两位同学归纳要点。

① 选景，明确记叙的范围和重点。假期组织起来赴杭游览，所去之处很多，如一一写下，似乎求全不漏，实际上有流水账之嫌，轻重不分，"胜"反而丢了。《泛舟游西湖》只写湖中泛舟的所见，其他游览之处均舍弃不提；《登山》一文只写攀北高峰的所见所闻所思，连灵隐寺的壮观也舍不得用笔墨描绘。选景选点，点选准了，笔力集中，便于写得细腻，写得丰满。

② 绘景，多角度多层次，力求花团锦簇。描绘景物的笔法要多样化，平面地写，单调的笔法，就写不出胜境。两篇习作在绘景方面可以说是各有千秋，都有可取之处。

《泛舟游西湖》注意近景远景的配置，湖里、岸上的映照，静景、动景的搭配和移步换景，逐层显示景物。如"碧绿的湖水轻微地拍打着堤岸，远处的孤山还笼罩在淡淡的晨雾中，一切都显得非常宁静"，这是由近而远的静景描写。接着用拟人化的手法使静景"活"起来，远处的山顶，"淡淡的青霭也悄悄地离去了，西湖边郁郁葱葱的孤山也像脱去了薄薄的面纱一样，露出了她的秀姿"，这又是一个远近景物的配置，角度是在湖上舟里观景。湖中双船齐飞，以动托静，使岸边景物也活动起来。小瀛洲的景物是文中描绘的重点所在，特别是：第一，细。如"'湖'上还有一座九转三回，绕三十个弯的九曲桥"，以具体数字给读者以实感，又如睡莲"频频摇动"，红鲤鱼"摆动鱼尾"，一笔两用，既写莲、鱼，又托出风吹、水清。第二，逐层显示。九曲桥、黄睡莲、红鲤鱼、亭子、月洞门、小道、石塔等移步换景，层次显豁。第三，引用典故，开拓意境。引用关于苏东坡建石塔的传说，开拓湖面上三影——月影、塔影、灯影的奇丽佳境。第四，多方着色，花团锦簇。阳光、水色、翠竹、黄花、红鱼、青山、石桥石塔、各色亭子，和谐地组成整体，给人以美的享受。

如果说《泛舟游西湖》以视觉形象为描写的主要对象，那么，《登山》

还在听觉上巧下功夫,视听结合,动静相衬,把景和情紧密地结合在一起。习作者把寺外景和寺内景映衬着写,立足于寺外写寺内,以寺内的喧哗声衬托寺外的宁静,又以听不到寺内的声音衬托出登山途中小虫的鸣叫声、风吹树叶的飒飒声和登山脚步的咚咚声,从听觉角度写动静相衬,不落俗套。写登山睹景物与对话描写、心理描写糅合在一起是该文的一大特色,给人以真切之感。小道周围的"昏暗"引出了"阴森恐怖"的感觉,于是引出了可能有狮子、有老虎、有毒蛇、有强盗等种种想法,霎时间草木皆兵,自己吓唬自己,又把恐惧传送到别人身上,惟妙惟肖地反映出少年的幼稚和富于幻想。登高眺望全景虽疏疏几笔,但由于比喻得生动恰当,画面也很美丽。

正因为两篇习作注意到多角度多层次描绘景物,又融进自己的情意,故而写得比较丰富,能把游览点的"胜"处写到纸上,娱人耳目。

③ 串景,线索分明,详略得当。要把游览之地的景色连缀成有机的整体,须寻找恰当的线索加以贯串,做到整而不散,细而不碎。《泛舟游西湖》用两条线索来贯串。一是时间的推移,从"东方刚刚现出鱼肚白"至"太阳渐渐升起来了",至"太阳升得更高了",至"头顶烈日",时移景异,用时间的推移来连缀变化中的景物。二是足迹的移动,从湖滨至湖上泛舟,至登湖中小岛,至返回湖滨。两条线平行相辅,纹丝不乱。《登山》以足迹移动为线索,上上下下,走走停停,辅之以紧紧松松、松松紧紧的心理活动,把二十多分钟内的登山下山写得曲折有情致。两篇习作都认真地做了详略安排,重点之处不惜笔墨细描,返航、下山皆一笔带过,内容充实而不累赘。该补叙的,如"里西湖"和"西里湖"的说法;该照应的,如同行船只的下落等均作了交代。这一点和过去相比,很有进步。

④ 硬装硬套的毛病仍未根治,在文中"大煞风景"。《泛舟游西湖》结尾的议论抒情就是如此。也许习作者认为这样写几句就主题突出,有思想性了,殊不知加这么几笔使原来柔和活泼的画面顿时僵硬起来。

须知:情要渗透在景物的描写之中,不能外加。《登山》结尾也有类似情况。这个毛病在不少同学习作中都有,须认真革除。

4. 朗读其他三五篇习作中的精彩片段,开阔视野。如《天下第二泉》《虎跑》和西安郊外的《捉蒋亭》等。

四、作业

1. 归纳写好游记的要点,记在积累本上。
2. 检查自己习作的结尾,如属蛇足,就斩除。

板书

细腻与丰满

"面"中选择重点"景"——或浓笔渲染,或工笔细描。

多角度描绘——定点,移步;远眺,近看……

多方法描绘——视觉形象,听觉形象;动静配置,高低映衬;绘形着色,花团锦簇……

线索贯串,浑然一体。

泛舟游西湖

东方刚刚现出鱼肚白,我们就兴冲冲地来到西湖边。碧绿的湖水轻微地拍打着堤岸,远处的孤山还笼罩在淡淡的晨雾中,一切都显得非常宁静。

西湖,景色秀丽,历来是游览胜地,我们早就心驰神往。我们来到船码头时,这里早就挤满了人,他们都是来领略西湖风光的。我们马上租了船,急匆匆地跳了上去。

船桨不紧不慢地在水里划着,一桨接着一桨,船轻轻地晃动着,慢慢荡出了码头,驶向湖中心。这时,太阳渐渐升起来了,一抹光辉照亮了远处的山顶,淡淡的青霭也悄悄地隐去了,西湖边郁郁葱葱的孤山也像脱去了薄薄的面纱一样,露出了她的秀姿。我们一行五人分坐两只船。一开始,陈安那只驶得很快,一下子与我们拉开了一大截距离。我们也不甘示弱,齐心协力,两把桨同时下水,使劲一划,船头高高昂起,飞快地朝前驶去,一会儿就赶上了他们。这时,太阳升得更高了,湖面上波光粼粼。风吹在脸上,一阵凉,一阵热。船又划行了一阵,慢慢地靠上了湖中小岛——小瀛洲。我们急不可待地上了岸。

  小瀛洲果然别有一番洞天,整个绿洲中间还有一泓碧水,这就是奇特的"湖中之湖","湖"上还有一座九转三回,绕三十个弯的九曲桥。我们走上九曲桥,只见湖中盛开着嫩黄色的睡莲,在微风吹动下,频频摇动,红鲤鱼在水中悠闲地摆动鱼尾,游来游去,不时激起一阵绿色的水珠。九曲桥上有各种颇具特色的亭子,有三角形的开网亭,八角形的碑亭等。穿过左侧月洞门,是一条翠竹夹荫的小道。我们顺着小路,又来到西湖边,这里就是著名的"三潭印月",只见平静的绿色湖面上,矗立着三个石塔。同伴已把船停在那儿了。我们上了船,就向石塔划去。石塔造型优美,雕凿细致,上面顶着个石葫芦。我不禁对古代劳动人民的精巧手艺感到敬佩。这三个石塔,据说是苏东坡在杭州做官时在湖水最深处建立的标志。月光皎洁的时候,把点着的灯放在呈葫芦形的石洞里,湖面上便会映出月影、塔影、灯影,景色奇丽,为西湖十景之最。我们离开石塔,又向远处的石桥划去,划进桥,又是一个碧湖,平静的湖面被阳光照得闪闪烁烁;湖边的杨柳枝高高地垂了下来,漾在湖面上,遮住了炽热的阳光。船慢慢地朝前滑行着,右边又出现了一座石桥。船又转了个弯,划了进去,桥洞下真阴凉。我们休息了一下,划了出去,又回到了西湖。我们原先以为这个湖是里西湖,后来才知道这是西里湖。那两座石桥是锁澜桥、望山桥。

  出了望山桥,我们原还想到湖心亭,无奈两臂酸麻,又是头顶烈日,最终没有去成。船时快时慢地回到了码头,上了岸,同行的另一只船还没有回来。后来一问,他们没去西里湖,却还比我们慢。这件事我们夸耀了很久,虽然两臂发酸,心里却是很高兴的。

望着美丽的西湖,我脑子里忽然想起许多古人的诗句:"水光潋滟晴方好,山色空蒙雨亦奇。""接天莲叶无穷碧,映日荷花别样红。""万顷湖平长似镜,四时月好最宜秋。"诗人把西湖描绘得如此美丽。然而,在新的历史征程中西湖将更加美丽,正像祖国大地上一颗灿烂的明珠。西湖,但愿你更加光辉夺目。我带着这样的想法,依依不舍地离去。

胡 巍

登　山

自从上学读书以来,我过了八个暑假,但最难忘的,却是去年的暑假,在这个暑假里,我在杭州攀登了杭州的最高峰之一"北高峰"。

那是七月末的一个下午,我和同学们到灵隐寺游玩,参观完灵隐寺距集合的时间还差大约四十分钟,我就想邀几个同学一起登北高峰。但令人扫兴,一连找了几个同学,他们不是借口时间来不及,就是借口太吃力,不愿去,只有李向群愿意一同前往。

此时距集合时间只差三十几分钟,我们要在半小时内返回出发点,时间的确是很紧张的了。

我们以飞快的速度赶到山脚,接着就沿着石梯向山上跑,开始了北高峰的攀登。

我们是以灵隐为起点登北高峰,所以起先是沿着灵隐寺寺墙的外面爬,不时听见寺内的喧哗声。可是不久,灵隐寺就被我们踩在脚下,周围只剩下小虫的鸣叫声,风吹树叶的飒飒声和我俩跑步登山的有节奏的脚踏石板的咚咚声。

转眼,我们来到了树林的稠密处,小道旁的树完全遮住了阳光,周围一片昏暗,前后不见一人。树木的声响虽然有时像万马奔腾,但在无风时却静得出奇,给人以阴森恐怖的感觉,我感到害怕起来。这时李向群对我说:"这里这么阴森森的,会不会有狮子、老虎?"听了他说话的语气,我知道我的这位同伴也受环境的影响胆怯起来。我给他壮胆道:"不要怕,这里一定不会有吃人的野兽。"接着我又不安地说:"不过,路上可能会有毒蛇。"我从小怕蛇,所以一遇到可怕的事,就总要想到它。李向群说:"嗯,很可能,现在是夏天,山上一定会有蛇。"停了停他又问道:"我们要是碰到蛇怎么办?"我想了想:"用棍子打。"接着就弯腰从地上随手拾起一根树枝,树枝很脆,一折就断了。我立刻想到:这里不见天日,树枝怎么会这么干? 一定是别人带来的。不好! 这儿可能有强盗。这一惊非同小可,我赶紧问李向群:"要是遇到强盗怎么办?"说这话时,我听得出自己的声音好像在发抖。这回李向群倒变得勇敢起来了,说:"不要紧,我们身上又没有什么值得抢的东西,强盗不会来找我们麻烦的。"我却还不放心,说:"那不一定,我们是从外地来的,强盗一定认为我们身上有钱。"话一出口,我就后悔起来,怕李向群会跟着我担惊受怕。果然,李向群害怕了,结结巴巴地说:"那……那……怎怎……么办?"我一听这话就更加害怕起来,脚步也乱了,差一点让石头绊了一跤。这一绊,却使我清醒了,想起石头是很好的自卫武器,赶紧说:"有了,用石头当武器。"于是我俩一手拿木棍一手拿石头加快速度向前跑,以最快的速度离开这恐怖地区。

我们的眼前豁然开朗起来,不多一会儿,就跑到一座亭子面前。李向群问我:"进不进去休息?"这时我才恢复常态,觉得像经过千米赛跑一样气喘吁吁,浑身无力,发现抓在手上的石头也变得湿漉漉的了。我的确是需要休息一下了,但转念一想:不行,我们只有半个小时,时间不允许,得快赶路。于是就说:"算了,还是辛苦一下,喝点水就走。"说着就解下水壶喝水,李向群却不急于解渴,而是跑进亭子,记下它的名字……

　　我们又继续登山，不久，山顶就近在眼前，但山路却仿佛永远无止境，看看快完了，可转了一个弯，前面又出现了一段长长的山路，真有点"山重水复疑无路，柳暗花明又一村"的味道。当距山顶还有几十米时，我感到两腿发软，再看看李向群，他也喘着粗气，艰难地抬着腿。我说："是不是休息一下？"李向群马上坚定地说："现在已是胜利在望，岂能停滞不前！还是一鼓作气，登上顶峰吧。"听了他的话，我便勇气倍增，迈开大步向上冲……

　　终于，我们登上了最后一级阶梯，放眼四望，只见宽广的马路就像一根根玉带，纵横交错，汽车往来穿梭，高高的楼房像一块块积木似的排列着，美丽的西湖在太阳的照耀下闪着金光，游船犁开碧波航行着。啊！这真是美丽极了！

　　时间不早了，我们赶紧离开山顶，踏上了下山的路途。下山虽然不像上山那样吃力，但在飞速向下奔跑时，如稍一疏忽，摔一跤，也是够受的。终于，我们又听到了灵隐寺内的喧闹声，接着又马不停蹄地赶到集合地，我们又回到了热闹的世界。

　　在集合地，一看钟，才知道我们提前了八分零三十秒。

　　我坐在地上，望着高耸入云但被我们踩在脚下过的北高峰，不由自主地想道：读书不也是同登山一样？只要我们有决心，有毅力，就是再大的困难也一定能克服。

王　风

模仿与脱胎
——"散文诗"习作讲评

【作前指导与要求】

开学以后,我们连续学习了散文诗《海燕》和《幼林》,对诗中的激情、联想、象征和对比手法的表现力,音韵及复沓手法的运用等有所领悟。我们虽无写散文诗的要求,但实践一下,练练笔,也是可以加深对散文诗这种体裁的理解的。

写之前先把这两篇课文读两遍,仔细琢磨琢磨。然后认真选择所写的对象,或物,或景,能蕴含深意的。题目自定,要求主题鲜明,语言优美,运用拟人、反复等修辞手法,力求有点诗味。写时可从模仿入手,但要能"化",脱胎出来。

一、讲评目的

1. 进一步理解散文诗的特点。
2. 懂得模仿与脱胎是提高写作能力的一条途径。

二、讲评材料和方法

《马》《骆驼》《雪的尖兵》《雨》习作四篇,《辞海》文学分册、《中学语文教师手册》。

朗读,分析,演绎,归纳。

三、讲评要点

1. 重温散文诗的特点,明确评析的依据。

(1) 请同学讲述散文诗的特点。

(2) 请同学朗读《辞海》文学分册中"散文诗"条目的说明:"兼有散文和诗的特点的一种文学体裁。篇幅短小,有诗的意境,但像散文一样,不分行,不押韵。如鲁迅的《野草》。"

(3) 请同学朗读《中学语文教师手册》下册中关于散文诗的部分说明:"散文诗是兼有散文和诗歌特点的文学样式。一般说来,它能比较集中地反映社会生活,饱含着丰富的感情和想象,有诗的意境,但语言在很大程度上是散文化的。如鲁迅的《野草》就是优秀的散文诗。这种形式在表达思想感情时有很大的灵活性。需要注意的是:散文诗是诗,它是用散文的形式创造意境、抒发感情的诗歌。"

2. 集体朗读习作《马》,请孙栋同学谈构思过程,然后以散文诗的特点为依据展开评论。

(1) 集体朗读,要求读出层次,读出激情。

(2) 孙栋谈构思,明确:

"袖手于前,始能疾书于后。"(清代李渔《闲情偶寄》)要能运笔如风,下笔前需认真构思,打好腹稿。写散文诗用象征性手法时须:

① 确定"本体"。褒扬什么,贬斥什么,写前要心中有数。"本体"要确定得具体,不笼统。

② 选择"象征体",托意于物。要选得恰当,"本体"与"象征体"二者非一般相似,要抓本质特征相似处,要明确,不能晦涩。

③ 紧扣象征体的形象展开描述,意寓其中,在描述的基础上夹以议论、抒情。

(3) 学生展开评论后,归纳要点:

① 象征体选得恰当,能形象地表达赞美勇敢无畏、奋勇向前的勇

士的主题。

② 能描述画面,三幅画面逐步加深,色彩逐步加浓,节奏逐步加快。画面注意衔接,如"看吧""听吧",使层次十分清晰。

③ 以马和牦牛、绵羊作对比,褒贬分明;排比用得有层次、有气势。如"马在飞奔……""马在嘶鸣……""马在大笑……";又如"时而腾开四蹄……""时而抖动鬃毛……""时而仰天长啸……"。

④ 尽管经过认真构思,但基本上是仿作,亦步亦趋。当然,该习作有诗的意境,语言散文化,具有散文诗的特点。

3. 阅读《骆驼》《雪的尖兵》《雨》三篇习作,展开评论。

(1) 就以下问题展开讨论:

① 这三篇习作是诗、散文,还是散文诗?理由何在?

② 哪篇习作哪些段落写出了诗的意境?

③ 每篇习作饱含着怎样的思想感情?哪些部分能留给人们想象的余地?

④ 这些习作的语言有何共同特点?有无差别?差别何在?

(2) 学生阅读、讨论,然后归纳要点:

① 三篇习作写的对象不同,篇幅长短不同,但基本上都是散文诗,兼有诗和散文的特点。语言是散文化的,但有诗的意境,有较为丰富的感情,饱含着想象,因此,它们不是压缩了的散文,而是诗。

它们与《马》的不同之处在于《马》和《海燕》形式上极其相似,而这三篇注入了自己的设想,结构、写法都有些变化,不大看到《海燕》语言、画面上的痕迹,在"化"字上下了一点功夫。有没有借鉴的文章呢?有。有幅骆驼的画描绘的就是这样的情景,《雨》从结构上与鲁迅先生《野草》中的《雪》有某些相似之处。多读多思考,从中吸取某些养料是必要的、允许的。只要不抄袭就行。

② 《骆驼》的开头一段写了"白天"、第3段"在黑夜"、第4段"在刮

风天里"这三个场景,注意到内情与外物的交融,刻画的是骆驼在沙漠中毅然前行的形象,倾注了对不畏艰难、勇往直前的骆驼精神的赞美。《雨》的第3段有点诗情画意:山峰、房屋、炊烟、桃花、青草、黄牛、放牛娃等,笼罩在素纱般的烟雨之中,展现出春雨农作的画意。

相比之下,《雪的尖兵》写得太实,留给人们想象的余地很少,意境就出不来。《骆驼》与《雨》也有类似情况,在描绘景和物时,重要的是情景相生,构成一幅幅含情的令人遐想的画境,过多地插入议论,对画面诗情会起破坏的作用。

③ 三篇习作中包含的感情是比较充沛的。《骆驼》一文除用骆驼的形象言明主旨,还用排比句发表议论,用"它像一个猛士……""它像一头老黄牛……""它像一辆卡车……""它像一只航标灯……"等比喻直抒胸臆,讴歌任重而道远、永不停息的具有骆驼精神的人。《雪的尖兵》赞美的是品格洁白、有牺牲精神的高尚的人。而《雨》赞扬的是敢于搏击风云、扫荡一切污浊的猛士。主题都较鲜明,寓意积极。

④ 散文诗的语言虽没有格律诗语言的要求高,不讲究音韵,但精练也是必要的,节奏也须注意,否则,读起来不易上口,也不易给人以美感。从三篇习作的语言来看,《雨》好一些,对江南春雨和夏天雷雨描绘时词的色彩与轻重,句子的长短安排,形成轻重缓急的节奏,有点诗味,几个比喻也用得比较贴切。《雪的尖兵》在铺写方面有点特色,但有的段落(倒数第二段)语言比较硬,缺乏诗味。《骆驼》的语言有明显不协调之处。如写骆驼蓄水贮物后,说"因为它是个反刍哺乳动物",这种说明的语句放在诗中不协调,可删去。诗句即使含蓄,也要意思明确,写景也是如此,不可晦涩,如"透过微微的荧光,高旷而深邃"的句子就难以捉摸。

从总体上来说,三篇习作的语言还是比较生动形象的。

诗是语言的精华,思想感情高度提炼。大家第一次学着写,成绩还是应该肯定的。之所以能这样,是因为大家有范文借鉴。从模仿入手,心领神会,久而久之,就能脱胎而出。

四、作业

1. 回忆散文诗在篇幅、意境、语言等方面的特点。
2. 以散文诗的要求衡量自己的习作,修改明显的不妥之处。

板书

模 仿 与 脱 胎

反复学习——从语言到内容

仔细琢磨——深入理解特征

从形似入手 ┤ 本体、象征体
主题、结构
画面、意境
对比、排比……
语言、节奏……

以神似为目标——创新的、有自己特色的

马

在广阔无垠的草原上,马旋风般地向前奔驰着。

时而腾开四蹄,跃过高高的土丘;时而抖动鬃毛,跨过泥泞的坑洼;时而仰天长啸——啊!前程,它对前程充满了无比希望。

蠢笨的牦牛,悠然自得,吞食着鲜嫩的青草,频频摆动着尾巴——显示出极为安逸的姿态。

肥胖的绵羊,步履蹒跚,心满意足地低着头眯着眼,缓缓地嚼着草——啊!它多么安逸,多么实惠呀。

它们这些牛羊啊!只会贪图享乐,而只有那奔驰的烈马,才没有留恋眼前的安逸,没有贪图短暂的享乐……

看吧!狂风掠过草原,席卷着浓重的尘土,旋转着、升腾着、弥漫着……霎时间,天昏地暗,乌黑一片。

那些得意洋洋的享受者,惊恐万状,四方乱窜,声嘶力竭地哀鸣着。而那狂奔的马,面对着突变的风云,却无所畏惧。

它腾开四蹄,"嘶——嘶——"长啸;它昂首翘尾,两目圆睁,凝视着远方。从这目光中看到了对美好前程的无限渴望和憧憬。

听吧!马蹄跶跶,在这铿锵声中听出了坚定的斗志、无畏的精神和必胜的信念。

马在飞奔,勇敢地,无所畏惧地向前飞奔。

马在嘶鸣,不——它在吹进军号,它吹响了前进的号角。

它在大笑,它笑那些目光短浅的胆小者,它笑那些贪图享乐而无所作为的懦夫。

它——在狂奔,在嘶鸣,在大笑。

它是前进的先锋——马不停蹄!驰骋向前!

孙　栋

骆　驼

白天,沙漠空荡荡,热烘烘,方圆九百里乱石滚滚,黄沙茫茫。一匹匹身上像长了疥癣,裸露着粗糙的皮肤的骆驼在沙漠上行进。

骆驼挪动着它那高大的身躯,它的步伐是那样的有力、稳重,一步一个脚印地前进。每到一个有水的地方,它喝饱后,又把水蓄到背上的肉峰里去;每到一个有吃的地方,它吃个饱把食物贮在胃里,因为它是反刍哺乳动物。做好一切准备工作,去迎接那远距离的路程。骆驼是沙漠地区很好的交通工具,千把斤东西,压在背上,它从不呻吟,始终迈着稳健的步伐,朝前走去……

在黑夜，整个沙漠与天际融为一体了，色调渐渐由墨而黛，而青，直至顶空变成靛蓝，透过微微的荧光，高旷而深邃。这时，骆驼像幽灵一样出现在广漠的沙漠之中，它还是跨着那坚定的步伐，一步一个脚印地向胜利的目标前进。它像一个猛士，永不知疲劳；它像一头老黄牛甘做主人的下手；它像一辆卡车，可以装上很多东西；它像一只航标灯，可以指引人们走出沙漠的尽头。望着它那粗糙的皮肤，会想起它经受过多少风吹雨打，但是它始终不回头，朝前走，好像世界上只有它一个，它具有多好的勇往直前的气质啊！

在刮风天里，漫漫的沙漠，像海水中巨大的涌流，缓缓地凹下去，又缓缓地升起来，浮起黄蒙蒙的烟云，带着一股冷飕飕的气流。而在这时，满身都粘着泥和沙的骆驼又出现在沙漠里，沙子打在它身上，它全然不顾，而是毅然地走着，它好像不知道什么叫休息似的，在沙漠里头不停地一步一个脚印地走着，走着……

陈惠弦

雪 的 尖 兵

雪，要说起雪来，哪个不眉飞色舞，手舞足蹈？因为人们太喜爱雪了，特别是我们这些南方人。

雪花之所以叫雪花，因为它像花。有方的，有圆的；有六角的，有四角的，有五角的，有三角的；有针状的，有棒状的，洁白、透明。一阵风来，飘飘荡荡，像喝醉了酒似的，慢慢地往下落。

一阵大雪下过后，屋顶、田野、树上、草地、小径……到处都铺上了一层。厚厚的，白皑皑的，简直成了银白色的世界。一到白天，雪地上就出现许多活泼的小孩子，他们在打雪仗，滚雪球，奔来跑去，使冰冷的世界出现了无限的活力。

这一切实在是太美了！难怪人们都喜爱雪。

可是,看到了这美丽的景色,你是否想起那些雪的尖兵——已经融化成水的雪?

下雪的时候,它们带头离开云层,冲向人间,降落到大地上,让自己的身体融化成水,以求得地面上的东西降低温度,使它们的后来的伙伴能够安然无恙地躺在大地上,来美化自然,美化世界。

我赞美这美丽的雪景,赞美这雪白的雪,更赞美那为别人牺牲自己的雪的尖兵。

张永刚

雨

春天的细雨,像牛毛,像花针,像细丝,密密地斜织着,丝丝缕缕,如烟如雾,迷迷茫茫笼罩着天地,一连就是几天,缱缱绵绵的,像姑娘般的多情而温柔,似恋人般的情深而意长。怪不得那些多愁善感的迁客骚人时常把它编织进自己的诗句。

"绿遍山原白满川,子规声里雨如烟。"这具有画意的诗句绘出一幅江南春雨图:山原绿遍,川流水满;细雨如烟,杜鹃和鸣。吟诵这诗句,勾起了我对小时候乡景的回忆。

素纱般的烟雨笼罩着青黛色的山峰,笼罩着村子里的房屋,飘浮的炊烟杂在雨里,难以分辨。山前的桃林,花开得正艳,在蒙蒙细雨中,艳红艳红的,非常引人注目。放牛娃们永远是最快乐的,河滩上一头头黄牛在贪婪地吃着青嫩、湿漉漉的草,放牛娃戴着斗笠,光着双脚,高卷着裤腿,有的坐在牛背上,有的斜倚在老柳树的大树杈上,在雨中兴高采烈地吹着竹笛,望着田里披着蓑戴着笠、正在弯腰劳动的父母们……

春雨霏霏,春雨冥冥,春雨是构成江南春美景的要素。如果哪个画师有兴致,挥毫放笔,描一幅春雨农作图,我似乎可以肯定,他是极难真正绘出那虚无缥缈的细雨。因为那是活着的雨,有生命的雨……

江南春雨真可谓美丽至极了,然而我却更喜爱那夏时的大雷雨。

炙热的太阳,沉闷的空气,使人发慌,发闷,发厌……"轰隆隆"的滚雷由远而近,给人带来了希望;闪亮刺目的闪电由暗而亮,给人带来了力量。雹子般的倾盆大雨铺天盖地。"嗒嗒嗒嗒",豆大的雨点敲打着地面,敲打着玻璃窗,溅起白蒙蒙的水雾,扫荡着一切污泥浊水,细灰残尘,枯枝败叶,扫荡着一切肮脏龌龊的东西,见不得阳光的东西……看吧,阴沟洞正等待着这些卑鄙无耻的东西。

暴雨,暴雨,雷公为他奏乐,电母为他舞剑,河伯为他歌唱,整个宇宙在为他欢呼……

我为他写下赞词——你,雨的猛士,雨的精华……

陈　剑

动中取静,变中凝神
——"剪影"习作讲评

【作前指导与要求】

学习《挥手之间》时,我们曾被这样一段描写所感动:"主席也举起手来,举起他那顶深灰色的盔式帽,举得很慢很慢,像是在举一件十分沉重的东西,一点一点的,一点一点的,等到举过头顶,忽然用力一挥,便停在空中,一动不动了。"为什么它能激动人心?又为什么能使人经久不忘?除了文中所描写的动作蕴含着特定的历史性意义外,艺术技巧高明也是原因之一。作者用笔既细又重,犹如斧凿刀刻,轮廓清晰,给人以雕塑美的感觉。

在社会生活中,我们常常会遇到这样那样令人难忘的场景,如果写入文中,有的可呈绘画美,有的可呈雕塑美,有的可呈剪影美。这次习作写个剪影,内容是社会生活方面的。

什么叫"剪影"呢?(出示一剪影头像)照人脸或人体的轮廓剪纸成形叫剪影。挪到这儿来是借用,比喻对事物、对场景的轮廓的描写。

写时须注意:截取社会生活的某一场景,轮廓清晰,画面鲜明,语言明确,不拖沓。

一、讲评目的

1. 理解剪影须传神,须动中取静,变中凝神。

2. 领会语言在勾勒轮廓中的重要作用,务去冗杂。

3. 引导学生学会全面地观察社会,克服片面性。

二、讲评材料和方法

《春节剪影》《座位》三篇习作,茅盾《风景谈》的结尾。

多层次对比——习作与剪影实物比,习作与习作比,习作与范文比。

三、讲评要点

1. 简述习作概况,明确讲评课题。

同学们这次习作写得是认真的。就内容说,涉及的社会现象比较广泛,车船码头,街道市场,工厂工地;就时间说,有的是眼前实景实事,有的是记忆中事物的再现;就写作意图说,有赞美的,有批评的,也有揭露的。

尽管大家都努力捕捉生活中的形象,为它们剪影,但实践的结果,有的线条清楚、轮廓分明,有的却模模糊糊、不得要领。原因何在呢?这节讲评课就着重谈这个问题。剪影要善于动中取静,变中凝神。

2. 阅读谢书颖的《春节剪影》,与剪影实物对比。

(1) 阅读该篇习作,思考:

① 截取了社会生活中哪几个场景?

② 这些场景是否轮廓分明?为什么?

③ 与剪影实物对比,物和文有何异同?

(2) 开展评论,明确:

① 要选择有典型意义的生活场景剪,人、物、事在一定的时间一定的空间能构成明确的主题。该篇习作截取社会生活中三个场景进行剪影。一是烟杂店前买礼花,二是新华书店内排队购有奖磁带,三是商店橱窗前。三个场景第一个轮廓分明,第三个模模糊糊,形象不明,主题不明。

② 为什么第一个场景剪得好呢?剪影要能传神,要善于动中取

静,变中凝神。小小烟杂店的地势有独特之处,是在人行道旁高起的几级台阶上,有坡度;争购节日礼花的密集的人头自然也形成一个坡度;一只只举着钱的手努力向前伸着也就随之而有了坡度。小店门前的热闹、拥挤,台阶上人群的挪动,尚未买到礼花的上台阶,买到的下台阶,这些都是变化着的动景,习作者从动景中抓到了静,使动景"静"化,抓住三个坡度:台阶、人头、手,凝练地表达佳节欢乐的主题。

③ 实物剪影和写"剪影"文章毕竟不同。前者简单,两剪三剪,只要形状相似、轮廓分明就行。后者复杂得多,它不是只"剪"一场、一人,而是把人、景、物放在特定的时间和场合,要把它们各放在合适的位置上,又要"剪"出它们之间的关系,显现明确的主题,那就很不容易了。不锻炼捕捉事物的眼力,不洞悉事物的特征,剪刀必然下得不是地方。

3. 阅读杨海燕的《春节剪影》,与谢书颖写的比较,判断文中写的符不符合剪影的要求,并分析原因。

(1) 请同学自由发表意见。

(2) 集中同学意见,归纳要点:习作者按地点划分场景——厨房里、书店里、院子里,乍看起来,轮廓清楚。但是,小标题明确不等于剪影就合要求了。关键还在于怎样下剪,是否剪出鲜明的形象。剪影可剪一时一地的具体事物,也可就某个情况进行总剪,如"厨房里"这一段不具体指某一地某一家,而是就年三十的厨房进行总剪,这也是可以的。"书店里""院子里"也是采用总剪的方法。然而,由于通篇都是总剪,无特别精彩之处,形象就不突出。剪影时笔墨应多用在形象的塑造,少把议论夹入其中。前一篇习作中第二个场景与这篇习作都有此缺点。议论一多,气氛冲淡,表达效果受影响。

4. 截取社会生活中场景可以多方面多角度,该歌颂的歌颂,该揭露的揭露,褒贬分明。阅读《座位》,就下列问题开展讨论:

(1) 这篇习作在下剪时有何特色?

(2) 对文中反映的问题应该怎样看?

讨论后明确:这篇习作下剪时果断、集中。《座位》截取的"点"是公共汽车上的让位、抢位,镜头对准了"花衬衫领子"的年轻人,文中所出现的人都与此有关,无关紧要的人和事全都舍弃。语言简洁,描述中饱含讽刺和谴责。这篇习作记录下自己的所见所闻,情寓其中,并未就事大发议论,这是符合"剪影"这类文章的写作要求的。

不良的社会现象能不能写?当然能写。问题在于怎么写,自己有怎样的认识。《座位》一文中反映的生活图景确实存在,并有一定的典型意义。习作者把这个图景写入文章时没有简单地一味责怪,而是褒贬分明,在谴责那个年轻人不讲文明、不知羞耻的同时,赞扬了让座的少先队员、中年妇女,赞扬了有正义感的是非分明的同车人。

在我们国家,新道德新风尚、新人新事大量涌现,它反映社会本质,代表着前进的力量。但是,毋庸讳言,社会上也存在这样那样的不良现象,必须正视,必须解决。我们看问题不能一叶遮目,要学会全面地认识世界,用发展的眼光看问题,既看到事物的本质和主流,又看到它的现象和支流,提高辨别是非的能力。青少年的责任在歌颂美好的事物,争当除旧布新的先锋。

5. 高悬目标,激发学生进一步写好这类文章的积极性。

(1) 听写《风景谈》的结尾两段:

空气非常清冽,朝霞笼住了左面的山,我看见山峰上的小号兵了。霞光射住他,只觉得他的额角异常发亮,然而,使我惊叹叫出声来的,是离他不远有一位荷枪的战士,面向着东方,严肃地站在那里,犹如雕像一般。晨风吹着喇叭的红绸子,只这是动的,战士枪尖的刺刀闪着寒光,在粉红的霞色中,只这是刚性的。我看得呆了,我仿佛看见了民族的精神化身而为他们两个。

如果你也当它是"风景",那便是真的风景,是伟大中之最伟大者!

(2)《风景谈》和《白杨礼赞》一样是茅盾同志延安之行的佳作。结尾处雕塑般的剪影是我们学习的范例。

① 选择了最有典型意义的生活图景下剪刀,反映时代本质,富有时代气息。

② 背景衬托,主体鲜明。晨风、霞光、喇叭、刺刀,动中取静,变中凝神。

③ 把内在的感情倾注于场景之中,情景交融,使剪影立体感强,神采毕现。

④ 绘场景时笔力集中,不夹议论。

四、作业

1. 领会《风景谈》结尾的佳妙,以此为榜样,查找自己习作的不足。

2. 把自己习作中议论不妥之处删除,补充描绘的语句,使所写形象的清晰度提高。

板书

动中取静,变中凝神

截取最有代表意义的生活图景。

动景中抓静,使动景"静"化,勾勒清晰的线条。

笔墨集中,情注其内,塑造鲜明的形象。

"下剪"准确,务去冗杂。

春 节 剪 影

每年都要过春节,每年都要以"春节"为题写文章;每年照例要抱怨几声,但每年倒真能写出与往年不同的事来。

明知逢年过节，闹市的各条马路都会人山人海，可我还是很有兴致地汇入人流中去。走过一条稍稍僻静的小路，见一家小小的烟杂店前挤着一大群人。小店在人行道旁高起的几级台阶上，因此这一群人也形成一个坡度，使我很清楚地看到一片密集的人头。小店出售的是节日礼花。买礼花并不少见，不过，我还从没看到过这么多人抢着买。一只只举着钱的手努力地向前伸，可是在柜台前的毕竟只有几个人。这拥挤的场面着实不亚于抢购牛仔裤，不过这中间却没有抱怨和责骂的声音，大概抢购者的心情都是一样的吧。

我想起南京东路新华书店举办"有奖销售磁带"活动，便想去那儿看看热闹，想不到买磁带的人在书店两头排起了长长的队伍。这是书店为了避免顾客拥挤采取的措施，一批一批地放进去，倒也秩序井然。我是没有耐心去排长队，而这些排队的人倒很有耐心地等待，一点都没有焦虑不满的情绪。过路人也没有对此表示出多少诧异和感叹，仿佛人们都已习惯了排长队买东西。我不禁对书店的这种做法有些赞许，要不是这样，那场面一定更为热闹，刚才抢购礼花的情景也比不上。

我随着人流往前涌，不一会儿又遇到了"障碍物"。很多人围着一家商店的橱窗看着什么，把橱窗围得一丝缝都没有。我转过来转过去，也看不见到底是什么。人群里挤出两个人，我从一瞬空隙中看见一个金属架子模样的东西。那两个人从我身边走过，一个说："东西是不错，可惜买不到。""就是，钱倒不是主要问题……"

人，人，人，到处都是人。这么多抢着买东西的人，使我想起妈妈最近常说的一句话："现在有钱的人多了。"

谢书颖

春 节 剪 影

"祝新春，贺新春，家家迎新春。新春到，新春好，人人都在欢笑……"朋友,对于这首《祝新春》,你也许很喜欢吧。这大概不仅因为这首歌的旋律明快动人,而且因为它歌词中所唱的,就像实际生活中的一样,使你倍感亲切吧。是的,正如歌词中所唱的,在这除旧迎新的日子里,到处是一片欢乐气氛。

厨 房 里

提起春节,自然少不了吃。年三十的晚上,只见家家厨房里都是灯火通明,烟雾腾腾,家庭主妇们手脚不停地忙碌着,她们大概是想在这一年有个好的开端吧。只听得烹、炒、煎、炸之声,杯盘撞击之声混在一起,奏出了一首热闹的锅碗瓢盆交响曲。随着交响曲的进行,厨房里飘出一阵阵扑鼻的菜香,这扑鼻的香味,使你的肠胃禁不住兴奋地蠕动起来,嘴里唾液的分泌也不由自主地增多,急不可待地想一饱口福。

书 店 里

今年的春节可比往年热闹多了,这主要是因为春节期间,不论大小商店一律开门,打破了以往的惯例,给了人们许多方便。

最使人意外的是书店也开门营业,而且顾客川流不息,比往常热闹几倍,这可是前所未有的新鲜事。而在这里,最热闹的可要数磁带柜台和文学书籍柜台了。

在磁带柜台那里,里三层外三层地围满了人,他们中间大部分是青年人,浑身上下充满了青春活力。柜台内放了一台录音机,里面正放着一首轻松愉快的歌曲,那跳动着的音符,鲜明的节奏,就像我们今天的生活一样富有生气,怪不得吸引来这么多人。

在文学书籍柜前,可不光只有年轻人,还有老人、孩子……他们当中,最引人注目的就是那群生机勃勃的孩子,他们手中拿着压岁钱,争着让售货员拿这拿那,别看人小,买的还尽是名著,什么《水浒传》《三国演义》《西游记》,还真不可小瞧他们。

院 子 里

天还没全黑,院子里就已成了孩子们的天地。每人手里都拿着几个花炮,争先恐后地到院子里放,刹那间,院子里成了五彩的世界,只见"魔术弹"放出光芒,花炮放出五彩,"孙悟空""猪八戒"舞起兵器,"轰炸机"在低空盘旋,"坦克车""小吉普"在地上飞驰……现在改革之风大起,不仅工业产品改革,连花炮也改革了,生产出这么多花样。它们增添了人们的生活情趣,使人们能够欢度春节。突然,随着一声尖细的鸣叫,一颗"彩明珠"拖着一道彩虹,带着人们的愿望和祝福,向天空飞去,飞去……

杨海燕

座 位

星期天,公共汽车站上等着好多人。有抱着孩子的,也有扶着老人的。

好不容易一辆公共汽车开了过来,刚靠站,一个小伙子把香烟头一扔,没等人家下来就往车上窜。上了车张嘴就骂:"他妈,连个位子也没有。"

一位老大爷颤颤巍巍地爬上车。这时,一个少先队员起身想把座位让给老人。那年轻人抢先说了声"谢谢",一屁股坐了下去。周围的人都愣了,立即纷纷指责那人:

"人家是让给那老人的,你怎么好意思坐。"

"这人真不知羞耻,一点修养也没有。"

……

那年轻人哼了一声说:"老子坐个位子,你们也要咋呼咋呼。"当他看到人们愤怒的目光时,便又油腔滑调地说:"我当这小孩让给我的呢!"

他那过分尖大的花衬衫领子衬着那副嘴脸,使人看了十分恶心。

还是一位中年妇女站了起来,把座位让给了老大爷,老人无可奈何地叹了口气。

汽车又靠站了,那家伙哼着曲子扬长而去。不过据我观察他还没有买车票。

孙　栋

彩线穿珍珠
——"歌"习作讲评

【作前指导与要求】

有同学问了我这样一个问题:课外读杂志、读作文选时,发现有些文章里所叙事情好像互不相干,但放在一起又确实组成了一篇文章,这用的是什么写作方法呢?同学们课外阅读,不仅注意在文章内容、语言表达上推敲,而且在写作方法上也开始探讨了,这是阅读逐步深入的表现。

这位同学问的问题很大,一下子难以回答。因为一篇佳作可以采用多种多样的写作方法,这里只谈一点。俗话说,彩线穿珍珠。一篇内容比较充实的文章势必要有多种多样有价值有意义的材料做质地,要把这些材料组合成有机整体,须找一根或多根彩线把它们串联起来,如果能找到那最能体现众多材料内在联系的事物做彩线,"珍珠"就会串起来,闪发光芒;如果不注意串联,"珍珠"就撒落在地,文章就散不成篇。

这次作文以"歌"为题,做一次彩线穿珍珠的训练,看谁能够把看似互不相干的材料串联成为有机整体。要求:主题积极,材料具体,衔接自然,联想丰富。

一、讲评目的

1. 激发热爱祖国、热爱生活、奋发向上的思想感情。

2. 理解选境、写境须合乎自然,形象生动,训练对材料穿针缝线的技巧。

二、讲评材料和方法

《歌》《歌声》习作四篇,录音磁带一盘。

听、说、评,开展联想与想象。

三、讲评要点

1. 交流歌名,激发感情。

青年学生爱唱歌,一唱就是一大箩。这次我们做彩线穿珍珠的训练,看来以"歌"为题是合适的。请同学们汇报一下自己习作中写到了哪些歌,要求只报歌名,口齿清楚,声音响亮。

学生汇报歌名。这次习作每个同学至少写到两三首歌,庄严如《国歌》《国际歌》,轻松如《我们的明天比蜜甜》;有历史歌曲,有抒情歌曲,有民间小调;有中国的,有外国的,丰富多彩。从所选择的歌的场景看,从字里行间表露的感情看,同学们对祖国对生活的真挚之心和热爱之情是感人的。我们选择几篇进行讲评,既从中受感染,又进一步理解写作方法。

2. 读、听对照,评析画面质量,理解结构上抛针掷线、明断暗续的特点。

(1) 阅读孙栋的《歌》和徐本亮的《歌声》,思考:

① 各写了几首歌?从歌引出的场景描绘能否启人思维,引人遐想?

② 文中描绘的画面是否互不相干?为什么?它们又是怎样连缀成文的?两篇习作在连缀上有何不同之处?

(2) 放《游击队歌》录音片段,与文中描写的对照,判断是否根据歌词写出场景,有无可修改之处。

（3）同学展开讨论，发表意见。然后归纳要点：

① 这两篇习作总的来说是：一根线索几首歌，诗情画意联想多。写出了好歌、健康的歌、庄严的歌、优美的歌，充满激励青年、鼓舞学生的力量，主题是积极的。

② 以歌声穿画面，环环相扣。《歌》只着重写了《国歌》《歌唱祖国》和《年轻的朋友来相会》，但读起来似乎满纸旋律满纸歌，画面更迭得自然，气氛热烈。文中采用明"穿"的办法，把不同的画面连缀起来，使文章浑然成一体。第一个画面描绘国旗伴随《国歌》冉冉升起的庄严场面，第二个画面描绘畅谈理想、引吭高歌的热烈场景。两个场景以《国歌》的歌词与旋律引出了"社会主义中国在前进"，引出了《歌唱祖国》的歌词；再从《歌唱祖国》的歌词引出了"我们的祖国正在不断成长"；由祖国的不断成长再引出了"我们年轻一代在成长"。这样一针一针缝缀，画面连接得十分自然，《歌声》一文每个画面之间似乎互不相干，前一段结尾与后一段开头似乎无纽带关联，看起来是抛针掷线，实际上是明断暗续。学生唱《年轻的朋友来相会》，好像与抗日年代抗击日寇侵略的场景无关，习作者用"同学们也很喜欢唱"《游击队歌》就把明断的两个画面暗续起来。至于"开大会之前"的场景似乎更连不起来，但是，切莫忘记，事物之间是有内在联系的，找到它，就能把各种材料串起来。这篇习作是用"学生爱唱歌"的彩线把一个个动人的场景串联起来的。如果明断暗不续，那就散了板，不成文章，充其量是一堆材料的拼凑。

因此，明断暗续不是断，而是让文章的思想脉络采用一种比较隐蔽或曲折的方式继续向前发展。

③ 画面要能情意横溢，引人遐想，给人以感染。写这类文章须精心从歌词精要处创造出画面，描绘出画面。《人间词话》中说："有境界则自成高格"，所谓"境"不单是指景物，"喜怒哀乐，亦人心中之一境界"。因此，写出真景物真感情，文章的画面就活，境界就能显现。《歌》

中写的早晨升国旗奏国歌的情景,景美情真,视、听、想结合起来写,展现出昂扬奋发气氛的意境。《歌声》第2段描绘的游击健儿抗日的场景尽管只是三言两语,但由于抓住了地点进行铺排——"在密密的树林里""在高高的山冈上""在日军输送军火的铁路旁",抓住了人员的变化——"三个五个""一群两群"显示游击战特点,故而和歌曲中的音乐形象基本吻合。再加上前有评价——"这首歌铿锵有力",后有老师弹奏、学生高歌的描述,有景有情,很能感人。两篇习作开展联想显现画面时,都注意发挥歌词的作用,把自己的所见所思与歌词糅合在一起,更能充分地表露激情。

3. 评析陶德敏的《歌声》与叶蕻的《歌》,进一步了解结构上明断暗续的特点。

(1) 这次习作中有少数同学写了外国名曲名歌,请两个同学把他们的习作朗读一下。

(2) 就以下问题展开讨论:

① 这两篇习作在主题、内容、结构、语言等方面有何异同?

② 和已评析的两篇相比,有无不合要求之处?

(3) 在讨论中明确:

主题都明确,一篇引用音乐家贝多芬的名言"音乐当使人类的精神爆发出火花",在副标题中点明,一篇在文末强调,"它是你生活中最好的伙伴"。就内容说,前一篇只写了《蓝色多瑙河》的演奏和对"我"产生的强烈影响,后一篇写了美国的、德国的三首歌。习作者都想从歌引出画面的描述,但议论多于描述,图景不鲜明。从结构上说,前一篇主要用了《蓝色多瑙河》演奏的材料,引述丽莲·彭斯所唱是习作者用来写自己听演奏后的幻觉,结构简单。另一篇不同,三个材料互不相干,但这些歌都是习作者爱听的,于是以"爱听"为线索,把它们串联起来。在语言方面,前一篇更注意修饰,注意词组的排列;后一篇比较平实,两篇都有不贴切的地方。《蓝色多瑙河》给予听者的感觉是多瑙河的旖旎风光,文中对此乐曲的论述如用之于贝多芬《第九交响乐》,就更合适些。该乐曲境界开阔,气势雄伟。后一篇中如"……一股无形的力量在我身上增长起来,我深刻体会到歌有着无与伦比的战斗力",也是不恰当的,又是"战斗力",又是"无与伦比",太夸张了。

这两篇习作写到外国歌曲,说明习作者爱好比较广泛。只要是良好的精神食粮,不管是中国的、外国的,都可欣赏、吸收。不足之处是激情没有前两篇饱满。没有诗情就难现画意。尽管写了"幻想,幻想","你也许会随着歌进入一个幻想的境地",但由于激情不够,描述不具体,意境就创造不出,削弱了文章的感染力。一根线索几首歌,诗情画意联想多。写《蓝色多瑙河》的这篇虽然写得还可以,但未严格按照这次习作要求进行训练,以后应注意。

四、作业

课外阅读吴伯箫的《歌声》和秦牧的《土地》,进一步体会彩线穿珍珠的结构上的特点。

板书

彩 线 穿 珍 珠

定"线"——选定最能体现众多材料中有内在联系的事物。

选"法" { 明"穿",环环相扣。
暗"续",抛针掷线。

显"珍珠"——选境,写境,情思横溢。

歌

感人的歌声能使人烙下深刻的印象,能使人陶醉,能给人以力量。

我虽不善于唱歌,但我爱听歌曲。

每天早晨,当五星红旗在雄壮有力的《国歌》声中冉冉升起的时候,我便会自然而然地被这强劲有力的旋律所感染,那庄严的场面会使我心潮激荡。天空被朝霞映得绯红,鲜艳的国旗徐徐上升;被阳光染成了金黄色的操场上,人们肃立着,仰望着五星红旗,耳畔是激昂高亢的《国歌》,那旋律,那歌词,犹如前进的战鼓叩击着人们的心房。"前进!前进!"像滚滚洪流,势不可当;"前进!前进!"像整齐的步伐,所向披靡;"前进!前进!"社会主义中国在前进。

《国歌》在上空回旋。此时此地,我的耳边又回响起"五星红旗迎风飘扬,胜利歌声多么响亮……"这首歌。虽说我不顶会唱,但是它那悠扬而又自豪的曲调,我却非常熟悉。电台《新闻联播》节目的开场曲就是这首歌。每次我总是侧耳细听,"越过黄河,跨过长江,人民共和国正在成长……"是的,我们的祖国正在不断成长。

祖国在前进,我们年轻一代在成长,祖国光辉灿烂的明天属于我们80年代的新一辈。我由衷地喜欢《年轻的朋友来相会》这首歌,平时不光爱听,而且也爱哼几句,可遗憾的是唱起来老是要走音。当然,同学们可不像我,他们几乎每个人都会唱,唱起来又是那样的娓娓动听、婉转悠扬。

那次班级主题会,大家围坐在桌子旁,围绕着"青年应该树立起远大理想""塑造心灵美""为祖国贡献力量"等中心,展开热烈的讨论。会议结束时,指挥者刚起了个音:"年轻的朋友们,今天来相会……"大家就放开嗓子,高声唱了起来。随着指挥有节奏的手势,大家的嘴唇也很有节奏地一张一合,眼睛里充满了欢乐和自豪。"再过二十年我们来相会,伟大的祖国该有多么美……"歌声跃出窗外,绕过大楼,穿过树林,弥漫了整个校园,一直唱到每一个人的心里。

那悠扬的曲调,那洪亮的歌声,那眼前的热烈场面,使我深深地陶醉了。是啊！我们的祖国正像那冉冉升起的红旗，正巨人般地向前大踏步迈进。无限美好的前景啊，令人神往。创造这美妙的未来要靠谁呢？

"要靠我，要靠你，要靠我们80年代的新一辈……"我情不自禁地和大家一起唱了起来。不知怎么的，这次好像唱得特别流利。

孙　栋

歌　声

"年轻的朋友们，今天来相会……"

当你步入杨浦校园，这轻快、优美的歌声，会使你心旷神怡。老年人听了，能勾起他对青年时代的美好回忆，为"四化"建设焕发出青春的活力；年轻人听了，能沉浸在幸福之中，激起革命的斗志。这首歌在杨浦中学已成为"流行"歌曲，几乎人人会唱。同学们在上学路上唱它，在课后十分钟时唱它，在中午休息时唱它，在回家路上也唱它。有时两三个同学一起轻声地唱，会吹口哨的为他们伴奏，在杨浦中学你到处可以听到这极不错的小组唱。

冼星海的《游击队歌》，同学们也很喜欢唱。这首歌铿锵有力，能使人联想起那战火纷飞的年代，能使人意识到今日的和平生活来之不易。在密密的树林里，在高高的山冈上，在日军输送军火的铁路旁，游击队员们三个五个，一群两群，与装备精良的日军展开激烈斗争。"夺它的粮草大家用，抢它的军火要它命。"《游击队歌》是上音乐课时教的，老师弹钢琴，头有节奏地摇动着，同学们则引吭高歌。时而声音变得低沉，时而声音又变得非常嘹亮，十分动听。

开大会之前，每个班级都唱起了歌，整个杨浦校园成了歌的海洋。同学们排着队，一个班级一个班级地进入大礼堂，纪律非常好。到了大礼堂，就开始唱歌，歌曲一般是《争当"五讲""四美"的先锋》《校风歌》。

这些歌是本校老师自己写词谱曲的,所以唱起来更带劲!主席台上,一位同学手臂不停地挥舞着,她就是指挥。她的每一个动作好像是一道不可违背的军令,同学们的眼睛都盯着她手里的指挥棒,严格地执行着"命令"。大家尽情地唱,直到大会开始,歌声方才终止。

清晨,旭日东升。校园里就飘荡起一阵阵庄严的歌声,这首歌叫《鲜艳的五星红旗》。这是杨浦中学每一个学生最爱唱的歌,因为它表达了同学们强烈的爱国之心。"国旗,骄傲的旗,我们向你敬个礼。"与其说这是歌声,不如说是同学们的心声,发自心扉的声音。

杨浦中学的学生爱唱歌,这已成了一种风气,他们爱唱健康的歌,优美的歌。

"美妙的春光属于谁?属于你,属于我,属于我们80年代的新一辈……"又一阵歌声传来,使人振奋,使人陶醉!

徐本亮

歌　　声

音乐当使人类的精神爆发出火花

贝多芬

J·施特劳斯挥动双臂指挥世界上前所未有的最大的乐队——两万人组成,由轰隆隆的大炮宣布乐曲的开始,于是两万件乐器发出巨大的声响,交织成纷繁的层次,描绘出优美的图画。音乐的美激荡着我青春的胸膛。不,何止这青春的胸膛?这音乐使受害的心灵,憔悴的青春,衰退的精力,枯竭的天才,一切的一切都复苏了,焕发了。

这就是每当我听到施特劳斯的华尔兹舞曲《蓝色多瑙河》所产生的强烈的感想,它培养了生活中新鲜的、光辉的东西,它使我对生活产生了强烈的美好的热爱和渴望。它那样有力地拨动了我生活的琴弦,使我幻想,幻想。

正像美国富有世界声誉的女高音歌唱家丽莲·彭斯所演唱的那样：

"春天来了，

大地在欢笑……"

是的，那就是这歌声所描绘的，可爱的春天来到了！"春天美女郎，花冠头上戴""小鸟在树林里高声叫，蜜蜂在花丛中嗡嗡叫""白云在头上飘扬，遍地鲜艳的花朵"，这是一个多么让人欢欣鼓舞的春天啊。

这歌是无尽的享受，永久的快乐，强烈的陶醉，我陶醉在那芬芳的春天之中，我陶醉在那跳跃的音符之中，我陶醉在那具有维也纳风格的旋律之中。

啊，陶醉，陶醉，何止是陶醉？我对它满怀深情，满怀爱。这简直是语言所难表达的。

——音乐，是人生最大的快乐；音乐，是生活中的清泉；音乐，是陶冶性情的熔炉。（冼星海）

陶德敏

歌

我喜欢唱歌，但更喜欢听歌，我有这样一种怪脾气，只要这首歌我喜欢，哪怕再忙，也要挤时间听。因为，它有时会引起你一种难以形容的、绝妙的感情。

有一首美国的现代歌曲叫《太空经济战》，据说这是作者在看了一部太空幻想片后的即兴创作。歌唱的是一个虚构的意境，即有一天，人们和太空人交上了朋友，地球人热情地欢迎太空人来我们星球上做客的情景。虽然这首歌采用的是节奏性很强的摇滚乐，初听好像乱糟糟的，但是，仔细地、静心地欣赏一下，你也许会随着歌进入一个幻想的境地，你仿佛会看见人们想象中的太空人，驾着飞船，来到地球上。这里也许有些夸张，不过，我当时确乎有这种奇异的感觉。

当然，人们是不能在幻想中过日子的，人总是生活在现实之中，并且热爱生活。德国有这样一首民歌，叫《我们热爱愉快的生活》。歌中唱道："我们热爱愉快的生活，醒来，千万个青年，我们把一切献给未来，千家万户青年团结起来……"每当我听到这首歌时，一股无形的力量在我身上生长起来，我深刻体会到歌有着无与伦比的战斗力。

比较忧伤的歌曲，我也听了不少，最令人动心的是根据捷克著名作曲家德伏扎克的交响乐曲《自新大陆》的第二乐章填词的美国民歌《念故乡》，歌中有这样一句"在他乡一孤客寂寞又凄凉"，听起来令人悲切，催人忧伤，这使我深刻地领会了中国的一句古话"树高千丈，叶落归根"。

歌是一个奇怪的东西，它有时使你进入那美妙的幻境，有时会使你心情忧伤，有时会使你充满对美好事物的向往，对生活的热爱，有时可以使你在挫折中振奋起精神，迎接新的生活。爱上歌吧，它是你生活中最好的伙伴。

叶　蕻

秤砣虽小压千斤
——"××小记"习作讲评

【作前指导与要求】

吴伯箫同志的《菜园小记》很有特色,他选择的是生活中最普通平凡的事物,一个小小的菜园,一段并不奇特的经历,但作者善于从平凡中深入开掘,寄意深远。而文字朴实无华,笔调自然纯真,更使读者喜爱。

我们在生活中每天都会碰到不少平凡的小事,我们也学着写一篇"小记",锻炼我们的眼力和笔力。写前须弄明白:"小"是指事情,还是指文章的容量?事情虽小,但文章的容量并不小,要以小见大,言近旨远。写的时候须注意:选择能滴水见世界的小事;事不落俗套,要有新意;要写出鲜明的主旨;语言朴素点。

一、讲评目的

1. 懂得秤砣虽小压千斤,要善于选择能纵横开阖的小事。
2. 要善于在叙事过程中安排曲笔,写出层次,表现主旨。
3. 培养关心周围事物、热爱生活的感情。

二、讲评材料和方法

《阅报亭小记》《集邮戳小记》《河埠头小记》三篇习作,盖有邮戳的信封几只。

品,评,交流,归纳。

三、讲评要点

1. 剖句解意,激发对生活的热爱,引起评论作文的兴趣。

(1) 请同学理解下列语句的含义:"滴水见世界""从一滴水中见到太阳的光辉""秤砣虽小压千斤""小小蜡烛发光辉",这些语句的共同特点是阐述小与大之间的辩证关系。"滴水""秤砣""蜡烛"都是微不足道的小物,然而通过它们能反映世界,能见到太阳的光辉,能压住千斤,能发光辉,那就是以小见大。如果只有"小",而见不到"大",反映不出"大",在选材上就有了失误。

(2) 生活中有不计其数的"小",而这些"小",又能反映出各种各样的"大"。关键在于我们是否关心周围的事物,是否热爱生活,是否深入生活之中。一个热爱生活的人十分注意眼观耳听,用心感受,觅取和捕捉生活中的小浪花,窥视到其中蕴含的深意,赞美生活,讴歌生活。

(3) 下面我们选几篇习作请同学们品、评、下断语,看是否符合要求。

2. 朗读《阅报亭小记》和《集邮戳小记》,品析,评论。

(1) 先朗读《阅报亭小记》,就下列问题展开评论:

① 这篇小记小不小?为什么?

② 习作者怎样写出曲折?又怎样把这些看来互不相干的材料缝合在一起的?

③ 语言上有何特点?

(2) 学生展开评论,习作者谈选择这个题材的原因。在自谈、互评的基础上,明确下列要点:

① 活水才能显现出生机。邮局门口的阅报亭虽只是方寸之地,报

纸几张,但在它面前流动着人群,涌来又离去,离去又涌来,这朵生活中的小浪花映现出五彩的世界。小小报亭牵连着祖国的建设、世界的风云,它对关心国家大事、热爱生活的人有强大的吸引力,这就是秤砣虽小,但能压千斤。

② 阅报亭是静止的物,单把这个静物勾勒一下就无多大意义;它的可贵之处在于面前流动的人群,人来人往,就使这个"物"活起来,增添了分量。习作者在读报人群中选了几个富有特征的来写——戴着深度眼镜,憨厚的脸;身穿滑雪衫的、飘着香气的她;英俊的军人;一张红扑扑脸的小孩。构成了一幅老老小小、男男女女急于读报、专心读报的动人图景,从一个小小的侧面反映人民的精神面貌,反映人民和国家命运紧密相连。

③ 习作者写的技巧大有进步。一是所写之人形象各异,特点鲜明。先从总体上写密集的看报人的背影,然后由"脚"的被踩,引出那张戴着深度眼镜的"脸",再后由听"清脆的自行车铃声",引出身穿滑雪衫的女子,接着由旁边的人"捅"了我一下,呈现出军人的英姿,随着"冲击浪"袭来的是小孩。有把卷纸在手心上轻轻敲击的,有身倚车子的,有手背在后面的,有在人群中"钻"的,神态各异。二是渲染气氛,写出阅报亭前的拥挤情景。习作者未作客观描写,而是以"我"的所见所想为附着点,无丝毫空泛的感觉。第2段仅几句话,但写得曲曲折折,毫不死板。三是把阅报亭前的各种人通过"我"的所见所闻所触连缀起来,结合成为整体。四是语言通顺,平淡之中带风趣,又注意从学过的课文中借用词语,赋予特定的含义,如"童子面"就是。

④ 也有交代不清的地方。文章开头说"天天"经过阅报亭,"天天"看见那儿围着一大群人,接着写"我被那群人吸引了,便好奇地去凑热闹"。人们不禁要问:是"天天"去凑热闹,还是某一天呢?不交代清楚怎么行呢?

(3) 朗读《集邮戳小记》,出示几个盖过邮戳的信封,展开评论。

① 出示盖过邮戳的几个信封,说明大家都看到过,是极其稀松平常的事。然而,有心人就能从中看到大千世界,获得教益。

② 请习作者朗读《集邮戳小记》,从文章的立意和叙事的层次方面展开评论。

③ 展开评论后强调:

文章贵在有新意,小记的"小"也是如此,要从"小"中看出新意,写出新意。人们通常重视集邮,但很少集邮戳,习作者舍弃别人常说常讲的,而偏偏选不被人注意的材料,从习作的指导思想上说是求新的。写这类小记人们往往是选美物、美景写,而习作者偏偏选了其貌不扬的"黑不溜秋"的油印图章来写。其实,舞台上的丑角也是渗透着艺术美的,他一举手一投足,同样能给人以美的享受。这篇习作选材别具一格,以"丑"的形貌托出美的实质,表现祖国建设事业的蒸蒸日上和盼望祖国早日统一的良好愿望。材料选得巧,能蕴含深意。

小事要能写出层次,否则就平面,难表达出一定的意义。这篇习作的开头以集邮和集邮戳比较,突出要写的"小";然后从信封正面邮戳和信封反面邮戳的发、收两个方面来生发;在写邮戳中包含的学问时,写出了好几个层次——知道了一些地名,看到了祖国邮政事业的飞速发展,了解父亲为祖国建设奔跑的行踪,把邮戳上得到的知识与课本上的知识结合起来学,纪念邮戳的赏析价值,盼收到祖国宝岛的一枚地名邮戳。正由于写出层次,内容就不显得单薄;而能不能写出层次,取决于自己是否有深切的感受。自己感受不深,要从小事中挖掘出内在意义是不可能的。

3.《河埠头小记》简评,再次强调选点、缝缀的重要。

(1) 阅读《河埠头小记》,讲述该文的特点。

(2) 说明写这类文章必须做到:

① 所记对象一定要选得"小",否则就不叫小记。有同学写《乡村小记》,去记整个乡村,范围太大,难以写好、写精。如选乡村里某几件小事、某几个小物,笔力就可集中。《河埠头小记》就选了"河埠头"这个小"点"来写,不分散,不空泛。

② 要写出层次,安排上可用多种方法。《集邮戳小记》是从"我"的认识、"我"的感受安排内容的,而《河埠头小记》是以时间为线索,用场景的转换来显示层次的。清晨河中打鱼船的欢快,中午孩子们戏水的欢乐,傍晚妇女们的欢笑,富有生活情趣,赞美了农村的欣欣向荣和生活的美好。

③ 语言要通顺、流畅,要平淡中见浓郁。

四、作业

互看习作,对生活中的"小"加深认识;对习作中平面一块的加加工,增添层次,挖掘意义。

板书

秤砣虽小压千斤

觅取生活的小浪花——"滴水"

剖视蕴含的深意——"世界"

安排清晰的层次——逐层表意

运用朴素流畅的语言——增添意味

阅 报 亭 小 记

我天天经过邮局门口的阅报亭,天天看见那儿围着一大群人。我被那群人吸引了,便好奇地过去凑热闹。

要在那儿找个好位置真不容易,只能看见密集的看报人的背影。

正巧我前面一位走开了，我才得以有"立足之地"。可惜我是近视眼，看不见那密密麻麻的小字。但又不甘心失掉占来的好位置，便站在那儿观察起来了。

这是一个非常简陋的阅报亭，用水泥柱浇成，在"玻璃窗"式的木框上，漆着绿色油漆，经过长年的风吹雨打，许多漆都脱落了，斑斑驳驳的。我正欣赏着，突然我的脚被人踩得生疼。

"哎哟！"我叫了起来，接着我看见了一张戴着深度眼镜，憨厚的脸略略向我点点头，"大概就是他踩了我，也不说声'对不起'，真没礼貌。"我恨恨地想。他倒不在乎，又专心致志地看着，还不断地有节奏地用手中的卷纸在手心上轻轻地敲击着。

突然，传来了一阵清脆的自行车铃声，接着飘来一阵香气。哦，又来了一位，只见她身穿滑雪衫，她索性把身体靠在脚踏车上，倒也占优势。

还没等我回过头来，我旁边的一位英俊的军人捅了我一下，大概是由于遮住了他的视线。我白了他一眼，大约他是军人的缘故，把手朝后一背，显出将军的气度。

这儿的"风波"刚刚平息，我又觉得有一股"冲激浪"向我袭来。不一会儿钻出个小脑袋。啊，小孩，看来也不过三四年级，仰起一张红扑扑的脸对我说："姐姐，让我看看。"还没得到我的应允，他便钻到了我的面前，尽管他这般"无理"，但我觉得他真是可爱极了。杨朔笔下的"童子面"不也是这样吗？

"都、都、都……"五点了，从邮局里传出了报鸣声。我突然想起了我作业还没做完，便把那好位置留给了那位"童子面"。我边走，边情不自禁地往后看看那些关心新闻的人。国家大事就像一块磁铁，紧紧地吸引着每个"新闻爱好者"。

孙乐群

集 邮 戳 小 记

　　课余我喜欢集邮和集邮戳。集邮好，一枚枚"纸宝"呈现出缤纷世界；集邮戳更好，只要费举手之力便及，不必像集邮那样排长队"觅宝"，也无须忙于交换、费心凑套，还有就是其乐无穷……

　　请千万别小看信封正反面那黑不溜秋的油印图章，它的学问可大了。信封正面邮戳是发信人邮寄出信的准确时间，反面是邮给收信人的准确时间，邮戳外圈是各地地名和其邮政上的代号"支"。

　　通过这些小邮戳我掌握了很多地名。小学毕业时，我有很多同学去外地念书了，有的去了四川、福建，有的甚至到了祖国的最西北——新疆。她们每来一封信，我总精心地把邮戳剪下来收藏好，从中我不仅知道了一些地名，如泉州、乐山、克拉玛依，而且还看到了祖国邮政事业的飞速发展。一些昔日"大漠黄沙鹰飞扬，风吹草低见牛羊"的地方，随着经济建设的发展，都建起了邮政局。如今，上海到新疆的邮信一般一个星期就到了，上海至四川的一般三天就到了，这些数字比起现代化的邮政速度虽然相差很远，但是能有这样的变化已经是很了不起了！

　　我爸爸在外地工作，他每到一地总发信回来，这是我集邮戳"资本"的最大来源，从大连到厦门的各个大港口，都列入了我收集的行列。尤其是青岛、烟台、连云港、秦皇岛，经爸爸在信上介绍，我就像真的见到了那些地方。每次一来信，我总把信封上的邮戳剪下来，邮票浸水后撕下来。妈妈常拿起被我撕得支离破碎的皮对我说："这孩子，尽会捣乱！"有时还摇着头，皱着眉把我比喻成破坏信封尊容的"罪魁祸首"。其实妈妈嘴里这么说，实际上可支持我啦！总是悄悄地把旧信封放到我的抽屉里，有时忙里偷闲，还帮着我剪剪呢！我也喜欢把我收集的宝贝，给妈妈观赏，开开眼界。爸爸回来，我能一口气说出爸爸几月几日到过哪里，一连背上几个地名，他总笑眯眯地鼓励我好好干。初一学中国地理时，我把从邮戳上得到的知识与课本上的知识结合起来思考，效果果然不错。

有时我也收集一些纪念邮戳，分成几个大类，比如文艺体育类、政治经济类等。有些有历史意义的，我更视为掌上明珠，夹在最好的本子里，闲暇时拿出来看看，颇有意思。

在集邮戳方面，我有一个最大的愿望，就是希望祖国早日统一，早日能收到祖国宝岛的一枚地名邮戳，我想这不会是空想，不会是奢望。我等待着、等待着……

姚　蓉

河埠头小记

一场大雨过后，街上水流成"河"。许多系着红领巾的孩子们放学后，就站在石阶上玩水，有的还折小船开来开去。看到这些，我想起了河埠头。

这是一条通海的小河，它的河埠头只不过是一段临河的石阶。虽然这是一个极普通的河埠头，但是使人难忘，去年我在那儿玩耍了一个暑假。

清晨，雾刚刚散尽，我就带着表弟表妹到河埠头玩。虽然正值盛夏，但清晨很凉快，常可见一艘艘打鱼的小船嘎吱嘎吱地向海边摇去，船上的人通常脸上挂着笑，和别的小船上的人开玩笑。船队过后，四周又陷入一片短时间的沉寂，而后，农民们就都到地里来耕作。正值收获季节，微风吹过，河对岸的沉甸甸的麦穗弯下了腰，好像在向我们鞠躬。散在零星土地上的各种不知名的野花也开了，散发出一股淡淡的幽香。再加上"过滤"过的空气，一切使人舒畅。

中午，在炎炎烈日下，知了拼命地喊叫，"热啊！热啊！"是啊，天真热，表弟们提出到河里浸一浸。于是大家脱了衣服，拿了救生圈，跑到河埠头。这里成了孩子们的天下。你看,有的打开了水仗,有的胆小,不肯下水。突然,有个"英雄"从水里爬上岸来,给他们作了示范表演,哪个再不肯下去,就嘻嘻哈哈地往下拽,只听"扑通,扑通",像下饺子一样,霎时间,清清的河水荡起了一圈圈的涟漪。

夕阳西下了,太阳的余晖洒在水面上,反射出点点金光,也给万物涂上了一层红色。这时,河埠头又成了妇女们的天地。她们一边洗着衣服,一边轻轻地说着话,不时发出咯咯的笑声。孩子们这时在稍远一点的地方钓鱼、钓虾。我也时常参加这行列。不过只是心太急,好几次到了嘴边的鱼又脱钩了。虾网提得太用力,竟把茶杯底那样粗细的一根竹竿弄断了。为此,表弟不断"教育"我。

河埠头,你是这样使人流连忘返;河埠头,你是一个窗口,使我看到了农村的欣欣向荣;河埠头,你是孩子们的乐园,给予孩子们快乐;河埠头,你是多么令人难忘。

冯 宇

析薪·破理
——"××小议"习作讲评

【作前指导与要求】

生活中碰到一些事情我们常常会情不自禁地发表议论,有的同学还能侃侃而谈,口若悬河。从这一点来说,每个中学生都有这方面的能力,议论不难。但是,必须看到,我们在发议论时三言两语还可以,要把事情分析得透彻,把道理说得清楚、无懈可击,那就很不容易了。而要把所议论的问题写成论点鲜明、论据充分、说理透彻的议论文,难度就更大了。究竟怎样才能具备这方面的本领呢?最近我们学了《什么是知识》等好几篇议论文,从立论、析理、语言等方面受到教益。但光靠阅读是不够的,必须自己动笔写,通过自己的习作实践,获得这方面的真知。

这次作文写议论文,要求对某个问题发表自己的看法。由于我们认识水平和知识水平有限,不可能纵横跌宕,长篇大论,故而是"小议"。"议"虽"小",但观点要明确,要在"析"上下功夫,能说出一点令人信服的道理。

一、讲评目的

1. 认识"析理"是议论文习作中的薄弱环节,既要在"析"的方法上着力,更要在提高认识能力、分析能力上下功夫。

2. 懂得发议论忌老生常谈,要有点新意。

二、讲评材料和方法

《有志者事竟成》《压力小议》《人都自私吗》《要有自己的见解》习作四篇。

比较,对照,重点剖析。

三、讲评要点

1. 听写几句有关写作的名言,明确评论的指导思想。

刘勰在《文心雕龙·论说》中说:"义贵圆通,辞忌枝碎。""论如析薪,贵能破理。"

刘熙载在《艺概·文概》中说:"明理之文,大要有二,曰:阐前人所已发,扩前人所未发。"

这几句话的意思是:议论事物时可贵的在于把事理说得通达透彻,在文字上忌分散、琐碎。写议论文犹如劈柴,要善于剖析理路,说通事理。阐发道理的文章有两点很重要,一是对前人已说的道理要有新的阐发,二是前人所未阐发的,自己要能有所开拓,辟出新径。总之,要有独到的见解,要写出点新意。

以"会析理"和"有新意"为评论的指导思想,评析印发的几篇习作,判断高低优劣。

2. 比较《人都自私吗》《有志者事竟成》《压力小议》,明确如何在议论事物时"析薪""破理"。

(1) 阅读三篇习作,要求:

① 拎出各篇习作的主要观点,分析它们在亮观点时所采用的方法。

② 各篇习作是怎样进行说理的?哪些是可取之处?哪些是不足

之处？为什么？

③ 你能从学过的课文中举一段说理清晰的文字来和习作中某一篇进行对照吗？对照以后获得怎样的结论？

（2）学生展开讨论，明确：

① 文章总是表达人的思想观点的，议论文的思想观点在文中起帅旗的作用，有着举足轻重的地位。因此，写议论文必须把观点的确立、文章的主旨和中心放在首要的位置来考虑。《有志者事竟成》这篇文章的标题就是总贯全文的观点，十分鲜明。《压力小议》的观点是：对于人们来说，压力是必要的，只要善于把压力变为动力，持续努力，目标就能实现。《人都自私吗》一文认为人是有自私心的，但只要摆脱了金钱，摆脱了名利，就会变成高尚的人。后两篇的观点也清楚，但是否确切、周到，研究说理问题时进一步分析。

这类文章观点怎样亮出来，论点怎样摆出来，要讲究方法、讲究艺术。最常见的是开门见山，一开头就直截了当地摆出论点，不含糊其词，不模棱两可。同学们习作中大部分都是这样安排的。但也可以安排在文章中间或在结论处。《压力小议》从阐释"压力"概念入笔，然后提出自己的观点；《人都自私吗》是在引述事实的基础上提出自己的观点；而《有志者事竟成》是在论述的基础上用结论的方式提出论点。不管怎样亮观点，都应该把论点放在醒目的地方，不能戴帽子、兜圈子，不能隐晦不明。

② "析"是议论文中的主体工程，"析"得不深不细，观点再正确再新颖，也站立不起来。《有志者事竟成》采用横式结构组材的方法阐述观点，文中先后引用了马克思、王安石、荀子、老子等人的名言，摆了欧立希发明药物"606"和居里夫人发现镭的事实论述了有志者事竟成的观点，思路是清楚的。不足的是引述较多，独立分析不够，给人的感觉是说理不充分。而在分析时又停留在一个平面上，没能析出层次，分出

层次。这一点几乎是这次习作中的通病。《压力小议》内容尽管简单，但还能析出层次，先从正面说，再从反面说，这样所得结论就比较可信。

（3）重点讨论《人都自私吗》，明确应怎样在分析说理方面有所突破。

说理文必须分出层次，写出层次。"析"，就是分。要能把道理说清楚，说透彻，须学会一层一层剖析，好像剥笋、抽丝一样，由外到内，由表及里，一层一层剥，一层一层抽，越向纵深开掘，越能接触到事物的本质，越能揭示其中的规律。分析道理不能停留在一个平面上，无深无浅，表里不分，就会混淆一片，说不清，讲不透。

《人都自私吗》在说理时写出了层次。第一，下笔拎出议题，引述争论的不同观点；第二，阐释"自私"概念，亮出自己的观点；第三，剖析剥削阶级处世哲学，斥责追名逐利的危害；第四，剖析稍有自私心并能注意克服的人的表现；第五，赞扬公而忘私的美德；第六，进一步剖析公而忘私的人不仅不为利，同样也不为名；第七，结论与希望。显然，写议论文有个展开的过程、论证的过程，既要能撒开去，又要能收得拢。撒开去，就要从纵横两个方面考虑。"横"就是铺开去。习作中从"人不为己，天诛地灭"者讲到有自私心、但在关键时刻也能做出一定让步的人，再剖析公而忘私的人的表现，这是在"横"的方面铺开；在"纵"的方面，习作中也有体现——用设问的方法提出"他们为民族利益就义不是为了名吗"的问题，使说理向纵深发展。当然，不管是向"横"铺，还是向"纵"剖，都要"聚焦"，集中在论点的阐述上，如果只放开而不收拢，文章就漫无边际，无说服力。

（4）讨论析薪、破理的关键所在。

古人说："论发胸臆，文成手中。"手中要写出好的议论文，胸中必有见地。理要说得圆通周到，不只是方法问题、表达问题，关键在于认识事物的洞察力。能不能对所论述的对象，既看到它的现象，又看到它的本质；

既看到它的今天,又看到它的昨天和明天;既看到它自身内部的各种关系,又看到与它相关的事物之间的各种关系,靠的是平时眼力、思考力的锻炼。《人都自私吗》是极用力写的,但只要稍加推敲,就可发现不周到之处很多。如思想意识的"自私"和以劳动换取生活必需品应加以区别;又如"金钱""名利"意思上有部分重合,并用时含混,不清楚;往纵深发展就更欠缺了。为此,平时加强学习,锻炼认识问题的能力很重要。

3. 朗读《要有自己的见解》,交流体会。

文中谈到"一个人不能人云亦云,而要有自己独到的见解",这是很正确的。写议论文,就某个问题发表自己的看法,一定要说得新鲜活泼,富有特色。陈旧的观点难以引起别人的兴趣,文章难有活力。要在正确思想指导下,想别人之未想,写别人之未写,或者翻新别人之已想,转化别人之已写,敢于创新,富有新意。这次习作中有部分同学写的文章无新意,这又是明显的弱点,以后要注意改变这种状况。

四、作业

复习《太阳的光辉》,进一步梳理说理的层次,与自己的习作对照,寻找差距。

板书

析薪・破理

展开 { 横铺——一个方面、一个方面并列地说开去。
纵挖——一层一层解剖,一层一层深下去。 } 讲透彻
收拢——聚焦,围绕和突出中心论点。 } 有新意

有志者事竟成

人们在想有所作为的时候,往往会遇到巨大的困难,感到束手无

策。这时我们必须牢记马克思的话,坚持,坚持,再坚持!

马克思在《资本论》中有一条至理名言:"在科学上没有平坦的大道,只有不畏劳苦沿着陡峭山路攀登的人才有希望达到光辉的顶点。"

宋朝王安石写了一篇《游褒禅山记》,讲到山上一个洞,很深,又黑又冷,"入之愈深,其进愈难,而其见愈奇"。他们终怕有进无出而不敢游到底。王安石很后悔,说:"世之奇伟瑰怪非常之观,常在于险远,而人之所罕至焉,故非有志者不能至也。"进而不难则常见,常见则无奇,因此,要奇,就必须克服巨大的困难。

"锲而舍之,朽木不折;锲而不舍,金石可镂。"不打持久战,绝不可能获得重大的成就。大发现大发明,都是长期艰苦劳动的产物,是汗水的结晶。《老子》说:"合抱之木,生于毫末。九层之台,起于累土。千里之行,始于足下。"这些譬喻,都生动地说明了持久战的重要意义。

欧立希发明药物"606"的故事也很感人。欧立希失败了605次,才最后获得成功。606次,这意味着什么呢?这意味着要把一生的很多时间,消磨在失败的苦恼中;这意味着要把自己宝贵的生命,化作孤注一掷的勇气;这意味着要有顽强的意志和在不断失败中看到最后胜利的信心。

镭的发现,也是一个富有教育意义的故事。1903年,鲁迅高度评价镭的发现,说自X线之研究,而得铂线(镭),乃古篱夫人之伟功(古篱夫人即居里夫人)。为了研究放射性元素,居里及其夫人数年如一日,百折不挠,坚持不懈地进行着繁重的工作,他们一千克一千克地炼制铀沥青矿的残渣,从数吨铀矿残余物中提炼出只有0.1克的纯镭的氯化物。他们的工作条件非常艰苦,奥斯特瓦尔德参观了他们的实验室后说:"看那景象,竟是一所既类似马厩,又宛若马铃薯窖的屋子,十分简陋。"他们在困难条件下艰苦奋斗百折不挠,终于成绩卓著,为人类做出贡献。这不能不令人肃然起敬。

"攀登有心唯久锲,攻关无前在熟谋。"有志者事竟成,千真万确!

陈 安

压 力 小 议

压力是一种精神上的负担,它对人们所起的作用具有两重性。

我以为有一些压力是必要的,有好处的。拿我来说吧:一篇作文第二天一定要交,那么这天晚上就是苦思苦想也要把它完成。这也可说是压力的刺激作用。再比如说,要进行考试,同学们上复习课就一定会比平时专心、认真。考试这个压力就促进了学习。

如果我们把祖国、党、人民对我们下一代的压力变为勤奋学习、刻苦锻炼的动力,我们就一定能够成为革命事业的接班人,四个现代化的建设者。

压力也有使人悲观的一面,有的人顶不住压力,不希望有压力,喜欢轻松。压力过重会使人抬不起头,不是有的青年没有考取大学,在社会的、家庭的压力下走上绝路吗?悲剧的造成有客观的原因,也有主观的原因,如果他们在这些压力面前,争一口气,努力自学,不也能成才吗?虽然做起来要困难些,但坚持下去就会成功的。

我不赞成人们一直太轻松,得有些压力。电影《创业》中的主人公周挺山曾说过:一个国家要有骨气,一个人要有志气,没有压力轻飘飘,有压力才能脚踏实地干社会主义。原话是否是这样我记不太清,不过就是这个意思。

我们的学习、事业要有压力才会有成就。我们社会主义国家的生产也需要有竞争。一个厂如果产品质量差,品种少,市场上不欢迎,那么这个厂就会在压力下努力提高质量,打开市场。如果大家都吃大锅饭,社会主义生产就得不到发展。

我认为压力是必要的,只要把压力变为动力,经过不懈的努力,我们的目标一定能达到,社会主义事业一定会兴旺发达。

陈 雷

人都自私吗

"人都自私吗?"

在谈论这个问题时,有的青年人摆出一副饱经世故的样子说:"人嘛,谁不自私? 一切都为自己打算!"有的青年人一本正经地说:"革命者也都自私吗? 他们可是最大公无私的!"

人是不是都自私呢? 我想就这个问题谈一下自己的看法。所谓自私,指的是所作所为所操心的都是为了自己,为了与自己有关的事或人。

自私是人类的一种思想缺陷,应该说,人都是有自私心的,但自私心有大有小,有重有轻,自私心可以克服。

"人不为己,天诛地灭""有钱能使鬼推磨",这是资产阶级的处世哲学。信奉这个哲学的人把金钱看作万能,一切为了金钱,为了金钱可以不顾他人的利益,为了金钱可以做出种种丧尽天良的坏事。这些人追求名利,为了"流芳百世",为了"长久"利益,其中有些比较"明智"的人会宁吃眼前小亏而图将来大利。用他们的话说就是"一本万利""吃小亏,占大便宜",或者叫"放长线,钓大鱼"。

可以这样说:金钱是滋生自私的肥沃土壤。为了金钱,他们什么事都会干,甚至会杀害自己的亲人。如日本影片《人证》和《沙器》中的主人公——八杉恭子和何贺英良为了保住自己的名利、地位,竟不择手段地杀害了自己的亲人。这种人可以说是在名利思想支配下,自私自利到了极点。

有的人也有自私心,也为自己打算,但当别人或集体的利益与自己个人的利益发生冲突时,他们会做出一定的让步,把自己的打算放在一旁。

但也有摆脱了金钱、名利的束缚而成为高尚的人的。他们完全把自己和集体融在一起。为了人民的利益，可以献出自己的一切乃至最宝贵的生命。这些人真可谓是"公而忘私"的了。如美国独立战争中的独立英雄——内森·黑尔。他就是一个抛弃了名利诱惑而以民族利益为重的坚强战士。当他被英军抓住时，英军用工资、军衔来诱他投降，内森毅然拒绝，为了祖国的独立而英勇就义。再看革命导师恩格斯，他为了支持战友马克思写出巨著《资本论》而时时慷慨解囊，以实际行动谱写了一曲患难相助的动人之歌。在我国革命战争期间，有无数革命战士出生于富裕的家庭，过着舒适的生活，或有着显赫的地位，但他们为了人类的解放，决然抛开个人的幸福而投入了革命洪流之中。

说到这里，也许有人会提出："这些英雄人物也是自私的，他们为民族利益就义不是为了名吗！"

那让我们看一下在二万五千里长征中发生的许多动人事例吧。在茫茫的沼泽地中，一位红军战士深深地陷入了淤泥之中，人越陷越深，但这位战士没有挣扎，他只是用双手高托着枪，喊着："不要管我，枪，枪！"人越陷越深，淤泥没过脖颈，没过脸部……一支枪在晃动，一颗红心在闪耀。他们的灵魂是多么高尚，在临死前他们没有留下姓名，他们留下的只是一颗对革命事业火热的红心。

再看《红岩》中的英雄——"监狱之花"的母亲。在生死攸关的时刻，她把个人之名置之一旁，而对党对集体的"名"却牢记胸中。当敌人问她叫什么名字时，她气宇轩昂地说："我是一个共产党员！"

无论何时何地，都以人民利益为重，这就是一个摆脱了名利的人的根本态度。这是那些"利欲熏心"者所无法理解的。

总之，人是有自私心的，但只要摆脱了金钱，摆脱了名利，就会变成一个高尚的人。

愿我们青年都成为这样的人。

李向群

要有自己的见解

一个人按照旁人铺好的路前进,不是难事,但自己用双脚踏出一条路来却并不易,即使这条路是通向失败的。

脑袋的功用是思考,这是众所周知的。然而,并不是每个人都会使用自己的脑子。有的人的脑子犹如一块平面镜,只是把别人的思想完整无缺地重现;有的人的脑子宛如一个杂货仓库,不管什么都照单全收;有的人的脑袋充分利用了它的功能,积极发挥它的作用,用来分析、判断、创造。

要创造,首先要思索。思索得愈多,就愈能产生新的东西。思索得愈多,就愈能排除不对的东西。不思索,哥白尼就不能创立地动学说;不思索,爱因斯坦就不能创立相对论;不思索,法拉第就不能发现电磁感应现象。社会的发展需要物质生产,生产,从某种意义上来说,也是一种创造,要创造当然就离不开思维。由此可见,思索是多么重要。

世上存在的万物各具其态,人的思想也各不相同。一个人不能人云亦云,而要有自己独到的见解,独到的见解往往是创造的前奏曲。当一个新的思想像流星在你脑海里闪过时,也是创造的婴儿呱呱坠地的时候。记得有一位诗人说过:用眼睛去看——这是观察生活,有的人看到的是云雾遮绕,有的人看到的是云雾后面的真面目,用心灵去想——这是思索生活,此时此刻,需要的是冷静的审视,是解剖,连同审视和解剖自己在内。

读书是如此,做一切工作也是如此。

人云亦云最容易,也最没有出息。走自己的路,才有创造的天地。

许国萍

针锋相对,以理服人
——"驳……"习作讲评

【作前指导与要求】

学习《"友邦惊诧"论》时,我们被文中针对谬论层层驳斥,论战性和艺术性的和谐统一所折服,赞叹不已。鲁迅先生洞悉事物实质和驾驭语言的能力极其高超,是我们学习的典范。

在现实生活中,我们也常常要用批驳的方法来澄清事实,明辨是非,驳倒对方。即使在课堂内,大家也常因对某个问题持不同意见而争论起来,阐述自己的主张,批驳对方的观点,甚至争得面红耳赤,相持不下。可见,反驳是常用的方法,我们也须进行训练。驳什么呢?同学们自己确定,只要是错误的观点、错误的论调都可作为驳斥的对象。驳斥时要有理有据,以理服人,不能扣帽子,不能谩骂。

一、讲评目的

1. 理解驳斥谬论须抓住要害针锋相对,忌说理时漏洞百出。
2. 列举驳斥的错误论调,阐述正确的观点,培养明辨是非的能力。

二、讲评材料和方法

《驳"艰苦朴素过时论"》《驳"高分者=优等生"》习作两篇,《发牢骚不能振兴中华》(载《千字议论文选》)。

分析，对照，交流；口头训练。

三、讲评要点

1. 复习知识短文《立论和驳论》，进一步理解写驳论文章的要求与方法。

驳论是就一定的事件和问题发表议论，批驳错误的、反动的见解或主张。批驳错误的论点可直接批驳对方的论点，通过批驳对方的论据来驳倒对方的论点，通过批驳对方的论证来驳倒对方的论点。

2. 以驳论文章的要求衡量《驳"艰苦朴素过时论"》《驳"高分者＝优等生"》两篇习作，就如何悬靶子、抓要害、逐层驳斥、使用语言等问题展开讨论。

（1）阅读上述两篇习作，并就上述问题展开评论。

（2）习作者自己谈悬靶子、抓要害和针对谬论进行驳斥的设想和做法。

（3）在讨论的基础上归纳要点：

① 写驳论的文章悬靶子非常重要，要批驳什么错误的论调，一定要清清楚楚地把它悬挂出来，不能含混不清。《驳"艰苦朴素过时论"》一下笔就把靶子悬出来，开门见山。《驳"高分者＝优等生"》也是采用这种方法。

有的同学习作未注意到这一点，比如《告"红眼病"患者》，想批评妒忌心理、忌才现象，但究竟驳斥什么，含混不清。

驳斥错误论调应该善于观察生活、观察社会，善于抓活情况活思想。印发的两篇习作所驳斥的错误看法、错误论调有一定的代表性，进行剖析，能帮助大家明辨是非。

② 驳斥敌论行之有效的方法之一是以子之矛，攻子之盾，就是捕捉敌论的谬误、漏洞、矛盾，让论敌自己打自己的耳光，用它自己的矛，去攻它自己的盾，使论敌陷入困境。这种驳斥方法我们学《"友邦惊诧"

论》时有所领悟。然而在这次习作中同学们很少用到这种方法,原因主要在于驳斥的谬论仅一两句话,比较简单。

鉴于这种情况,驳敌论时抓准要害尤为重要。打蛇要打在七寸上,驳错误论调要驳在要害处;浮皮擦痒,兜圈子,不解决问题。"艰苦朴素过时论"的要害在于否定艰苦朴素的美德,在于否定艰苦朴素优良传统在社会主义建设中的重要作用,在于假公济私。习作者抓住了这个要害,驳斥就比较有力。"高分者=优等生"的看法的错误在于以偏概全,把高分者和优等生的具体要求加以区别,问题就拎得清楚了。

怎样才能抓住问题的要害呢?靠思考问题、分析问题的能力。首先,要逐字逐句把谬论的含义弄清楚;如果自己把握不准,以讹驳谬,就会闹出笑话。其次,要透过词句现象看到问题的实质。一般说来,错误的论调常常以似是而非的面目出现,在一定程度上是有迷惑性的,如果不透过现象揭示实质,是非就区别不清,抓不到要害,驳起来就软弱无力。如"高分者=优等生"乍看似乎不错,"高分"当然好,是"优等","优等生"当然应该"高分",如果不认识二者各自的实质,谈起来就会糊成一团。

③ 批驳某一种错误观点,目的在于明辨是非,让别人乐于接受正确的看法与主张,因此,必须对错误观点作中肯的具体的分析,而不是简单地"一棍子打死"。

《驳"艰苦朴素过时论"》悬出批驳的靶子后,先用设问的方法表明自己的态度,"艰苦朴素的作风真的过时了吗?我看不见得"。接着就阐述艰苦朴素是我国劳动人民的美德,以及它在革命战争年代和建设年代发挥的重大作用。然后又拎出敌论的根据进行剖析,以中国的经济情况和发达的资本主义经济情况相比,否定"现在是高消费时代"的论据;再进一步剖析即使是高消费的发达国家,也是比较节约的,并以能源为例,剖析敌论的论据是不符合实际,是站不住脚的。在驳倒论据的基础上摆出吃喝风、游山玩水风、乱发东西风的现象,揭露"艰苦朴素过时"论调的实质在于损公肥私,在于假借改革之名谋取私利。最后,呼吁正视现实,丢掉幻想,恢复艰苦朴素的优良传统。这样摆事实、驳论据、揭实质,逐层深入地具体剖析,内容具体实在,就能以理服人。《驳"高分者＝优等生"》说理的思路更为清楚,习作者在说理过程中有一根明显的线索,即:对"高分者"与"优等生"之间的恒等关系,由相信到怀疑到否定。"相信"一语带过,重点阐述为何"怀疑",二者之间不恒等是结论。从"怀疑"开始展开驳斥,先摆事实,阐明高分者不一定学习拔尖,不一定有特长,不一定有工作才能,不是高分者反倒显示才能,二者对比,"高分者＝优等生"的看法站不住脚。第二层从"德"的方面剖析,以有的高分者无"德",思想上放松改造为例,进一步证明"高分者＝优等生"的错误。第三层从道理上阐述高分者和优等生的根本区别,驳斥二者之间恒等的错误。这样先从才、德两个不同角度摆事实进行具体分析,再就二者不同的实质从道理上解剖,既针锋相对,又以理服人。

驳斥谬论时不管是摆事实还是讲道理,都要针对靶子,不能偏靶,不能走线。有的习作在批驳时由论点驳到论据,由论据再引申,未紧扣敌论,散散漫漫,不成整体。这必须注意克服。

④ 驳论的文章语言不能有失误,自己说得疙疙瘩瘩,用词欠确切,分寸不讲究,怎能以理服人呢？一般说来,对敌人的反动谬论进行驳斥时,笔锋要犀利,驳斥得体无完肤,致敌于死命;而对人民内部这样那样的错误认识和言论,要情真意切,说得在理,讲得中肯,采取与人为善的态度。当然,对错误的同样不能留情,分析得入木三分,能使人振聋发聩,收到良好的效果。两篇习作语言都通顺,前一篇感情更充沛一点。"议论须带情韵以行",习作者对不正之风的揭露是满怀愤怒之情的,读来更使人感到此风非煞不可,艰苦朴素精神必须发扬。

3. 朗读《发牢骚不能振兴中华》,加深对抓住要害逐层驳斥的理解。

（1）仔细听，弄明白：抓住什么社会现象进行剖析、批判，要害是什么，怎样据理分析的。

（2）请两三位同学谈听后体会，认识发牢骚的消极作用，理解说理须具体周到，否则难以服人。

四、作业

当堂开展口头训练。列举习作中摆出的错误论调，请同学分析它们的要害之处，并针锋相对地阐述正确的主张。错误的论调是：

1. "自信就是骄傲。"
2. "为同学服务？说得好听，还不是为了出风头？"
3. "不冲在前，也不落在后，夹在中间最上算。"
4. "上音乐课、美术课是浪费时间，将来我又不当音乐家、美术家。"
5. "少买张车票，小事一桩，有什么值得大惊小怪的？"
6. "读书是我自己的事，我个人负责，用不着你老师操心！"

板书

针锋相对，以理服人

靶子选准，悬在醒目处。

抓要害——透过现象看本质。

作中肯的具体的分析 ｛ 剖析事实，阐述道理。
由驳论点到驳论据，再驳论证中的漏洞。
由表及里，由此及彼，逐层批驳。

语言准确，掌握分寸，不能有失误。

驳"艰苦朴素过时论"

目前,社会上流行着"艰苦朴素过时了"的说法。艰苦朴素的作风真的过时了吗?我看不见得。

早在古代,我国劳动人民就有勤俭的美德。男耕女织,自给自足,过着十分朴素的生活。也曾流传下了像"谁知盘中餐,粒粒皆辛苦"这类的诗句。艰苦朴素一直是我国人民的传统美德,到了近代,中国共产党和她所领导的军队,保持了这一美德。在抗日战争、解放战争中,就是靠艰苦朴素的美德及其他优良传统度过了一个个难关,最后取得了全国的解放。中华人民共和国成立后,艰苦朴素的美德仍然继承了下来。三年自然灾害,没有艰苦朴素的传统美德,熬得过来吗?现在,我国经济刚有了一点起色,竟然有些人提出什么艰苦朴素的时代已经过去了。

他们的理由好像很充分:现在是高消费的时代,艰苦朴素跟不上时代的节拍了。事实是怎样的呢?的确,很多资本主义国家已经进入了高消费的时代。但是,中国还是一个落后的发展中国家。我们应当清醒地看到,我们与一些发达的资本主义国家的经济情况相比,还有很大的差距,不可能一口吃成一个胖子。即使在资本主义国家,也是比较注意节约的。有的人说:"外国人汽车、电视机旧了,就一扔。"其实,他们不是不想修,而是修不起。因为修理费几乎和买一部新的差不多。那又何必呢?好省的还是应该省。最近几年,西方国家发生了能源危机,大大小小的资本家都想尽了办法节约能源。而在我国的某些工厂,浪费现象的严重程度令人发指。当然,这与管理的措施有关,但根源在思想上不重视。有人说:"中国地大物博,不用愁什么能源危机。"可是,你忘了中国不但地大物博,而且人口众多,多到占世界人口的四分之一。如果把这些能源和人口比较一下,那中国只能是能源小国。虽然我国搞了节能月等,可是一过了节能月,照样浪费。相比之下,我国对能源的利用,与一些发达国家相比,是很浪费的。

前一阵兴起了吃喝风,今天你请我吃,明天我请你吃;三日一小宴,五日一大宴,好像突然间都变富了,其实他们是用国家的公款在吃在喝。他们巧立名目,名曰"谈生意""招待客人""接风""洗尘",可谓花样百出。不但吃喝,还游山玩水。游山玩水人也有种种名堂,什么"开会""出差""疗养"。经过三令五申,总算有所收敛。可是不久又兴起了一阵风。那就是乱发东西,什么电视机、录音机、电冰箱、西装,甚至鸡、鸭、鱼、肉;有的嫌发东西麻烦,索性发钱,十元、一百元、二百元……似乎突然间中国富裕起来了。他们振振有词:现在经济情况好了,应该让大家享受一下;现在搞改革了,多劳多得嘛。事实是这样吗?并非如此,这只是某些单位某些团体为了所谓的"集体利益",千方百计地从国家的大口袋里挖钱。我想问一问:"艰苦朴素的精神哪里去了?!"当年,南泥湾的精神、战胜自然灾害时的精神都被遗忘了吗?

我想,如果再这样大手大脚下去,不但几年来的成果将会化为乌有,而且"四化"的大业也将不能完成。对那些胡说什么艰苦朴素的时代过去了的人应当迎头一棒,该清醒了,应该回到现实中来,少一些虚幻的想象。回来吧,艰苦朴素的美德——中华民族的优秀传统!

张　涛

驳"高分者=优等生"

在不少的老师和同学的心目中,常有这样一个等式——"高分者=优等生",这种看法在前几年颇为盛行。的确有的学生就因学习成绩优异,而连续被评为"三好学生""优秀少先队员"。然而不少事例触动了我,我开始怀疑高分者、优等生是否恒等了。

记得刚进中学时,老师就凭着一次升学考试的成绩和短小的一段品德评语,任命临时班干部。看起来似乎完全合乎情理,然而时间一长,"马脚"就往外露了,曾以三门功课总分为 280 分的高分考进中学的,如今成了七八十分"朋友"。也有一些高分者虽然成绩仍保持不错,但除了学习,好像没有其他特长,在实验课中一些简单的实验竟然也做得手忙脚乱。也有一些担任临时班干部的高分者,在实际工作中无主见,在集体场合缩手缩脚,毫无班干部应有的才能。这些都是高分者,然而都不是优等生,虽然这不是全部,但也能反映问题。反而一些成绩不很突出的同学,逐渐显示出他们的工作才能,可见"高分者≠优等生"。

在初三的法律常识课上,老师经常举一些案例来让我们分析。其中不乏高分者犯罪的案件,因为他们在思想上放松世界观的改造,走上了犯罪道路……一个优等生应该在学习上成为优良者,思想上成为一个有志者,在工作上应是一个能手。

如今,教育要培养新一代成为创造型、开拓型人才。他们不但要有扎实的理论基础知识,牢固的根底,而且要有敏锐的洞察能力,综合分析问题的能力,创造性解决问题的能力。试想一个只会死记硬背书本知识,机械地重复运算习题的高分者怎能算是优等生,成为有用之材呢?

记得俄国作家契诃夫笔下有一个赫赫有名的"套中人"——别里科夫。他因循守旧,头脑僵化,终于死于自己制作的"套子"里。如今有些高分者居然也成了"套中人",毫不怀疑地将书本套在身上,成为书本知识上的小"别里科夫"。他们不是创造性地发现书中问题,更不能用理论回答实际生活中的问题,他们只是一味地承受老师的讲解,不敢越教科书一步。这样的人怎能被誉为优等生呢?要知道当今的优等生应该是创造型的、开拓型的。他们有自己的思想,有独到的见解,有勇于实践的精神。

时代不需要只会死记硬背的高分者,需要的是全面发展的人才。高分者与优等生是不恒等的。

周 涛

文章不厌百回改
——"313教室"等习作自改互改交流评析

【作前指导与要求】

有同学在作文中曾提到黄鲁直在相国寺得宋子京撰写的《唐史稿》一事,这件事对我们也是很有启发的。黄鲁直把《唐史稿》拿回去仔细推敲,发现宋子京"窜易句子与初造意不同",而理解了宋的写作意图和运用文字的妙处,从此自己的文章日有长进。这就说明好文章不仅是写出来的,也是改出来的,任何作品只有反复修改才能臻于完善。

这次作文写的是"313教室",要求从《二六七号牢房》一文获得写作上的借鉴,以室写人,有明确的主题,记叙中夹以抒情议论。有部分同学写得不理想,我想请他们自行修改,重写一篇。另一部分同学评改同桌的作文。要求:改通词句,理清结构,下评语,可加眉批。

一、讲评目的

1. 认识写文章和修改文章都是训练思想使之明确化、条理化的方法,培养认真写作、认真修改的学习态度。

2. 培养运用语文及其他知识判断正误、修改不妥之处的能力。

二、讲评材料和方法

《313教室》《竞选》习作两篇。

交流自改体会,集体评改。

三、讲评要点

1. 列举典型事例,说明文章修改的必要性。

《谁是最可爱的人》作者魏巍为了写好《自豪吧!祖国》的通讯,把文中二十多个歌颂志愿军战士的生动例子削减为三个,把记账式的、不能充分表达主题的材料舍弃,最后重新改写成《谁是最可爱的人》,成为鼓舞人民教育人民的洋溢着爱国主义和国际主义的名篇。这种修改是材料上的大修改,用最能说明本质东西的典型例子来表现主题,使主题思想鲜明突出。

《第二次考试》的作者何为在《散文与我》的文章中道:"文章有时候确实是改出来的。"《第二次考试》原是三千字的散文,由于发表时受篇幅上的限制,《人民日报》文艺部要求将该文缩到两千字以内,这样,作者就须重新构思,用最经济的手法勾勒出两次考试的场面,设置了一系列的悬念,引人入胜。

由上可知,我们阅读的范文不仅是作者精心创作也是作者精心修改的产物。作者尚且如此,我们学写文章的学生更应重视修改。"文章不厌百回改",作文写好以后,自己读几遍,把多余的词句删除,把意思含糊的语句段落改得清楚明白,甚至重写一遍,也是很有必要的。多修多改,思路得到锻炼,词句的用法逐步熟练起来,运用语言文字的能力就能有效地提高。

2. 阅读《313教室》,请范核同学汇报自改的体会。

范核同学自改重写的体会让大家明白:

(1) 修改的过程实质上是深入学习、加强理解的过程。范核第一次写《313教室》只把教室描写了一通,这儿是窗,那儿是门,人只带过几笔,因而松散平淡,主题不鲜明。修改时他重新学习《二六七号牢房》,发现其中大部分都写的是人,牢房只是简略地描述几句。于是重点放在人身上,文章开头也费了一番苦心。原想照《二六七号牢房》开头写,因该文开头写得挺好,但又想到教室与牢房是两个完全不同的环境,照写不合适,应另辟蹊径。于是开动脑筋,联想到生活中常见的电话号码,这样文章的开头就活泼有趣了。如果不深入学习,体会不到这些,就不可能使文章的面目改观。

(2)修改时要独立思考,咬文嚼字,改得恰如其分。习作者说自己在"313"教室这个集体中学习,对每个同学的形象都很熟悉,但修改时没一股脑儿塞材料,而是选最精彩的细节,如孙栋的张嘴,"拿着一条手绢塞在嘴里",又如"张浩双手托着眼镜脚",很传神。文字上要推敲,原来是"手绢咬在嘴里""双手拿着眼镜脚",然后又把"咬"换成"塞","拿"换成"托"。前者换得确切,因为生怕叫出声来,用"塞"来堵;后者不仅确切,而且形象。

3. 集体修改《竞选》。

(1)判别该文的主题、结构、语句有无不妥之处,对不妥的地方进行修改。

(2)修改眉批和评语不恰当的地方。

在修改过程中明确下列要点:

第一,批改时有个总—分—总的过程,先通篇阅读,对文章有大体上的了解,有总的评价,然后从词句篇章到思想内容一部分一部分推敲、改动,最后再总的阅读一遍,补漏改的地方,下总评。如果不按此程序,看到哪里改到哪里,不易改准确,有时会与习作者意图发生矛盾。

第二,批改要细致,要把有明显不妥之处指出来,或加批,或修改。《竞选》这篇习作语言上毛病比较多,修改时未能明确地指出。如:

"晚上,整个大楼死一般得寂静"中的"得"用错,原因在误把"寂静"看作补语,而没弄明白"寂静"在句中作谓语。故而应将"得"改为"的"。

"既然如此,做为一个班长应该做些什么呢?""是一个无所做为的人"两个句子中的"做"都用错。"作为",前者应理解为"就人的某种身份或事物的某种性质来说",后者应理解为"做出成绩",习作中"做""作"混淆。这是由于对词义缺乏精确的理解的缘故。

"可又有一些喜欢在人身后讲闲话的人"中的"身后","有的人明知自己不如他人不是奋起直追而是拖人下水"中的"拖人下水","也许他会经受不住流言蜚语,会因此而低沉"中的"低沉"都是用词不当。"身后"旧时往往用于人死以后,句中应是"背后";"拖人下水"是贬义的,指拉人做坏事,句中分明无此意思,只是想说拽着别人不许前进;"低沉"分明是"消沉"的误用,前者往往用来形容声音,后者指情绪低落,精神不振作,锐气、勇气逐渐消失。汉语中同义词、近义词十分丰富,其中有些词意义上的差别十分细微,平时不注意比较辨别,用时就会弄出笑话。

文中用了不少"一个",有的是误用,有的是多余的。运用数量词进行限制、修饰,贵在准确,不可马虎。"这就是妒忌他人的一个表现"中的"一个"用得不妥,应改为"一种"。"而让我们做一个真正的主人就是培养我们成为创造型人才的一条途径"一句意思纠缠不清,"我们"是复数,"一个"是单数,在这个句子中不能并用,应把"一个"删去,"让我们做真正的主人"就是培养创造型人才的"一条途径"也欠贴切。

话说绝,用词不讲分寸,也是明显的毛病。"这样他过去所做的一切不就前功尽弃了吗?"中的"一切""前功尽弃"都用得过分了。指代不明也是毛病之一,如"为之奋斗到底","之"指代什么在句中不明确。

文章语意要连贯,脱钩丢索是不行的。语句的跳跃反映思维的跳跃,思考问题欠周到,欠严密。如"我躺在床上看着她那被月光照得清晰的脸庞,明天的竞选她会取胜吗?"上下句之间脱节,如果加上"我心里嘀咕着"之类的榫头,上下就连贯了。

写文章是给人看的,要叫人看得懂,知其意,要根据具体内容的要求,运用恰当的词句把意思准确、鲜明、生动地表达出来。正因为如此,修改文章时把语句改通顺是起码的要求。

③ 评语要实事求是,恰如其分。尤为重要的是评在点子上。《竞选》的修改者眉批虽不多,但还较恰当。总评的问题就突出了。修改者想抓住习作的"最大优点"进行剖析,表扬鼓励,然而没有抓住。言为心声,习作者企图通过人物对话写出竞选双方的视野和胸怀,遗憾的是人物语言写得不理想,至少有以下一些毛病:含糊,没能明晰地说明问题,不管是班级中班主任与同学的关系,还是如何对待妒忌自己的人,都没把道理说清楚;累赘,如"在一个班级中班主任与同学应有怎样的位置关系",把"位置""关系"重叠起来用,表意反倒不明确;答非所问,如"既然如此,作为一个班长应该做些什么呢?"回答的内容应该对准问题,说明"应该做些什么",而习作者写的却是班长与班主任的关系,所答非所问。

4. 从集体评改"已作修改的习作"中可得到哪些启示,请同学发表意见。在发表意见的过程中强调:

(1) 写文章要千斟万酌,再三更改,才能臻于完善。

(2) 改文章实质上是改思想,思想明确化、条理化了,文章才有可能文从字顺。

(3) 居高才能临下,自己文章写得通顺不一定就有修改别人文章的能力。《竞选》的修改者习作大多数文从字顺,但修改的能力不强。修改是一种综合能力,词句、篇章、写作方法、与习作相关的知识不仅掌握,而且能熟练运用,修改文章时才能看准,改对,评到要害之处。眼高才会手高,眼不高,笔下就修改不出水平。

(4) 把文字改通顺只是修改文章的起码要求,反复推敲,多次修改,润色加工,就可淘沙得金。宋代文学家欧阳修作文,先把文章贴在墙壁上,不断地删改修订,有的终篇不留一字。这种对写作极其认真的态度是值得效法的。

四、作业

1. 对印发的习作《竞选》进行再修改。
2. 修改自己习作,重点在于把文句改通顺。

板书

文章不厌百回改 —— 修改
- 千斟万酌,方可准确达意。
- 删繁剪秽,突出主题。
- 反复思考,理顺脉络。
- 咬文嚼字,妥帖确切。
- 润色加工,臻于完善。

关键在于锤炼——锤炼思想,锤炼语言。

313教室

"313"不是电话号码,它是我们教室的"姓名"。

我喜欢我们的教室,更喜欢我们的集体,喜欢我们班级的活跃气氛。

"3"是教室的"姓",教室在三楼;"13"是教室的"名",是三楼的第十三间教室。

从清晨到傍晚,只有上课的时候是宁静的。一到课间和放学以后,各色人物一齐出场,各显神通。集邮家们大呼小叫,大肆拍卖自己的"狗皮膏药";"打手们"我推你绊,鏖战一场,然后便是亲热地抱成一团儿。

课堂上大家盯着老师看,竖着耳朵听。虽然举手的人不多,但看得出"机器"早已开动。你看孙栋听到出神的地方,张着嘴,拿着一条手绢塞在嘴里,生怕"啊"出声来。再看,张浩双手托着眼镜脚,身子前倾,紧盯着黑板,脸都不由得由白变红了。

放学后可是两种气氛:球场上的活跃,棋场上的争夺。胡巍,小小的个子,东一跳抢到球,西一反手球进网,真比松鼠还灵活。再瞧,球来了,曾伟赶忙扶扶眼镜架,三跳两跑奔到篮下,来个金鸡独立,慢悠悠把球托进去,比电影里的慢镜头稍快一点儿。

教室里,棋手们互相讨伐,他吃我团长,我骗他个旅长,一方要悔,一方不让。这个一句,那个一言,一个个"声汗俱下"。最后达成协定:你赖我也赖,要赖大家赖。胡为民的脸这时已红得跟关公脸差不多了,唐剑的嗓子也已吊了起来,结果以一方胜利、一方失败而告终。

我喜欢我们的教室,喜欢我们的同窗,更喜欢这热闹的使人愉快的气氛。

范 核

竞　　选

我班的班长竞选活动已进入高潮了。明天将是竞选周的最后一天。在明天的会上,将举行答辩会,并最后选举产生我班的新班长。

参加新班长竞选的,一个叫郑亚丽,正像她名字所说的那样,她长得很美,大大的眼睛总发出咄咄逼人的目光,在那眼光中充满着信心和力量。她还长着体操运动员的身材。怪不得小胖子常说:"哎呀,郑亚丽,你真是太可惜了,那么好的身材干吗不去当运动员拿金牌呢?要是我呀早就去了。"对此,郑亚丽总是苦笑着说:"身体不行,不能去了。"听说郑亚丽原是市体操集训队的成员,正当她初出茅庐显露出自己那出众的天赋时,一场大病降临,一棵好苗子就这样夭折了。这对于她来说是一个多么大的打击啊!可她到了我班后依然活泼好胜,竟没有一个人觉察到她——一个年仅15岁的女孩子已经经受了人生的一次考验。而这一切还都是我们从老师那儿听说的呢。这次的班长竞选活动也是她和另几个同学看了步鑫生的事迹报告以后提出倡议的。

今天下午第三节课下课后,她一个人背着书包回宿舍了。当我推门进去的时候,她躺在床上仰着脸,竟一点儿也没有察觉到。她神情非常严肃,紧锁着眉头好像在思考着什么。看着她,我不由得浮想联翩,也许她在想着过去,也许她在想着明天,也许她在想着明天的明天。我不愿打扰她,放下书包悄悄地离开了宿舍。

一出宿舍大楼便看见了另一番景象。操场上有的人在踢足球,有的人在打排球,忽然篮球场上一个穿红背心的男同学的影子在我的眼前闪过。他——李钧,参加竞选的另一名选手。李钧可是我校篮球队的一名虎将。高高的个儿,结实的身子,黑黝黝的皮肤,可美中不足的是,他的鼻梁骨上架着一副眼镜,这可使他的威风略少了一截儿。你看,他又投进一个好球,边跑边往上推了推眼镜,谦虚地向同伴笑了笑。看他那轻松的样子,明天的答辩会肯定已经准备得差不多了。

晚上,整个大楼死一般得寂静,同学们都已酣然入睡了。可郑亚丽还在床上辗转反侧,我躺在床上看着她那被月光照得清晰的脸庞,明天的竞选她会取胜吗?万一失败,她的情绪会低落下来吗?说实话,郑亚丽取胜的希望并不十分大,因为她刚转学不久,还有些同学对她不了解,可李钧毕竟是我班的前任体育委员啊!想着想着,我不禁睡着了。

第二天下午,自修课的铃声响了,郑亚丽才匆匆忙忙地走进教室,几天来的愁容消失了,她还不时地向大家微笑着。我不禁有点儿丈二和尚摸不着头脑了。

答辩会正式开始了。首先发言的是郑亚丽,她走到讲台前望了同学们一眼便说:"今天我要请大家讨论一个问题,在一个班级中班主任与同学们应有怎样的位置关系?我读书已多年,经常听人说学生是班级的主人,可是我又觉得,我们不像个主人的样儿。不是吗?班中的一切事情都得老师答应才行,有些事,同学们大都不同意,可班主任说了没法改。这样学生表面上百依百顺,可其实呢?却是满腹牢骚。"

"那么请问,一个班级的班主任是否是多余的呢?"爱提问的陈伟首先提了一个问题。

"不多余。因为班主任对我们来说是不可缺少的,她提出的大多数建议是值得我们深思的,然而我认为当今的中学生应该是创造型的,而让我们做一个真正的主人就是培养我们成为创造型人才的一条途径。"

"既然如此,做为一个班长应该做些什么呢?"

"做当然要比说难得多,但是我相信,只要我们把所有的一切告诉她,我想,我们一定会得到她的支持的。因为我们的班主任是一个好老师。"

教室里一片静寂,两三秒钟后,忽然响起了一阵掌声,郑亚丽红着脸向同学们鞠了一躬。

"你瞧,郑亚丽说得多好,班主任是主任,我们是主人,主人要比主任的权大,今后啊,一切事都得由我们同学同意才行。"多嘴的小胖子兴奋地说。

"嘘,轻一点儿,李钧上场了。"不知谁轻轻地说了一声。

教室又静了下来,李钧走上讲台,推了推眼镜说:"我今天讲一讲人才的问题。在我们的班级中有许多才华出众的人才,可又有一些喜欢在人身后讲闲话的人,这就是妒忌他人的一个表现。有人曾说过,中国人有一个弱点那就是妒忌,有的人明知自己不如他人,不是奋起直追而是拖人下水。在我们班级中就有这样一些人,他们乱说什么那些人是想出'风头',那些人真不知天高地厚呢,等等。说真的,我还为他们脸红呢?"

"那么你认为这有害吗?"一个人问。

"有,对于双方来说都是有害的。对于那有才华的人来说,也许他会经受不住流言蜚语,会因此而低沉,这样他过去所做的一切不就前功尽弃了吗？这是何等的可惜啊！对于那妒忌他人的人来说，将来他走上了工作岗位，一定是一个无用的人，是一个无所做为的人。"

"请问如果一个人已被他人妒忌，那他应该怎样呢？"

"如果他是一个有抱负的人，那他就应该相信自己，为之奋斗到底。"

教室里又响起了一阵掌声……

下面便举行投票选举，两人的票数交替上升，最后李钧以一票的优势获胜了。这时郑亚丽竟走上了讲台，我的心一下收紧了，郑亚丽她想干什么？只见郑亚丽向李钧伸出了手，并说："祝贺你，李钧，祝贺你，希望你在以后的工作中一切顺利！"说着，她转向同学们大声地说道："我自荐当副班长，不知大家是否同意。"没等她话音落下，便响起了掌声。

那掌声代表着我的心愿，同学们的心愿，代表着20世纪80年代中学生的心愿！

陆荣珍

评语：

《竞选》一文的主人公郑亚丽，我推测是作者理想中的人物。本文的最大优点，就是人物语言设计得好。郑亚丽的话仅限于班级的范围，而李钧提出的问题则是整个社会都存在的。并且，李钧的话显得比郑亚丽有气魄，因此，竞选的结果是李钧获胜。同时，本文赞扬了郑亚丽的意志和气度，这正是如今不少人所缺少的，就显得有针对性。但在最后一段描写郑亚丽向李钧祝贺一节，有些过于理想化。整篇文章有一些小波澜，结构完整。有的细节考虑周密。总的来说，《竞选》是作者思想的倾吐。

谢书颖修改

精思细酌重安排
——《缺席者的故事》改写讲评

【作前指导与要求】

1979年高考语文的作文试题是:"细读下面这篇文章,把它改写成一篇'陈伊玲的故事'。"这篇文章我们学过,就是何为同志写的《第二次考试》。改写的要求中提出"按原文内容写一篇以陈伊玲为中心的记叙文,不要另外编造情节,不要写成《第二次考试》的缩写"。显然,原文既写了苏林教授,又写了陈伊玲,改写时突出陈伊玲。

改写是一种作文方式。根据一篇文章的思想内容,采用不同于原来的表现形式,写成另一篇文章,叫改写。改写有多种类型,有体裁的改写,如把诗歌改写成散文,小说改写成剧本;有结构的改写,如把倒叙改写成顺叙;有表达方式的改写,如把叙述改写成抒情或描写;有人称的改写,如把第一人称改写为第三人称,等等。这次我们也做改写的训练,学习把《缺席者的故事》这篇小说改写成小剧本,或是电影剧本,或是话剧剧本。

改写前认真阅读,弄清楚这篇小说的内容,对主题思想、人物形象有真切的理解。戏剧是一种受时间和空间严格限制的艺术,改编剧本时要注意这个特点,做到情节集中,矛盾冲突鲜明,人物对话生动、精练。这次练习难度大,小组可充分讨论,然后再动笔。

一、讲评目的

1. 理解剧本的一般要素,着重领会用语言刻画人物的方法。
2. 了解苏联卫国战争中的一个小侧面,以爱国主义精神和宁死不屈的钢铁意志激励学生。

二、讲评材料和方法

《奖赏属于谁》《缺席者》习作两篇,《缺席者的故事》。

拎要点,排情节,读台词,作分析。

三、讲评要点

1. 梳理《缺席者的故事》一文的情节,把握文中要点,为改写剧本的评析做铺垫。

请同学讲述,明确:

(1) 故事情节。

记叙在前线参谋部柯里雅因立战功而获得勋章的事;柯里雅向在座的光荣的战士讲述了缺席者的故事——无名小英雄掩护祖国军队撤退而牺牲自己生命的感人事迹。

情节特点是故事中套故事。

全文分三个部分,第二部分("同志们……我们就从树林子里经过那条山谷跑出去了")是主体。

(2) 人物形象。

十二三岁的无名小英雄出于对祖国、对红军的无限热爱,对敌人的无比仇恨,自觉地、心甘情愿地献出年轻的生命。作者抓住人物外貌、语言、动作特征细腻地描绘,形象鲜明。

红军战士柯里雅和小英雄一样具有崇高的自我牺牲精神,对祖国忠诚,对人民热爱。

2. 简述改写情况,鼓励写作积极性。

这次改写同学们的积极性很高,好些同学阅读、讨论,讨论了再阅读,在理解的基础上再动笔;有的借剧本和电影故事看,摸索其中规律;有的挑灯夜战,写得很晚很晚。同学们写作有这样的积极性,所以总的来说改写得比较好,大致上有个"谱",不脱离原文原意。请同学浏览《奖赏属于谁》,与刚才理清的《缺席者的故事》的情节和人物对照,请大家展开评论。

3. 评论《奖赏属于谁》,对剧本的特点有粗略的了解。

在学生发表意见的基础上,明确:

(1) 主题思想、人物形象与原文一致,只是在体裁上作了更改,把小说改为话剧形式。

(2) 剧本须有标题,须点明剧种,须说明幕次。《奖赏属于谁》,"三幕话剧"使人看了一目了然。

(3) 话剧须有矛盾冲突,没有矛盾冲突就不成为话剧。《奖赏属于谁》这个标题就揭示了戏剧化的矛盾,揭示了谁应该是光荣勋章的真正获得者,文章从这一点展开,把反德国法西斯战争中无名小英雄应对敌人英勇机智的场景排铺到读者的眼前,生与死的斗争,生与死的考验,在生死考验的剧烈斗争中,小英雄崇高的爱国主义精神、自我牺牲精神闪射出耀眼的光芒。

(4) 话剧艺术受时间和空间的严格限制,因此,剧本须把时间、地点交代得一清二楚。《奖赏属于谁》对故事发生的时间、地点作了说明。不足的是地点方面考虑欠周到。第一幕授奖会上,第三幕深切怀念,地点都在"某小镇红军前线参谋部大厅",第二幕森林遇救,地点应在森林,而剧本一开始就总写"某小镇红军前线参谋部大厅"这一处,包括不了,犯了交代不明的毛病。应该三幕分写三个地点,第三幕与第一幕地点相同,只要提一笔就行。

舞台布置须说明白。人物活动在一定的环境中,舞台布置就是展现人物活动的具体环境。舞台上景、物等,种种道具要交代放置的位置,灯光的使用也须说明。习作者这些都注意到了。

场次的划分也很有讲究,每一幕应结束在该结束之处。习作者对原文的结构掌握得正确,改写时顺理成章,幕闭正是时候。

(5) 话剧,顾名思义是以对话为主要表现手法的戏剧,因此,人物的语言一定要写好。除了语言描写,动作、表情的描写也很重要。《奖赏属于谁》这些方面都注意了,特别是表情方面的描写,比较有层次,比较合理。

4. 读台词,对人物语言进行评析。

这次改写剧本问题最大的是对话。语言拖泥带水,大白话,很少经过加工,经过提炼。话剧的"话"写不好,剧本就无味。

狄德罗在《论戏剧艺术》中说:"在戏剧里正如社会里一样,每一个性格有一种与它相适应的语气。"写得好的对话应该有特色,有个性,在作品中不能易位,而对话中的特定的语气往往能显示出人物的个性。

(1) 读第二幕森林遇救的台词,分角色读,读出感情。

(2) 展开评论。评论中明确:

① 通过对话,故事情节有所发展。

② 对话就是人物性格的自我介绍。在生活中,人的性格十分复杂,要写好对话,就须通过不同场合中的人物语言,从不同的侧面来表现。如柯里雅与彼特罗维奇对话时表现出接受侦察任务的冷静、坚决,孩子被枪杀后怒火中烧而为完成任务表现出巨大的控制力。又如孩子与柯里雅对话时表现出稚气和机智,与德国军官对话时表现出机智、英勇。

③ 人物说话的语气有轻重、高低、缓急之分。文字不能直接记录声态,但好的对话能使人体味其中特有的语感。习作者写人物语言注意到语气的变化,"激动地""急促地""故作严厉地""语无伦次地""不解地""老练地""紧张地",等等,通过这些语气的变化表现人物的性格,刻画人物的心理活动。

④ 语言描写中有几个明显缺点。

语言不精练。如第二幕开头,柯里雅与彼特罗维奇对话有"好的,安德烈依……"显然,"好的"这句话不仅多余,而且答非所问。小说中的语言基本搬到剧本之中,没有进行加工。

"场外音"太多,主要用于叙事,未充分发挥对话的作用,对剧本的质量有明显影响。

5. 这次改写尽管在人物对话方面存在不少问题,但初次训练,能达到这样的水平已不容易。以后可多阅读一些好剧本,特别是咀嚼其中的精彩语言。

四、作业

阅读《缺席者》,分析:

1. 该文是电影故事,还是电影剧本?

2. 如果该文是电影故事,那么哪些内容是多余的? 如果是电影剧本,又缺少哪些内容?

3. 对话不精练处作适当修改。

板书

精思细酌重安排

明确改写的具体要求

正确把握原文的主题思想

戏剧艺术受时间和空间的严格限制:

 ① 有矛盾冲突

 ② 场次划分,舞台布景说明

 ③ 人物对话——人物性格的自我介绍

  每一个性格有一种与它相适应的语气

奖赏属于谁

三幕话剧

时间：苏联卫国战争后期。

地点：某小镇红军前线参谋部大厅。

第一幕　授奖会上

〔幕启〕

〔背面墙上挂着军用地图。用保密帘遮着。左侧放着几张椅子，右侧有一办公桌，上面放着金光灿烂的斯大林勋章，桌边有两把藤椅。〕

几个军官随便地坐在椅子上，有的窃窃私语，有的在小声对坐在墙边的一个人开玩笑，那人则像木偶一样，默然地坐着。一个副官在忙乱地收拾文件。

场外音：司令员到！

　　众军官起立，敬礼：司令员！

司令员：（还礼，微笑）大家坐下吧！（转身坐在桌边的藤椅上）

副官：（郑重地）同志们！现在开会。根据苏维埃红军最高统帅部命令，对在反希特勒法西斯战争中屡建战功的英勇指战员颁发斯大林勋章。同志们！你们多幸福多光荣啊！（那闷坐在墙角的人不由得颤抖了一下）下面我叫到哪一位同志，请他上来受奖。

（几个被叫到名字的将校到桌旁领奖，并带着幸福的微笑走回座位）

副官：柯里雅·扎陀赫京！

　　（重复一遍）

闷坐着的人：（慢慢地）到！（缓缓走到桌边）

司令员：（授予勋章热烈地）柯里雅同志，祝贺你！愿你永远保持荣誉！

柯里雅：(深沉,断断续续)谢谢您,司令……员……同志。

（众军官愕然）

（柯里雅向后转。欲走,又止,过一会儿,转过身来,沙哑激动地）我可以讲几句话吗？请允许……我……

司令员：(平静地)请讲吧。

柯里雅：(断断续续,竭力克制感情)同志们,请让我讲几句话。我想对你们讲一件事情(声音渐大),就是谁应和我并排地站在这里。也许他比我更应当获得光荣的勋赏。他为了我们的军事胜利(呼吸急促),不惜献出自己的年轻的生命！(向坐在大厅里的人伸手,勋章在手上发光。他向四周望了望)同志们,请让我为那位光荣的战士(崇敬地)尽我的义务吧！

众军官：你讲吧,我们请你讲！

柯里雅：(无限深情,怀念地)同志们,你们也许还记得我们那次作战的情况吧……

〔闭幕〕

第二幕　森林遇救

〔幕启〕(灯光暗淡)

〔左侧是森林,右侧是灌木林,靠近开阔地有一堆土,背面远景为一片田野和开阔地。〕

场外炮弹爆炸声：轰隆！轰隆！

（一队荷枪实弹的德国兵走过）

（左侧森林中蹑手蹑脚走出两个人,衣衫上有弹火痕迹）

彼特罗维奇：柯里雅,让我们告别吧。你明白,这是有生命危险的,但是为了同志们,(激动地)柯里雅,(急促地)我们在这里不能支持到两个钟头以上了,柯里雅,你明白吗？

柯里雅：（冷静地）好的，安德烈依，我知道探路的危险。你等着我吧。如果我不能转来的话，你就替我向我们的人问候，在乌拉尔……

场外音：就这样，我们告别了。我沿着山谷，悄悄地走到灌木林边去。忽然，我发现在我的头顶上有一双小小的肮脏的脚，我出于好奇心，忍不住搔了它一下。（按所叙行动）脚急忙缩进去，露出一个孩子的脑袋：害怕的眼睛，没有血色的脸，头发乱蓬蓬，鼻子上全是雀斑。

柯里雅：（故作严厉）你干吗在这儿？

孩子：（语无伦次）我……我在找牛。你看见吗？它叫马利施卡，它是白色的……叔叔，你别相信，我在扯谎。（神秘地郑重其事地）叔叔，您离开我们的人了吗？

柯里雅：（明知故问）你们的人是谁？

孩子：（习以为常）当然是红军，只是昨天就开走了。叔叔，你干什么在这儿？德国人会碰上你的。

柯里雅：（不以为然）你到这儿来说说，这地方发生了什么事情？（孩子脑袋不见了，两脚伸出来，顺着小土坡滑下来了）

孩子：（急迫）叔叔，快走吧，德国人常在这里走来走去，那边林子里立着四门大炮，还有许多迫击炮，这里是一条路也没有。

柯里雅：（不解地）这些你从哪儿知道的？

孩子：（老练地）从哪儿知道？难道我从早晨就在这里观察，是白费时间吗？……

（小孩领着柯里雅离开山谷，向树林走去）

场外音：就在这时候，我触着了地雷，轰隆！应声倒下，脚失去知觉。

孩子：（抖着身上的尘土）这下碰着了，叔叔，我们倒了霉——瞧，你受伤啦！

（孩子望着大路紧张地）叔叔，德国人来了，军官在前头。你赶快离开这里吧！

场外音：可是我那时一动也动不了，每一只脚就像绑着十普特重的东西，被拖累着不能前进。

孩子：（带着哭腔）叔叔，叔叔，你就躺在这儿吧，别让他们听见你，看见你，我马上去转移他们的视线……

场外音：他脸色苍白，眼睛发着光，我抓他没抓住，他一下跑掉了。

德国军官：（从左侧上）站住！不准再走！你在这儿干什么？

孩子：我，叔叔，我在找牛，是一头很好的牛，它是白色，可是肚子旁边是黑的，一只角向下弯，另一只完全没有，它叫马利施卡，你没有看见吗？

德国军官：（严厉）什么牛？！我看出来了，你想跟我瞎扯。走近一点，来！你为什么老在这个地方爬来爬去？我看见你在爬。

孩子：（倔强）叔叔，我在找牛嘛。

（大路上响着小朋友的清脆的脚掌声）

德国军官：站住！你敢往哪里跑？回来！我要开枪了！

场外音：（激动）我终于明白了，我的小朋友为了不让德国人发现我，才故意朝山谷的另一边跑去的。

（"嘡！"一声枪响，远处有微弱的尖叫声）

（深沉）我像一个发热病的人震动了，我咬着泥土，为了不致喊出声来；我把两手压在胸膛下，（激动地）为了不让它马上拿枪向法西斯射击，因为要把任务执行到底，我不能暴露自己。没有我，我们的人就跑不出去，就会被消灭，我攀着树枝，爬回去……以后的事我就什么也不知道了……

（灯光渐暗）

第三幕　深切怀念

〔幕启〕

（与第一幕布置相同）

（灯光渐亮）

柯里雅：以后，我们就从这里跑出去了。（激昂）所以，同志们，我们要用生命来感谢他。现在要他站在这桌子旁边，那是理所当然的。可是不成了！我对你们有一个要求，同志们，我们应当纪念那个无名英雄，我连他的姓名也没来得及问。

（全体军官静默地站起来，勋章在他们手上闪闪发光）

（背面的布景上出现了一个孩子的苍白的面庞，头发乱蓬蓬，鼻子上全是雀斑，一双赤着的小小的脚）

司令员：（深情）同志们，这光荣的奖赏属于谁？！（突然地）应当属于他——那位不知名的忠诚战士！

陈　安

缺　席　者

（电影故事）

苏联的某个战场，火光闪闪，炮声隆隆，枪声如海涛咆哮，战斗气氛十分浓烈。

旁白："1941年，德国法西斯大规模入侵苏联。苏联人民在伟大的统帅斯大林的率领下，进行了气吞山河的卫国战争。我们这儿讲的是卫国战争中的一个小小的故事。"

引　子

前线参谋部大厅，授奖大会正在召开，一个高个儿副官看了一下得奖人的名单，叫道："扎陀赫京！""有！"从后排站起一个瘦瘦的不很高的战士，他一拐一拐地向授奖台走去。司令员向前迈了一步，把勋章和勋章盒递给他,然后紧握他的双手向他道贺。

扎陀赫京端正地站着,慎重地拿着勋章和盒子。他断断续续地说:"谢谢司令员!"他以军人的风度但不太灵敏地转个身,犹豫不决地站着,说:"我可以讲几句话吗?""请讲吧。"大家说。

"同志们,"他断断续续地讲了,样子很不安,"我想为一个为我军立下功劳的,但没有获得这光荣奖赏的人尽我的义务!"

司令员:"你说吧!"

战士们:"我们请你讲!"

扎陀赫京深深地吸了一口气。

(一)

画面展现了战斗的场面。躺地的尸首,残破的铁丝网,踩扁的钢盔,七零八落的枪支,还有炮弹坑。

旁白:"同志们,我们那次战斗经过你们或许已听说了,那时,我们应当撤退,大部队把我们连留下作掩护。"

一小队红军战士提着枪,在树林中跑着,炮火打得周围泥土乱飞树木起火。

突然一发炮弹在战士们旁边落下,"轰",泥土飞溅,一会儿泥灰散去,一个战士牺牲了。战士们刚埋好那同志的尸体,树林边又响起了一阵枪声。"自己人来了!"一个小战士兴奋地叫道。他脸上满是焦灰。"不!"指挥官、少尉安德烈依说,"这是德国鬼子的自动枪在叫唤。"扎陀赫京:"不行,这样下去,我们会被敌人消灭的。""是啊,大队一定已在新阵地上巩固起来了,我们应该向那儿转移。"少尉说。"可是,"小战士彼加犹豫地说,"敌人炮火这样猛,我们从哪儿突围呢?"战士们被战火烤焦的脸,痛苦地紧皱着眉头。"让我去探索吧,少尉。"扎陀赫京自告奋勇地说。

安德烈依犹豫片刻,下了决心。"好吧,去吧。你明白自己的任务吗?""明白!"扎陀赫京立正答道。说完就跟着少尉走到路上,少尉亲昵地说:"柯里雅,再见。干这事是冒生命危险的,为了战友,你必须尽快探明地形,把我们带出去,我们最多只能坚持两个小时。"

"好的,这点困难我遇见不是第一次,你等着;噢,如果我回不来的话,请代我向我们的人致意,在乌拉尔……"扎陀赫京没说完就弯腰向前移去。

(二)

扎陀赫京四处探寻,最后来到了一个深深的山谷,这里静悄悄的,偶尔传来一两声枪响。峡边是灌木林,它后面是道路和田野。扎陀赫京来到灌木林边,找个适当的位置观察着田野动静。忽然,在他头上出现了一双又脏又小的脚,脚掌上的泥土一块块掉下来,左脚的小趾头还包了一片蓝布,脚不安地晃动着。扎陀赫京拿起了一根野草,在脚掌上轻轻地搔了一下。那双脚不见了,随即出现了一个脑袋。害怕的眼睛,无血色的脸,乱蓬蓬的头发,长满雀斑的鼻子。"干什么的?"扎陀赫京厉声说。"我……我在找牛。它叫马利施卡,是白色的,可肚子旁是黑色的。一只角向下弯,一只角完全没有。——只是,叔叔别信,我在说谎,我想试一试。叔叔,你离开我们的人了吗?"那孩子说。

"你们的人?"扎陀赫京反问。

"红军!"孩子闪着乌亮的眼睛说。"可他们昨天就走了。你为啥在这?德国鬼子会发现你的。""到这儿来。"扎陀赫京说,"这儿发生了什么事情?"

脑袋不见了,露出了两只脚,他像乘小雪橇似的向下面滑去。他大约十二三岁。

"叔叔,你快走吧。德国鬼子老在这儿走来走去。来,瞧这儿有四门大炮。"他指着山谷中的树林低声说。"在旁边,有他们的迫击炮。从大路走,是不行的。"

"你从哪儿知道这许多的?"

"我从早就在这儿观察了!"

"你还观察到什么?"

"顺着这条山谷你可以从火线安全地走出去。"

"你能帮我们个忙吗?"

"什么?"

"我们还有许多同志在那儿,你能把他们引出包围圈吗?"

"行。"话语毫不犹豫。

"快走吧!"

扎陀赫京和男孩走入树林,猛听"轰"一声巨响。敌人埋着的地雷炸开了,泥土四飞,平地升起一股浓烟。扎陀赫京把头伸出土堆,抖了一下脑袋和身上的土,他向四周张望。孩子从泥土中站了起来,找扎陀赫京。"瞧,你负伤了!"扎陀赫京躺着,站不起来,鲜血从破裂的靴子里流出来。孩子侧耳倾听,他爬上灌木树,望着大路。路上,五个德国鬼子头戴钢盔,全副武装地向这儿走来。"啊,德国人来了,"那男孩十分着急,"这样吧,你躺在这儿,千万别动,我去转移他们的视线。"

说着他深情地望着扎陀赫京,眼里闪出亮光。扎陀赫京阻拦不及,男孩的双脚闪了一下,就不见了。

扎陀赫京躺着,静听着。猛然,一个声音大喊:"站住!你在干什么?"

〔镜头从树林缝中向外推出。〕

"我在找牛,一条好牛,只有一只角。是白色的……"男孩说。

"胡说!什么牛。过来,来!你为什么老在这儿爬?嗯?"德国军官双手叉腰,凶神恶煞一般。"我在找牛。"孩子重复着说。突然,男孩向前跑去。

"站住!你再跑,我可开枪啦。"军官怒骂着举起枪,向前跨了一步。

"砰、砰",枪声过后,那孩子尖叫一声,向前扑倒了。德国鬼子丧心病狂地大笑。

扎陀赫京紧咬牙关,怒骂:"畜生!"

扎陀赫京跪着,攀着树枝,艰难地向目的地爬去……

(三)

同志们遇见扎陀赫京,他昏迷不醒,浑身泥血斑斑……

战士们顺着扎陀赫京手指的方向,向那山谷深处跑去。

尾　　声

扎陀赫京停住了,他徐徐吐了一口气,接着说:"同志们！我们应该用生命感激他,他是这勋章的受之无愧者,他应该和卓娅、雅佛昆、巴甫洛夫和马特洛索夫一起记在我们卫国战争的光荣历史册上,让后辈们知道,让我们永远纪念他——无名英雄。"

大厅里,光荣的战士都站了起来,脱下帽子,沉默无言地低下了头。

男孩的面貌再次显现:头发乱蓬蓬的,鼻子上长着雀斑,脸没有血色。他笑了,笑得那么开心……

李向群

缺席者的故事

在前线参谋部的大厅里,司令员的副官看了一下得奖人的名单,就依次叫出一个个的姓名。叫到一个名字,从后排的一个座位上站起一个不怎么高的人,他那突起的颧骨上的皮肤透着黄色,看起来就像在床上躺了很久的病人似的。他跛着左脚,走到桌边去。司令员向前走了一步去迎接他,把勋章交给他,紧紧地握着他的手向他道贺,又把勋章盒子也递给他。

这个得奖的人端正地站着,慎重地把勋章跟盒子拿在手里。他断断续续地道了谢,就用在队伍里那样的动作转了个身,虽然那条受了伤的脚妨碍着他。他犹豫不决地站了几秒钟,一会儿瞧瞧自己手掌上的勋章,一会儿瞧瞧聚集在这里的光荣的同志们。后来他重新端正地站着,问:

"我可以讲两句话吗?"

"请讲吧。"

"司令员同志,诸位同志,"这个得奖的人就用断断续续的声音开始讲了,样子很不安,"请准我讲几句话。我接到这光荣的奖赏,我想对你们讲一件事情,就是谁应当和我并排站在这里。也许他比我更应当获得光荣的奖赏。他为了我们的军事胜利,不惜献出自己年轻的生命。"

他向坐在大厅里的人伸出一只手,勋章的金边在他的手掌上闪着光。他用询问的眼光朝大厅四下望了望。

"同志们,请让我为那个现在没有和我站在一起的人尽我自己的义务吧。"

"你说吧!"司令员说。

"我们请你讲!"大厅里这么响应着。

同志们,你们也许听到过我们那次作战的情况吧,那时候,我们应当撤退,我们的部队就掩护大队撤退。可是,就在那里,德国人把我们和自己人的联系切断了。无论我们朝哪面退,哪面都遭遇着炮火。德国人朝我们放迫击炮,我们隐蔽在树林里。敌人又用榴弹炮轰击树林,树林的边缘也被他们用自动枪扫射。按照时间来判断,大队已经在新的阵地上巩固起来了,我们充分地牵制了敌人的力量,完成了掩护撤退的任务,应该迅速转移到那里去集中;但是,德国人已经摸索到我们,把我们逼进树林里,好像要用铁钳夹住我们的喉咙似的。我们必须找一条近路,打出去。

这条捷径在哪里呢?选择哪一个方向呢?我们的指挥员布托陵·安德烈依·彼特罗维奇少尉说:"不预先侦察是丝毫没有结果的。要跑去探索一下,看敌人的缝隙在什么地方。如果找到了,我们就从那里冲出去。"

"少尉同志,准许我去试一试吧!"我说。

他仔细地望了我一下。——我和安德烈依是从同一个村子柯烈沙出来的。我们到过伊谢特捕鱼区很多次。后来,我们两人又到烈符德,在制铜厂工作。我们是很友好的同志。他仔细地望了望我,就皱着眉头说:"好的,扎陀赫京同志,你去吧。你明白自己的任务吗?"

他亲自把我引到路上,四下望了一眼,握着我的手说:"那么,柯里雅,让我们告别吧。你自己明白,这是冒生命危险的事情,既然你自己愿意去,我也不能拒绝你。为了同志们,柯里雅!我们在这里不能支持到两个钟头以上了。"

"好的,"我说,"安德烈依,我跟你不是第一次碰着这种困难。过一点钟,你就等着我吧。唔,如果我不能回来的话,你就替我向我们的人问候,在乌拉尔……"

于是,我就凭着树木的隐蔽,向前面爬去。到一个地方试一试,不行,通不过,德国人的密集火网封锁着那个地区。再爬到相反的一边去。在那树林边,是个山谷,被水冲成很深的一个峡。峡的那边是灌木林,道路和开阔的田野就在它的后面。我走下峡谷,决定悄悄地走到灌木林边去,从那里向外望,看看田野里有什么动静。我开始从土坡往上爬。忽然,我发现,就在我自己的头顶上出现了两只赤着的脚。仔细一瞧,我看见两只小小的脚,脚掌上有干了的泥土,一块一块地脱落下来,像灰泥一样;脚指头也是很脏的,划破了的,左脚的小趾头还用一小片蓝布包扎着,可见那个地方是受过伤的。我向这两只脚掌和脚趾瞧了许久,这两只脚在我的头上不安地轻轻地摇动着。忽然,我自己也不晓得为什么,想轻轻地搔它一下。为什么,这简直不能向你们解释总想搔它一下。我拔了一根有刺的野草,在一只脚掌上轻轻地搔了一下。那两只脚立刻缩进灌木林里去了。就在那个从树枝里垂下两只脚的地方,伸出一个脑袋:害怕的眼睛,没有血色的脸,头发是乱蓬蓬的,鼻子上全是雀斑。

"你干吗在这儿?"我说。

"我,"他说,"我在找牛。你没看见吗,叔叔?它叫马利施卡。它是白色的,可是肚子旁边是黑的。一只角向下弯,另一只完全没有。叔叔,只是,你别相信,我完全是在扯谎。我试一试扯谎。叔叔,你离开了我们的人了吗?"

"你们的人是谁?"我问。

"谁?当然是红军。只是,我们的人昨天在河那边开走了。可是你,叔叔,干吗在这儿?德国人会碰上你的。"

"哎,你到这边来吧,"我说,"你讲一讲,你们这地方发生了什么事情。"

脑袋不见了,两只脚又露了出来,脚掌伸在前面,沿着山谷底上的斜土坡,像乘小雪橇那样,他朝我这里滑下来了。他是个十二三岁的孩子。

"叔叔,"他低声说,"你赶快打这儿走开吧。德国人常在这里走来走去。你瞧,在那个林子里,立着四门大炮;这里呢,在旁边,架着他们的迫击炮。从大路这边走,是一条路也没有的。"

"这些你从哪儿知道的?"我问。

"从哪儿知道?"他说,"我从早晨就在这里观察,难道是白费时间吗?"

"你为什么要观察?观察到了什么呢?"

这小孩把整个情况告诉了我。他说这条峡谷顺着林子伸到很远的地方,因此,可以把我们的人顺着谷地从火线地带引出去。他答应送我们出去。我和他离开峡谷、进入树林的时候,猛然在左近发出一声巨响,这样的爆炸声就像一下子劈开大半块干透了的木材一样。德国人的地雷在峡谷里炸了,把我们旁边的泥土炸开了。我的眼前变成一团黑。我从那落在我身上的泥土下把头松动一下,四下瞧一瞧,想看看我的小同志在哪里。他慢吞吞地从泥土里把自己乱蓬蓬的头抬起来,开始擦掉耳朵、嘴巴和鼻子上的泥土。

"这下碰着了!"他说,"叔叔,我们倒了霉。瞧,你受伤啦!"

我想站起来,可是,脚已经失去知觉,鲜血从破裂的靴子里流出来。那个孩子忽然侧耳细听,接着爬到灌木林那儿去,望望大路,很快又跳下来,低声对我说:

"叔叔,德国人朝这边走来了,军官走在前头。我说老实话,你赶快离开这里吧。唉,你,伤得多重啊!"

我试着动一动,可是,每只脚上就像绑着十普特重的东西。我不能够爬出峡谷,我被拖累着不能前进。

"喂,叔叔,叔叔!"我的小朋友这么说,他差点儿哭起来了,"唔,那么你就躺在这里吧,叔叔,别让他们听见你,看见你,我马上去转移他们的视线,过后我就回来,等办完这——"

他的脸色是那样苍白,好像脸上的雀斑变得更多了,可是,眼睛发着光。我思索着:"他想出什么来了?"我想阻止他,去捉住他的脚掌,但是他一下就跑掉了。我只看见他那张开十个趾头的肮脏的脚,小趾上包着蓝布的脚,在我头上闪了一下。我躺着,仔细倾听。猛然间,我听见一声喊:"站住——站住,不准再走!"

沉重的靴子的脚步声在我的头上停住了。我听见一个德国人在问:"你在这里干些什么?"

"我,叔叔,我在找牛。"我的小朋友的声音飘过来了,"是一条很好的牛。它是白色的,可是肚子旁边是黑的。一只角向下弯,另一只完全没有。它叫马利施卡。你没有看见吗?"

"什么牛,我看出来,你想跟我瞎扯。走近一点,来!你为什么老在这个地方爬来爬去?我看见你在爬。"

"叔叔,我在找牛。"我的小朋友带着要哭的声音咕噜着。

突然,大路上清脆地响起他那轻快的光脚掌的声音。

"站住!你敢往哪里跑?转来!我要开枪了!"德国人叫喊起来。

在我的头上,沉重的钉掌靴扑通一声;接着就响了一枪。我明白了:我的小朋友为了不让德国人发现我,才故意朝峡谷的另一边跑去的。

我屏住呼吸,注意地听。

又响了一枪。我听见远处有微弱的尖叫声,以后就是一片沉寂。我像一个发热病的人那样震动了。我咬着泥土,为了不致喊出声来;我把两手压在胸膛下,为了不让它马上拿枪向法西斯射击。因为要把任务执行到底,我不能暴露自己。没有我,我们的人就跑不出去,就会被消灭。

我跪着,攀住树枝,爬回去……以后的事,一点也不记得了。

我只记得我睁开眼的时候,看见安德烈依的脸很亲近地在我眼前……

我们从树林子里经过那条峡谷跑出去了。

他讲到这里就停止了。休息了一会儿,他慢慢地向大厅四下望了一眼。

"所以,同志们,我们要用自己的生命来感激他,他使我们的部队在危难中获得帮助。要他站在这桌子的旁边,那是当然的。可是不成了!我对你们还有一个请求,同志们,我们应当纪念那个没人知道的朋友,无名英雄——我连他的名字都没来得及问。"

在大厅里,飞行员、坦克手、海军将官、近卫军士,这些光荣的战士,血战中的英雄,都静默地站起来了。他们站起来纪念那个年幼的,谁也不知道的无名英雄。大家沉默无言地站在大厅里,每一个人在自己的想象中都看见了就在自己面前站着一个长着雀斑的、光着脚的、脚趾上包着蓝色脏布的、头发乱蓬蓬的孩子。

卡西尔

写景须在人耳目
——"景物素描"习作讲评

【作前指导与要求】

我们接触到不少描写景物的文章,有的像工笔画,细笔细描;有的像水彩画,色彩调和;有的只是简笔勾勒,轮廓分明。最近我们学了《果树园》,作者笔下描绘的果园晨色则另具一番特色。请同学用简明的语言述说。

作者笔下的果树园景色犹如一幅优美绚丽的油画,作者把绘色、状物、摹声有机地结合起来,细腻明快,充满生机,尤其是对晨曦等的描绘给人以明亮感,对果子茸毛的描绘给人以质感。彩笔绘景的目的是给人物出场安排诗意的环境。

这次习作进行景物描写的训练,描写对象是南翔古猗园。要求选择园中二三景物进行素描。须抓准景物特征,用清晰的线条勾勒,给人以鲜明的印象。勾勒时可借鉴水彩画、油画用色的特点,给画面增色加彩。语言要生动优美,篇幅要短小些。

一、讲评目的

1. 理解景物写活方能在人耳目——既要逼真如画,又要情景相生。

2. 懂得写景须字斟句酌,简明精练,忌拖拉冗长。
3. 培养学生民族自尊心,激发他们热爱祖国山河的感情。

二、讲评材料和方法

《春游随笔》《古猗园春游》《古猗园二小景》《古猗园奇事记》习作四篇。

朗读,评析,归纳,引申。

三、讲评要点

1. 由解词入手,明确写作要领。

请同学运用美术课上学到的知识试解"素描"的含义,明确:素描是绘画术语,主要以单色线条和块面来塑造物体的形象,它是造型艺术基本功之一,以锻炼观察和表达物象的形体、结构、动态、明暗关系为目的,通常以此为习作或创作起稿;文学上借指文句简洁、不加渲染的朴素描写。

景物素描是描绘景物的基本功,它要求用简洁的语言描写出景物之形、景物之色、景物之态,既逼真如画,又情寓其中。景物素描能否成功与观察的准确度、精细度关系密切,与驾驭语言的能力关系密切。

这次素描训练多数合要求,也有写得拖拖沓沓,过分渲染,刻意雕塑的。究竟怎样写才算合要求呢?

2. 朗读三篇习作,忆园中景色,进行对照,展开评论。

(1) 请习作者分别朗读《春游随笔》《古猗园春游》《古猗园二小景》,要求:

朗读者——字句清晰,声音响亮,把握停顿间歇,使听者有景物如在眼前之感。

听者——全神贯注,视、听、想结合,看印发的讲义,听朗读者把无声的文字变成有声的语言,回想园中实景,赏析辨别习作的优劣。

（2）复看习作，就下列问题开展讨论：

① 文中景象不像园中景？为什么？

② 有无活景与死景的区别？怎样才能把景写活？

③ 有没有"有我之境"与"无我之境"的区别？景物素描中怎样处理比较好？

④ 语言方面有何特点？为什么要具有这些特点？

（3）讨论后请一位同学归纳要点，教师作适当补充。

① 景物描写贵在逼真，写山像山，写水像水，写亭似亭，写塔像塔，总之，"写景需曲肖此景"。园中鸢飞鱼跃轩、白鹤亭、缺角亭、五代双塔、古盘槐等景物经过描绘，移入文中，基本上没有失真。眼前实景要能描绘得逼真，须观察精细，抓住特征，大胆取舍。如白鹤亭的描绘，习作者采用了"聚焦"的方法，笔墨用在"白鹤"身上，使该亭的特点毕现。习作者观察的角度很巧，先是"透过密密的树叶缝隙"远望，展现轮廓；然后近看，如白鹤形态加特写，线条清晰；最后以阳光为它镀色，增添画面色彩。至于该亭的形状、结构、质地、周围景色均大胆舍弃。这种写法以少胜多，物象鲜明突出。

② 有同学误解了，认为既然是实景素描，就应一笔一笔刻，巨细不漏，结果把活泼泼的景物写"死"了，不是园中景的再现，而是成了纸剪的景，没有活气。印发的习作中景物虽都有些活气，但程度也是有差别的。

景物要写活，就不能静止地孤立地写，要做到动中有静，静中有动，寂处有音，冷处有神。如鸢飞鱼跃轩写金鲤鱼跃出水面喷出水柱，就给人以动中有静之感，"口中喷出数丈高的水柱"是"动"，"空中犹如开了一朵大宝花"是"静"，动中有静，把景写活。又如白鹤亭描白鹤，却是静中有动。再如古盘槐是静景寂处，但"风吹来，周围的树均摇头摆耳起来"，似乎传音到耳际。

③ 景物要写活,不仅是技巧问题,更是注情其中的问题。写真景物,寓真感情,情景相生,境界全出,景物就会在人眼前。情寓景中,可写有我之境,也可写无我之境。《春游随笔》中"小径""月洞""白鹅"都写的是有我之境。小径藏在花树丛中,弯曲通幽,人在小径走,步步入胜境;月洞门景中套景,树枝摇曳,红花点缀,笔者借用相机成了"画中人";鹅池传声,循声望鹅,初看以为真,定睛才知假。习作者写观赏园中三小景满怀高兴的感情,因此看到的一切景物都在高兴,缘情写景,"物皆着我之色彩"。习作者笔下三小景连缀得十分自然,移步换景,犹如连接起来的一幅幅素描。五代双塔写法不相同,是触景生情,先绘双塔,然后见塔生情,引起自己的感触。景物素描中可多采用以情加景的有我之境的写法,使景情相生,把景物写活。

④ 语言要简明、优美、生动。几篇习作从课文中吸收了不少词语,讲究用词的色彩,讲究用短句,讲究句式整齐、长短相间,并适当运用比喻等修辞手法。拖沓、铺写、细描、长句连叠,就难以给人轮廓分明的印象,线条不清晰,就不符合素描的要求。

习作在各小景前冠以小标题,眉目清楚。

3. 就《古猗园奇事记》一文展开议论,阐发意义。

(1) 陈剑同学在完成景物素描的练习之后,写了一篇《古猗园奇事记》,看样子,他是满怀着义愤的感情来写的,我读了,很受教育,为此,向大家推荐,请同学读后发表议论。

(2) 同学阅读,展开议论。

(3) 在议论的基础上强调:

① 文中表露了强烈的民族自尊心,对有些人身上散发出的奴颜媚骨的习气表示了极大的蔑视和憎恶。如果没有这样爱憎分明的感情,就不可能写出如此主题鲜明、语言尖锐的文章。"脸上极力挤出笑意"的"挤","恨不得揍他一记耳光"的"揍","只是心中隐隐作痛"的"隐隐

作痛",都是习作者的感情浇铸而成。

② 可憎的不应是那个收门票的老头儿,而是奴颜媚骨的丑恶现象。

③ 对外开放,与外国友人交往,这是社会主义建设事业发展的需要,是必须的;然而,在交往中要维护民族的尊严、国家的利益。每个中国人都应该具有民族自尊心、自信力。每个青年学生都有责任清除"残存的半殖民地时的腐臭"。

④ 须懂得:爱国主义是我们中华民族赖以生存发展、兴旺发达的精神支柱,民族气节是我们的民族魂,鲁迅先生的硬骨头精神是我们学习的榜样。

四、作业

同桌互看互改,在景物的线条勾勒和语言的简明方面作一番推敲。

板书

写景须在人耳目

观察精细,抓准特征。

写活 { 静中有动,动中有静,寂处有音,冷处有神。
情注其中,情景相生。
语言优美,线条清晰。

春游随笔

引人入胜

我们沿着小径向前走去。这小径是那样短,那样窄,路边树枝不时划过我们的脸颊,一抬脚好像就会撞上前面的树丛;然而这小径又是那样长,一会儿一个拐弯总也走不到头,而路旁的花树越来越芬芳艳美,引人入胜,仿佛那小径的尽头有着无尽的宝藏。是的,我们正是为了

"探宝",稳稳地向前迈步,不退不缩,我们坚信前途是美好的。

月洞映景

突然,眼前一亮,我们看到了水,看到了红檐,高兴地一步跃出小径。

这里是长廊的进口处,我举起照相机,对准了那个月洞门。只见门洞右边又套着一个门洞,那里面树枝摇曳;左边映出长廊的一角,闪出一丛血红的花朵,生气勃勃。我和张静笑眯眯地走近月洞门,"咔嚓"一声,我们便成了"画中人"!

以假乱真

我们登上竹枝山顶,忽听得山下戏鹅池边传来一片嬉笑声。循声望去,一池墨绿的春水中,一对白鹅"悠然兴会",浑身毛茸茸,白皑皑,水面上平添了一层趣味。我们正想细看那对白鹅,一阵风吹过,一片片花瓣飘飘荡荡向水面而去,有白的,有红的,同时静静的水面泛起了涟漪。可是那一对白鹅却纹丝不动,真是"怪哉"! 我们紧赶慢赶下了山,到池边定睛一看——原来是假的!

章 引

古猗园春游

4月的古猗园,春深似海,绿色可揽。小桥流水,长廊明轩,别致雅观;青山绿水,朱阁绮户,相映添色;具有明代建筑风格的一座座亭台楼阁,纷纷掩映在绿色之中,煞是好看。

鸢飞鱼跃轩

在全园高峰——竹枝山之南,有一座三面环水的"鸢飞鱼跃轩"。小轩亭角挑翘,花窗月门,绿树夹道,竹树交映,正面临池处有一排椅子,游客休息时可凭栏而望。那池水清澈见底,游鱼可数。池中有一条金鲤鱼跃出水面,口中喷出数丈高的水柱,空中犹如开了一朵大宝花,在阳光照射下,灿灿发光:金的、黄的、白的、绿的……色彩斑斓地交织在一起,似万千支流苏徐徐垂落。对岸,嶙峋的怪石上却挺立着盛开的鲜花,在绿叶中更显得亭亭玉立。

白　鹤　亭

透过密密的树叶缝隙看去,就见远处有一只白鹤立于亭顶之上,大有鹤立鸡群之势。走近一看,这白鹤越发显得奇了:它一腿直立,一腿屈于前,翅膀张开,真有一跃即飞,一飞不返之势,既有金鸡独立之姿,又不乏白鹤亮翅之形;它昂首南望,似有所托,形神兼备,令人叫绝,再加上阳光为它镀金增色,就愈像活的一样——当时我还真怕它会"远走高飞"了呢!

这就是白鹤亭上的骄子——白鹤。

古　盘　槐

在竹枝山下有一棵高达十多米的古盘槐。它的主干基本上是直的,但越到分枝处,主干也就越盘盘曲曲上升,虬枝多态,旁逸而斜出。因为分枝点很高,所以树叶也就长得高,颇像一顶绿的柳条帽。乍看上去,就像一条巨蛇平地突兀而起,口中吐出一条双头蛇。那双头蛇又吐出成串水花,水花从四面八方落下似的。风吹来,周围的树均摇头摆耳起来,但这古盘槐主干纹丝不动,显出自信、坚定、稳重的风度和不可动摇的气势。

游览古猗园并不见得比"胜日寻芳""池畔花香"差,也不比"没履于浅草""荡舟于深潭"逊色。古猗园反映了我国古代艺术的某些精华,它是古代人民智慧的结晶,游览一下,受益匪浅。

李向群

古猗园二小景

缺　角　亭

在南翔古猗园中部的竹枝山顶,屹立了一座四角方亭。此亭的四个角与众不同,东南、西南、西北三角各塑着一只紧握拳头的手臂,唯独东北角光秃秃地空着。

据说"九一八"事变时,东北三省被日本帝国主义军队侵占,南翔人民为纪念这一国耻,集款修建了这座四方亭,特意少塑东北角,纪念东北三省的沦陷,其余三只角高举的拳头,表示人民一定要收复东北三省的决心,这座亭子反映了南翔人民抗日救国的热情,同时也表示了全国人民爱国的热忱。

竹枝山顶是古猗园的制高点之一,站在建于竹枝山顶的缺角亭上,可俯视周围九曲桥、浮筠阁、不系舟、白鹤亭的全景。在烈日当空天气炎热时,坐在缺角亭内休息,那可是凉爽至极了。

五代双塔

五代双塔,是两座样式相同的八角七级的砖塔,高九米左右,周长五米左右,是"白鹤南翔来"的旧物。它们坐落在南翔镇解放街香花桥北面,临街巍然对峙。虽屡经火焚,仍得幸存,保持着五代建筑的风格;但因长年失修,破烂不堪,以致整个塔棱角模糊,看不真切。

望着破烂不堪的五代双塔,虽觉有所得,但又觉有所失。望国家对此五代文物认真保护,积极修缮,还其本来面目,给五代双塔增添新的光彩。

王 风

古猗园奇事记

暮春之时,天晴气爽,正是踏青的好时光。我与朋友们来到南翔,游览古猗园。古猗园虽不大,却景物宜人,那精致的石径幢,那雅致的不牵船,那富有民族建筑艺术的庭院曲桥,无不使我大饱眼福。还有那著名的南翔小笼,又使我大饱口福。

当我们坐在古猗园大门口,兴奋地议论古猗园景物时,一辆大轿车在门口停下，下来一群蓝眼睛、高鼻子的白种人，纷纷涌进大门。收门票的老头，哈着腰，脸上极力挤出笑意，表示尊敬。过了好一会儿，翻译才买好门票，投入票箱。我打趣地问那收门票的老头："你不怕他们混票吗？"那老头摇了摇微秃的圆脑袋说："怎么会呢？外国人有的是钱，不像我们中国人。"哦，我明白了：原来外国人有的是钱，所以不会混票；我们中国人没有钱，所以爱混票。他的"大道理"真是令人啼笑皆非。

我厌恶地瞧着那微秃的圆脑袋，恨不得揍他一记耳光，问他："你是不是中国人？"然而，我没有这样做，也不能这样做，只是心中隐隐作痛。

唉，不是外国人看不起中国人，倒是中国人自己瞧不起自己。我忽然想起那"华人与狗不得入内"的铁牌，更记起不能忘怀的一件事。我小学四年级时，和几个朋友闯友谊商店，被看门的老人骂："小赤佬，瞎了眼睛啦，这是你能进来的地方吗？"那时年纪小，不理解。此时，我才知道，虽然没有挂那大铁牌，但仍有下等中国人进不得的中国地方。唉，怪不得有人说中国人自己看不起自己！

诸君，你若仔细，一定会在社会主义的土地上，嗅出残存的半殖民地时的腐臭。

陈　剑

感情·意境·构思
——"我爱祖国我爱党"习作讲评

【作前指导与要求】

人民的好总理周恩来同志求学时曾写下了这样一首气势磅礴的诗篇——《大江歌罢掉头东》,请知道的同学背诵一下。

"大江歌罢掉头东,邃密群科济世穷。面壁十年图破壁,难酬蹈海亦英雄。"诗中洋溢着爱国的热情,为救国而刻苦攻读,为理想而奋斗的献身精神,感人至深。

如今,时代已经不同,然而,读书为明理,懂得天下兴亡匹夫有责,读书为建国,懂得学习的最终目的是为国家为人民做贡献是相同的。"面壁十年图破壁",同学们在学校学习已整整九年,在毕业前夕,写一篇"我爱祖国我爱党",倾吐自己的心声。要求:满怀真挚的感情,有具体实在的内容,注意构思,能引人深思遐想。

一、讲评目的

1. 理解热爱党热爱祖国是自己的义务和责任,让这种高尚的感情在胸中激荡。

2. 认识激情来自对理想的憧憬与追求,来自对生活的思考;学习巧妙地构思,委婉地表达写作意图。

二、讲评材料和方法

《花的心愿》《大海·红日》《清歌一曲献给党》三篇习作。

交流内容,自评互评,分析归纳。

三、讲评要点

1. 交流习作内容,激发学生爱党爱祖国的感情。

要求每个同学用一两句话概括自己习作的内容,或者朗诵自己习作中最能表达心意的精彩语句。

如:因事言志,因事抒情。就飞虹路火灾事件描绘济难救危、八方支援的动人情景,揭示人与人之间互相关心、互相帮助、互相爱护的亲密关系,反映社会主义祖国的本质特征,从而歌颂伟大的党、伟大的社会主义祖国。

如:即景抒情。乘双体客轮游览黄浦江,见舰艇林立,商船穿梭,忆昔日上海码头的斑斑血泪,抒发歌颂党的情怀。

语句如:"我爱祖国,我常以自己是一个炎黄子孙而骄傲;我爱党,我常以自己是在党的哺育下成长起来而骄傲。""我激动,我不能自已,我奋笔疾书:社会主义中国,我的母亲,我爱你……"

2. 有表情地朗读《花的心愿》《大海·红日》《清歌一曲献给党》三篇习作,请同学综合评论。

(1) 朗读的同学朗读时须满怀感情,注意音调的起伏强弱,能给人以感染。

(2) 就立意、感情、意境、构思、语言等方面对三篇习作展开评论,评论时可参考下面的问题:

① 三篇习作在立意方面是否相同?有无不妥之处?

② 三篇习作中有无意境的展现?这样处理优点何在?

③ 在构思方面三篇习作各具有怎样的特色?文章为什么要谋篇

布局巧安排?

④ 文章中感情的表露是否必须用抒情的方法?为什么?情从何而来?

(3) 在评论的基础上归纳要点:

① 三篇习作的主题都是表达对党对祖国的热爱。然而,《花的心愿》如不深看,就容易引起误解。人们爱把少年儿童比作春天的花朵,很少把青年比作"正在凋谢的春花",因为一看到"凋谢",人们就觉得生命在萎缩,与青年的朝气蓬勃正好是南辕北辙,很不协调。不过,深入一步推敲,就可明白:习作者以此为喻的目的在于强调果实的孕育,在于强调"强健我的花魂""悄悄结我的果""扎根在祖国的大地上"。因此,习作者在文中点出:"青年,是正在孕育果实的凋谢的花!"比喻的运用是为了生动形象地表达情意,人们运用比喻有习惯性的影响,而当习作者对某事物的认识有所突破时,比喻可在原来的基础上推出新意。俄国的杜勃罗留波夫说过:"真正的爱国主义不应表现在漂亮的话上,而应表现在为祖国谋福利、为人民谋福利的行动上。"习作者以"孕育果实的凋谢的花"为喻,重点显然放在"孕育果实"上,以抓紧时间埋头积累来奉献对祖国的挚爱。

散文的诗意首先是思想的发光,能够从常见的事物中挖掘出深刻的意义。人们常常以红日喻我们伟大的党,以大海喻胸怀宽广。《大海·红日》这篇习作既采用了众所周知的"红日"比喻,又增添新意,以大海喻可爱的祖国,并把红日与大海之间的关系通过绚丽的画面生动形象地加以表现。这样,既突出了祖国从沉睡中苏醒,社会主义中国灿烂辉煌,又讴歌了伟大光荣的中国共产党。

② 文章的情和意不是脑子里固有的,而是来自对现实的感应,有深切感受而后生情,情又反过来强化感受,两者相辅相成。《大海·红日》从对生活的感受出发,绘景寓情,用心造境,情景交融。习作者描写

的是旭日初升的壮观。目睹"东方渐渐红润","天边终于露出了太阳火红的脸蛋",目睹"整个天边都被它染红了","就连大海也被映照得通红通红"的美景,沉浸在壮美的气氛之中,心里升腾起对祖国由衷的热爱,故而情不自禁地发出祖国的风光实在是"真美啊"的赞叹。望着"大海一起一伏""闪闪烁烁"的景色,又情不自禁地开展想象,出现了"卧地熟睡的巨狮的背影"的形象,从而下笔成喻。习作者没有停留在各喻其物的水平,而是把两个事物联系起来思考,继续开展想象,创造了"红日一高照",大海就会"苏醒""沸腾"的境界。这样即景生情,又因情生景,写作者内心的思想感情和外在的客观景物糅合到一起,构成意境,再用语言文字表达出来。这种意境,看似意料之外,实际在情理之中,现实生活中确实是"红日一高照,我们的祖国就腾飞,就兴旺起来"。

文中展现意境,就能给人一种诗意美的感觉,耐人咀嚼,给人以感染。

③ 写散文要注意谋篇布局,下笔之前要认真地进行构思。古人认为构思是"驭文之首术,谋篇之大端",这是颇有道理的。文章主题的确立须精心思索,从接触到的种种材料中提炼;而主题确立之后,要很好地加以表现,同样须精心思索。"运用之妙,存乎一心",构思贯串一篇习作的立意、取材、结构、手法运用等各个方面,要能妥善地驾驭语言文字,做到"兵随将转",须精心地进行整体设计。

三篇习作的构思各有巧妙。《花的心愿》以郭沫若的诗句贯串全文,表露心声。《大海·红日》除纵论历史、直抒胸臆外,还注意创造诗的意境,展现画面,意寓其中,情寄其内。《清歌一曲献给党》则另辟蹊径,习作者着力于事件的叙述,然后缘事探源,因事抒发感情。

"起手贵突兀",有峻嶒之势。第三篇习作的开头既不紧扣题意赞颂党的功绩,又不直抒自己的胸臆,偏偏宕开笔来写家祭,而且又描绘父亲在祭祀中"严肃""恭敬""落泪"的神态,给祭祀蒙上一种"神秘的哀愁"。这样写颇有异峰突起之感,吸引人往下看。

"文似看山不喜平。"在叙述叔公见义勇为、悲惨遇难的事情时,乍看只是通过对话讲述事件的前后因果,平平实实;细看就知平实之中蕴含曲折。曲折在"我"感情的起伏,而这种起伏又较为巧妙地放置在父亲浓重的悲哀笼罩之下,从"抹去眼角的泪,声音哽咽",写到"泪水还是从脸颊往下淌",再写到"泪如泉涌"。这样曲与直交织起来描绘,互相映衬,既解开家祭蒙上神秘色彩的谜,又为不愿做亡国奴的死难者唱赞歌,突出了祭祀的意义。

文章要注意"转",注意过渡,弯转得好,过渡妥帖,就可收到结构严密、文气贯通的效果。习作者注意到这一点。如采用写感受、发议论的方法把所叙之事与歌颂党的主题结合起来。前者不说,就以后者而论,转得也较为自然。先以"叔公知道一个中国人应该爱中国"一句承接所叙事件,接着用"可"字一转折,作出在那"支离破碎的半殖民地的国家,靠一个人或几个人的拼杀是救不了中国的"判断,从而自然地引出了"只有伟大的共产党才能救中国"的主题,开启下文的议论。如此搭桥铺路,上下意思就沟通。

"卒章显其志",习作者用两个反问句倾诉对党的热爱与崇敬,用"清歌一曲"收尾,点了题,可惜的是味道不足,笔力不够,如果能意味隽永、发人深思,效果就更好些。

布局谋篇要做到巧妙妥帖非一日之功,须多读范文,观摩体会,勤于思考,勤于实践。

3. 习作者自评,并就评论的意见谈自己的看法。

(1) 简要地谈自己如何构思的。

(2) 明确:心中无动情之物,动情之事,笔下就无动情之文。情产生于对生活的思考;对接触到的生活现象有所观察、有所判断、有所思考,对生活真有感受时,情就会涌上心头。情来自对理想的憧憬与追求,憧憬灿烂的未来,追求理想的实现,情就充盈胸际,心中燃烧着对党对祖国的热爱,文中就会情思横溢,感人肺腑。至于表达的方法,可直抒胸臆,可借物借景抒情,也可含而不露,使人寻味。

(3) 三篇习作中都有不足之处。尤其是《大海·红日》虽在展现意境上有特点,但文字拉杂,拖拖沓沓,反反复复,须删除繁枝繁叶,文章方能显出精神。

四、作业

1. 请陈剑协助徐本亮修改习作。
2. 各学习小组传阅本组习作,对习作中的佳句和特点做一些摘记。

板书

感情·意境·构思

感情:来自 $\begin{cases} \text{对生活的思考,对现实的感应。} \\ \text{对理想的憧憬与追求。} \end{cases}$

意境:即景生情,因情生景 $\begin{cases} \text{内心的思想感情} \\ \text{外在的客观景物} \end{cases}$ 糅合。

构思:围绕中心整体设计,力求"兵随将转"。

花 的 心 愿

夜晚,我独自平躺在床上,默默思索着:"我爱祖国我爱党"该怎样下笔呢?我的耳边回响起郭老的诗句:

"我的母亲!

我过去、现在、未来,

食的是你,衣的是你,住的是你,

我要怎样才能报答你的深恩?"

多么简单的字眼,多么严肃的问题,每个人都必须用自己的心、自己的血汗来回答!

人们爱把少年儿童比作春天的花朵,多么天真,多么美丽。我也曾经唱着"党是阳光我是花",无忧无虑地在阳光下尽情地伸枝展叶。那时的我,只知道贪婪地接母亲的深恩,却不知道报答母亲的深恩,而现在我已经15岁了,闪光的团徽代替了鲜艳的红领巾,已步入了青春的大门,那么青年该比作什么呢?

——青年,是正在凋谢的春花!

亲爱的朋友啊,不要那么惊恐,请听我对你说吧:"没有花谢,哪会结籽? 哪来丰盛的果实呢?"

我自认是一朵小花,当我开放的时候,甘霖喂养了我,阳光哺育了我,雨露滋润了我……如今我明白了:她们是祖国、是党——是我的母亲! 我应当为母亲倾尽所有的心血、所有的爱!

我渴望我的凋谢! 我既然是一朵花,就不能只为了好看,否则,那还有什么生存的意义? 花儿的消失,无不是在孕育果实! 不怕夏天的烈日和暴雨,把自己的一切一点一滴地累积起来,注入我的花魂,强健我的花魂……

我盼啊,我盼着秋天的来临。有时候,我睡着了,便做起花的梦:高高的天空,火红的太阳,我依偎着慈爱的母亲,恭敬地献上充实的硕果,母亲笑了,笑得那样欢欣……忽然,梦醒了,我又埋头结我的果。

当我凋谢的时候,悄悄结果的时候,头顶的飞鸟高傲地瞥了我一眼,飞走了。我不计较它们的高傲,它们自有它们的理想和幸福。我不愿做飞鸟,离开自己的母亲,到他乡栖落。我只有一个信念——结我的果,我要扎根在祖国的大地上!

亲爱的朋友啊,让我们骄傲地说:

——青年,是正在孕育果实的凋谢的花!

美啊!青年!

"我的母亲!

从今后我要报答你的深恩,

我知道你爱我还要劳我,

我要学着你劳动,永久不停!"

章 引

大海·红日

清晨,天蒙蒙亮,我就坐在海边的沙滩上等着看日出。听别人说,旭日初升的景色是非常壮观的,所以我这天起了个大早,特意来欣赏这大自然的美景。说来凑巧,这天海面上风平浪静,天空万里无云,是看日出的好机会,来看日出的人很多。

过了一会儿,东方渐渐红润了,越来越红,而且范围渐渐扩大,仿佛是天工用饱蘸红色颜料的神笔往天边的帷幕上一点,红色便向四方渗透,由一点扩大到一团,继而一片。这红光是太阳派遣来的第一批光明使者,它告诉人们,太阳要出来了。果然,天边终于露出了太阳火红的脸蛋。它推开压在头上的黑幕,一点一点地往上钻,一步一步地往上登,整个身躯终于露出了水面。这时整个天边都被它染红了,就连大海也被映照得通红通红。随着波浪的起伏,大海泛着绯红色的动人的光彩,真美啊!

我望着大海一起一伏、闪闪烁烁的样子,心想这可真像一头卧地熟睡的巨狮的背影。眼前初升的太阳好像是我们伟大的党,浩渺无比的大海好像是我们可爱的中国。大海在沉睡,但是只要红日高照,它就会苏醒,就会沸腾,而这轮灿烂的红日是一定会把它唤醒的。果然,红日一高照,我们的祖国就腾飞,就兴旺起来,屹立于世界之林,为人类增添光彩。拿破仑不是曾经这样说过吗:"中国是一头沉睡着的雄狮,一旦它醒来就会震撼世界。"预言变成了现实,一点不假。

红日升得更高了,它向世界撒下玫瑰色的朝晖,使人振奋,使人欢悦。晨曦照在大海上,使人感到大海的深奥。大海是历史最好的见证人,在它宽广的胸怀中,记载着上下五千年的兴旺与衰败,如果它会说话,它一定会高喊:"社会主义中国好!只有共产党才能救中国!"这话千真万确,我们从一个支离破碎、任人宰割的国家改变成为今天的独立自主、具有国威的新中国,不正雄辩地说明了这一点吗?近百年来,多少英雄豪杰为了使祖国摆脱帝国主义列强的奴役、压迫,进行了艰苦卓绝的斗争,从太平天国到戊戌变法,以至辛亥革命,他们虽曾竭尽全力,但最终还是失败了,帝国主义还是骑在中国人民头上作威作福,横行霸道。只有中国共产党领导的民族解放运动,才真正推翻了三座大山,才真正宣告帝国主义奴役中国人民的时代一去不复返。我们的祖国终于站立起来了,而且傲然屹立在世界的东方。我热爱祖国,我更热爱今天的社会主义祖国。

红日把火、热、光明送给了人们,多么温暖啊,仿佛慈母用手轻轻地抚摸着自己的子女。我们的党就是太阳,我热爱党,因为在它心中装着十亿人民,它处处为人民着想。

红日升得更高了,大海将要咆哮了……

徐本亮

清歌一曲献给党

每年阴历九月二十三日,我家总要举行一次祭祀。我也不知道祭的是谁,为什么祭,只认为是家乡的风俗。而父亲在祭祀中却严肃恭敬,不时还会落泪。于是,这个祭祀就带上一种神秘的哀感。终于,我忍不住好奇心,问父亲祭的是谁,为什么祭他。

父亲抹去眼角的泪,声音哽咽地说:"是你叔公。"我大吃一惊,忙问:"这是怎么回事?"父亲顿了顿,说下去:"那是1942年,我才五岁,刚懂事。那时日本军队占了我们家乡,时常下乡抢东西。有一天人们下工回来,听到村里有人喊救命。你叔公忙和几个小伙子拿着锄头跑去,原来几个下乡抢粮的日本兵在光天化日之下污辱一个姑娘。你叔公和乡亲们实在气愤不过,冲上去用锄头砸死了几个日本兵,只有一个日本兵放了枪,逃走了。"听到这,我不禁大为高兴,而父亲却叹了口气说:"可一到晚上,那个日本兵带来一大队人把村子包围起来,把全村老少都赶到谷场上,逐个查认所谓'凶手'。当然你叔公和另外几个乡亲都被认了出来,一个个被日本兵绑在石柱上,开膛破肚,挖出心肝祭他们死去的士兵。"父亲微微仰起头,但泪水还是从脸颊往下淌,双眼看着天花板,缓缓地说:"我记得你叔公在死前只向乡亲们说了这样一句话:'我们中国人要爱中国啊!'日本兵一撤走,人们就把你叔公和另外几个人埋了。全村为了纪念遇难的人,规定这天,就是阴历九月二十三日为忌日,像祭祖先一样纪念他们。"说完,父亲已泪如泉涌。

听完父亲所说的事,我既骄傲,又悲哀。我叔公见义勇为,不愿做亡国奴的精神难道不值得我骄傲吗?可这事的结果却不由得使我悲哀。叔公知道一个中国人应该爱中国,可那时中国却是个支离破碎的半殖民地的国家,靠一个人或几个人的拼杀是救不了中国的。只有伟大的共产党才能救中国,收拾旧山河。我曾问父亲那件事以后的情况,父亲只讲了几句:"没几天,村里的许多青年上山找四明支队了。"啊,他们参加了四明支队,乡亲们也知道只有共产党领导的部队才能打败日本侵略军,拯救自己危难的祖国,报仇雪恨。

在伟大的共产党的领导下,中国人民经过十四年艰苦抗战和四年解放战争,打败了日本侵略军,推翻了蒋家王朝,中国人民从此站立起来了。不是吗?在中国的领空,再也没有侵略者的飞机;在中国的大路上,再也没有横冲直撞的侵略者的汽车;在中国的领海,再也没有侵略者的军舰。作为一个中国人,你可以在自己国家的土地上任意漫步,不会有"华人与狗不得入内"的大铁牌,也不会有外国巡警向你举起的木棒,你可以骄傲地在世界的任何地方向别人说:"我是一个中国人。"

想过去,看现在,我们怎能不热爱伟大的祖国,怎能不热爱拯救祖国于水火之中的中国共产党呢?千言万语说不尽党的功绩,千歌万曲唱不完党的恩情。我怀着无比崇敬的心情向亲爱的党献上这清歌一曲。

陈 剑